개정 3판

일본어 교과교육의 이론과 실제

개정 3판

일본어 교과교육의 이론과 실제

이명희 정희영 공저

::: 머리말

본 연구자들이 일본어 교육과 함께한 지 어언 30여 년의 세월이 흘렀다. 일본어 학습자가 매우 많은 한국에서 일본어 교육을 담당해 나갈 교사를 양성하는 데 필요한 기본 도서로서『일본어 교과교육의 이론과 실제』를 출판한 지도 벌써 10여 년 전이다. 그동안 여러 번의 교육과정 개정과 더불어 4차 산업혁명과 팬데믹 등 교육 현장은 지난 그 어느 순간보다 숨 가쁘게 변화해 왔다. 다소 늦은 감이 없지 않으나『일본어 교과교육의 이론과 실제』개정 3판을 출간하게 되었다.

총 7장으로 구성되어 있으며 그 특징은 다음과 같다.

첫째, 일본어 교육과정의 변천을 바탕으로 일본어 교육의 흐름과 필요성에 대해 알아보았다.

둘째, 외국어 교수법의 역사 및 일본어 관련 다양한 교수법을 소개하고 있다.

셋째, 수업에 대한 개념 정의 및 일본어 수업 설계를 위한 이론적 정리를 하였다.

넷째, 교재 및 교구의 특징을 소개하고 있다.

다섯째, 일본어 수업의 실제에서는 언어의 4기능과 관련한 수업 실례를 소개하고 있다.

여섯째, 언어의 4기능에 따른 평가 방식 및 수행평가에 대한 이해와 활용법을 소개하고 있다.

일곱째, 일본어 교육실습을 위한 수업기법과 지도안 작성에 관하여 소개하였다.

각 장에서는 확인 학습 코너를 두어 본문의 이해를 도왔다. 특히 이번 개정에서는 각 장과 관련된 2017학년도부터 2021학년도까지의 일본어 임용 기출문제와 모범 답안을 함께 정리하였으며, 부록으로 2022학년도, 2023학년도 임용고사 기출문제 전문과 모범 답안을 수록하였다.

많은 예비교사에게 다소나마 도움이 되었으면 하는 바람이며, 일본어 교과 교육론을 수강한 제자들, 한국학술정보(주) 관계자들께 감사드립니다.

2023년 2월
이명희 · 정희영

::: 목차

머리말 / 4

일본어 교육과정

일본어 교수법

일본어 수업 설계

교재 및 교구

일본어 수업의 실제

평　가

교육실습의 실제

〈一〉

일본어 교육과정

광복 이후부터 1960년대 초까지 우리나라에서의 일본어 교육 및 일본 관련 연구는 거의 이루어지지 않았다(우찬삼, 2000). 1965년 한일 국교 정상화와 더불어 1973년 일본어를 고등학교 교육과정(curriculum)[1])에 제2외국어로 개설함으로써 비로소 중등학교 현장에서의 일본어 교육이 시작되었다. 그러나, 1961년부터 실시되어 온 대학교육으로서의 일본어 및 일본 문학 등에 비해, 중등학교 현장에서의 실용 외국어로서의 일본어 교육과 관련 연구는 매우 부족한 것이 사실이다.

이에 본 장에서는 실용 외국어로서 고등학교 일본어 교육과정의 변천과 함께 현행 2022 개정 교육과정의 배경 및 중점 사항 등에 대해 살펴보고자 한다. 이를 위해 ncic 국가교육과정정보센터[2])의 차수별 일본어 교육과정 원문에 기초하여 설명하고자 한다. 특히, 일본어 교육과정 전반에 대한 지식을 바탕으로 한국 고등학교에 있어서 일본어 교육의 필요성 및 위상에 대해 논하고자 한다.

1 중등학교 일본어 교육과정의 변천

우리는 광복 이후 국가적으로나 사회적으로 많은 변화를 겪어 왔고, 교육과정도 시대적 요구와 변화를 반영하여 교과중심교육과정에서 경험중심교육

---

1) 교육(教育)은 대단히 넓은 뜻으로 사용되어 간단히 정의될 수 있는 말이 아니다. 광의의 의미의 교육과정에 대한 학자들의 공통된 의견을 모아 보면 '교육기관에서 교육의 모든 과정을 마칠 때까지 요구되는 교육내용, 그 내용을 학습하기에 필요한 연한, 또 그 연한 내에서의 학습 시간 배당을 포함함 교육의 전체 계획'이라고 할 수 있다. 교육과정의 어원은 라틴어의 'currere', '뛴다'는 의미의 동사이다. 명사로서 'curriculum'은 '경주로(競走路)', '말이 달리고 사람이 뛰는 경주의 코스(course)'를 의미한다. 교육과정이란 다만 뛴다는 의미만 있는 것이 아니라, 뛰는 과정 안에 반드시 내용을 담고 있어야 한다. 바꾸어 말하면 학습자의 학습 활동의 총체 또는 여러 가지 경험의 총체라고 할 수 있다. 최근에는 국가 수준 교육과정, 지역 교육청 단위 교육과정, 학교 단위 교육과정 등이라고 하여 교육기관의 단위 및 수준에 따른 교육과정이라고 구체적으로 명시하기도 한다.

2) ncic 국가교육과정정보센터 http://ncic.re.kr/mobile.index2.do

과정, 학문중심교육과정, 미래지향적 인간중심교육과정 등으로 변모를 거듭해 왔다. 교수요목기부터 교육과정 개정의 기본 방향과 일본어과 교육과정 변천을 차수별로 살펴보면 다음과 같다.

1) 교수요목기(1946~1954)

해방 이후 중등보통교육이 시작되었으나, 사회적 대변혁기이므로 전체적으로 체제가 잡힌 통합적인 형태의 교육과정은 미처 마련되지 못하고 교수요목(敎授 要目)[3]을 제정, 교과목별 분과주의에 입각하여 교과활동이 이루어진 시기이다. 즉, 과도기적 임시방편으로 시급히 각급 학교의 교과목 편제표와 시간 배당표를 작성하고 각 교과별 분과주의에 입각해 교과 활동이 이루어진 시기이다. 결국 이 시기는 교육과정 모색기라고 할 수가 있다. 이 당시 교수요목의 특징을 열거하면 다음과 같다.

① 교과의 지도 내용을 상세히 표시하고 기초 능력을 배양하는 데 주력하였다.

② 교과는 분과주의를 택하였으며, 체계적인 지도, 지력의 배양 등에 중점을 두었다.

③ 애국 애족의 교육을 강화하며, 일제 잔재를 정신 면에서나 생활 면에서 시급히 청산하는 데 노력하였다.

영어를 제외한 외국어에 대한 자료가 없어 외국어과 교육의 실태를 알아볼 수 없으나, 그 당시 이미 현장에는 독일어, 프랑스어가 도입되었다.

2) 제1차 교육과정기(1954~1963)

문교부는 부산에서 '교육과정 시간 배당 기준(1954. 4. 20)'을 작성하였다. 그 후 교육계 및 각계 인사를 망라한 교육과정 전체 위원회를 구성하였으며

---

3) 교과에서 다루게 되는 내용을 가르치기 편리하도록 논리적으로 체계를 세워서 조직해 둔 것. 특히 교수요목 (syllabus, course of study)에 따라 교과서를 집필한다.

다시 각 교과 위원회를 구성하여 교육과정 전체 위원회가 세운 기본 원칙에 의거해 각 과의 교과 과정을 구상하였다. 1955년 8월 1일 '고등학교 교육과정'이 제정·공포되어 최초의 체계적인 교육과정이 마련되었다.

이 시기의 특징은 생활 경험을 중시하는 경험 중심 교육과정의 일반 목표를 설정하고 이를 달성하기 위한 각 교과 활동의 목표와 내용이 세분화되었다. 이에 따라 교과 분과 주의가 지양되고 통합 원리에 의한 새로운 교육과정의 틀이 잡혔다.

외국어 교육은 영어, 독일어, 프랑스어, 중국어 중에서 하나 또는 둘을 선택하여 기본적인 문법구조, 회화능력, 해당 국가의 문화를 이해하는 것을 목표로 하였다. 다만, 프랑스어의 교육과정은 제정되지 않았다.

3) 제2차 교육과정기(1963~1973)

그간의 교육과정 운영은 단편적인 지식 주입에 편중한 나머지 폭넓은 인격 형성의 도야에는 소홀히 하였고 학습 활동 또한 실생활과 유리된 점이 많아 교육 개혁을 요구하는 소리가 높았다. 그러나 이와 같은 사회 각계의 누적되는 요구에도 불구하고 내용 수정 없이 유지되다가 이윽고 4·19, 5·16이란 시대적 격변기를 맞아 비로소 이에 적응하기 위한 대대적인 교육과정 개편이 수행되었다. 이때는 자주적이고 능률적인 새 인간상 정립을 위하여 합리적 사고가 강조되고 생산성, 유용성이 높이 평가되는 시기였다.

외국어과 교육과정은 처음에는 동일한 과목군으로서 고등학교 외국어군에 영어, 독일어, 프랑스어, 중국어 과목이 개설되었으나, '국민교육헌장'의 공포, 대일문호개방 등의 영향으로 1969년에 에스파니아어, 1973년에 실업고등전문학교 외국어군에 일본어를 각각 추가 신설함으로써 외국어는 각각 5개 국어로 선택의 폭을 넓혔다. 중요한 특징으로는 제2차 교육과정시기부터 외국어과 교육과정 문서에 외국어과 전체의 교과교육의 방향을 가리키는 포괄적인 목표가 제시되었다는 점이다. 또, 각 교과의 교육과정도 교과별 구분없이 형식과 내용이 거의 동일하게 개발되었다.

제2차 일본어 교육과정 원문

실업고등전문학교(1973.02)

외국어과

1. 목 표

(1) 일상 생활에서 사용하는 외국어를 듣고 말하는 능력을 기른다.

(2) 외국어의 기본적인 어법을 습득시켜 읽고 쓰는 능력을 기른다.

(3) 직업 생활에 필요한 외국어의 기초 실력을 기른다.

(4) 외국어의 학습을 통하여 외국과 외국인에 대한 이해를 증진시켜, 국제적 협조심과 사물에 대한 견식 및 판단력을 기른다.

일본어

1. 지도 목표

(1) 현대 일본어의 발음과 기본 어법을 익히게 하여, 일상생활에서 사용하는 쉬운 말과 글을 이해하는 능력과 아울러 간단한 발표력을 기른다.

(2) 장차 실업 생활에서 일본어를 유익하게 활용하여, 우리나라의 경제 발전에 이바지할 수 있는 어학적 소양을 기른다.

(3) 일본의 문화, 경제 등에 대한 이해를 증진시켜, 국제적 협조심을 기르는 동시에 우리 스스로에 대한 자각을 다지게 한다.

(4) 폭넓은 전문적 지식을 갖추기 위해 자진하여 일본어로 된 자료 및 문헌 등을 연구하는 태도를 기른다.

2. 지도 내용

(1) 언어 기능

〈 듣기와 말하기 〉

① 일본어의 음운 체계 익히기

　　(가) 「1자음+1모음」 중심의 음절과 50음

　　(나) 청음, 탁음, 반탁음, 요음, 발음, 촉음, 장음

② 일상 관용의 인사말 교환하기

③ 그림이나 실물을 보고 문답하기

④ 신변에 관한 말을 묻고 대답하기

⑤ 교사의 지시에 대해, 학생의 동작과 말로 응대하기

⑥ 듣고 읽은 내용을 간추려 말하기

⑦ 문장의 일부를 다른 말로 바꾸어 말하기

⑧ 일정한 문형을 의문문과 부정문으로 바꾸어 말하기

⑨ 교사의 이야기를 들어서 이해하기

⑩ 말하는 어조에 관한 연습

⑪ 간단한 행동 경험을 말하고 듣기

⑫ 간단한 연설 하기
⑬ 쉬운 내용에 관해서 토의하기

〈 읽 기 〉
① 히라가나, 가다까나를 식별하여 읽기
② 발음 연습의 단어를 가나로 읽어 정확한 음성을 익히기
③ 당용 한자의 음독과 훈독
④ 교사의 범독에 따라 음독하기
⑤ 스스로 교재를 음독 또는 묵독하여 이해하기
⑥ 간단한 대화를 실감 있는 어조로 번갈아 읽기
⑦ 신속히 읽고 내용을 요약하여 대의를 발표하기
⑧ 사전을 활용하여 여러 가지 형식의 문장을 해득하기

〈 쓰 기 〉
① 히라가나 가다까나를 익혀 쓰기
② 당용 한자(약자, 일본 한자 포함) 쓰기
③ 읽기 교재를 보고 쓰기
④ 읽기 교재를 외워 쓰기
⑤ 교사가 부르는 말을 받아쓰기
⑥ 미완성 문장을 보충하기
⑦ 틀린 문장을 고쳐 쓰기
⑧ 읽은 내용의 줄거리 쓰기
⑨ 주어진 단어, 관용구 문형을 사용하여 예문 만들기
⑩ 간단한 편지 쓰기
⑪ 간단한 우리말을 일본어로 옮겨 쓰기

(2) 언어 재료
〈 어 휘 〉
상용의 빈도기 높은 일상 상용어 가운데 2,500어 내외를 점차로 반복 사용하도록 하며, 그 밖에 전문적 기술용어로서 300~500어 정도를 추가 사용할 수 있다.
한자는 당용 한자(1,850자) 범위 안에서 사용함을 원칙으로 하되, 고유명사에 한해서는 예외로 한다.

〈 소 재 〉
소재는 필수적인 어학 기초 자료 이외에 일본의 사회, 문화, 경제 등을 다룬 자료를 포함하되, 실업 전문 교육의 계별 특수성을 고려하여 실업 및 과학 기술에 관한 내용을 아울러 지도한다.
① 간단한 인사 교환을 할 수 있는 내용
② 구체적인 실물과 그림을 놓고 간단한 문답을 할 수 있는 내용
③ 수업을 중심으로 한 학교 생활에 관한 내용
④ 가족 및 가정 생활에 관한 내용
⑤ 가까운 생활 주변에 관한 내용

⑥ 자기 또는 제3자를 간단히 소개할 수 있는 내용
⑦ 신체, 계절, 일기, 행사 또는 기타 생활 주변의 일에 관하여 문답을 할 수 있는 내용
⑧ 우리나라의 사회, 역사, 인물 등에 관한 내용
⑨ 일본 또는 다른 나라의 문화, 사회 경제 등 국제 이해에 도움이 되는 내용
⑩ 현대인의 취미, 오락 및 과학 기술의 발전 등 현대에 관한 내용
⑪ 실업 생활에 관한 간단한 내용
⑫ 쉬운 문예 작품
⑬ 간단한 편지를 읽고 쓸 수 있는 내용
⑭ 국내외 여행 및 관광에 관한 내용
⑮ 우리나라의 경제 발전에 관한 내용과 새마을 운동의 모습
⑯ 기타 사회 생활 또는 실업 생활에서 자주 언급되는 소재

〈 문 형 〉
언어 요소 중에서 가장 기본 되는 문형을 조직적으로 가르친다.
기본적으로 일상 회화에 필요한 간단한 문형을 먼저 가르치고, 그 기초에서 출발하여 발전적인 문형을
단계적으로 가르친다.
① 처음에는 대체로 단문의 기초 문형을 가르치고 그 다음에 중문을 익히게 한다.
② 단문 중문의 반복 학습을 거친 다음에 복문과 응용 문형인 혼문을 가르친다.
③ 직접적인 방법으로 훈련을 하기 위하여 희망 문형을 자주 사용한다.
④ 듣고 말하기를 훈련의 기초 기능으로 삼기 위하여 의문문형과 응대 문형을 중점적으로 가르친다.

〈 문법 사항 〉
문법은 일본어의 이해력과 표현력을 뒷받침하는 한도에서, 기본적인 사항을 문장에 따라 귀납적으로 지
도한다.
지도에 있어서는 다음 사항을 포함할 수 있다.
① 동사의 활용
    (가) 활용형
        미연, 연용, 종지, 연체, 가정, 명령
    (나) 활용의 종류
        5단, 상1단, 하1단, カ행 변격, サ행 변격
② 형용사와 형용 동사의 활용
    활용형 – 미연, 연용, 종지, 연체, 가정
③ 명사와 대명사
    (가) 지시 대명사
        근칭, 중칭, 원칭, 부정칭
    (나) 인칭 대명사
        자칭, 대칭, 타칭(근 · 중 · 원칭), 부정칭
④ 조사의 용법
    (가) 격조사   (나) 접속 조사
    (다) 부조사   (라) 종조사

⑤ 조동사의 용법과 활용
   (가) 종류
       부정, 희망, 가능, 수동, 정중, 과거, 사역, 존경, 자발, 전문 양태, 단정, 추측, 의지
   (나) 활용형
       미연, 연용, 종지, 연체, 가정
⑥ 부사
   종류 - 상태, 정도, 부정, 희망, 비유, 추측, 금지, 가정, 부정, 추측 의문, 반어 강조, 단정
⑦ 연체사
⑧ 접속사
   (가) 병렬   (나) 첨가   (다) 선택   (라) 순접   (마) 역접
⑨ 감동사
   (가) 감동   (나) 부름   (다) 응답
⑩ 경이의 용법
   (가) 존경   (나) 겸양   (다) 정중
⑪ 음편

3. 지도상의 유의점
   (1) 항상 듣기와 말하기 훈련을 중시하면서 점진적으로 읽고 쓰는 능력을 계발하도록 수업을 전개하여야
       한다.
   (2) 문법 설명 및 번역 위주의 강의식 수업 방법은 피한다.
   (3) 발음 지도에 있어서는 일본어 특유의 청음, 탁음의 구별과 억양 등을 정확히 하도록 유의한다.
   (4) 정확한 발음과 듣기의 지도를 위하여 시청각 자료를 될 수 있는 대로 많이 이용하도록 한다.
   (5) 학습 지도에 있어서는 새로운 단어나 지식의 암기 이해보다 이미 습득한 언어 자료에 의한 반복 수
       련과 응용에 중점을 두어야 한다.
   (6) 일본어 사전의 사용 방법을 지도하여 학생이 자습할 수 있도록 기틀을 마련해 주어야 한다.
   (7) 실업 전문 교육의 특수성과 전문성을 고려하여 계별 실업 내용에 관한 설명문, 시사문, 서한문 등을
       아울러 지도하되 어떠한 부문에만 치우치지 않도록 전체적인 균형을 고려하여야 한다.

4) 제3차 교육과정기(1973~1981)

제3차 교육과정은 구 과정에서의 생활 중심 교육과정을 지양하고 지식 및 정보의 폭발적인 팽창에 효과적으로 대응하기 위한 학문 중심 교육과정과 '국민교육헌장'의 이념 구현을 기본 방향으로 삼고 변화를 모색하였다. 이를 토대로 한 교육과정 개정의 기본 방침은 다음과 같다.

① 국민적 자질 함양 : 민족 주체 의식의 고양, 전통을 바탕으로 한 민족 문화의 창조, 개인의 발전과 국가의 융성과의 조화

② 인간 교육의 강화 : 가치관 교육의 강화, 비인간화 경향의 극복, 근면성과 협동성의 앙양

③ 지식・기술 교육의 쇄신 : 기본 능력의 배양, 기본 개념의 파악, 판단력과 창의력의 함양, 산학 협동 교육의 강화

제3차 교육과정기에 들어 영어 Ⅰ, Ⅱ와 제2외국어가 분리 취급되고, 제2외국어는 10~12단위 범위 내에서 하나의 외국어를 선택하여 지도하도록 하였다. 특히, 일본어과는 제2차 교육과정기에 개설되었으나 제3차 교육과정 때부터 교육과정으로 문서화되어 제정・고시되었다.

이 시기의 특징적인 사항은 내용의 서술에 있어 처음으로 언어재료 중심이 아니고 언어의 4기능을 중심으로 듣기, 읽기, 쓰기, 말하기의 기초적 기능을 기르도록 하였고, 단계별이나 학년별로 제시함 없이 하나의 통일된 단계로 제시하였다는 점이다.

일본어과의 교과목표에 있어 특이한 점은 '일본인의 생활과 그 나라의 문화, 경제에 대한 이해를 증진시켜 국제적 협조심과 안목을 기르고 우리 스스로의 발전에 도움이 되도록 한다.'에서 경제에 대한 이해를 추가한 점이다. 내용 면에서도 중국어과를 비롯한 다른 외국어와 비교해 구성방식이 매우 상이하다. 즉, 다른 외국어가 언어를 4기능별로 나눈 뒤, 그 하위 항목으로 언어재료를 설정하고 있는 것과는 달리, 일본어과는 언어기능과 언어재료를 분리하여 별도로 제시하고 있다.

언어기능은 듣기와 말하기, 읽기, 쓰기 순으로 기술하고 있는데, 듣기와 말하기를 맨 먼저 제시한 점에서는 음성언어를 보다 중요시하였다는 것을 알 수 있다. 언어재료 항목은 다시 어휘, 소재, 문형, 문법사항으로 나누고 있다. 어휘는 3,000낱말 내외로 제한하고, 그에 200어의 전문적, 기술적 용어를 추가하고 있다. 문법사항에 있어서는 문장 지도에 포함해야 할 문법사항을 상세히 소개하고 있으며, '지도상의 유의점'은 중국어를 제외한 다른 외국어와 동일하다.

제3차 일본어 교육과정 원문

문교부령 제350호(1974. 12. 31. 제정공포)

1. 목 표

가. 표준적인 현대 일본어의 기본 어법을 익히게 하여, 듣기, 읽기, 말하기, 쓰기의 기초적인 기능을 기른다.

나. 일본인의 생활과 그 나라의 문화, 경제 등에 대한 이해를 증진시켜 국제적 협조심과 안목을 기르고, 우리 스스로의 발전에 도움이 되도록 한다.

다. 일본어를 통하여 우리나라의 문화와 현황에 대한 개략적인 소개를 할 수 있는 기초적 능력을 기른다.

2. 내 용

가. 언어 기능

(1) 듣기와 말하기

(가) 일본어의 음운 체계를 익히기

① '1자음＋1모음' 중심의 음절과 50음

② 청음, 탁음, 반탁음, 요음, 발음, 촉음, 장음

(나) 일상 관용의 인사말 교환하기

(다) 그림이나 실물을 보고 문답하기

(라) 신변에 관한 말을 묻고 대답하기

(마) 교사의 지시에 대해 학생이 동작과 말로 응대하기

(바) 듣고 읽은 내용을 간추려 말하기

(사) 문장의 일부를 다른 말로 바꾸어 말하기

(아) 일정한 문형을 의문문과 부정문으로 바꾸어 말하기

(자) 교사의 이야기를 들어서 이해하기

(차) 말하는 어조에 관한 연습

(카) 간단한 행동 경험을 말하고 듣기

(타) 간단한 연설 하기

(파) 쉬운 내용에 관해서 토의하기

(2) 읽 기

(가) 히라가나·가다까나를 식별하여 읽기

(나) 발음 연습의 단어를 가나로 읽어 정확한 음성을 익히기

(다) 당용한자의 음독과 훈독

(라) 교사의 범독에 따라 음독하기

(마) 스스로 교재를 음독 또는 묵독하여 이해하기

(바) 간단한 대화를 실감 있는 어조로 번갈아 읽기

(사) 신속히 읽고 내용을 요약하여 대의를 발표하기

(아) 사전을 활용하여 여러 가지 형식의 문장을 해득하기

(3) 쓰 기

(가) 히라가나·가다까나를 익혀 쓰기

(나) 당용한자(약자, 일본 한자 포함) 쓰기

(다) 읽기 교재를 보고 쓰기

(라) 읽기 교재를 외어 쓰기

(마) 교사가 부르는 말을 받아쓰기

(바) 미완성 문장을 보충하기

(사) 틀린 문장을 고쳐 쓰기

(아) 읽은 내용의 대의를 쓰기

(자) 주어진 단어·관용구·문형을 사용하여 예문을 만들기

(차) 간단한 편지 쓰기

(카) 간단한 국문을 일본어로 옮겨 쓰기

나. 언어 재료

(1) 어 휘

기본어휘 3,000어 내외를 점차로 반복 이수하도록 하며, 그 밖에 전문적, 기술적 용어 등을 포
함하여 200어 이내를 추가 사용할 수 있다. 한자는 당용한자 범위 안에서 그 일부를 사용함을
원칙으로 하되 고유명사에 한해서는 예외로 한다.

(2) 소 재

소재는 될 수 있는 대로 우리나라의 생활 내용에서 많이 선정하도록 한다.

(가) 간단한 인사 교환을 할 수 있는 내용

(나) 구체적인 실물과 그림을 놓고 간단한 문답을 할 수 있는 내용

(다) 수업을 중심으로 한 학교생활에 관한 내용

(라) 가족 및 가정생활에 관한 내용

(마) 가까운 생활 주변에 관한 내용

(바) 자기 또는 제3자를 간단히 소개할 수 있는 내용

(사) 신체, 계절, 일기, 행사 또는 기타 생활 주변의 일에 관하여 문답할 수 있는 내용

(아) 우리나라의 문화와 전통 및 사회, 역사, 인물 등에 관한 내용

(자) 일본인의 생활 및 일본의 문화, 사회, 경제 등에 관한 내용과 기타 국제 이해에 도움이 되
는 내용

(차) 현대인의 취미, 오락 및 과학 기술의 발전 등 현대 생활에 관한 내용

(카) 실업 생활에 관한 간단한 내용

(타) 쉬운 문예 작품

(파) 간단한 편지를 읽고 쓸 수 있는 내용

(하) 국내외 여행 및 관광에 관한 내용

(거) 우리나라의 경제 발전에 관한 내용 및 새마을 운동의 모습

(너) 기타 사회생활에서 자주 언급하는 소재

(3) 문 형

언어 요소 중에서 가장 굴대가 되는 기본 문형을 조직적으로 가르친다. 기본적으로 일상 회화에
필요한 간단한 문형을 먼저 가르치고, 그 기초에서 출발하여 발전적인 문형을 단계적으로 가르
친다.

(가) 처음에는 대체로 단문의 기초 문형을 가르치고, 그다음에 중문을 익히게 한다.

(나) 단문, 중문의 반복 학습을 거친 다음에 복문과 응용 문형인 혼문을 가르친다.

(다) 직접적인 방법으로 훈련을 하기 위하여 희망 문형을 자주 사용한다.

(라) 듣고 말하기를 훈련의 기초 기능으로 삼기 위하여 의문 문형과 응대 문형을 중점적으로 가르친다.

(4) 문법 사항

문법은 일본어의 이해력과 표현력을 뒷받침하는 한도 내에서 기본적인 사항을 문장에 따라 귀납적으로 지도한다. 지도에 있어서는 다음 사항을 포함한다.

(가) 동사의 활용

① 활용형……미연, 연용, 종지, 연체, 가정, 명령

② 활용의 종류……5단, 상1단, 하1단, カ행 변격, サ행 변격

(나) 형용사와 형용 동사의 활용

활용형……미연, 연용, 종지, 연체, 가정

(다) 명사와 대명사

① 지시 대명사……근칭, 중칭, 원칭, 부정칭

② 인칭 대명사……자칭, 대칭, 타칭(근, 중, 원칭), 부정칭

(라) 조사의 용법

① 격조사

② 접속 조사

③ 부조사

④ 종조사

(마) 조동사의 용법과 활용

① 종류……부정, 희망, 가능, 수동, 정중, 과거, 사역, 존경, 자발, 전문, 양태, 단정, 추측, 의지

② 활용형……미연, 연용, 종지, 연체, 가정, 명령

(바) 부사

종류……상태, 정도, 부정, 희망, 비유, 추측, 금지, 가정, 부정 추측, 의문, 반어, 강조, 단정

(사) 연체사

(아) 접속사

① 병렬 ② 첨가 ③ 선택 ④ 순접 ⑤ 역접

(자) 감동사

① 감동 ② 부름 ③ 응답

(차) 경어의 용법

① 존경 ② 겸양 ③ 정중

(카) 음편

3. 지도상의 유의점

가. 내용의 제시에 있어서는 특히 문장의 길이와 복잡성 등을 고려하여 쉬운 것에서 어려운 것으로, 구체적인 것에서 추상적인 것으로의 순서를 지켜야 한다.

나. 초기 단계에서는 구두 훈련을 통한 언어 학습을 중시하며, 불가피한 경우를 제외하고는 문법 용어의 도입을 피하여야 한다.

다. 문법은 이해력과 표현력을 뒷받침하는 한도 내에서 기본적인 사항을 문장에 따라 귀납적으로 지도

한다.

라. 정확한 발음과 듣기의 지도를 위하여 시청각 자료를 적절히 이용하도록 한다.

마. 지도에 있어서는 이미 습득한 언어재료에 의한 반복 수련과 응용에 중점을 두어야 한다.

바. 사전의 사용 방법을 지도하여 학생이 자습할 수 있는 기틀을 마련해 주는 한편, 문법은 표현력과 이
해력을 뒷받침하는 한도 내에서 기본적인 사항을 문장에 따라 지도한다.

5) 제4차 교육과정기(1981~1987)

제4차 교육과정의 구성방향은 종래의 교과, 경험, 학문으로 이어지던 교육
과정을 토대로 미래 지향적인 과학교육과 인간중심교육을 강조하였다. 즉,
1980년 들어 당시의 정치·사회적 특수 상황과 미래에 대한 전망을 토대로
한 국제화·개방화 정책에 부응하기 위한 새로운 교육과정 개정의 필요성이
대두되었으며, 이에 따른 개정의 기본 방향으로 국민정신 교육의 체계화, 전
인 교육의 강화, 과학 기술 교육의 강화, 교육내용의 양과 수준의 적정화에
두고 건강한 심신 육성, 지력과 기술의 배양, 도덕적인 인격의 형성, 민족
공동체 의식의 고양을 강조하였다. 이와 같은 기본 방향 하에 외국어과에서
는 생활 외국어의 내실 있는 강화를 기치로 새로운 변화를 모색하게 되었다.

이 시기에 들어서 외국어 교육과정의 모든 과목이 완전히 통일된 체제로
구성되었다. 영어를 포함한 모든 외국어과 교육과정의 전체 모습을 살펴보
면 다음과 같다. 우선 제3차 외국어과 교육과정과 마찬가지로 외국어과 맨
앞에 외국어과 전체의 '교과목표'가 제시되어 언어사용 능력의 배양, 국제적
인 안목의 향상, 그리고 이를 통한 우리문화의 발전을 강조하였다. 그다음
각 과목별로 동일한 체제로 목표, 내용, 지도 및 평가상의 유의점 순으로 크
게 구분하여 제시하였다. 다시 '내용'은 듣기와 말하기, 읽기, 쓰기 3개 항목
의 '언어기능'과 소재, 발음, 어휘, 문형·문법의 4개 항목의 '언어재료'로 구
성되었다. '지도 및 평가상의 유의점'은 지도와 평가로 나누어 제시되었다.

최초로 평가에 관한 내용이 진술됨으로써 교육의 질적 통제가 비로소 법
적으로 명문화되어 학교나 학생 모두에게 교육의 내실을 기할 수 있는 논리

적 기반을 가지게 되었다. 이와 함께 교과교육의 전체적인 수준을 통제할 수 있는 구체적인 자료인 '기본어휘'가 교과별로 다시 상이하나 대략 750개 내외가 선정, 수록되어 현장교육이나 교재구성에 있어 구체적인 기준을 제시하게 되었으며, 동시에 전국적인 외국어 교육의 균형을 기하게 되었다. 이 밖에 제2외국어를 일반계 고등학교와 실업계 고등학교로 구분하여, 일반계는 10∼12단위,[4] 실업계는 6∼10단위를 이수하도록 한 것도 제4차 교육과정의 특징이다.

제4차 일본어 교육과정 원문

문교부 고시 제442호(1981. 12. 31. 제정 고시)

가. 목 표
일본어 사용 능력을 기르고, 일본인의 문화를 이해시킴으로써 우리 문화 발전에 기여하게 한다.
1) 일상생활과 일반적인 화제에 관한 비교적 쉬운 말을 듣고, 말하고, 읽고, 쓰는 능력을 기른다.
2) 일본인의 생활 및 문화에 관하여 폭넓게 이해한다.

나. 내 용
1) 언어 기능
가) 듣기와 말하기
(1) 발음을 익힌다.
(2) 쉬운 말의 내용을 듣고 이해한다.
(3) 인사말 등 간단한 대화를 나눈다.
(4) 잘 아는 소재에 관하여 말한다.
니) 읽 기
(1) 글을 소리 내어 읽는다.
(2) 가나 문자와 교육한자의 음독과 훈독을 식별하여 읽는다.
(3) 글의 대의를 파악한다.
다) 쓰 기
(1) 가나 문자와 교육한자를 익혀 쓴다.
(2) 간단한 말을 받아쓴다.
(3) 구두로 익힌 쉬운 말을 글로 쓴다.

---

4) 단위는 이수해야 할 시수를 의미하는 것으로 예를 들어, 10단위라고 하면 총 10시간으로 1, 2학기로 나누게 되면 한 학기 5시간을 의미한다. 이를 1학년과 2학년에 걸쳐 2시간, 3시간으로 나누거나, 2학년에서 5시간 모두를 하는 것 등은 현재 학교 재량으로 되어 있다.

         (4) 제한된 문형 및 어휘를 이용하여 간단한 글을 짓는다.
         (5) 간단한 우리말을 일본어로 옮긴다.
         (6) 학생 주변에 관한 것을 글로 쓴다.
   2) 언어 재료
      가) 소 재
         (1) 일본인의 생활과 우리 일상생활 및 문화 전반에 관한 것을 선택하되, 올바른 가치관 형성에
             도움이 되는 것으로 한다.
             ○ 학교생활에 관한 것
             ○ 일상 가정생활에 관한 것
             ○ 기타 사회생활 주변에 관한 것
         (2) 글의 형식은 대화체, 서술체 등 다양하게 선정하되, 내용 구성에 있어서는 다음 사항에 유의
             한다.
             ○ 학생들의 흥미, 필요, 지적 수준 등을 고려하여, 학습 동기를 유발할 수 있는 것
             ○ 내용이 정확하고 실용적인 것
             ○ 현대 일본어의 표준 발음으로 한다.
      나) 발 음
      다) 어 휘
             ○ [별표1]의 기본어휘를 포함하여 사용 빈도가 높은 2,200 내외의 어휘를 선정하여 사용한다.
      라) 문형·문법
             ○ 문형·문법 사항은 사용 빈도와 활용도를 고려하여 기초적인 것으로 한다.

다. 지도 및 평가상의 유의점
   1) 지 도
      가) 초기 단계에서는 구두 훈련을 통한 언어 학습에 중점을 두고, 가급적 문법 용어의 도입을 피
          한다.
      나) 학습한 내용을 활용할 수 있는 단계에까지 반복하여 익히도록 한다.
      다) 어휘와 글을 자연스러운 문맥 속에서 제시하여 익히도록 한다.
      라) 문법 위주의 수업 방법을 피한다.
      마) 직독, 직해의 습관을 기르도록 한다.
      바) 각종 시청각 자료 및 기구를 충분히 사용하여 학습 효과를 높이도록 한다.
   2) 평 가
      가) 언어 기능의 네 영역을 고루 평가하도록 한다.
      나) 언어 기능의 각 영역을 효과적으로 평가할 수 있는 형식과 방법을 사용한다.
      다) 평가 방법은 학생의 학습 동기를 유발시킬 수 있도록 구성하여 실시한다.
      라) 지엽적이고 예외적인 것을 피하고, 기본적인 사항과 기초적인 능력을 평가한다.
      마) 평가 결과를 바탕으로 다음 단계의 지도가 적절히 이루어지도록 한다.

6) 제5차 교육과정기(1987~1992)

제5차 교육과정의 구성방향에서는 지식의 급격한 팽창과 과학의 발달에서 오는 고도 산업화, 정보화 시대에 능동적으로 대처하고, 국제관계의 다양한 변화에 주체적으로 대응하기 위해 교육을 통해 길러야 할 인간상으로 건강한 사람, 자주적인 사람, 창조적인 사람, 도덕적인 사람을 제시하였다. 외국어과 교육과정도 올림픽유치 등의 시대적인 배경과 외국어 교수법 등의 변화를 반영하여, 구 외국어과 교육과정의 추상적인 진술을 가급적 구체화하며, 문법중심의 교육을 지양하고, 실제 의사소통 능력의 향상을 도모할 수 있도록 수정하였다.

교육과정의 전체 체제를 살펴보면, '교육과정 구성의 방향', '고등학교 교육과정 총론', 그리고 '고등학교 교육과정 각론'으로 크게 나누어 제시되었다. '총론'은 교육목표, 편제와 단위 배당, 교육과정 운영지침, 그리고 실업계, 기타계 고등학교의 계열별 목표 및 전문교과편제로 나누어 제시되었다. 외국어과의 이수 시간은 약간 줄어 한 과목을 선택하여, 인문계 고등학교는 10단위를, 실업계 고등학교는 6단위를 이수하도록 하고 있다. '각론'은 보통교과, 전문교과, 그리고 특별활동으로 나누어졌으며, 각 교과 교육과정은 교과별 목표가 우선 제시되고, 그다음은 각 과목별로 목표, 내용지도 및 평가상의 유의점으로 구성되었다. 그리고 종래의 '에스파니아어' 과목명을 '에스파냐어'로 변경 사용하게 되었다.

　외국어 교과의 체제를 살펴보면 제4차 외국어과 교육과정과 마찬가지로 모든 외국어 교과의 체제와 내용이 동일하다. 외국어과 맨 앞에 언어사용 능력의 배양, 국제적인 안목의 향상, 그리고 이를 통한 우리 문화의 발전을 강조한 외국어과 전체의 교과목표가 제시되었다. 특징은 목표 진술에 있어 광의의 목표와 협의의 목표가 분리되어 진술된 구 교육과정의 목표 진술 체제 대신, 음성언어 능력과 문자언어 능력, 그리고 문화적인 측면을 개조식으로 제시하였다. 아울러 음성언어 능력을 우선으로 하고 있다는 점이 큰 변화라고 볼 수 있다. 내용은 듣기와 말하기, 읽기, 쓰기의 3개 항목의 '언어기능'과 소재, 발음, 문자, 어휘, 문형·문법의 5개 항목의 '언어재료'로 구성되었다. 지도 및 평가상의 유의점은 지도와 평가로 나누어 제시되었다. 내용과 지도 및 평가상의 유의점에서 몇 가지 특징적인 면을 살펴보면, 내용에서 문법과 관련하여 처음으로 문법 설명 위주의 수업 방식은 피하도록 하되, 문장 구성과 뜻을 이해시키는 데 필요한 경우에는 용례를 통해서 지도하도록 하였다. 이는 당시 흔히 볼 수 있었던 현장에서의 과다한 학습량, 특히 문법중심의 수업을 축소시키고자 하는 의도가 작용하였기 때문이다. 그리고 기본어휘가 문법어, 내용어로 구분되어 제시되었다. 이수할 어휘 수는 서양어의 경우 구 교육과정의 1,200낱말 내외에서 1,000낱말 내외, 동양어인 중국어와 일본어는 각각 구 교육과정 2,000낱말, 2,200낱말 내외에서 1,800낱말 내외로 축소되었다. 한편, 기본어휘는 언어마다 약간씩의 차이가 있기는 하지만 최소 663낱말(프랑스어)에서 최고 846낱말(일본어)로 제시되어 있다. 그리고 이러한 기본어휘는 반드시 이수해야 하는 것으로 진술되어 최근의 기본어휘 관련문과 비교해 그 구속력이 강하게 표현되고 있음이 특징이다. 지도 및 평가상의 유의점에서 평가에 관한 진술내용 중 '부분평가'와 '전체평가'의 용어가 처음으로 사용되었다. 이는 어느 특정 언어요소만의 평가가 아닌, 여러 언어요소들의 종합적인 평가가 행해져야 한다는 것이므로 교수법에서 의사소통접근법이 점차 강조된다는 것을 의미한다.

제5차 일본어 교육과정 원문

문교부 고시 제88-7호(1988. 3. 31)

가. 목 표
  1) 일상생활 및 주변의 일반적인 화제에 관한 쉬운 말을 들어 이해하고, 간단한 대화를 나눌 수 있게 한다.
  2) 일상생활 및 주변의 일반적인 소재에 관한 쉬운 글을 읽어 이해하고 쓸 수 있게 한다.
  3) 일본인의 생활양식과 사고방식을 폭넓게 이해시킨다.

나. 내 용
  1) 언어 기능
    가) 듣기와 말하기
      (1) 말소리를 식별하고 정확하게 발음하기
      (2) 쉬운 내용의 말을 듣고 이해하기
      (3) 구두로 문형 연습하기
      (4) 실물이나 그림을 보고 간단히 말하기
      (5) 학습한 내용을 중심으로 간단히 대화하기
      (6) 일상적인 화제에 관하여 간단히 대화하기
      (7) 주변의 일반적인 소재에 관한 이야기를 듣고 요약해서 말하기
    나) 읽 기
      (1) 가나 문자와 상용한자 범위 내의 한자를 바르게 읽기
      (2) 문장을 정확하게 읽기
      (3) 글은 내용을 이해하면서 읽기
      (4) 쉬운 글의 대의 및 요지 파악하기
      (5) 읽은 글의 내용을 요약하고 결론 내리기
    다) 쓰 기
      (1) 가나 문자와 상용한자 및 정서법 익히기
      (⑺) 간단한 말을 듣고 정확하게 받아쓰기
      (3) 문형 연습을 통하여 문장을 만들어 쓰기
      (4) 간단한 우리말을 일본어로 옮겨 쓰기
      (5) 일상적인 소재에 관한 생각이나 느낌을 쉬운 글로 표현하기
      (6) 학습한 내용을 요약해 쓰기
  2) 언어 재료
    가) 소 재
      (1) 소재는 일상생활과 일반적인 화제 중에서 선택하되, 언어의 4기능 학습 및 올바른 가치관 형성에 도움이 되는 것으로 한다.
        ◦ 개인, 가정, 학교, 사회생활에 관한 것
        ◦ 취미, 오락, 운동 등 여가 선용에 관한 것
        ◦ 예절, 풍속, 지리, 역사, 예술 등 문화 이해에 도움이 되는 것

(2) 글의 내용에 있어서는 다음 사항에 유의한다.
- 학생들의 흥미, 필요, 지적 수준 등을 고려하여 학습 동기를 유발할 수 있는 것으로 한다.
- 정확하고 실용적인 것으로 하되, 특정 분야에 편중됨이 없도록 한다.

나) 발 음
- 현대 일본어의 표준 발음으로 한다.

다) 문 자
- 문자는 히라가나, 가타카나, 한자를 사용하되, 한자는 일본의 상용한자 범위 내로 한다.

라) 어 휘
- [별표 I]의 기본어휘를 포함하여 사용 빈도가 높은 1,800 내외의 단어를 선정하여 사용한다.
- 단어는 사용 빈도와 활용도를 고려하여 선정한다.
- 기본 어휘표에 제시되지 않은 조사, 조동사는 이해의 범위를 넘지 않도록 한다.

마) 문형·문법
- 문형·문법 사항은 사용 빈도와 활용도를 고려하여 기초적인 것으로 한다.

다. 지도 및 평가상의 유의점
1) 지도
(1) 언어의 4기능을 상호 유기적으로 지도하여 각 기능이 상호 보완될 수 있게 한다.
(2) 단어와 구문은 자연스러운 문맥과 상황 속에서 제시하도록 한다.
(3) 의사소통 중심의 연습을 많이 시켜 학습한 내용을 충분히 활용할 수 있도록 지도한다.
(4) 문법 설명 위주의 수업 방식은 피하도록 하되, 문장 구성과 뜻을 이해시키는 데 필요한 경우에는 용례를 통해서 지도한다.
(5) 말하기 연습 시 초기 단계에는 의사 전달에 중점을 두며, 점진적으로 정확도를 높여 가도록 한다.
(6) 직독 직해의 습관을 기르도록 한다.
(7) 작문 지도는 통제 작문 중심으로 한다.
(8) 각종 시청각 기자재를 충분히 활용하여 학습 효과를 높이도록 한다.
(9) 학습자의 필요와 능력에 알맞은 개별 학습 및 분단 학습의 기회를 가지게 하여, 학습 활동에 적극적으로 참여하도록 유도한다.
(10) 일본 문화를 이해시킴으로써 다른 문화에 대한 이해심과 국제적인 협조심을 높인다.

2) 평가
(1) 언어 기능의 4영역을 고루 평가하도록 한다.
(2) 각 언어 기능을 효과적으로 평가할 수 있는 형식과 방법을 사용하도록 한다.
(3) 지엽적이고 예외적인 것을 피하고 기본적이고 중요한 사항을 평가한다.
(4) 평가 목표에 따라 부분 평가와 전체 평가를 적절하게 실시한다.
(5) 듣기 평가에서는 말소리의 식별 및 의미의 파악 등에 대한 능력을 평가한다.
(6) 말하기 평가에서는 발음, 어휘, 구문 등의 정확도에 대하여 평가한다.
(7) 읽기 평가에서는 바르게 낭독하고, 글의 줄거리, 요지 등을 파악하는 능력을 평가하는 데에 비중을 둔다.
(8) 쓰기 평가에서는 정확한 단어와 구문을 사용하여, 전달하고자 하는 내용을 바르게 표현할 수 있는 능력을 평가한다.
(9) 평가는 학생의 학습 의욕이 올바르게 촉진될 수 있도록 한다.
(10) 평가 결과를 바탕으로 다음 단계의 지도가 적절히 이루어지도록 한다.

7) 제6차 교육과정기(1992~1997)[5]

1988년 서울 올림픽 이후 급속히 활발해진 국제 교류 활동과 당시 정부에 의해 강조된 세계화로의 지향, 그리고 보다 가속화되는 정보화의 물결 등을 시대적 배경으로 하여 새로운 교육과정 개정의 필요성이 대두되었다.

제6차 교육과정은 위와 같은 시대적 변화를 수용하기 위해 지방분권형, 구조의 다양성, 내용의 적정화, 운영의 효율화를 중심으로 하여 개정되었으며, 특히 새롭게 러시아어가 외국어과 교육과정에 추가되었다. 제2외국어 교과는 일반계 고등학교 12단위, 실업계 고등학교는 일정 단위 수에 대한 기술 없이 '과정별 필수과목에서 선택하여 편성한다.'로 일반화해서 제시되었다.

외국어과 전체 체제를 살펴보면, 전체 외국어과 맨 앞은 모든 외국어과의 일반지침이라고 할 수 있는 성격, 목표, 그리고 내용이 진술되어 있다. 이곳에서는 외국어 교육의 필요성, 실용적인 언어사용 능력의 중요성, 그리고 외국어과의 일반목표가 진술되어 있다. 그다음은 과목별로 성격, 목표, 내용, 방법, 그리고 평가의 순으로 크게 구분하여 제시되어 있다. 내용은 다시 이해기능, 표현기능으로 구성된 '언어기능'과 의사소통 기능 항목에 대한 진술과 문법에 대한 '의사소통 기능', 그리고 소재, 발음, 어휘로 구성된 '언어재료'로 구성되어 있다. 방법은 교수·학습 계획과 교수·학습 방법으로 나누

---

5) 제6차 교육과정부터 그동안 각종 학교로 운영되어 오던 외국어고등학교를 국가 공인 정식 교육 기관인 기타 계열 고등학교 범주에 포함시키고, 이 학교를 위한 최초의 외국어 계열 교육과정을 개발하기에 이름. 이후 1997년에 고시된 제7차 교육 과정에서 첫 번째로 외국어 계열 교육과정이 개정되(김영준, 2008)었고, 이후, 개정교육과정이 이어지고 있음. 단, 이하 본 교재에서는 고등학교 일본어 I, II를 기준으로 함.

어졌으며, 맨 마지막으로 나오는 평가는 평가지침, 평가목표, 평가방법으로 나누어 제시되어 있다. 제6차 교육과정 또한 모든 교과의 체제와 내용이 거의 동일하다. 다만, 교육과정의 내용 중 부분적으로는 약간의 차이점이 나타났다.

제6차 교육과정에 나타나는 편제상의 특징을 보면 다음과 같다. 우선 동일 언어가 2개, 즉 외국어Ⅰ, 외국어Ⅱ 교육과정으로 구분하여 제시되었으며, 성격에 있어서는 외국어Ⅰ은 듣기, 말하기의 음성 언어능력 배양에 치중하였으며, 외국어Ⅱ는 읽기, 쓰기의 문자 언어능력을 강조하였다. 물론, 외국어 Ⅰ이나 외국어Ⅱ 모두 언어 4기능의 고른 배양의 필요성을 배제하지는 않았다. 목표에서는 언어기능을 기존의 4개 기능으로 분리하여 진술하지 않고 "…… 말과 글을 이해할 수 있게 한다."와 "…… 표현할 수 있게 한다."로 진술하였다. 이와 같은 맥락에서 내용에서도 다시 언어기능을 '이해기능'과 '표현기능'으로 나누어 언어 학습 활동을 제시하였으며, 의사소통 기능에서는 처음으로 [별표 1]에 의사소통 기능 항목과 예시문, 그리고 다루지 않는 문법사항을 명기하고 있다. 어휘량에 있어서는 전체적으로 감소를 보이는데, 독일어, 프랑스어, 에스파냐어, 러시아어는 'Ⅰ' 과정이 500어, 'Ⅱ' 과정이 500어로 제시되었고, 중국어는 'Ⅰ' 과정이 600어, 'Ⅱ' 과정이 700어, 일본어는 'Ⅰ' 과정이 600어, 'Ⅱ' 과정이 800어로 제시되었다. 기본 어휘표에 제시된 어휘 수는 독일어 695개, 프랑스어 704개, 에스파냐어 683개, 중국어는 760개, 일본어는 771개, 그리고 러시아어는 788개로 제시되었다. 전체적으로 보아 이수 어휘 수, 기본어휘 수가 모두 감소하는 경향을 보였다. 한편, 의사소통 기능에 따른 예시문이 각 언어마다 해당 교육과정 말미에 부록의 형태로 제시되었는데, 설정된 의사소통 기능 항목 중 상위 항목을 열거하면 '개인의 생각', '개인의 느낌', '친교활동', '일상적 대인관계', '권유와 의뢰', '지시와 명령', '정보교환', '의견교환', '문제해결', '창조적 활동' 등이며, 이들 항목을 중심으로 각각 2~5개씩의 하위 항목이 제시되었다. 아울러 각각의 기본적인 예시문이 제시되었는데, 이들 항목과 그 예시문이 수록된 까닭은 '기본어휘' 제시와 마찬가지로 교과교육의 균형 및 일관성을 유지하기 위한 배려에서였다. 또 한 가지의 특징은 방법이 독립된 체제로 조직되었다는 점이다. 제5차 교육과정의 지도 및 평가상의 유의점 중, 지도 항목과 비교해볼 때 언어 기능별 방법론이 좀 더 상세히 진술되었다.

제6차 일본어 교육과정 원문

교육부 고시 제1992-19호('92. 10. 30)

일본어 I

1. 성격

'일본어 I' 과목은, 여러 분야에서 영향력이 날로 증가하고 있는 일본어를 익혀, 첨단 과학 기술 및 정치·경제면에서 점점 높아지고 있는 일본의 국제적 지위에 대응하고, 우리나라와의 지리, 역사적 관계에서 요구되는 상호 협력 교류를 지속하는 데 도움을 주는 것이다.

'일본어 I' 과목은 이해 기능과 표현 기능을 고르게 기르되, 듣기와 말하기에 중점을 두어 의사소통 능력을 신장하는 기초 과정이며, 이러한 과정을 통하여 학생들이 일본어와 일본에 흥미와 관심을 가질 수 있도록 도와줄 것이다.

'일본어 I' 과목은 단순한 의사소통 도구로만 가르치는 것이 아니라, 자신의 생각과 느낌 등을 일본어로 표현할 수 있는 기초 능력을 기르고, 동시에 건전한 사고방식을 가진 성숙한 민주 시민으로 자라도록 탐구하고 사고하는 바탕을 배양하며, 나아가 일본 문화의 이해를 통하여 국제화 시대에 능동적으로 대처할 수 있는 기초적 역량을 기르도록 한다. 따라서 '일본어 I' 과목은 대학에 진학하여 학문을 연마할 학생들에게는 물론, 실업계 학생에게도 선택 과목으로 권장하도록 한다.

2. 목표

가. 일상생활과 관련된 쉬운 말과 글을 이해할 수 있게 한다.
나. 일상적인 화제와 관련된 내용을 간단하게 표현할 수 있게 한다.
다. 일본인의 일상생활과 관습을 이해하게 한다.

3. 내용

가. 언어 기능
  (1) 이해 기능
    (가) 소리와 문자의 관계를 이해하기
    (나) 간단한 말을 듣고 행동하기
    (다) 간단한 질문이나 대답을 이해하기
    (라) 간단한 대화의 내용을 이해하기
    (마) 쉬운 내용의 말과 글의 대의를 파악하기
  (2) 표현 기능
    (가) 소리와 문자를 식별하여 발음하기
    (나) 학습한 내용을 간단한 말로 표현하기

(다) 실물이나 그림을 보고 간단히 대화하기

(라) 간단한 질문이나 대답하기

(마) 일상생활에 관하여 쉬운 말과 글로 표현하기

나. 의사소통 기능

(1) [별표1]에 제시된 의사소통 기능 항목을 참고로 한다.

(2) 문법에 관한 내용은 [별표1]에 있는 예시문의 해당 사항을 참고한다. 다만, 다음 문법 사항은 다루지 않기로 한다.

(가) 고어적인 표현(⟨예⟩ べし, まい 등)

(나) 사역＋피동형 표현(⟨예⟩ 歌わせられる 등)

다. 언어 재료

(1) 소 재

(가) 일상생활에 관한 소재를 위주로 선택하되, 의사소통 기능 지도에 도움이 되는 것으로 한다.

① 개인 생활과 인간관계에 관한 것

② 교우 관계와 학교생활에 관한 것

③ 취미, 오락, 운동, 여행 등 여가 선용에 관한 것

④ 건전한 사고와 협동 정신을 기르는 데 도움이 되는 것

⑤ 일본인의 일상생활을 이해하는 데 도움이 되는 것

(나) 내용 구성에 있어서는 다음 사항에 유의해야 한다.

① 학생들의 흥미, 필요, 지적 수준 등을 고려하여 학습 의욕을 유발할 수 있는 것으로 한다.

② 학습 활동을 통하여 학생들의 의사소통 의욕을 유발할 수 있는 것으로 한다.

③ 내용은 실용적인 것으로 한다.

(2) 발 음

현대 일본어의 표준 발음으로 한다.

(3) 문 자

문자는 히라가나, 가타카나, 한자를 사용하되, 한자는 일본의 상용한자 범위 내로 한다.

(4) 어 휘

[별표2]에 제시된 어휘를 중심으로 하여 600낱말 내외를 사용한다.

4. 방 법

가. 교수·학습 계획

(1) 듣기와 말하기에 중점을 두어, 언어 기능의 자연스러운 습득이 가능하도록 수업을 계획한다.

(2) 언어 기능을 효율적으로 기를 수 있도록 학습 지도 계획을 사전에 짜도록 한다.

(3) 학생의 필요와 지적 발달을 고려하여, 언어 기능과 의사소통 기능이 나선형으로 구성되게 한다.

(4) 학생의 흥미와 동기를 유발할 수 있도록 학생 중심의 학습 활동이 되도록 계획한다.

(5) 각종 시청각 자료 및 기구를 충분히 활용하여 학습 효과를 높이도록 수업을 계획한다.

나. 교수·학습 방법

(1) 교사와 학생 및 학생과 학생 간의 활동을 전개하여, 의사소통 기능을 이해하고 이를 적용할 수 있도록 한다.

(2) 듣기 지도는 반복 연습을 통하여 문장의 의미를 충분히 이해하도록 도와준다.

(3) 말하기 지도는 개인별 및 분단별로 역할놀이, 게임 등을 통하여 하되, 학생들에게 능동적으로 표

현할 수 있는 기회를 많이 주도록 한다.

(4) 읽기 지도는 자연스러운 발화에 역점을 두어 낭독하게 하여 유창성을 기르도록 한다.

(5) 쓰기 지도는 통제 작문을 중심으로 지도한다.

(6) 문화에 관한 내용은 적절한 자료를 사용하여, 편협하지 않은 사고방식과 올바른 가치관을 기르도록 한다.

(7) 목표와 내용에 따라서는 일본어로 수업을 진행할 수 있게 한다.

(8) 개별 학습과 자율 학습이 가능하도록 도움 자료(테이프, 워크북)를 활용한다.

(9) 교과용 도서의 내용은 학생의 수준과 지역 환경 및 상황에 따라 재구성하여 지도할 수 있다.

(10) 학생의 의사소통 의욕을 높이기 위하여 오류의 즉각적인 수정을 피하도록 한다.

5. 평 가

가. 평가 지침

(1) 학습한 내용을 중심으로 이해 기능과 표현 기능을 고루 평가한다.

(2) 이해 기능은 듣기와 읽기 능력을 평가한다.

(3) 표현 기능은 말하기와 쓰기 능력을 평가한다.

(4) 학습 과정과 단계별 목표의 성취도를 종합적으로 평가한다.

(5) 타당성, 신뢰성, 객관성을 갖춘 평가가 되도록 한다.

(6) 평가의 결과는 이해 기능과 표현 기능으로 구분하여 처리한다.

(7) 표현 기능의 평가는 5단계 정도로 나누어진다.

나. 평가 목표

(1) 언어 기능

(가) 이해 기능

① 소리와 문자의 식별 능력

② 간단한 대화의 내용 이해

③ 간단한 질문이나 대답의 이해

④ 쉬운 대화의 내용, 목적, 상황 등에 대한 이해

⑤ 일본인의 일상생활과 관습에 대한 이해

(나) 표현 기능

① 소리와 문자의 식별과 발음

② 간단한 질문이나 대답

③ 실물이나 그림을 이용한 간단한 대화

④ 상황에 따른 간단한 대화

⑤ 인사, 소개, 초청, 감사 등 의사소통 기능의 적절한 표현

(2) 의사소통 기능

학습한 의사소통 기능의 이해와 적용

다. 평가 방법

(1) 평가 목표에 따라 분리 평가와 통합 평가를 적절하게 실시하면서 통합 평가의 비중을 높여 간다.

(2) 언어 기능과 의사소통 기능을 효과적으로 평가할 수 있는 방법을 사용하도록 한다.

(3) 단편적이고 지엽적인 문법 지식 중심의 평가를 피하고, 언어능력을 종합적으로 평가할 수 있는 방법을 활용하도록 한다.

(4) 의사소통 의욕과 의사소통 활동의 참여도 등을 관찰하여 평가한다.

일본어 Ⅱ

1. 성 격

'일본어Ⅱ' 과목은, 여러 분야에서 영향력이 날로 증가하고 있는 일본어를 익혀, 첨단 과학 기술 및 정치·경제면에서 점점 높아지고 있는 일본의 국제적 지위에 대응하고, 우리나라와의 지리, 역사적 관계에서 요구되는 상호 협력 교류를 지속하는 데 도움을 주는 과목이다.

'일본어Ⅱ' 과목은 '일본어Ⅰ' 과목의 심화 과정으로, 이해 기능과 표현 기능을 고르게 기르되, 읽기와 쓰기에 중점을 두어 의사소통 능력을 신장하는 기초 과정이며, 이러한 과정을 통하여 학생들이 일본에 눈을 뜨고 일본을 새롭게 인식할 수 있도록 도와줄 것이다.

'일본어Ⅱ' 과목은 단순한 의사소통 도구로만 가르치는 것이 아니라, 자신의 생각과 느낌 등을 일본어로 표현할 수 있는 기초 능력을 기르고, 동시에 건전한 사고방식을 가진 성숙한 민주 시민으로 자라도록 탐구하고 사고하는 바탕을 배양하며, 나아가 일본 문화의 이해를 통하여 국제화시대에 능동적으로 대처할 수 있는 기초적 역량을 기르도록 한다. 따라서 '일본어Ⅱ' 과목은 대학에 진학하여 학문을 연마할 학생에게는 물론, 가급적 실업계 학생에게도 선택 과목으로 권장하도록 한다.

2. 목 표

가. 일반적인 화제와 관련된 글을 이해할 수 있게 한다.

나. 일반적인 화제와 관련된 내용을 표현할 수 있게 한다.

다. 일본인의 생활과 문화를 익히고 올바른 가치관 형성에 도움이 되게 한다.

3. 내 용

가. 언어 기능

(1) 이해 기능

(가) 소리와 문자의 관계를 추론하여 이해하기

(나) 쉬운 내용의 말과 글을 이해하기

(다) 쉬운 질문이나 대답을 이해하기

(라) 쉬운 글의 대의를 파악하기

(마) 내용이나 사건의 전개 과정을 이해하기

(2) 표현 기능

(가) 간단한 말을 듣고 받아쓰기

(나) 학습한 내용을 적용하여 간단하게 표현하기

(다) 쉬운 우리말을 일본어로 옮겨 쓰기

(라) 실물이나 그림을 보고 간단히 대화하기

(마) 일상생활과 일반적인 화제에 관하여 간단하게 표현하기

나. 의사소통 기능

'일본어Ⅰ' 과목에 준한다.

다. 언어 재료

(1) 소 재

(가) 일반적인 화제를 위주로 선택하되, 의사소통 기능 지도에 도움이 되는 것으로 한다.

① 사회생활과 국가에 관한 것

② 취미, 오락, 운동, 여행 등 여가 선용에 관한 것

③ 공동생활과 관련한 도덕과 질서 등 가치관 확립에 도움이 되는 것

④ 문화와 환경 문제 등을 이해하는 데 도움이 되는 것

⑤ 일본 문화와 우리 문화를 바르게 이해하는 데 도움이 되는 것

(나) 내용 구성에 있어서는 다음 사항에 유의해야 한다.

① '일본어 I' 과목에서 배운 것을 응용하고 심화할 수 있도록 한다.

② 학생들의 흥미, 필요, 지적 수준 등을 고려하여 학습 의욕을 유발할 수 있는 것으로 한다.

③ 내용은 실용적이며 적합한 것으로 한다.

(2) 발 음

'일본어 I' 과목에 준한다.

(3) 문 자

'일본어 I' 과목에 준한다.

(4) 어 휘

(가) '일본어 I' 과목에서 사용된 어휘를 다시 사용할 수 있다.

(나) [별표2]에 제시된 어휘를 중심으로 하여 800낱말 내외를 추가하여 사용한다.

4. 방 법

가. 교수・학습 계획

(1) '일본어 I' 과목에서 배운 내용을 심화하되, 읽기와 쓰기에 중점을 두어 수업을 하도록 계획한다.

(2) 기타 사항은 '일본어 I' 과목에 준한다.

나. 교수・학습 방법

(1) 듣기 지도는 반복 연습을 통하여 문장의 의미를 충분히 이해하도록 한다.

(2) 말하기 지도는 상황에 따라 적절히 표현할 수 있게 한다.

(3) 읽기 지도는 구와 절, 문장의 구조 등의 문법적인 설명을 피하고 의미를 파악하도록 도와준다.

(4) 쓰기 지도는 점진적으로 쉬운 자유 작문을 할 수 있게 한다.

(5) 문화에 관한 내용은 적절한 자료를 사용하여, 편협하지 않은 사고방식과 올바른 가치관을 기르도록 한다.

5. 평 가

가. 평가 지침

'일본어 I' 과목에 준한다.

나. 평가 목표

(1) 언어 기능

(가) 이해 기능

① 쉬운 글의 의미 파악

② 쉬운 글의 줄거리, 주제, 소재 등의 이해

③ 쉬운 작품의 독해

④ 일본 문화에 대한 이해

(나) 표현 기능

① 학습한 내용을 받아쓰기
② 주어진 낱말로 문장 만들기
③ 간단한 용건을 글로 쓰기
④ 생각이나 느낌, 경험 등을 간단히 표현하기
(2) 의사소통 기능
'일본어Ⅰ' 과목에 준한다.
다. 평가 방법
'일본어Ⅰ' 과목에 준한다.

[별표 1]

의사소통 기능과 예시문

1. 다음은 고등학교 일본어 교육과정에서 우선적으로 이수하기를 권장하는 의사소통 기능 항목이다. 그러나 여기에 제시되지 않은 항목도 필요에 따라 적절히 포함시킬 수 있다.
2. 다음 예시문은 고등학교 일본어 교육과정에 필요한 문장의 구조, 문장의 종류, 기타어법에 관한 사항을 참고할 수 있도록 하였으며, 또 예시문에 나타나 있지 않은 사항도 필요에 따라 적절히 포함시킬 수 있다.

  – 이하 의사소통 기능 예시문 생략 –

[별표 2]

기본 어휘표

1. 이 표에 제시된 771개의 어휘는 이수하도록 한다.
2. 활용하는 낱말은 기본형을 표제어로 삼았다. 표제어는 히라가나로 표기하고, 필요한 경우에는 괄호 속에 한자를 넣었다.
3. 조사 및 조동사도 일본어 교육의 편의를 위하여 포함시켰다. 조사는 표제어 뒤에 [助]로 표시하였으며, 조동사는 앞에 '～'를 붙였다.
4. 동일어의 다른 형태는 같은 표제어 내에 포함시켰다.
5. 사용 빈도가 높은 접사류도 일부 포함시켰다.
6. 인명 및 지명 등 고유 명사는 포함시키지 않았다.
7. 수사는 '一'와 '一つ'만을 포함시켰다.

  – 이하 771개 예시 어휘 생략 –

8) 제7차 교육과정기(1997~)6)

제7차 교육과정 개정은 지금까지 교육과정과는 확연히 구별되는 21세기를 맞이하는 역사적 대전환의 시기에 적합한 교육과정 구상이 요청되는 시점에서 미래 사회에 대한 교육적 준비 작업의 일환으로 이해되어야 한다.

이하 [7차_1997]고등학교 외국어과 해설서7) 외국어과 교육과정 개정의 중점 및 교과목별 교육과정 해설을 참고하여 정리하였다.

우리나라에서는 국가 간의 장벽이 허물어지고 세계가 하나의 지구촌화되어 가는 국제화의 추세에 따라 이에 적절히 대처하는 방법 중의 하나로 1980년대 초부터 외국어 교육을 강화해야 한다는 주장이 강하게 대두되어 왔다. 이에 대한 구체적인 교육적 실천방안으로, 초등학교에서 특별활동 시간에 영어 교육을 실시해 왔다. 1990년대 들어서면서 세계화, 개방화의 추세로 영어를 비롯한 외국어 교육을 강화해야 한다는 필요성이 더욱 부각되었다. 이러한 경향에 따라 1995년 영어가 초등학교에 정식으로 도입되어 공식적으로 학교에서 조기 외국어 교육이 시작되었으며, 이와 함께 2001학년도부터 중학교에 생활외국어가 도입되었다.

외국어 교육 분야의 이와 같은 새로운 변화는 21세기 국제화, 정보화 시대를 주도할 자율적이고 창의적인 한국인을 육성하고자 하는 시대적 상황변화에서 비롯되었다. 이러한 시대적 전환기에 개정, 공포된 제7차 교육과정에서는, 목표 면에서 건전한 인성과 창의성을 함양하는 기초·기본 교육의 충실, 내용 면에서 국제화·정보화에 적응할 수 있는 자기 주도적 능력의 신장, 운영 면에서 학생의 능력, 적성, 진로에 적합한 학습자 중심의 교육실천, 제도 면에서는 지역 및 학교교육 과정 편성·운영의 자율성 확대를 기본방향

---

6) 제7차 교육과정부터 중학교에서 '생활 외국어'라는 이름으로 재량 활동의 선택과목으로 제2외국어 편성시작. 중학교의 교과 재량 활동은 한문, 컴퓨터, 환경, 생활 외국어(독일어, 프랑스어, 스페인어, 중국어, 일본어, 러시아어, 아랍어) 기타 등이 있음. 중학교 3년 동안 학교 재량에 따라 제2외국어는 최대 68시간(주당 1시간을 할 경우 4학기 수업 분량임) 수업을 하는 것으로 되어 있음. 2007년 개정 교육과정에는 한문, 정보, 환경, 생활 외국어(독일어, 프랑스어, 스페인어, 중국어, 일본어, 러시아어, 아랍어), 기타 선택 과목이 있으며, 최대 102시간 수업할 수 있음(김영준, 2008). 본 교재에서는 이하 일반 고등학교 일본어 I과 II 교육과정을 기준으로 함.

7) ncic 국가교육과정정보센터 http://ncic.re.kr/mobile.dwn.ogf.inventoryList.do#

으로 설정하고 있다.

전술한 바와 같은 교육의 기본방향하에 제7차 교육과정의 편성운영체제는, 종전의 교육과정과 다르게 초등학교 1학년부터 고등학교 1학년까지 10년 동안 10개의 국민공통기본교과교육을 하고, 고등학교 2, 3학년에 다양한 선택 교과목을 이수하도록 되어 있다. 외국어 교과목은 고등학교 2, 3학년에서 배우게 되는 일반 선택과목과 심화 선택과목으로 편성되어 있는데, 일반 선택과목으로는 독일어Ⅰ, 프랑스어Ⅰ, 스페인어Ⅰ, 중국어Ⅰ, 일본어Ⅰ, 러시아어Ⅰ, 아랍어Ⅰ 7개 과목이 있으며, 심화 선택과목으로는 독일어Ⅱ, 프랑스어Ⅱ, 스페인어Ⅱ, 중국어Ⅱ, 일본어Ⅱ, 러시아어Ⅱ, 아랍어Ⅱ 7개 과목이 있다.

외국어과 교육과정은 제7차 교육과정 기본방향과 외국어 교육에 대한 시대적·사회적 요구를 바탕으로 다음 사항에 중점을 두어 개발하였다.

(1) 교수·학습 분량의 적정화

제7차 외국어과 교육과정에서는 제6차 교육과정에 비해 교수·학습 분량을 하향 조정하여 학생들의 수업부담을 경감하도록 하였다. 학습 부담을 경감시키는 방법에는 여러 가지가 있을 수 있겠으나, 외국어과의 경우는 교육과정의 내용 중, 언어를 구성하는 언어재료 가운데에서 실제로 학생들에게 가장 부담을 주는 학습어휘와 문법요소를 축소하였다. 어휘의 경우, 제6차에서 일본어 1,400개이던 것을 제7차에서는 900개로 축소하였다.

(2) 의사소통 활동 중심의 외국어 교육

외국어를 배우는 근본목적은 외국어 의사소통 능력을 기르는 것이다. 의사소통 능력이란, 일반화자가 의사소통 상황과 맥락에 맞도록 언어를 구사하는 능력으로 설명될 수 있다. 의사소통 능력을 구성하고 있는 요소는, 흔히 언어적 요소 이외에 사회·문화적 요소, 담화적 요소, 전략적 요소 등으로 보고 있는데, 종전의 언어능력의 개념이 화용론의 관점에 따라 상황 내에서의 언어사용 능력이 강조되면서 그 의미가 확대되었다고 볼 수 있다. 외국어 의사소통 능력의 획득이란, 외국어 화자가 언어에 대한 지식을 바탕으로 외국의 문화 및 사회적 맥락, 여러 종류의 담화, 성공적인 의사소통 전략 등을 이해하고 활용할 수 있음을 의미한다.

중·고등학교의 영어 및 외국어 교육과정에서 외국어 교육의 핵심은 듣기, 말하기, 읽기, 쓰기로 구분되는 언어기능을 길러 주는 것이었다.

그러나 진정한 의사소통 능력을 배양시키기 위해서는 언어기능을 습득하게 할 뿐 아니라 언어구사를 위해 필요한 언어기능을 포함한 여러 기능들, 즉 의사소통 기능을 습득하게 해야 한다. 이와 같은 의도에서 고등학교 외국어 교육과정에서는, 의사소통 기능습득을 위한 의사소통 활동 중심의 내용을 제시하였다. 의사소통 활동이란, 의사소통 목표 달성을 위해 수행하는 학습활동으로 듣기, 말하기, 읽기, 쓰기 활동을 중심으로 전개되는 학습활동을 의미한다. 의사소통 활동을 통하여 학생들은 언어능력뿐만 아니라 의사소통 상황에 따라 적절히 언어를 사용할 수 있는 능력을 습득할 수 있다.

(3) 문화이해 교육의 중시

문화의 개념은 인간이 가지고 있는 정신적이고 물질적인 세계를 포함하는 개념으로, 한 국가의 문화는 그림, 음악, 시, 소설, 종교, 철학, 사상 등의 정신적인 것과, 의복이나 건축물, 음식 등 가시적인 것으로 드러나는 물질적인 것으로 구분해 볼 수 있다. 이와 같은 여러 유형의 문화를 한 세대 내에서나 다른 세대로 전할 때에 사용하는 가장 중요한 수단은 언어라 할 수 있는데, 바로 이런 점에서 언어는 문화를 구성하는 기본 조건이라 할 수 있다.

이처럼 언어와 문화는 불가분의 관계이므로 문화이해가 없는 언어교육은 무의미하다 할 수 있다. 이러한 의미에서 현대 외국어 교수법에서는 문화교육의 중요성이 매우 강조되고 있다. 언어교육의 궁극적인 목표가 의사소통 능력의 습득에 있다고 볼 때, 의사소통 능력은 언어지식뿐 아니라, 사회, 문화에 대한 지식까지의 습득을 필요로 한다.

따라서 의사소통 능력의 습득을 목표로 하는 외국어 교육에는 문화이해 교육이 매우 중요하다 하겠다.

외국어 교육에서 문화이해 교육의 중요성을 강조하기 위하여 외국어 교육과정 내용체계 가운데 언어재료에 문화항목을 별도로 제시하였다. 종전의 외국어과 교육과정에서는 목표 및 내용에 문화이해에 대한 교육내용이 명시적으로 제시되어 있지 않아 문화이해 교육의 중요성이 간과되었다고 볼 수 있다. 문화이해 교육의 내용에는 학생들의 흥미를 유발할 수 있는 소재를 다룰 것을 강조하였고, 외국인의 일상생활 문화를 폭넓게 다루되, 우리나라의 문화에 관한 것도 다루도록 하여 문화 상대주의에 대한 의식의 중요성을 강조하였다.

(4) 학습자 중심 교수·학습 활동의 강조

학생들이 흥미를 가지고 수업에 참가할 수 있도록 학습자 중심의 교수·학습 활동을 강조하였다. 학생들이 그룹 활동과 체험 활동을 통하여 외국어에 자연스럽게 흥미를 가지고 접할 수 있도록 게임, 역할놀이, 과제수행 등의 학습활동을 제안하였다. 이는 언어 자체를 교수·학습하는 방법을 지양하고 언어를 도구로 활발한 의사소통 활동을 하도록 유도하기 위함이다.

학습자 중심의 교수·학습 활동에서 교사의 역할은 교사 중심의 교수·학습 활동의 경우와는 구별되어야 한다. 즉, 교사 중심의 교수·학습 활동에서 교사는 가르치는 주체가 되어 학습자에게 단지 지식을 전달하는 역할을 한다면, 학습자 중심의 교수·학습 활동에서 교사의 역할은 보다 다양해지고 그 중요성이 더욱 증대된다고 할 수 있다. 다시 말해서 교사는 단지 가르치는 주체가 되어서는 안 되고 학생들의 의사소통 욕구를 불러일으키는 역할에 더욱 비중을 두어야 할 필요가 있으며, 경우에 따라서는 학생들에게 필요한 정보를 제공해 주고 오류를 수정해 주는 모니터의 역할을 해야 한다. 이렇게 함으로써 교사는 학생들의 학습과정을 관찰하면서 활동 도중에 학생들에게 필요한 부분을 보완해 줄 수 있다.

(5) 과목별 내용체계의 유연성 강조

제7차 교육과정에서는 과목별로 목표, 내용, 교수·학습방법, 평가 등의 항목을 기술하는 데 있어서 하위 체계를 통일하지 않고 과목의 특징을 살려 제시할 수 있도록 하였다. 일본어과는 언어 학습의 우선단위를 의사소통 기능으로 보고, 이 의사소통 기능을 습득하는 데 필요한 언어적 요소들인 발음, 어휘, 문법 등은 이차적인 것으로 보고 있다.

특히, 제6차에서는 듣기와 읽기를 묶어 이해 과정으로, 말하기와 쓰기를 표현 과정으로 설정하여 학습하도록 하고 있다. 그러나 이는 수업 진행 방법상의 문제점이 많을 뿐만 아니라 듣기 다음에 읽기 단계를 설정함에 따라 말하기와의 인지적 단절을 초래하게 되는 비능률적 학습 단계라 판단되어 제7차에서는 대폭 수정하였다.

언어 학습은 통합 기능적으로 지도할 때 가장 효과적이라는 이론에 따라 듣기와 말하기를 묶어 함께 학습하고, 청각 영상과 문자 영상의 결합 과정으로서의 발음 연습 단계를 읽기의 초기에 설정한 뒤, 읽기와 쓰기 단계로 넘어가도록 하였다. 즉, 듣기와 말하기에 중점을 두고 읽기와 쓰기를 가볍게 학습하도록 하였다.

제7차 일본어 I 교육과정 원문

교육부 고시 제1997-15호

1. 성 격

일본어는 조선 중엽의 사역원에서 통역관 양성용으로 일본어 교재가 간행된 사실에서 알 수 있듯이, 일찍부터 교육적 필요성이 높았던 언어이다. 현재의 한국과 일본은 정치, 경제, 사회, 문화적으로 긴밀한 상호 협력 관계에 있지만, 오랜 선린의 관계가 깨어진 바 있는 근대사의 영향으로 양 국민의 감정의 골은 아직 깊다. 바야흐로 세계는 인접 국가 간의 결속이 강화되어 지역 단위로 통합 또는 협력 체제를 구축하고 있으며, 문화 간 교류를 통해 서로를 이해하고 협력하는 국제화 활동이 활발하게 전개되고 있다. 이러한 시대적 요구를 배경으로 '일본어 I' 과목은 한일 간의 각종 교류 활동의 일익을 담당할 수 있는 인재를 기르기 위한 기초 과정으로서, 언어의 네 기능을 기초적인 수준에서 모두 다루어, 균형 잡힌 의사소통 능력을 기르는 기초적인 과목이다.

일본어는 경제력과 정보력 면에서 언어 세력이 큰 대표적인 언어다. 현대와 같은 정보의 대량 유통 시대에 있어서 인쇄 매체와 인터넷을 통한 신속한 정보의 수집은 일본의 이해는 물론이고 한국의 발전을 위해서 매우 유익하다. 따라서 '일본어 I ' 과목은 정보수집 능력의 바탕을 이루기 위하여, 일본어에 대한 흥미와 관심을 높이고 일본어에 의한 정보 수집에 흥미를 가질 수 있도록 도움을 주는 과목이다.

'일본어 I ' 과목은 일본어를 통해 일본 문화의 특징을 이해하고, 한국의 문화를 일본에 소개하여 한일 양 국민의 상호 이해를 돈독히 하며, 양국 간의 정치, 경제, 사회, 문화적 교류에 긍정적이고 적극적으로 참여할 수 있는 기초적 역량을 기르는 데에 역점을 두고 있는 과목이다.

2. 목 표

일상생활에서 사용되는 쉬운 일본어를 이해하고, 쉬운 일본어로 의사소통을 할 수 있는 기초적인 능력을 기른다. 일본어의 말하기 능력의 신장과 일본어에 의한 정보 검색에 적극적이며, 일본인의 일상 언어생활과 문화에 대한 관심과 이해를 깊게 하여 일본인과의 의사소통에 능동적으로 참여하는 태도를 기른다.

가. 일상의 의사소통 기능 수행 과정에서 사용되는 쉬운 일본어를 알아들을 수 있고, 일본어 듣기 학습의 중요성을 깨달아, 듣기 학습 활동에 능동적으로 참여하는 태도를 가진다.

나. 일상의 의사소통 기능 수행 과정에서 사용되는 쉬운 일본어를 원어민이 알아들을 수 있도록 말할 수 있고, 일본어 말하기 학습의 필요성을 깨달아, 말하기 학습 활동에 적극적으로 참여하는 태도를 가진다.

다. 일상의 의사소통 기능 수행 과정에서 사용되는 쉬운 일본어를 읽어 그 뜻을 알 수 있고, 일본어 읽기 학습의 중요성을 깨달아, 읽기 학습을 위해 스스로 노력하는 태도를 가진다.

라. 일상의 의사소통 기능 수행 과정에서 사용되는 쉽고 간단한 일본어를 글로 쓸 수 있고, 일본어 쓰기 학습의 필요성을 깨달아, 쓰기 학습 활동에 스스로 참여하는 태도를 가진다.

마. 인터넷을 통하여 일본어에 의한 정보 검색의 기초적인 방법을 알고, 정보 검색에 흥미를 가진다.

바. 일본의 일상생활 문화에 대해 깊은 관심을 가지고, 일본 문화를 이해하고자 하는 자세를 기르며, 일본과의 국제 교류에 적극적으로 참여하는 태도를 가진다.

3. 내 용

가. 의사소통 활동

일본어에 의한 의사소통 능력과 대화에 적극적으로 임하는 태도를 기르기 위하여 다음과 같은 언어활동을 전개한다.

듣 기

(1) 간단한 어구나 문장을 듣고 그 뜻을 알아본다.

(2) 짧은 말이나 글을 듣고 그 뜻을 알아본다.

(3) 의사소통 기능에 관한 표현을 듣고 그 뜻을 알아본다.

(4) 의사소통 기능에 관한 표현을 듣고 그대로 행동하여 본다.

(5) 상대편의 말을 바른 태도로 듣는다.

말하기

(1) 간단한 어구나 문장을 자연스럽게 말하여 본다.

(2) 모범 대화의 어조를 따라서 말하여 본다.

(3) 의사소통 기능에 관한 표현을 자연스럽게 말하여 본다.

(4) 일상의 대화와 관련된 언어 행동을 알고 말하여 본다.

(5) 여러 사람 앞에서 자신의 생각을 자신 있게 말하여 본다.

읽 기

(1) 가나와 한자로 된 간단한 어구나 문장을 낭독하여 본다.

(2) 글을 보며 말하듯이 낭독하여 본다.

(3) 간단하게 설명을 읽고 그 뜻과 요점을 알아본다.

(4) 의사소통 기능에 관한 표현을 읽고 그 뜻을 알아본다.

(5) 영상 문자로 된 글을 읽고 그 뜻을 알아본다.

(6) 인터넷을 통하여 일본어로 간단한 정보를 검색하여 본다.

쓰 기

(1) 가나와 한자를 바르게 써 본다.

(2) 간단한 어구나 문장을 듣고 그대로 적어 본다.

(3) 간단한 의사소통 기능에 관한 표현을 쉬운 글로 적어 본다.

(4) 자신의 생각을 영상 문자로 전달하여 본다.

(5) 일상생활과 자신의 생각을 기록하는 습관을 기른다.

나. 언어 재료

(1) 의사소통 기능

다음과 같은 의사소통 기능 중에서 '일본어Ⅰ' 과목의 수준에 맞는 언어능력을 효율적으로 기른다. 보다 자세한 내용은 [별표Ⅰ]에 제시된 의사소통 기능 및 예시문을 참조한다.

(가) 인사 기능: 인사, 소개, 안부, 칭찬, 격려, 축하, 감사, 위로 등의 표현

(나) 정보 전달의 기능: 설명, 정보, 전달, 제안, 조언, 안심, 사과, 대답, 추측, 주장 등의 표현

(다) 요구의 기능: 질문, 허가, 확인, 선택, 설명, 의뢰, 지시 등의 표현

(라) 의사 및 태도의 전달 기능: 반론, 의문, 제기, 부정, 비난, 놀람, 희로애락, 반문, 유감 등의 표현

(마) 담화의 전개 기능: 담화의 시작, 전개, 전환, 종결과 관련된 표현

(2) 발 음

현대 일본어의 공통어 발음으로 한다.

(3) 문 자

문자는 기본적으로 히라가나, 가타카나, 한자를 사용하되, 한자는 일본의 상용한자용 글자체를 사용하며, [별표Ⅲ]에 제시한 표기 한자의 범위 내에서 사용한다.

다만, 고유명사에 사용되는 한자는 예외로 하며, [별표Ⅲ]에 제시된 한자는 학습량을 고려하여 읽기와 쓰기를 구분하여 적절히 선택하여 사용하도록 한다.

(4) 어 휘

[별표Ⅱ]에 제시된 기본어휘를 중심으로 500낱말 내외를 사용한다.

(5) 문 법

문법에 관한 사항은 [별표Ⅰ]에 제시된 예시문의 해당 사항을 참고한다. 다만, 다음 문법 사항은 다루지 않기로 한다.

(가) 고어적인 표현(예: べし, まい)

(나) 지나치게 복잡한 문법 사항(예: 사역+수동: 歌わせられる, ださせて いただく)

(다) 지나친 존비어(예: さようでございますか)

(라) 지나치게 격식 차린 구어 표현(예: ほんじつは, ～であります)

(6) 문 체

문장체와 구어체 및 남성어와 여성어, 공손한 표현을 고르게 사용한다.

(7) 문 화

(가) 일상적인 생활 문화를 소재로 선택하되, 의사소통 능력 습득에 도움이 되는 것으로 한다.

① 개인 생활과 일상적인 인간관계에 관한 것

② 교우 관계와 학교생활에 관한 것

③ 기본적인 사회생활에 관한 것

④ 취미, 오락, 관광 등 여가 선용에 관한 것

⑤ 일본인의 언어 행동을 이해하는 데 도움이 되는 것

⑥ 일본인의 일상생활을 이해하는 데 도움이 되는 것

⑦ 우리 문화에 관한 것

(나) 내용 구성에 있어서는 다음 사항에 유의한다.

① 학생의 흥미, 필요, 지적 수준 등을 고려하여 의사소통 의욕을 유발할 수 있는 것으로 한다.

② 내용은 실제 생활에서 사용될 수 있는 것으로 한다.

③ 듣기, 말하기, 읽기, 쓰기는 연계성을 가지도록 구성한다.

4. 교수・학습 방법

가. 수업의 전 과정을 의사소통 기능의 습득을 중심으로 구성한다.

나. 의사소통 기능별로 듣기, 말하기, 읽기, 쓰기의 네 기능이 상호 연계성을 가지도록 수업을 계획한다.

다. 듣기와 말하기 활동을 따로 분리하지 말고 통합 기능으로 진행될 수 있도록 수업을 계획한다.

라. 수업의 전 과정을 통해 청각 인지에 의한 일본어 습득에 역점을 두어, 구두 언어 습득의 효율성을 높이는 수업이 되도록 구성한다.

마. 창의력 신장을 위하여 학생의 자율성을 최대로 반영할 수 있는 수업을 계획한다.

바. 학생의 흥미와 욕구를 충분히 반영하여, 학습 의욕을 높이는 수업이 되도록 구성한다.

사. 일본어 자료를 통하여 표현 형식과 사용상의 특징을 학습자 스스로가 발견하고 학습 계획을 세워 가는 학생 중심의 수업을 계획한다.

아. 학생의 동작과 체험을 통하여 습득 효과를 높일 수 있도록 수업을 계획한다.

자. 학생 개개인의 습득 수준에 맞는 학습을 전개하도록 한다.

차. 소집단의 구성원끼리 협력 학습이 가능한 수업이 되도록 구성한다.

카. 각종 시청각 자료와 멀티미디어 교수・학습 자료를 활용하여 학습 효과를 높일 수 있는 수업을 구성한다.

타. 실제 장면의 체험을 통하여 의사소통 기능의 현장 적용력을 키운다.

파. 듣기 지도는 반복 시행을 통하여 많은 학생이 이해할 수 있도록 한다.

하. 문자 단위의 발음보다 문장 전체의 음조를 중시한다.

갸. 말하기 지도는 교사와 학생 간의 대화만이 아니고, 학생 상호 간의 대화를 활성화하여 개인의 대화량을 늘리도록 한다.

냐. 읽기 지도는 문장 전체의 의미를 요약하는 능력을 키우도록 지도한다.

댜. 쓰기 지도는 간단한 문장을 통제 작문 중심으로 지도한다.

랴. 학생의 학습 목표를 높이기 위하여 즉각적인 오류의 수정을 피하도록 한다.

먀. 목표와 내용에 따라서는 일본어로 수업을 진행한다.

뱌. 개별 학습과 자율 학습이 가능하도록 개별화된 자료를 적극 활용한다.

샤. 교과용 도서의 내용은 학생의 능력과 지역 환경 및 상황에 따라 재구성하여 지도할 수 있다.

야. 일본인의 행동 양식에 대한 이해를 깊게 할 수 있는 일상 장면을 적극 활용한다.

5. 평 가

가. 평가 지침

일상생활에서 사용되는 일본어의 의사소통 기능을 중심으로 언어의 네 기능을 모두 평가하되, 말하기와 듣기에 중점을 두고 요점 파악 능력과 능동적 태도 등을 평가한다.

나. 평가 내용

듣 기

(1) 간단한 어구나 문장을 듣고 그 뜻을 이해하는 능력

(2) 짧은 말과 글을 듣고 그 뜻을 이해하는 능력

(3) 의사소통 기능에 관한 표현을 듣고 그 뜻을 파악하는 능력

(4) 의사소통 기능에 관한 표현을 듣고 그대로 행할 수 있는 능력

(5) 상대편의 말을 바른 태도로 듣는 자세

말하기

(1) 간단한 어구나 문장을 자연스럽게 말하는 능력

(2) 의사소통 기능에 관한 표현을 자연스럽게 말하는 능력

(3) 일상의 대화와 관련된 언어 행동을 알고 말하는 능력

(4) 여러 사람 앞에서 자신의 생각을 자신 있게 말하는 능력

(5) 일본어 대화에 적극적으로 참여하는 자세

읽 기

(1) 가나와 한자가 섞인 간단한 어구나 문장을 자연스럽게 낭독하는 능력

(2) 인쇄 문자와 영상 문자를 말하듯이 낭독하는 능력

(3) 간단한 글을 읽고 그 뜻과 요점을 이해하는 능력

(4) 의사소통 기능에 관한 표현을 읽고 그 뜻을 이해하는 능력

(5) 영상 문자로 된 글을 읽고 그 뜻을 이해하는 능력

(6) 일본어에 의한 정보 검색의 기초적인 능력

쓰 기

(1) 가나와 한자를 바르게 쓰는 능력

(2) 간단한 어구나 문장을 듣고 그대로 적는 능력

(3) 간단한 의사소통 기능에 관한 표현을 글로 적는 능력

(4) 자신의 생각을 영상 문자로 전달하는 능력

(5) 일상생활과 자신의 생각을 기록하는 습관

다. 평가 방법

(1) 학생을 서열화하는 평가보다 학습 진단을 위한 평가가 되도록 한다.

(2) 객관성, 타당성, 신뢰성을 갖춘 평가가 되도록 한다.

(3) 평가 목표와 내용에 따라 분리 평가와 통합 평가를 실시하되, 특히 말하기, 듣기를 중심으로 한 통합 평가에 비중을 두도록 한다.

(4) 말하기 평가에 있어서는 필답식 평가를 지양하고, 면접법에 비중을 두어 실제의 의사소통 능력을 효과적으로 평가하도록 한다.

(5) 의사소통 활동과 문화이해에 대한 적극적인 참여도를 평가하도록 한다.

(6) 일본어에 의한 정보 검색 및 통신과 같은 언어능력의 응용력을 평가에 반영하도록 한다.

(7) 모든 평가의 결과는 질적 결과와 양적 결과를 분석하여 다음 단계의 학습 및 개별학습 지도에 반영하도록 한다.

[별표 I]

의사소통 기능 예시문

○ 다음은 고등학교 일본어 교육과정에서 우선적으로 이수하기를 권장하는 의사소통 기능 항목과 예시문이다. 기능 항목은 크게 나누어, 인사 기능, 정보 전달의 기능, 의사·태도 전달의 기능, 요구 기능, 담화 전개 기능으로 나누고, 각각의 항목에 하위 항목을 설정하였다. 여기에 명기되지 않은 기능도 필요에 따라 첨가하여 사용할 수 있다.

○ 다음 예시문은 고등학교 일본어 교육과정에 필요한 문장의 구조, 문장의 종류, 기타 어법에 관한 사항을 참고할 수 있도록 의사소통 기능별로 제시한 것이다. 예시문에 제시되지 않은 문장도 필요에 따라 포함시킬 수 있다.

– 이하 의사소통 기능 예시문 생략 –

【별표 II】

기본 어휘표

○ 이 표에 제시된 기본 어휘는 사용을 권장한다.

○ 활용하는 낱말은 기본형을 제시하였다. 낱말은 가나로 표기하되, 외래어의 경우에는 가타카나로 표기하였다.

○ 의미의 구별이 필요한 경우에는 괄호 속에 한자를 적되, 표기용 한자【별표 III】 안에서 사용하였다.

○ 조사, 조동사, 접사류도 교육상의 편의를 도모하기 위하여 기본 어휘 항목에 포함시켰다. 조사, 조동사, 조수사에는 '~' 표시를, 접사에는 '·' 표시를 하였다.

○ 같은 낱말이 품사 또는 발음상 다른 형태를 취하더라도 같은 항목으로 취급하였다.

○ 형태는 같으나 의미가 다른 낱말은 독립된 항목으로 취급하였다.

○ 두 가지 이상의 품사로 사용되는 항목에는 '【 】' 표시를 붙였다.

○ 〈 〉( ) 속의 한자는 표기용이 아니고 의미 변별을 위하여 표기한 것이다.

○ 〈 〉 속의 한자는【별표Ⅲ】의 표기용 한자에 없는 한자를 가리킨다.

○ 인명, 지명, 시설명 등의 고유명사는 제시하지 않았다.

○ 수사와 때를 나타내는 명사는 'いち', 'ひとつ', 'ついたち', '日曜日' 등과 같이 첫 번째에 오는 명칭만을 제시하였다.

- 이하 예시 어휘 생략 -

【별표Ⅲ】

표기용 한자

○ '일본어 Ⅰ, Ⅱ' 과목의 교재의 표기에 사용할 수 있는 한자를 다음과 같이 733자 이내로 제한한다. 표기용 한자는 모두 사용하여야 하는 것은 아니며, 표기상의 필요에 따라 학습 단계와 학습 분량을 고려하여 사용 글자 수를 조정하되, 학습량이 과다하지 않도록 유의한다. 표기상의 이유로 이 표에 제시되지 않은 한자를 부득이 사용하지 않으면 안 될 경우에는 일본어의 상용 한자 범위 내에서 사용할 수 있다. 단, 고유명사에 사용되는 한자는 예외로 하며, 고유명사의 표기는 '국어의 가나 문자 표기법'에 따른다.

- 이하 예시 표기용 한자 생략 -

9) 2007 개정 교육과정[8])

제7차 교육과정 시행 이후, 기간이 경과하고 주 40시간 근무제 도입 등 사회·문화적 변화를 반영하여, '교육과정 수시 개정 체제'에 따라 교육과정 개정이 이루어졌다. 교육과정의 안정성 확보 차원에서 제7차 교육과정의 기본 철학과 체제를 유지하되, 운영상의 문제점을 보완하는 수준에서 2007 개정의 범위를 최소화하였다. 교육과정이 개정된 연도를 밝혀 '2007년 개정 교육과정'으로 명명하였다(「2015 교육과정 총론 해설서 - 고등학교」).[9])

즉, 교육인적자원부 고시 제2007-79호에 의해 제7차 일본어 교육과정 수시 개정이 확정 고시되었다. 이하 일본어 교육과정 개정 시안 연구 개발(이용백, 2006)에 근거하여 개정 배경, 개정 대상 등에 대해 살펴보고자 한다.

제2외국어 교과는 일반계 고등학교와 외국어계열 고등학교, 그리고 중학

---

8) 이하 일본어 Ⅰ 교육과정을 중심으로 기술

9) ncic 국가교육과정정보센터 http://ncic.re.kr/mobile.revise.board.view.do

교 재량활동 시간에 이수되고 있다. 그러나 중학교 생활외국어 교육과정과 일반계 고등학교의 제2외국어과 교육과정은 내용 측면에서 상호 간 연계가 이루어지지 않고 있다. 중학교 생활외국어와 일반계 고등학교 제2외국어 교과가 연계되지 않는 것은 편제의 문제점이라고 볼 수도 있다. 고등학교 제2외국어 교과를 11학년부터 이수하기 때문에 10학년에서의 공백을 메울 수가 없다고 할 수 있다. 자연스러운 연계를 위해서는 10학년에서 교과 재량활동으로 제2외국어 교과를 선택할 수 있다는 문구를 총론 편제에 넣어야 할 것이다.

그리고 제7차 제2외국어과 교육과정에서 '의사소통 기능'의 향상과 함께 강조되어 왔던 '문화 교육'의 범위 설정과 구체적인 학습 요소를 어떻게 규정지을 것인가를 탐색할 필요도 있었으며 현 교육과정을 구체화, 상세화하여야 한다는 교육과정 수요자의 요구 사항을 충족시킬 필요가 있었다. 즉, 급격한 사회 환경의 변화에 따라 교육내용을 지속적으로 개선하고, 국민과 각계각층의 요구를 탄력적이고 체계적으로 수렴하고 반영함으로써 현장 적합성이 높은 교육 정책을 구현하고 교육 수요자의 만족감을 높이고자 교육과정을 개정하게 되었다.

한편, 제6차 외국어(영어 포함), 제7차 외국어과(영어 별도) 내에서 분류되었던 일본어 교육과정은 2007 개정 교육과정부터 영어처럼 외국어과 소속 과목이 아니라 각 교과별로 독립된다. 즉, 제7차 제2외국어과 교육과정이 현장에 적용된 이후 드러난 제2외국어과 교육과정 개정의 쟁점으로는 교육과정 문서 체제 및 내용의 선정, 문화 교육의 범위와 구체적인 학습 요소의 결정, 기본 어휘표, 의사소통 기본표현의 수정 범위, 7개 각 외국어의 특성에 따른 교육과정의 문서 체제, 내용 구성의 자율권 부여 여부 등이라고 할 수 있다.

구체적 중점 개정사항은 다음과 같다.

첫째, 교육과정 문서 체제에서는 교육과정의 내용 항목과의 일관성을 고려하여 목표 항목을 좀 더 세분화, 상세화하여야 한다는 의견이 많았고, 교통, 통신의 발달로 세계가 점점 더 가까워지고 있으므로 외국어 의사소통 능력과 함께 문화이해 능력이 절실하다는 데 제2외국어 관련자들이 공감하였으며, 이러한 공감대에 기반을 두어 교육과정의 내용 항목을 언어적 내용과 문화적 내용으로 양분하기로 합의하였다. 현행 제7차 교육과정의 내용은 추상적이고 단순화되어 있어서 현장에서 참고하기에 어려움이 많다는 시대적 요구 사항이 많았으며, 이에 개정 교육과정에서는 현장 활용도를 높일 수 있도록 교육과정의 내용을 구체화, 상세화하여야 한다고 합의하였다.

둘째, 문화 교육의 범위와 구체적인 학습 요소를 교육과정에서 결정하여야 한다는 의견이 많았다. 그래서 이번 개정 교육과정에서는 문화 교육을 강조하면서 각 외국어별로 구체적인 문화 학습 내용을 제시하여 현장에서 활용하는 데 도움을 주고자 한다.

셋째, 기본 어휘표, 의사소통 기본표현 수정에 대한 현장의 목소리가 높았다. 시대의 흐름에 따라 사용 빈도가 낮아지는 단어, 표현들이 생기게 되고, 반대로 일상에서 자주 활용되는 단어, 표현들이 생기게 되었다. 각 외국어에서 나타나는 이러한 변화를 교육과정에서 반영하여 사용 빈도가 낮은 단어, 표현들을 삭제하고, 자주 사용되는 새로운 단어, 표현들을 교육과정에 추가함으로써, 좀 더 효율적인 외국어 학습을 기대할 수 있을 것이다.

넷째, 외국어의 특성에 따라서 교육과정의 문서 체제, 내용 구성을 각 교과에서 자율적으로 결정할 필요가 있다는 의견이 일부 제기되었다. 시대적 상황과 교과의 특성을 고려하여 읽기 기능, 문법 이해 위주의 외국어 교육이 더 필요하다는 일부의 의견이 일면 타당한 점이 있긴 하나, 외국어 의사소통 능력 향상이라는 개정 교육과정의 큰 흐름을 바꾸어서는 안 되며, 교육과정에 따른 7개 외국어 평가를 생각한다면 이러한 변화가 큰 혼란을 야기할 수도 있을 것이다. 개정 교육과정에서는 외국어 의사소통 능력 향상과 외국 문화 이해력 향상을 주된 목표로 하되, 교과에 따라서는 일부 언어 기능을 강화할 수는 있는 것으로 합의하였다.

이상의 주요 쟁점 논의 결과, 2007 개정 교육과정의 개정 대상은 문서 체제, 내용, 문화 교육의 범위와 학습 요소 결정, 시대의 변화에 따른 기본 어휘표, 의사소통 기본표현 수정 등이라 할 수 있다.

교육인적자원부 고시 제2007-79호 [별책 4]

1. 성 격

국제사회는 세계화의 진전에 따라 인접 국가 간의 지역협력 체제 구축이 빠르게 확산되고 있다. 이러한 움직임은 지역 내 국가 간의 공생 공영을 위한 정치 경제적 협력뿐만 아니라 민간 차원의 다양한 협력과 교류로 이어지게 된다. 이러한 시대의 흐름에 따라 한국과 일본 간의 협력과 교류는 더욱 확대 심화될 것이다. 그러나 한일 양국은 정치, 경제, 사회, 문화 등 여러 영역에 걸쳐 상호 이해 부족으로 인하여 해결해야 할 과제가 적지 않다. 이와 같은 여러 문제를 원만하게 해결하고 문화의 이질성에서 오는 제반 오해를 해소하여 동아시아 지역의 평화와 번영에 기여하기 위해서는 문화 간 상호 이해와 원활한 의사소통 능력이 요구된다.

'일본어 I'은 이러한 시대적 요구에 따라 한일 교류에 능동적으로 대처할 수 있는 인재를 양성하기 위해 개설된 기초 과목으로서 다음과 같은 성격을 갖는다.

첫째, 일상생활에서 사용되는 의사소통 기능의 기초적인 능력을 습득하는 데 중점을 둔다.

둘째, 의사소통 기능과 장면에 따른 언어 행동문화를 이해하고 상호 행위를 중시하는 일본어 학습과 문화 간 상호 이해력을 기르는 데 중점을 둔다.

셋째, 정보 활용의 중요성을 인식하고 필요한 정보를 일본어로 검색할 수 있는 능력을 길러 지식 기반 사회에 적응해 갈 수 있도록 한다.

넷째, 일본어 학습을 통해 일본 문화를 이해함과 동시에 우리문화를 일본에 소개하는 역할도 수행할 수 있는 기초적인 능력을 기른다.

다섯째, 주변에 있는 일본어 관련 학습 자원을 스스로 활용하여 학습할 수 있는 습관을 기르는 수업이 되도록 하여 학습자의 자율성과 문제 해결 능력을 신장시키는 데에 기여한다.

'일본어 I'은 '일본어 II'와의 수준과 내용의 연계성을 고려하여 연속적이고 상호 보완적으로 구성한다.

2. 목 표

일상생활과 관련된 쉬운 일본어를 이해하고 표현할 수 있는 기초적인 의사소통 능력을 기르며, 문화의 상호 이해와 국제 교류에 적극적으로 참가하는 태도를 기른다.

　가. 언어 기능

　　언어 4기능을 유기적으로 연계하여 장면과 상황에 따라 상호 행위가 가능하도록 한다.

　　(1) 듣 기

　　　(가) 일본어의 발음을 듣고 정확하게 구별할 수 있다.

　　　(나) 일상생활에 관한 짧고 쉬운 말을 듣고 이해한다.

　　　(다) 일상생활에 관한 짧고 쉬운 말을 듣고 상황에 맞게 행동할 수 있다.

　　(2) 말하기

　　　(가) 일본어의 발음을 정확하게 구별하여 말할 수 있다.

　　　(나) 의사소통 기본 표현을 중심으로 짧고 쉬운 말을 할 수 있다.

　　　(다) 사용 빈도가 높은 의사소통 기본 표현을 상황에 따라 언어행동 문화에 맞추어 적절하게 말할 수 있다.

　　(3) 읽 기

　　　(가) 히라가나와 가타카나를 바르게 읽을 수 있다.

(나) 기본어휘에 사용된 학습용 한자를 문장 속에서 읽을 수 있다.

(다) 일상생활과 관련된 짧고 쉬운 글을 읽고 이해한다.

(라) 일본 문화와 관련된 짧고 쉬운 문장을 읽고 이해한다.

(4) 쓰 기

(가) 히라가나와 가타카나를 필순에 맞게 쓸 수 있다.

(나) 기본어휘에 사용된 학습용 한자를 쓸 수 있다.

(다) 일상생활과 관련된 짧고 쉬운 문장을 쓸 수 있다.

(라) 가나와 한자를 섞어 쓴 짧고 쉬운 문장을 컴퓨터에 입력할 수 있다.

나. 문 화

(1) 일본인의 기본적인 언어행동 문화를 이해한다.

(2) 일본인의 기본적인 일상생활 문화를 이해한다.

(3) 일본의 중요한 전통문화와 대중문화를 이해한다.

(4) 한일 양국 문화의 공통점과 차이점을 이해하여 문화의 다양성을 인식한다.

다. 태 도

(1) 의사소통 기능에 대한 학습의 중요성을 알고 체험을 통해 스스로 학습하는 태도를 갖는다.

(2) 의사소통 기능을 성공적으로 수행하기 위해서 상호 이해의 중요성을 알고 스스로 학습하는 태도를 갖는다.

(3) 일본 문화에 대한 이해의 필요성을 알고 문화 관련 학습 자료에 관심을 갖고 스스로 학습하는 태도를 갖는다.

(4) 한일 문화 교류의 필요성을 알고 적극적으로 교류하고자 하는 태도를 갖는다.

(5) 정보 검색의 필요성을 알고 다양한 매체를 활용하는 태도를 갖는다.

(6) 일본어 관련 학습 자원 활용의 필요성을 알고 스스로 활용하는 태도를 갖는다.

3. 내 용

가. 언어적 내용

(1) 언어 기능

[별표 I] '의사소통 기본 표현'을 전반적으로 다루되, 언어 4기능을 유기적으로 연계하여 장면과 상황에 따라 상호 행위가 가능하도록 적절하게 사용한다.

(가) 듣 기

(1) 짧고 쉬운 일본어를 듣는다.

(2) 간단한 교수용 일본어를 듣고 행동한다.

(3) 인사와 소개 기능과 관련된 짧고 쉬운 대화를 듣는다.

(4) 감사, 사과 등 배려 및 태도 전달 기능과 관련된 짧고 쉬운 대화를 듣는다.

(5) 정보요구와 제공 등 정보 교환 기능과 관련된 짧고 쉬운 대화를 듣는다.

(6) 의뢰, 권유·제안 등 행위 요구 기능과 관련된 짧고 쉬운 대화를 듣는다.

(7) 맞장구, 되묻기 등 대화 진행 기능과 관련된 짧고 쉬운 대화를 듣는다.

(나) 말하기

(1) 짧고 쉬운 대화를 한다.

(2) 인사와 소개 기능과 관련된 짧고 쉬운 대화를 한다.

(3) 감사, 사과 등 배려 및 태도 전달 기능과 관련된 짧고 쉬운 대화를 한다.

(4) 정보요구와 제공 등 정보 교환 기능과 관련된 짧고 쉬운 대화를 한다.

(5) 의뢰, 권유·제안 등 행위 요구 기능과 관련된 짧고 쉬운 대화를 한다.

(6) 맞장구, 되묻기 등 대화 진행 기능과 관련된 짧고 쉬운 대화를 한다.

(7) 비언어 행동을 대화 장면에 맞게 사용한다.

(다) 읽 기

(1) 의사소통 기능과 관련된 짧고 쉬운 문장을 읽는다.

(2) 의사소통 기능과 관련된 짧고 쉬운 글의 의미를 파악하며 읽는다.

(3) 초대장, 메모, 엽서, 표지판, 메뉴, 안내문, 전자우편 등 일상생활에서 접할 수 있는 다양한 학습 자원을 활용하여 짧고 쉬운 글을 찾아 읽는다.

(4) 인터넷의 짧고 쉬운 글을 찾아 읽는다.

(5) 일본 문화와 관련된 짧고 쉬운 글을 읽는다.

(라) 쓰 기

(1) 히라가나와 가타카나, 학습용 한자를 바르게 쓴다.

(2) 의사소통 기능과 관련된 짧고 쉬운 문장을 쓴다.

(3) 메모, 엽서, 편지, 안내문, 일기 등 일상생활에서 사용되는 쉬운 글을 쓴다.

(4) 가나와 한자를 섞어 쓴 짧고 쉬운 일본어를 컴퓨터에 입력한다.

(5) 짧고 쉬운 전자우편을 작성한다.

(6) 의사소통 기능과 관련된 짧고 쉬운 일본어를 우리말로, 우리말을 일본어로 바르게 옮긴다.

(2) 언어 재료

(가) 발음 및 문자

(1) 발음은 현대 일본어의 표준어(공통어) 발음을 기본으로 한다.

(2) 사용 문자는 히라가나와 가타카나, 한자를 기본으로 한다.

(3) 가나의 표기는 '현대 가나 표기법'에 따른다.

(4) 표기용 한자는 일본의 상용한자 내에서 사용하고, 학습용 한자는 기본 어휘표에 제시한 한자로 한다. 단, 인명이나 지명 등의 고유명사에 사용하는 한자는 예외로 취급한다.

(5) 우리말의 가나표기는 '국어의 가나문자 표기법'에 따른다. 단, 관용적으로 사용하는 것은 허용할 수 있다.

(나) 어 휘

[별표Ⅱ]에 제시된 기본어휘를 중심으로 500낱말 내외를 사용한다.

(다) 문 법

[별표Ⅰ]에 제시된 '의사소통 기본 표현'에 사용된 문법 사항을 참고한다.

(라) 의사소통 기본 표현

의사소통 기본 표현은 의사소통 능력을 효율적으로 기를 수 있도록 하되, [별표Ⅰ]에 제시된 '의사소통 기본 표현'을 적극 활용한다.

(1) 인사: 만남, 헤어짐, 안부, 외출, 귀가, 방문, 식사, 연말, 신년, 축하

(2) 소개: 자기소개, 가족 소개, 타인 소개

(3) 배려 및 태도 전달: 감사, 사과, 칭찬, 격려·위로, 승낙·동의, 거절, 사양, 겸손·양보, 의지, 희망, 유감, 정정

(4) 정보 교환: 정보 요구, 정보 제공, 판단·추측, 상황 설명, 이유 설명, 의견 제시, 비교·대비, 선택, 확인

(5) 행위 요구: 의뢰, 권유·제안, 조언, 허가 요구, 의무, 금지, 경고

(6) 대화 진행: 말 걸기, 화제 전환, 맞장구, 되묻기

나. 문화적 내용

(1) 의사소통 기능과 관련된 일본인의 언어 행동 문화이해에 도움을 줄 수 있는 것으로 한다. 아래에 제시한 내용은 선택적으로 다룰 수 있다.

    (가) 언어 행동에 관한 내용: 표현적 특성, 맞장구 등

    (나) 비언어 행동에 관한 내용: 손짓, 몸짓 등

(2) 일본인의 일상생활 문화이해에 도움이 되는 것으로 한다. 아래에 제시한 내용은 선택적으로 다룰 수 있다.

    (가) 가정생활에 관한 내용: 인사, 방문 예절, 가정 내 생활 문화 등

    (나) 학교생활에 관한 내용: 동아리 활동 등

    (다) 사회생활에 관한 내용: 화폐, 선물, 연호 등

    (라) 교통 및 통신매체에 관한 내용: 교통 사정, 통신 사정 등

    (마) 의복 문화에 관한 내용: 의복의 종류 등

    (바) 음식문화에 관한 내용: 음식의 종류, 식사 예절 등

    (사) 주거문화에 관한 내용: 주택 사정 등

(3) 전통문화와 대중문화 중에서 일본인과 일본 사회를 이해하는 데 도움이 되는 것으로 한다. 아래에 제시한 내용은 선택적으로 다룰 수 있다.

    (가) 지역문화에 관한 내용: 주요 지명, 관광 명소, 정원 등

    (나) 연중행사에 관한 내용: 마쓰리, 설, 히나마쓰리, 고이노보리, 오본, 시치고산 등

    (다) 전통 예능에 관한 내용: 다도, 꽃꽂이 등

    (라) 놀이 문화에 관한 내용: 하나미, 하나비 등

    (마) 대중문화에 관한 내용: 만화, 애니메이션 등

(4) 다음 사항에 유의하여 문화적 내용을 구성한다.

    (가) 내용은 실용적인 것으로 하되, 최근의 자료를 기준으로 구성한다.

    (나) 학습자의 흥미, 필요, 지적 수준 등을 고려하여 학습 의욕을 고취할 수 있는 내용으로 한다.

    (다) 언어 표현과 관련된 소재 영역은 [별표 I] '의사소통 기본 표현' 속의 항목들을 참고하여, 이 표현들이 적절한 맥락 속에서 활용되도록 구성한다. 이렇게 해서 특정한 소재 영역과 관련된 적합한 표현 방식이 자연스럽게 습득되도록 한다.

    (라) 문화 내용 설명 시 필요한 경우에는 우리말을 사용할 수 있다.

    (마) 일본의 일상생활 및 사회 문화를 올바로 이해하고 이를 우리 문화와 비교하여 차이점 및 공통점을 인식하도록 내용을 구성한다.

4. 교수・학습 방법

가. 일반지침

(1) 정확성보다는 유창성을 기르는 데 중점을 둔 학습이 되도록 한다.

(2) 교수・학습 계획은 언어의 구조를 중심으로 한 학습보다는 의사소통 기능을 습득할 수 있도록 수립한다.

(3) 학습 내용의 이해와 적용이 용이하도록 수업을 단계별로 구성한다.

(4) 학습자의 지적 발달을 고려하여 나선형으로 학습 내용을 구성한다.

(5) 학습자가 학습활동에 적극적으로 참여할 수 있는 협동학습과 체험학습이 이루어지도록 구성한다.

(6) 학습자 주도형 자율학습을 활성화할 수 있도록 구성한다.

(7) 학습동기를 유발할 수 있도록 학습자의 관심과 요구를 반영한 발견학습을 활용한다.

(8) 교수・학습에 도움이 되는 다양한 정보 통신 기술(ICT) 관련 매체를 활용한다.

(9) 학습자의 수준에 맞도록 교과서 내용을 재구성하여 사용한다.

(10) 학습자의 수준과 개성을 고려한 개별학습을 활용하도록 한다.

(11) 학습자의 흥미를 높이기 위해 퀴즈, 게임, 노래 등 다양한 학습 자원을 활용한다.

(12) 학습 의욕을 저해할 수 있는 오류의 즉각적인 수정은 피하도록 한다.

나. 언어 기능

언어 4기능을 유기적으로 연계하여 장면과 상황에 따라 상호 행위가 가능하도록 교수·학습한다.

(1) 듣 기

(가) 단음이나 낱말보다는 문장 중심의 자연스러운 일본어를 듣도록 한다.

(나) 듣기 학습에 도움을 주는 사진이나 영상 자료 등을 효과적으로 활용한다.

(다) 짧고 쉬운 문장을 듣고 그것을 행동으로 옮겨 보게 한다.

(라) 자연스러운 일본어를 익힐 수 있도록 원어민의 발음을 듣게 한다.

(2) 말하기

(가) 언어 행동 문화에 맞는 역할놀이, 장면 연습, 게임 등을 활용한다.

(나) 학습자의 학습 참여 기회를 늘릴 수 있도록 구성한다.

(다) 모둠 활동을 중심으로 학습자의 대화량을 늘리도록 한다.

(라) 상대편과의 관계, 대화 내용, 대화 전개, 언어 행동 문화에 맞추어 표현할 수 있도록 단계적으로 학습하게 한다.

(마) 자연스러운 일본어를 익힐 수 있도록 원어민의 발음을 따라 말하게 한다.

(3) 읽 기

(가) 짧고 쉬운 일본어를 소리 내어 읽을 수 있도록 한다.

(나) 일상생활에서 자주 접할 수 있는 표지판, 짧고 쉬운 전자우편, 카드 등 다양한 학습 자원을 활용하도록 한다.

(다) 가나와 한자가 섞인 짧고 쉬운 문장을 읽고 그 중심 내용을 요약하여 발표해 보도록 한다.

(라) 자연스러운 일본어를 익힐 수 있도록 원어민의 발음을 따라 읽게 한다.

(4) 쓰 기

(가) 문자 학습은 글자 중심보다는 낱말 중심의 학습이 되도록 한다.

(나) 짧고 쉬운 일본어를 통제 작문 중심으로 지도한다.

(다) 가나와 한자가 섞인 짧고 쉬운 문장을 컴퓨터에 입력해 보도록 한다.

(라) 짧고 쉬운 전자우편이나 카드 등을 직접 써 보도록 한다.

(마) 짧고 쉬운 일본어를 듣고 그 중심 내용을 요약하여 글로 표현해 보도록 한다.

다. 언어 재료

(1) 발음 및 문자

(가) 발음은 현대 일본어의 표준어(공통어) 발음을 할 수 있도록 한다.

(나) 가나표기는 '현대 가나 표기법'에 따라 표기할 수 있도록 한다.

(다) 학습용 한자는 기본 어휘표에 제시된 것을 읽고 쓸 수 있도록 한다.

(라) 우리말의 가나 표기는 '국어의 가나문자 표기법'에 따라 표기할 수 있도록 한다.

(2) 어 휘

(가) 어휘 교육은 낱말을 단순 암기하는 데 그치지 않고 문장 속에서 쓰임을 통해 그 의미를 파악할 수 있게 한다.

(나) 실물이나 그림, 사진 등의 자료를 통해 낱말의 의미를 이해하게 한다.

(3) 문 법

[별표 Ⅰ]에 제시된 '의사소통 기본 표현'에 사용된 문법 사항을 참고하여 자연스럽게 익힐 수 있

도록 한다.
　　　(4) 의사소통 기본 표현
　　　　　(가) 다양한 학습 자원을 이용하여 상황을 설정함으로써 학습자가 의사소통 기본 표현을 적절하게 사용할 수 있도록 한다.
　　　　　(나) 학습자가 의사소통 기본 표현을 활용하여 창의적으로 표현할 수 있도록 한다.
　　라. 문화
　　　(1) 우리 문화와 일본 문화의 공통점과 차이점을 학습자 스스로 발견할 수 있도록 한다.
　　　(2) 고정관념이나 지식 중심의 학습보다는 문화의 다양성을 발견할 수 있도록 한다.
　　　(3) 학습자의 능동적인 참여를 위해 수업에서 다루어질 문화와 관련된 내용을 개인별 또는 모둠별로 조사하여 발표하도록 한다.
　　　(4) 문화 학습은 이해도를 높이기 위하여 그림, 사진, 동영상 등 시청각 자료를 적극적으로 활용한다.
　　　(5) 문화 내용을 설명할 때 필요한 경우에는 우리말을 사용하되 문화 내용의 핵심어는 가급적 일본어로 인지하게 한다.

5. 평 가
　가. 평가 지침
　　　(1) 지엽적인 사항보다는 기본적이고 핵심적인 사항을 중심으로 평가한다.
　　　(2) 평가 목표에 따라 분리 평가와 통합 평가를 실시하되 가급적 통합 평가의 비중을 높여 간다.
　　　(3) 학습한 내용을 중심으로 듣기, 말하기, 읽기, 쓰기, 상호 행위 능력을 고르게 평가한다.
　　　(4) 단편적인 지식보다는 원활한 의사소통을 하는 데 도움을 줄 수 있는 언어행동 문화와 일상생활 문화를 중심으로 평가한다.
　　　(5) 학습자의 의사소통 활동의 참여도와 태도 등을 평가한다.
　　　(6) 평가의 객관성을 유지하기 위하여 평가 기준을 사전에 제시하고, 그 기준에 따라 평가를 한다.
　　　(7) 평가 결과는 학습자의 개별 지도에 활용하며, 다음 단계의 교수·학습 계획에 반영한다.
　나. 평가 방법
　　다음에 제시된 방법 이외에도 교사가 자율적으로 평가 방법을 고안하여 적용할 수 있다.
　　　(1) 듣 기
　　　　　(가) 짧고 쉬운 일본어를 듣고 그 진위를 판단하는 능력을 평가한다.
　　　　　(나) 짧고 쉬운 일본어를 듣고 글의 상황과 화제를 이해하는 능력을 평가한다.
　　　　　(다) 짧고 쉬운 일본어를 듣고 그 내용에 따라 행동으로 옮길 수 있는지를 평가한다.
　　　　　(라) 짧고 쉬운 일본어를 듣고 핵심어에 대한 이해 능력을 평가한다.
　　　(2) 말하기
　　　　　(가) 학습한 내용을 중심으로 질문이나 대답하는 능력을 평가한다.
　　　　　(나) 그림이나 사진을 보고 간단하게 설명·묘사하는 능력을 평가한다.
　　　　　(다) 인터뷰법을 적극적으로 도입하여 평가한다.
　　　　　(라) 학습한 내용을 역할놀이와 장면 연습 등을 통해 표현하는 능력을 평가한다.
　　　(3) 읽 기
　　　　　(가) 가나와 학습용 한자가 포함된 짧고 쉬운 글을 읽게 하여 그 능력을 평가한다.
　　　　　(나) 짧고 쉬운 대화문이나 글을 읽고 대의를 파악하는 능력을 평가한다.
　　　　　(다) 짧고 쉬운 글을 읽고 핵심어와 주제어를 찾는 능력을 평가한다.
　　　(4) 쓰 기

(가) 받아쓰기, 통제 작문을 중심으로 평가한다.

(나) 학습자의 경험을 중심으로 한 간단한 글쓰기 능력을 평가한다.

(다) 컴퓨터를 이용한 일본어 입력 능력을 평가한다.

(라) 다양한 매체를 활용한 정보 검색 활동 결과를 평가한다.

(5) 문 화

(가) 자연스러운 언어행동의 수행 능력을 중심으로 평가한다.

(나) 일상생활 문화는 개인이나 모둠별로 조사한 자료나 발표한 내용 등을 중심으로 평가한다.

(다) 전통문화와 대중문화는 개인이나 모둠별로 조사한 자료나 발표한 내용 등을 중심으로 평가한다.

【별표 I】

의사소통 기본 표현

○ 다음은 고등학교 일본어 학습과정에서 우선적으로 다루기를 권장하는 의사소통 기본 표현이다. 여기에 제시되지 않은 의사소통 기능 항목이나 표현도 필요에 따라 학습할 수 있다.

○ 여기에 제시된 의사소통 기본 표현은 대화의 전개 과정에서 필요한 의사소통 기능별 표현으로서 상황과 수준에 따라 활용할 수 있으며, 문법 사항도 참고할 수 있도록 제시한 것이다.

- 의사소통 기본 표현 예시 생략 -

【별표 II】

기본 어휘표

○ 이 표에 제시된 기본 어휘의 사용을 권장한다.

○ 동사에서 파생하는 명사형은 제시하지 않았으나 기본 어휘로 간주한다(예 : くもり、はれ、……).

○ 인명, 지명, 국가명 등의 고유 명사와 수사, 요일, 날짜 등은 제시하지 않았으나 기본 어휘로 간주한다.

○ 조사와 조동사에는 '～'로, 조어 성분(접두어, 접미어, 조수사 등)에는 '-'으로 표시하였다.

○ 형태는 같으나 의미가 다른 낱말은 독립된 항목으로 취급한다. 。두 가지 이상의 품사로 사용되는 낱말에는 '＊'로 표시하였다.

○ 학습용 한자는 (   )로, 의미 구별을 위한 한자는 [   ]로, 일본의 상용한자 중 표기를 권장하는 한자는 〈   〉로 표시하였다.

○ 인사말과 축약 표현은 의사소통 기본 표현에 제시하였다.

- 이하 예시 어휘 생략 -

10) 2009 개정 교육과정

　2009 개정 교육과정은 2007 개정 교육과정 고시 전후로 이루어진 '국가 교육과정 포럼'과 2008년에 수행된 '초·중등학교 교육과정 선진화 개혁 방안 연구'를 바탕으로 이루어진 '미래형 교육과정' 구상(안)[10]에 기반을 두고 있다. 이 구상안에서는 '글로벌 창의 인재'를 학교 교육이 추구하는 인간상으로 설정하고, 공교육 정상화 및 과도한 사교육 부담을 해소하고자 하는 점을 분명히 하였다. 그에 따라 교육 발전 목표의 재설정, 다양한 교육수요 충족, 학교 교육 운영의 자율성 신장, 교육과정 운영 체제의 효율성 제고 등의 교육 정책 방향을 제시하였다.(「2015 교육과정 총론 해설서 – 고등학교」)[11]

　이러한 2009 개정 교육과정 일본어과의 핵심은 내용 체계에 성취기준이 추가되었다는 점이다. 제7차 교육과정 개정시에는 성취기준과 성취수준을 주요 교과 위주로 개발하였고, 제2외국어는 제외되었다. 제2외국어의 경우는 2009 개정 교육과정에 따른 2011 개정 교육과정부터 중학교 생활외국어와 고등학교 보통교과 일반과목(외국어 I, II)의 내용 가운데 언어기능을 성취기준형으로 진술하였다. 이하 『국가 정책으로서의 일본어 교육과정 및 교과서 변천 분석 연구』(윤유숙, 2012)에 근거하여 세부 사항을 살펴보고자 한다.

　2009 개정 교육과정의 목표 항목은 기존 교육과정의 '성격'과 '목표'를 '목표'로 통합하였고, 교과 교육과정의 개발 방향, 교과 교육의 필요성과 특징, 시대적 상황에서 외국어 교과가 취해야할 방향을 제시하였다. 또한 일반 목표 외에도 언어기능, 문화, 태도 등의 구체적인 목표도 제시하였다.

　특히, '내용'에 해당하는 부분이 '성취기준'으로 표기하며 성취기준 방식을 구체화하여 서술했다. 성취기준(내용) 항목에서는 기초 외국어 의사소통 능

---

10) 국가교육과학기술자문회의는 미래형 교육과정 구상(안)을 통해 글로벌 사회를 주도할 창의 인재 육성을 강조하면서 세계적인 사람, 창의적인 사람, 교양 있는 사람을 미래형 인간상으로 제시하였다(국가교육과학기술자문회의, 2009). 세계적인 사람은 지구촌 어느 곳에서나 역량을 충분히 발휘하는 사람을 뜻하고 창의적인 사람은 변화를 수용하고 미래를 개척하며 무한히 성장하는 사람을 의미하며, 교양 있는 사람은 타인을 배려하고 다양성을 존중하며 상생을 추구하는 사람을 뜻한다.

11) ncic 국가교육과정정보센터 http://ncic.re.kr/mobile.revise.board.view.do

력 습득을 위한 언어기능별 성취기준을 제시하였고, 기본어휘, 의사소통 기본 표현 등의 언어재료를 실제 의사소통 상황에서 활용도가 높은 것으로 수정 보완하였다. 또한 다문화 및 다언어 상황에서 국가 정체성을 확립할 수 있는 문화 교육 내용을 보완하였다. 구체적으로는 언어적 내용 면에서 간단한 문구(짧고 쉬운 문구)를 듣고 구별하는 항목 등을 삽입하여 실제적인 회화의 중요성을 강조한 면이나, 인터넷의 홈페이지나 블로그 등의 SNS 관련 단어를 직접 명시함으로써 현대 사회의 추세를 반영하였다. 어휘 수에 있어서는 기본 어휘 수를 1,400으로 하여 2007 개정 교육과정 어휘 수를 유지시켰다.

교수·학습 방법 항목에서는 교과교육의 전문성과 특수성을 구체적으로 제시하였고, 외국어 교육목표 성취에 필요한 교수·학습방법과 외국어 교수·학습 상황에서 유의, 강조해야 할 사항 등을 구체적으로 제시하였으며, 멀티미디어 자료의 활용도 강조하였다.

평가 항목에서는 외국어 기초 의사소통능력 평가에 적절한 평가 지침, 외국어 교육과정의 편성·운영에 대한 질 관리, 학습자의 학업 성취도를 평가하기 위한 방향을 제시하였으며, 교과목표 성취 정도를 확인하기 위한 다양한 평가 방법과 도구를 제시하였다.

2009 제2외국어과 개정교육과정안 원문

교육과학기술부 고시 제 2011-361호 [별책 16]

1. 추구하는 인간상

우리나라의 교육은 홍익인간의 이념 아래 모든 국민으로 하여금 인격을 도야하고, 자주적 생활 능력과 민주 시민으로서 필요한 자질을 갖추게 하여 인간다운 삶을 영위하게 하고, 민주 국가의 발전과 인류 공영의 이상을 실현하는 데 이바지하게 함을 목적으로 하고 있다.

이러한 교육 이념을 바탕으로, 이 교육과정이 추구하는 인간상은 다음과 같다.

가. 전인적 성장의 기반 위에 개성의 발달과 진로를 개척하는 사람

나. 기초 능력의 바탕 위에 새로운 발상과 도전으로 창의성을 발휘하는 사람

다. 문화적 소양과 다원적 가치에 대한 이해를 바탕으로 품격 있는 삶을 영위하는 사람

라. 세계와 소통하는 시민으로서 배려와 나눔의 정신으로 공동체 발전에 참여하는 사람

2. 고등학교 교육 목표

고등학교 교육은 중학교 교육의 성과를 바탕으로, 학생의 적성과 소질에 맞는 진로 개척 능력과 세계 시민으로서의 자질을 함양하는 데 중점을 둔다.

가. 성숙한 자아의식을 토대로 다양한 분야의 지식과 기능을 익혀 진로를 개척하며 평생 학습의 기본 역량과 태도를 갖춘다.

나. 학습과 생활에서 새로운 이해와 가치를 창출할 수 있는 비판적, 창의적 사고력과 태도를 익힌다.

다. 우리의 문화를 향유하고 다양한 문화와 가치를 수용할 수 있는 자질과 태도를 갖춘다.

라. 국가 공동체의 발전을 위해 노력하며, 세계 시민으로서의 자질과 태도를 기른다.

3. 내용 체계

영 역			내 용
성취기준	언어적 내용	언어 기능	∘ 듣기, 말하기, 읽기, 쓰기 활동을 균형 있게 전개할 수 있도록 각 영역별 내용 제시
		언어 재료	∘ 발음 및 철자(문자) : 각 언어별 표준 발음 및 철자(문자) 학습 ∘ 어휘 : 【별표 Ⅱ】의 기본 어휘표 중심 － 각 언어별로 학습 낱말 수 · 독일어 Ⅰ : 500 낱말 내외 · 독일어 Ⅱ : 800 낱말 내외 · 프랑스어 Ⅰ : 500 낱말 내외 · 프랑스어 Ⅱ : 800 낱말 내외 · 스페인어 Ⅰ : 500 낱말 내외 · 스페인어 Ⅱ : 800 낱말 내외 · 중국어 Ⅰ : 400 낱말 내외 · 중국어 Ⅱ : 800 낱말 내외 · 일본어 Ⅰ : 500 낱말 내외 · 일본어 Ⅱ : 800 낱말 내외 · 러시아어 Ⅰ : 400 낱말 내외 · 러시아어 Ⅱ : 800 낱말 내외 · 아랍어 Ⅰ : 400 낱말 내외 · 아랍어 Ⅱ : 800 낱말 내외 · 베트남어 Ⅰ : 400 낱말 내외 · 베트남어 Ⅱ : 800 낱말 내외 ∘ 문법 : 【별표 Ⅰ】의 의사소통 기본 표현 참조 － 규정된 문법 사항 준수 ∘ 의사소통 기본 표현 : 고등학교 수준에 적절한 기본 표현
	문화적 내용		· 목표 언어권 국가의 일상생활 문화와 관련된 내용 · 목표 외국어 언어권의 언어문화에 관련된 내용 · 목표 언어권 국가의 사회 문화적 내용

2009 일본어 I 개정 교육과정안 원문

교육과학기술부 고시 제 2011-361호 [별책 16]

1. 목표

국제 사회는 세계화의 진전에 따라 인접 국가 간의 지역 협력 체제 구축이 빠르게 확산되고 있다. 이러한 움직임은 지역 내 국가 간의 공생 공영을 위한 정치 경제적 협력뿐만 아니라 민간 차원의 다양한 협력과 교류로 이어지게 된다. 이러한 시대의 흐름에 따라 한국과 일본 간의 협력과 교류는 더욱 확대 심화될 것이다. 그러나 한·일 양국은 정치, 경제, 사회, 문화 등 여러 영역에 걸쳐 상호 이해 부족으로 인하여 해결해야 할 과제가 적지 않다. 이와 같은 여러 문제를 원만하게 해결하고 문화의 이질성에서 오는 제반 오해를 해소하여 동아시아 지역의 평화와 번영에 기여하기 위해서는 문화 간 상호 이해와 원활한 의사소통 능력이 요구된다.

'일본어 Ⅰ'은 이러한 시대적 요구에 따라 한·일 교류에 능동적으로 대처할 수 있는 인재를 양성하기 위해 개설된 기초 과목이다. 따라서 외국어 교육의 실용적 목표와 문화적 목표, 교육적 목표를 고르게 달성하기 위해 일상생활과 관련된 쉬운 일본어를 이해하고 표현할 수 있는 기초적인 의사소통 능력을 기르며, 문화의 상호 이해와 국제 교류에 적극적으로 참가하는 태도를 기르기 위해 다음과 같은 일반 목표를 가진다.

첫째, 일상생활에서 사용되는 의사소통 기본 표현의 기초적인 능력을 습득한다.

둘째, 의사소통 기본 표현과 장면에 따른 언어 행동 문화를 이해하고 상호 행위를 중시하는 일본어 학습과 문화 간 상호 이해력을 기른다.

셋째, 정보 활용의 중요성을 인식하고 필요한 정보를 일본어로 검색할 수 있는 기초적인 능력을 기른다.

넷째, 일본어 학습을 통해 일본 문화를 이해함과 동시에 우리 문화를 일본에 소개하는 역할도 수행할 수 있는 기초적인 능력을 기른다.

다섯째, 주변에 있는 일본어 관련 학습 자원을 스스로 활용하여 학습할 수 있는 습관을 길러 자율성과 문제 해결 능력을 신장시킨다.

'일본어 Ⅰ'의 구체적인 목표는 다음과 같다.

가. 언어 기능

언어의 4기능을 유기적으로 연계하여 상황에 따라 상호 행위가 가능하도록 한다.

(1) 듣기
　　㈎ 일본어의 발음을 듣고 정확하게 구별할 수 있다.
　　㈏ 일상생활에 관한 짧고 쉬운 말을 듣고 이해한다.
　　㈐ 일상생활에 관한 짧고 쉬운 말을 듣고 상황에 맞게 행동할 수 있다.

(2) 말하기
　　㈎ 일본어의 발음을 정확하게 구별하여 말할 수 있다.
　　㈏ 의사소통 기본 표현을 중심으로 짧고 쉬운 말을 할 수 있다.
　　㈐ 사용 빈도가 높은 의사소통 기본 표현을 상황에 따라 언어 행동 문화에 맞추어 적절하게 말할 수 있다.

(3) 읽기

　　㈎ 히라가나와 가타카나를 바르게 읽을 수 있다

　　㈏ 기본 어휘에 사용된 학습용 한자와 표기용 한자를 문장 속에서 읽을 수 있다.

　　㈐ 일상생활과 관련된 짧고 쉬운 글을 읽고 이해한다.

　　㈑ 일본 문화와 관련된 짧고 쉬운 문장을 읽고 이해한다.

(4) 쓰기

　　㈎ 히라가나와 가타카나를 필순에 맞게 쓸 수 있다.

　　㈏ 기본 어휘에 사용된 학습용 한자를 쓸 수 있다.

　　㈐ 일상생활과 관련된 짧고 쉬운 문장을 쓸 수 있다.

　　㈑ 가나와 한자를 섞어 쓴 짧고 쉬운 문장을 컴퓨터에 입력할 수 있다.

나. 문화

　　(1) 일본인의 기본적인 언어 행동 문화를 이해한다.

　　(2) 일본인의 기본적인 일상생활 문화를 이해한다.

　　(3) 일본의 중요한 전통문화와 대중문화를 이해한다.

　　(4) 한·일 양국 문화의 공통점과 차이점을 이해하여 문화의 다양성을 인식한다.

다. 태도

　　(1) 의사소통 기본 표현에 대한 학습의 중요성을 알고 체험을 통해 스스로 학습하는 태도를 갖는다.

　　(2) 의사소통 기본 표현을 성공적으로 수행하기 위해서 상호 이해의 중요성을 알고 스스로 학습하는
　　　 태도를 갖는다.

　　(3) 일본 문화에 대한 이해의 필요성을 알고 문화 관련 학습 자료에 관심을 갖고 스스로 학습하는 태
　　　 도를 갖는다.

　　(4) 한·일 문화 교류의 필요성을 알고 적극적으로 교류하고자 하는 태도를 갖는다.

　　(5) 정보 검색의 필요성을 알고 다양한 매체를 활용하는 태도를 갖는다.

　　(6) 일본어 관련 학습 자원 활용의 필요성을 알고 스스로 활용하는 태도를 갖는다.

2. 성취 기준

가. 언어적 내용

(1) 언어 기능

【별표 l】 '의사소통 기본 표현'을 전반적으로 다루되, 언어 4기능을 유기적으로 연계하여 상황에 따라
상호 행위가 가능하도록 적절하게 사용한다.

㈎ 듣기

① 간단한 교실 일본어를 듣고 지시에 따라 행동할 수 있다.

　 - 'よく きいて ください, (あとに ついて)いって ください, よんで ください, かいて ください,
　　 てを あげて ください, わかりましたか' 등 교실에서 자주 사용되는 지시어를 듣고 이해하여
　　 그에 맞게 대답을 하거나 행동한다.

② 인사와 소개 표현과 관련된 짧고 쉬운 대화를 듣고 이에 적절하게 반응할 수 있다.

　 - 시각이나 상황에 따른 만남이나 헤어짐의 기본적인 인사 표현을 듣고 이에 적절하게 반응한다.

　 - 안부, 외출, 방문, 축하 등 다양한 상황에서의 간단한 인사 표현을 듣고 이에 적절하게 반응

한다.
- 자기소개, 타인 소개, 가족 소개 시의 의례적인 표현들 중 기본적인 표현을 이해한다.
③ 배려 및 태도 전달 표현과 관련된 짧고 쉬운 대화를 듣고 이에 적절하게 반응한다.
- 감사나 사과, 칭찬이나 위로 등의 기본적인 표현이 사용되는 상황을 인지하고 이러한 표현을 들었을 때 적절하게 반응한다.
- 승낙이나 거절, 사양이나 유감 등의 기본적인 표현이 사용되는 상황을 인지하고 이러한 표현을 듣고 대화자의 의도를 이해하여 적절하게 반응한다.
④ 의향 전달 표현과 관련된 짧고 쉬운 대화를 듣고 이에 적절하게 반응한다.
- 희망이나 의지, 의견 제시 등의 기본적인 표현이 사용되는 상황을 인지하고 이러한 표현을 들었을 때 대화자의 의도를 이해하여 적절하게 반응한다.
⑤ 정보 요구와 정보 제공 표현과 관련된 짧고 쉬운 대화를 듣고 이에 적절하게 반응한다.
- 장소나 선택, 상태나 형편 등에 관한 간단한 정보 요구를 듣고 이에 적절하게 반응한다.
- 목적이나 취향, 능력이나 경험 등에 관한 간단한 정보 요구를 듣고 이에 적절하게 반응한다.
- 안내나 추측, 전갈이나 상황 설명 등에 관한 간단한 정보 제공을 듣고 이해한다.
⑥ 행위 요구 표현과 관련된 짧고 쉬운 대화를 듣고 이에 적절하게 반응한다.
- 의뢰나 권유, 지시나 금지 등에 관한 기본적인 표현이 사용되는 상황을 인지하고 이러한 표현을 듣고 대화자의 의도를 이해하여 적절하게 반응한다.
- 조언이나 제안, 허가 요구나 경고 등에 관한 기본적인 표현이 사용되는 상황을 인지하고 이러한 표현을 듣고 대화자의 의도를 이해하여 적절하게 반응한다.
⑦ 대화 진행 표현과 관련된 짧고 쉬운 대화를 듣고 이에 적절하게 반응한다.
- 대화를 진행함에 있어 상대방에게 말 걸기, 화제의 전환 등의 기본적인 표현이 사용되는 상황을 인지하고 이러한 표현을 듣고 적절하게 반응한다.
- 맞장구나 되묻기 등의 기본적인 표현을 듣고 적절하게 반응한다.
⑧ 대화 상대방의 지위나 친밀도에 따른 표현의 차이를 듣고 이해한다.
- 대화 상대방과의 상하 관계, 친소 관계 등에 따른 표현의 차이를 듣고 이해한다.

(나) 말하기
① 간단한 교실 일본어를 사용하여 자신의 의사를 표현한다.
- '(もう いちど)いって ください, わかりました, よく わかりません' 등
② 비언어 행동을 상황에 맞게 사용한다.
- 얼굴 표정이나 손짓, 몸짓 등의 비언어 행동을 상황에 맞게 사용한다.
③ 인사와 소개 표현과 관련된 짧고 쉬운 대화를 한다.
- 시각이나 상황에 따른 만남이나 헤어짐의 기본적인 인사 표현을 대화 상대방에게 맞게 말한다.
- 안부, 외출, 방문, 축하 등 다양한 상황에서의 간단한 인사 표현을 대화 상대방에게 맞게 말한다.
- 자기소개, 타인 소개, 가족 소개 시의 의례적인 표현들 중 기본적인 표현을 대화 상대방이 이해할 수 있게 말한다.
④ 배려 및 태도 전달 표현과 관련된 짧고 쉬운 대화를 한다.
- 감사나 사과, 칭찬이나 위로 등의 기본적인 표현이 사용되는 상황을 인지하고 이러한 표현을 대화 상대방이 이해할 수 있게 말한다.
- 승낙이나 거절, 사양이나 유감 등의 기본적인 표현이 사용되는 상황을 인지하고 이러한 표현을

　　　　　　　대화 상대방이 이해할 수 있게 말한다.
⑤ 의향 전달 표현과 관련된 짧고 쉬운 대화를 한다.
　　－ 희망이나 의지, 의견 제시 등의 기본적인 표현이 사용되는 상황을 인지하고 이러한 표현을 대화 상대방이 이해할 수 있게 말한다.
⑥ 정보 요구와 정보 제공 표현과 관련된 짧고 쉬운 대화를 한다.
　　－ 장소나 선택, 상태나 형편 등에 관한 간단한 정보 요구 표현을 대화 상대방이 이해할 수 있게 말한다.
　　－ 목적이나 취향, 능력이나 경험 등에 관한 간단한 정보 요구 표현을 대화 상대방이 이해할 수 있게 말한다.
　　－ 안내나 추측, 전갈이나 상황 설명 등에 관한 간단한 정보 제공 표현을 대화 상대방이 이해할 수 있게 말한다.
⑦ 행위 요구 표현과 관련된 짧고 쉬운 대화를 한다.
　　－ 의뢰나 권유, 지시나 금지 등에 관한 기본적인 표현이 사용되는 상황을 인지하고 이러한 표현을 대화 상대방이 이해할 수 있게 말한다.
　　－ 조언이나 제안, 허가 요구나 경고 등에 관한 기본적인 표현이 사용되는 상황을 인지하고 이러한 표현을 대화 상대방이 이해할 수 있게 말한다.
⑧ 대화 진행 표현과 관련된 짧고 쉬운 대화를 한다.
　　－ 대화를 진행함에 있어 상대방에게 말 걸기, 화제의 전환 등의 기본적인 표현이 사용되는 상황을 인지하고 이러한 표현을 대화 상대방이 이해할 수 있게 말한다.
　　－ 맞장구나 되묻기 등의 기본적인 표현을 대화 상대방이 이해할 수 있게 말한다.
⑨ 대화 상대방의 지위나 친밀도에 따른 표현의 차이를 알고 대화 상대방이 이해할 수 있게 말한다.
　　－ 대화 상대방과의 상하 관계, 친소 관계 등에 따른 표현의 차이를 인지하고 대화 상대방이 이해할 수 있게 적절하게 말한다.

(다) 읽기
① 의사소통 기본 표현과 관련된 짧고 쉬운 문장을 읽고 이해한다.
　　－ 의사소통 기능이 포함된 문장 중, 'どうも, こんにちは, すみません' 등과 같은 짧고 쉬운 문장을 읽고 그 의미를 이해한다.
② 의사소통 기본 표현과 관련된 짧고 쉬운 글이나 대화문을 읽고 의미를 파악한다.
　　－ 의사소통 기능이 포함된 쉬운 글이나 대화문을 읽고 그 주제와 의미를 파악한다.
③ 일상생활에서 접할 수 있는 다양한 학습 자원을 활용하여 짧고 쉬운 글을 읽고 이해한다.
　　－ 초대장, 메모, 엽서, 표지판, 메뉴, 안내문, 전자우편 등 다양한 학습 자원을 활용하여 짧고 쉬운 글을 읽고 이해한다.
④ 인터넷의 짧고 쉬운 글을 찾아 읽고 정보를 파악한다.
　　－ 인터넷에서 길이가 짧고 의미가 명확한 글을 읽고 원하는 정보를 찾는다.
⑤ 일본 문화와 관련된 짧고 쉬운 글을 읽고 이해한다.
　　－ '문화적 내용'과 관련된 길이가 짧고 의미가 명확한 글을 읽고 그 내용을 이해한다.

(라) 쓰기
① 히라가나와 가타카나, 학습용 한자를 바르게 쓴다.
　　－ 일본의 문자인 가나와 학습용 한자를 필순에 유의하여 바르게 쓴다.

－ 우리나라에서 사용하는 한자와 일본에서 사용하는 한자를 구별하여 바르게 쓴다.
　② 의사소통 기본 표현과 관련된 짧고 쉬운 문장을 상황에 맞게 쓴다.
　　　－ 의사소통 기능이 포함된 문장 중, 'はじめまして, お先に どうぞ, それは ちょっと' 등과 같은 짧고 쉬운 문장을 상황에 맞게 바르게 쓴다.
　③ 일상생활에서 자주 접하는 쉬운 글을 쓴다.
　　　－ 메모, 엽서, 편지, 안내문, 일기 등 일상생활에서 자주 접하는 쉬운 글을 작성한다.
　④ 가나와 한자를 섞어 쓴 짧고 쉬운 일본어를 컴퓨터에 입력한다.
　　　－ 일본어 컴퓨터 입력 방법에 따라 가나와 한자를 섞어 쓴 짧고 쉬운 일본어를 컴퓨터에 입력한다.
　⑤ 짧고 쉬운 전자우편을 작성한다.
　　　－ 인터넷이나 전자 통신 기기에 짧고 쉬운 메시지나 전자우편 등을 작성한다.
　⑥ 의사소통 기본 표현과 관련된 짧고 쉬운 일본어를 우리말로, 우리말을 일본어로 바르게 옮긴다.
(2) 언어 재료
　⒜ 발음 및 문자
　① 발음은 현대 일본어의 표준어(공통어) 발음을 기본으로 한다.
　② 사용 문자는 히라가나와 가타카나, 한자를 기본으로 한다.
　③ 가나의 표기는 '현대 가나 표기법'에 따른다.
　④ 한자는 상용한자 내에서 사용할 수 있으며, 쓰기를 권장하는 학습용 한자와 읽기를 권장하는 표기용 한자는 '기본 어휘표'에 제시한 한자로 한다. 단, 인명이나 지명 등의 고유 명사에 사용하는 한자는 예외로 취급한다.
　⑤ 우리말의 가나 표기는 '국어의 가나 문자 표기법'에 따른다. 단, 관용적으로 사용하는 것은 허용할 수 있다.

　⒝ 어휘
【별표 Ⅱ】에 제시된 기본 어휘를 중심으로 500 낱말 내외를 사용한다.

　⒞ 문법
　①【별표 Ⅱ】에 제시된 '기본 어휘표'와 【별표 Ⅰ】에 제시된 '의사소통 기본 표현'에 사용된 문법 사항을 참고한다.
　② 일본어 교육에서 사용되는 현대 일본어 문법을 따른다.

　⒟ 의사소통 기본 표현
의사소통 기본 표현은 의사소통 능력을 효율적으로 기를 수 있도록 하되, 【별표 Ⅰ】에 제시된 '의사소통 기본 표현'을 적극 활용한다.
　① 인사: 만남, 헤어짐, 안부, 외출, 귀가, 방문, 식사, 연말, 신년, 축하
　② 소개: 자기소개, 가족 소개, 타인 소개
　③ 배려 및 태도 전달: 감사, 사과, 칭찬, 고충·불평, 격려, 위로, 승낙·동의, 거절·반대, 사양, 겸손, 유감
　④ 의향 전달: 희망, 의지, 의견 제시
　⑤ 정보 요구: 존재, 장소, 시간·때, 선택, 비교, 이유, 방법, 상태, 형편·사정, 목적, 취향, 능력·가능, 경험, 확인
　⑥ 정보 제공: 안내, 추측, 전갈, 상황 설명

⑦ 행위 요구: 의뢰, 지시, 금지, 권유, 조언·제안, 허가 요구, 경고
⑧ 대화 진행: 말 걸기, 머뭇거림, 화제 전환, 맞장구, 되묻기

나. 문화적 내용
  (1) 의사소통 기능과 관련된 일본인의 언어 행동 문화 및 비언어 행동 문화를 이해하고 기본적인 의
      사소통 상황에서 문화적 내용에 맞게 표현한다. 아래에 제시한 내용은 선택적으로 다룰 수 있다.

    ㈎ 언어 행동에 관한 내용: 표현적 특성, 맞장구 등
    ㈏ 비언어 행동에 관한 내용: 손짓, 몸짓 등

  (2) 일본인의 일상생활 문화를 이해하고 기본적인 의사소통 상황에서 문화적 내용에 맞게 표현한다.
      아래에 제시한 내용은 선택적으로 다룰 수 있다.
    ㈎ 가정생활에 관한 내용: 인사, 방문 예절, 가정 내 생활 문화 등
    ㈏ 학교생활에 관한 내용: 동아리 활동 등
    ㈐ 사회생활에 관한 내용: 화폐, 선물 등
    ㈑ 교통 및 통신 매체에 관한 내용: 교통 사정, 통신 사정 등
    ㈒ 의복 문화에 관한 내용: 의복의 종류 등
    ㈓ 음식 문화에 관한 내용: 음식의 종류, 식사 예절 등
    ㈔ 주거 문화에 관한 내용: 주택 사정 등
    ㈕ 환경에 관한 내용: 자연 보호 등
    ㈖ 여가 선용에 관한 내용: 여행, 스포츠, 봉사 활동 등
    ㈗ 위기관리에 관한 내용: 지진 등 자연재해, 위급 시의 전화번호 등

  (3) 일본인의 전통문화와 대중문화를 이해하고 기본적인 의사소통 상황에서 문화적 내용에 맞게 표현
      한다. 아래에 제시한 내용은 선택적으로 다룰 수 있다.
    ㈎ 지역 문화에 관한 내용: 주요 지명, 관광 명소, 정원 등
    ㈏ 연중행사에 관한 내용: 'まつり, おしょうがつ, ひなまつり, おぼん, しちごさん' 등
    ㈐ 전통 예술에 관한 내용: 'かぶき, さどう' 등
    ㈑ 놀이 문화에 관한 내용: 'はなみ, はなび' 등
    ㈒ 대중문화에 관한 내용: 만화, 애니메이션 등
    ㈓ 통과의례에 관한 내용: 생일, 입학 등

  (4) 다음 사항에 유의하여 문화적 내용을 구성한다.
    ㈎ 내용은 실용적인 것으로 하되, 최신 자료를 기준으로 구성한다.
    ㈏ 학습자의 흥미, 필요, 지적 수준 등을 고려하여 학습 의욕을 고취할 수 있는 내용으로 한다.
    ㈐ 언어 표현과 관련된 소재 영역은 【별표 I】 '의사소통 기본 표현' 속의 항목들을 참고하여, 이 표현
       들이 적절한 맥락 속에서 활용되도록 구성한다. 이렇게 해서 특정한 소재 영역과 관련된 적합한
       표현 방식이 자연스럽게 습득되도록 한다.
    ㈑ 문화 내용 설명 시 필요한 경우에는 우리말을 사용할 수 있다.
    ㈒ 일본의 일상생활 및 사회 문화를 올바로 이해하고 이를 우리 문화와 비교하여 공통점 및 차이점
       을 인식하도록 내용을 구성한다.

3. 교수·학습 방법

　가. 일반 지침

　　(1) 수업은 가급적 일본어로 진행하도록 한다.

　　(2) 정확성보다는 유창성을 기르는 데 중점을 둔 학습이 되도록 한다.

　　(3) 교수·학습 계획은 언어의 구조를 중심으로 한 학습보다는 의사소통 기능을 습득할 수 있도록 수립한다.

　　(4) 학습 내용의 이해와 적용이 용이하도록 수업을 단계별로 구성한다.

　　(5) 학습자의 지적 발달을 고려하여 나선형으로 학습 내용을 구성한다.

　　(6) 학습자가 학습 활동에 적극적으로 참여할 수 있는 협동 학습과 체험 학습이 이루어지도록 구성한다.

　　(7) 학습자 주도형 자율 학습을 활성화할 수 있도록 구성한다.

　　(8) 학습 동기를 유발할 수 있도록 학습자의 관심과 요구를 반영한 발견 학습을 활용한다.

　　(9) 교수·학습에 도움이 되는 다양한 정보 통신 기술(ICT) 관련 매체를 활용한다.

　　(10) 학습자의 수준에 맞도록 교과서 내용을 재구성하여 사용한다.

　　(11) 학습자의 수준과 개성을 고려한 개별 학습을 활용하도록 한다.

　　(12) 학습자의 흥미를 높이기 위해 퀴즈, 게임, 노래 등 다양한 학습 자원을 활용한다.

　　(13) 학습 의욕을 저해할 수 있는 오류의 즉각적인 수정은 피하도록 한다.

　나. 언어 기능

　　언어 4기능을 유기적으로 연계하여 상황에 따라 상호 행위가 가능하도록 교수·학습한다.

　　(1) 듣기

　　㈎ 단음이나 낱말보다는 문장 중심의 자연스러운 일본어를 듣도록 한다.

　　㈏ 듣기 학습에 도움을 주는 사진이나 영상 자료 등을 효과적으로 활용한다.

　　㈐ 짧고 쉬운 문장을 듣고 그것을 행동으로 옮겨보게 한다.

　　㈑ 자연스러운 일본어를 익힐 수 있도록 원어민의 발음을 듣게 한다.

　　(2) 말하기

　　㈎ 언어 행동 문화에 맞는 역할 놀이, 장면 연습, 게임 등을 활용한다.

　　㈏ 학습자의 학습 참여 기회를 늘릴 수 있도록 구성한다.

　　㈐ 모둠 활동을 중심으로 학습자의 대화량을 늘리도록 한다.

　　㈑ 상대편과의 관계, 대화 상황, 언어 행동 문화에 맞추어 실제 상황에서 적용할 수 있는 언어 능력을 기를 수 있도록 단계적으로 지도한다.

　　㈒ 자연스러운 일본어를 익힐 수 있도록 원어민의 발음을 따라 말하게 한다.

　　(3) 읽기

　　㈎ 짧고 쉬운 일본어를 소리 내어 읽을 수 있도록 한다.

　　㈏ 일상생활에서 자주 접할 수 있는 표지판, 짧고 쉬운 전자우편, 카드 등 다양한 학습 자원을 활용하도록 한다.

　　㈐ 가나와 한자가 섞인 짧고 쉬운 문장을 읽고 그 중심 내용을 요약하여 발표해 보도록 한다.

　　㈑ 인터넷의 짧고 쉬운 글을 찾아 읽고 정보를 파악한다.

(마) 자연스러운 일본어를 익힐 수 있도록 원어민의 발음을 따라 읽게 한다.

(4) 쓰기
(가) 문자 학습은 글자 중심보다는 낱말 중심의 학습이 되도록 한다.
(나) 짧고 쉬운 일본어를 통제 작문 중심으로 지도한다.
(다) 가나와 한자가 섞인 짧고 쉬운 문장을 컴퓨터에 입력해 보도록 한다.
(라) 짧고 쉬운 전자우편이나 카드 등을 직접 써 보도록 한다.
(마) 짧고 쉬운 일본어를 듣고 그 중심 내용을 요약하여 글로 표현해 보도록 한다.

다. 언어 재료
(1) 발음 및 문자
(가) 발음은 현대 일본어의 표준어(공통어) 발음을 할 수 있도록 한다.
(나) 가나 표기는 '현대 가나 표기법'에 따라 표기할 수 있도록 한다.
(다) '기본 어휘표'에 제시된 한자 중, 학습용 한자는 읽고 쓸 수 있도록 하고, 표기용 한자는 읽을 수 있도록 한다.
(라) 우리말의 가나 표기는 '국어의 가나 문자 표기법'에 따라 표기할 수 있도록 한다.

(2) 어휘
(가) 어휘 교육은 낱말을 단순 암기하는 데 그치지 않고 문장 속에서 쓰임을 통해 그 의미를 파악할 수 있게 한다.
(나) 실물이나 그림, 사진 등의 자료를 통해 낱말의 의미를 이해하게 한다.

(3) 문법
(가) 【별표 I】에 제시된 '의사소통 기본 표현'과 【별표 II】에 제시된 '기본 어휘표'에 사용된 문법 사항을 참고하여 자연스럽게 익힐 수 있도록 한다.
(나) 일본어 교육에서 사용되는 현대 일본어 문법을 익힌다.

(4) 의사소통 기본 표현
(가) 다양한 학습 자원을 이용하여 상황을 설정함으로써 학습자가 의사소통 기본 표현을 적절하게 사용할 수 있도록 한다.
(나) 학습자가 의사소통 기본 표현을 활용하여 창의적으로 표현할 수 있도록 한다.

라. 문화
(1) 우리 문화와 일본 문화의 공통점과 차이점을 학습자 스스로 발견할 수 있도록 한다.
(2) 고정관념이나 지식 중심의 학습보다는 문화의 다양성을 발견할 수 있도록 한다.
(3) 학습자의 능동적인 참여를 위해 수업에서 다루어질 문화와 관련된 내용을 개인별 또는 모둠별로 조사하여 발표하도록 한다.
(4) 문화 학습은 이해도를 높이기 위하여 그림, 사진, 동영상 등 시청각 자료를 적극적으로 활용한다.
(5) 문화 내용을 설명할 때 필요한 경우에는 우리말을 사용하되 문화 내용의 핵심어는 가급적 일본어로 인지하게 한다.

4. 평가

가. 평가 지침

(1) 지엽적인 사항보다는 기본적이고 핵심적인 사항을 중심으로 평가한다.

(2) 평가 목표에 따라 분리 평가와 통합 평가를 실시하되 가급적 통합 평가의 비중을 높여 간다.

(3) 학습한 내용을 중심으로 듣기, 말하기, 읽기, 쓰기, 상호 행위 능력을 고르게 평가한다.

(4) 단편적인 지식보다는 원활한 의사소통을 하는 데 도움을 줄 수 있는 언어 행동 문화와 일상생활 문화를 중심으로 평가한다.

(5) 학습자의 의사소통 활동의 참여도와 태도 등을 평가한다.

(6) 평가의 객관성을 유지하기 위하여 평가 기준을 사전에 제시하고, 그 기준에 따라 평가를 한다.

(7) 평가 결과는 학습자의 개별 지도에 활용하며, 다음 단계의 교수·학습 계획에 반영한다.

나. 평가 방법

다음에 제시된 방법 이외에도 교사가 자율적으로 평가 방법을 고안하여 적용할 수 있다.

(1) 듣기

㈎ 짧고 쉬운 일본어를 듣고 그 진위를 판단하는 능력을 평가한다.

㈏ 짧고 쉬운 일본어를 듣고 글의 상황과 화제를 이해하는 능력을 평가한다.

㈐ 짧고 쉬운 일본어를 듣고 그 내용에 따라 행동으로 옮길 수 있는지를 평가한다.

㈑ 짧고 쉬운 일본어를 듣고 핵심어에 대한 이해 능력을 평가한다.

(2) 말하기

㈎ 학습한 내용을 중심으로 질문이나 대답하는 능력을 평가한다.

㈏ 그림이나 사진을 보고 간단하게 설명·묘사하는 능력을 평가한다.

㈐ 인터뷰법을 적극적으로 도입하여 평가한다.

㈑ 학습한 내용을 역할 놀이와 장면 연습 등을 통해 표현하는 능력을 평가한다.

(3) 읽기

㈎ 가나로 쓰인 짧고 쉬운 글을 읽게 하여 그 능력을 평가한다.

㈏ 학습용 한자와 표기용 한자가 포함된 짧고 쉬운 글을 읽게 하여 그 능력을 평가한다.

㈐ 짧고 쉬운 대화문이나 글을 읽고 대의를 파악하는 능력을 평가한다.

㈑ 짧고 쉬운 글을 읽고 핵심어와 주제어를 찾는 능력을 평가한다.

(4) 쓰기

㈎ 받아쓰기, 통제 작문을 중심으로 평가한다.

㈏ 학습자의 경험을 중심으로 한 간단한 글쓰기 능력을 평가한다.

㈐ 컴퓨터를 이용한 일본어 입력 능력을 평가한다.

㈑ 다양한 매체를 활용한 정보 검색 활동 결과를 평가한다.

(5) 문화

㈎ 자연스러운 언어 행동의 수행 능력을 중심으로 평가한다.

㈏ 일상생활 문화는 개인이나 모둠별로 조사한 자료나 발표한 내용 등을 중심으로 평가한다.

㈐ 전통문화와 대중문화는 개인이나 모둠별로 조사한 자료나 발표한 내용 등을 중심으로 평가한다.

【별표 Ⅰ】

의사소통 기본 표현

○ 다음은 고등학교 일본어 학습 과정에서 우선적으로 다루기를 권장하는 의사소통 기본 표현이다. 여기에 제시되지 않은 예시문도 사용할 수 있다.

○ 여기에 제시된 의사소통 기본 표현은 대화의 전개 과정에서 필요한 의사소통 기능별 표현으로서 상황과 수준에 따라 활용할 수 있으며, 문법 사항도 참고할 수 있도록 제시한 것이다.

○ '6. 정보 제공'은 정보 요구에 대한 대답도 되지만, 일방적인 정보 제공으로도 사용 가능한 기본 표현이다.

– 이하 의사소통 기본 표현 예시 생략 –

【별표 Ⅱ】

기본 어휘표

○ 동사, 형용사에서 파생하는 명사(형), 부사(형)은 제시하지 않았으나 기본 어휘로 간주한다(예 : くもり, はれ, おおく, ……).

○ 인명, 지명, 국가명 등의 고유 명사와 수사, 요일, 날짜 등은 제시하지 않았으나 기본 어휘로 간주한다.

○ 조사와 조동사에는 '~'로, 조어 성분(접두어, 접미어, 조수사 등)에는 '-'으로 표시하였다.

○ 쓰기를 권장하는 학습용 한자는 ( )로, 읽기를 권장하는 표기용 한자는 〈 〉로 표시하였으며, 의미 구별을 위한 한자는 [ ]로 표시하였다. 수사와 요일은 제시하지 않았으나 학습용 한자로 간주한다.

○ 인사말과 축약 표현은 의사소통 기본 표현에 제시하였다.

○ 국제 통용어(예: DVD, cm, MP3 등)는 제시하지 않았으나 기본 어휘로 간주한다.

○ 교육과정의 문화적 내용(전통, 의식주)과 관련된 어휘는 제시하지 않았으나 기본 어휘로 간주한다.

○ 기본 어휘 중 '명사와 명사, 명사와 동사의 명사형'이 결합된 복합어는 제시하지 않았으나 기본 어휘로 간주한다.

○ 우리말과 비슷한 감탄사(ああ, えっ, わあ, へえ 등)는 제시하지 않았으나 기본 어휘로 간주한다.

○ 상황에 따라 자연스러운 대화를 위해 장·단음(ほんと, ねえ, は~い 등)으로 표기하는 것도 허용한다.

– 이하 기본 어휘표 예시 생략 –

2 2015 일본어 개정 교육과정

1) 개정 배경

2015 개정 교육과정의 중요한 개정 배경 중의 하나는 '창의융합형 인재' 양성에 대한 국가·사회적 요구이다. 2008년 11월 국가과학기술위원회는 범부처 차원에서 '국가 융합기술 발전 기본 계획(2009~2013)'을 발표하였으며, 이를 이어 받아 미래창조과학부는 2014년 3월 국가 융합기술 발전전략을 발표하면서 창의적 융합인재 양성을 융합기술 발전 전략의 하나로 제시하였다. 이는 미래사회가 융합기술이 주도하는 산업구조를 갖춘 사회가 될 것이라는 판단에 근거한 것이라고 볼 수 있다.

2015 개정 교육과정에 대한 개정 논의는 고등학교 교육과정 운영의 문제점, 이른바 문과와 이과 사이의 과도한 칸막이가 일으키는 문제점을 개선하기 위한 '문·이과 통합' 논의를 계기로 시작되었다고 볼 수 있는데, 이 논의 주제는 근본적으로 창의융합형 인재 양성을 위한 교육과정의 발전 방향에 대한 논의의 일부로 이해할 수 있다.(「2015 교육과정 총론 해설서 - 고등학교」)[12]

2) 개정 중점

2015 개정 교육과정은 국가·사회적 측면에서 새롭게 제시된 인재상[13]에 적합한 교육과정 체제를 구축하고, 행복한 학습을 구현하기 위하여 학습 경험의 질을 개선함과 동시에 학교 현장에서 제기되는 다양한 문제점들을 개선하는 것에 중점을 두었다. 이에 따른 구체적인 개정의 방향을 살펴보면

---

12) ncic 국가교육과정정보센터 http://ncic.re.kr/mobile.revise.board.view.do
13) 가. 전인적 성장을 바탕으로 자아정체성을 확립하고 자신의 진로와 삶을 개척하는 자주적인 사람
　　나. 기초 능력의 바탕 위에 다양한 발상과 도전으로 새로운 것을 창출하는 창의적인 사람
　　다. 문화적 소양과 다원적 가치에 대한 이해를 바탕으로 인류 문화를 향유하고 발전시키는 교양 있는 사람
　　라. 공동체 의식을 가지고 세계와 소통하는 민주 시민으로서 배려와 나눔을 실천하는 더불어 사는 사람

다음과 같다.

① 인문·사회·과학기술에 대한 기초 소양 교육을 강화한다.

② 학생의 '꿈과 끼'를 키울 수 있는 학생 중심의 교육과정을 개발한다.

③ 미래사회가 요구하는 핵심역량 함양이 가능한 교육과정을 마련한다.

④ 학습량을 적정화한다.

⑤ 교육 내용, 교수·학습, 평가가 일관성 있게 이루어지도록 한다.

⑥ 학교 현장의 요구를 반영하고 현행 교육과정의 문제점을 개선한다.

이러한 기본 방향에 따라 고등학교 보통 교과 제2외국어 일반선택 과목 8개 과목(독일어Ⅰ, 프랑스어Ⅰ, 스페인어Ⅰ, 중국어Ⅰ, 일본어Ⅰ, 러시아어Ⅰ, 아랍어Ⅰ, 베트남어Ⅰ)은 첫째, 창의 융합형 인재 양성을 위한 교육과정, 둘째, 핵심역량을 반영한 교육과정, 셋째, 배움의 즐거움을 경험할 수 있는 학생 중심의 교육과정 개발이라는 개정의 방향을 설정하였다. 이하 일본어Ⅰ 교육과정을 2009 개정 교육과정 체제와 비교하여 표로 제시하면 다음과 같다.

〈표 1.1〉 2009, 2015 개정 일본어 교육과정 체제 비교

구분	2009 개정안	2015 개정안	비고
교육 과정 체제	목표 성취기준 교수, 학습방법 평가	1. 성격 2. 목표 3. 내용 체계 및 성취 기준 4. 교수, 학습 및 평가의 방향	목표만 있던 것에서 성격과 목표를 따로 제시함 일본어Ⅰ만의 내용체계를 제시함
성격	목표 가. 언어기능 　　(1) 듣기 　　(2) 말하기 　　(3) 읽기 　　(4) 쓰기 나. 문화 다. 태도	1. 성격을 따로 제시	
목표		2. 목표 가. 의사소통 기본 표현을 이해하고 상황에 맞게 활용한다. 나. 일본 문화의 이해를 통해 세계 시민 의식을 기른다. 다. 다양한 매체와 자료를 활용하여 정보 교류 능력을 배양하고 이를 상황에 맞게 활용한다.	
내용체계	외국어 과목 공통의 내용 체계 안에 성취 기준 영역 포함	3. 내용 체계 및 성취기준 가. 내용 체계	− 일본어Ⅰ만의 세부적 내용 체계 생김

구분	2009 개정안	2015 개정안	비고
성취기준	2. 성취 기준 　가. 언어적 내용 　　(1) 언어기능 　　　(가) 듣기 　　　(나) 말하기 　　　(다) 읽기 　　　(라) 쓰기 　　(2) 언어재료 　　　(가) 발음 및 　　　　　문자 　　　(나) 어휘 　　　(다) 문법 　　　(라) 의사소통 　　　　　기본표현 　나. 문화적 내용	나. 성취기준 　(1) 듣기 　　(가) 학습 요소 　　(나) 성취기준 해설 　　(다) 교수・학습 방법 및 　　　　유의사항 　　(라) 평가 방법 및 유의사항 　(2) 말하기 　　(가) 학습 요소 　　(나) 성취기준 해설 　　(다) 교수・학습 방법 및 　　　　유의사항 　　(라) 평가 방법 및 유의사항 　(3) 읽기 　　(가) 학습 요소 　　(나) 성취기준 해설 　　(다) 교수・학습 방법 및 　　　　유의사항 　　(라) 평가 방법 및 유의사항 　(4) 쓰기 　　(가) 학습 요소 　　(나) 성취기준 해설 　　(다) 교수・학습 방법 및 　　　　유의사항 　　(라) 평가 방법 및 유의사항 　(5) 문화 　　(가) 학습 요소 　　(나) 성취기준 해설 　　(다) 교수・학습 방법 및 유 　　　　의사항 　　(라) 평가 방법 및 유의사항	－ 성취 기준을 1. 듣기 2. 말 　하기 3. 읽기 4. 쓰기 5. 문 　화 로 나누어 제시함 － 언어의 4기능에 따라 분류 　하였으나 통합하여 교수, 학 　습할 것을 강조함 － 성취기준 해설과 교수, 학습 　및 평가방법의 유의사항을 　각 내용마다 전부 제시함
교수, 학습 및 방법	3. 교수・학습 방법 　가. 일반지침 　나. 언어 기능 　　(1) 듣기 　　(2) 말하기 　　(3) 읽기 　　(4) 쓰기 　다. 언어 재료 　　(1) 발음 및 문자 　　(2) 어휘 　　3) 문법 　　(4) 의사소통 기본 　　　　표현 　라. 문화	4. 교수・학습 및 평가 방향 　가. 교수, 학습 방향 　　(1) 교육과정의 성격과 목표에 　　　　맞도록 교수, 학습 계획을 　　　　수립한다. 　　(2) 학습 내용을 분석하여 교수 　　　　・학습 계획을 수립한다. 　　(3) 학습동기 유발 방법, 활동 　　　　유형(개인, 짝, 모둠, 전체), 　　　　학생 중심 수업활동, 수업 　　　　내용 확인 활동 등이 포함 　　　　되도록 교수・학습 계획을 　　　　수립한다. 　나. 평가 방향	－ 교수 학습 방법과 평가 방법 　은 성취 기준의 내용 안에 　유의 사항과 함께 제시함 － 교수, 학습과 평가에 대한 　방법이 아닌 방향성을 제시 　함

구분	2009 개정안	2015 개정안	비고
평가	4. 평가 가. 평가 지침 나. 평가 방법 　1) 듣기 　2) 말하기 　3) 읽기 　4) 쓰기 　5) 문화	(1) 교육과정의 성격과 목표에 맞도록 평가 계획을 수립한다. (2) 학습 내용을 분석하여 평가 계획을 수립한다. (3) 학습 활동 유형(개인, 짝, 모둠, 전체), 학생 중심 수업활동, 수업 내용 확인 활동 등이 포함되도록 평가 계획을 수립한다.	
별표	별표Ⅰ. 의사소통 기본 표현 별표Ⅱ. 기본 어휘표	별표Ⅰ. 의사소통 기본 표현 별표Ⅱ. 기본 어휘표	－ 별표Ⅰ. 의사소통 기본 표현 세부내용을 추가하여 제시함 　1) '5. 정보 요구'에 대한 응답을 '6. 정보 제공'에 각각 제시하지 않았으나 사용할 수 있다. 　2) 의사소통 기본 표현은 기본적으로 정중체를 제시하였으나 보통체로도 사용할 수 있다. 　3) 축약 표현은 제시하지 않았으나 사용할 수 있다. － 별표Ⅱ. 기본 어휘표 세부내용을 추가하여 제시함 　1) 의사소통 기본 표현에 제시한 인사말은 기본 어휘로 간주한다. 　2) 'まつり, こいのぼり, はなみ, じんじゃ(神社)' 등은 고유명사로 분류하여 기본 어휘로 간주한다. 　3) 조사와 조사가 연결된 복합 조사(かな, よね 등)는 기본 어휘로 간주한다. 　4) 기본 어휘의 동사로 된 복합 동사 중 '読み終わる, 食べすぎる' 등과 같이 뒤의 동사의 의미가 크게 변하지 않는 것은 기본 어휘로 간주한다.

2015 일본어 Ⅰ 개정 교육과정안 원문

교육부 고시 제 2015-74호 [별책 16]

1. 성격

국제 사회는 세계화의 진전에 따라 인접 국가 간의 지역 협력 체제 구축이 빠르게 확산되고 있다. 이러한 움직임은 지역 내, 국가 간의 공생 공영을 위한 정치 경제적 협력뿐만 아니라 민간 차원의 다양한 협력과 교류로 이어지게 된다.

또한 세계가 하나의 생활권으로 발전해 가는 오늘날에는 교통, 통신 및 네트워크의 발달로 인적, 물적 교류가 해당 국가의 언어를 통한 직접적인 교류로 발전하였으며 앞으로 더욱 확대될 것이다. 이에 따라 다양한 외국어 습득과 외국 문화의 이해는 다문화 사회에서 세계 시민이 갖추어야 할 중요한 자질이 되었으며 이러한 자질을 바탕으로 세계 무대에서 활동할 수 있는 유능한 인재를 양성할 필요성이 대두되었다. 이러한 시대적 흐름에 따라 국가 교육과정에서의 다양한 외국어 교육이 절실히 요구되고 있다.

우리나라와 일본은 지리적으로 가까이에 위치해 고대로부터 상호 간의 언어 및 문화에 영향을 미치면서 발전해 왔다. 한편 동북아시아 지역의 일원으로서 오랜 기간 서로의 지식과 정보를 교류해 왔으나 단절된 시기도 있었다. 그러나 오늘날 블록화·지역화가 진행되고 있는 세계화 시대에 우리나라와 일본은 글로벌 지역 공동체 형성을 배경으로 양국 간의 공동체적 문화의 창출과 공유가 필요하고, 서로의 언어와 문화에 대한 존중의 토대 위에 우호와 문화 교류가 앞으로 더욱 활발하게 진행되어야 한다. 이를 위해서라도 일본어 교육은 절실히 요구되고 있다.

제2외국어 교과 역량은 의사소통 능력, 문화의 이해를 통한 세계 시민 의식, 정보 검색·활용을 통한 교류 능력이라 할 수 있다. 일본어 의사소통 능력을 통하여 일본어를 사용하는 사람들과 온·오프라인으로 교류하며, 일상적인 의사소통을 할 수 있을 뿐만 아니라 일본의 문화적 가치와 정보를 공유할 수 있게 된다. 이를 바탕으로 학생들은 세상에 대한 견문을 넓히고 다양한 시각의 세계관을 수용함으로써 창의적 사고력과 인성을 갖춘 세계 시민으로 성장할 수 있을 것이다.

'일본어'은 일본어를 처음 배우는 학습자들에게 일본어의 기본 어휘와 구문을 이해하게 하고 이를 상황에 맞게 활용할 수 있는 의사소통 능력을 배양하는 과목이다. 또한 '일본어Ⅰ'은 '일본어Ⅱ' 과목을 학습하기 위한 기초를 다지는 과목이다.

2. 목표

일상생활에 필요한 기초적인 일본어 의사소통 능력을 배양하여 일본인과 교류할 수 있는 능력을 기른다.

가. 의사소통 기본 표현을 이해하고 상황에 맞게 활용한다.
나. 일본 문화의 이해를 통해 세계 시민 의식을 기른다.
다. 다양한 매체와 자료를 활용하여 정보 교류 능력을 배양하고 이를 상황에 맞게 활용한다.

3. 내용 체계 및 성취기준

가. 내용 체계

영역	핵심 요소	내용	기능
언어적 내용	발음 및 문자	• 히라가나와 가타카나, 한자 • 청·탁음, 장·단음, 요음, 촉음, 박(拍), 억양 * 국어의 가나 표기법, 외래어 표기법 규정에 따라 표기한다.	• 듣기 • 듣고 이해하기 • 듣고 반응하기 • 말하기 • 표현하기 • 상황에 맞게 말하기 • 가나와 한자 읽기 • 읽고 이해하기 • 읽고 의미 파악하기 • 쓰기 • 가나와 한자 쓰기 • 문법에 맞게 쓰기
	어휘	• 낱말의 기본 의미와 파생 의미 • 낱말의 결합 관계 • 관용적 표현 • 한자의 음독·훈독 * [별표Ⅱ]에 제시된 기본 어휘를 중심으로 500개 내외의 낱말을 사용한다.	
	문법	• 현대 일본어 문법 * [별표Ⅰ]에 제시된 의사소통 기본 표현에 사용된 문법 내용과 [별표Ⅱ]의 기본 어휘표에 제시된 문법 요소 내에서 다룬다.	
	의사소통 표현	• 인사, 소개, 배려 및 태도 전달, 의향 및 의사 전달, 정보 요구, 정보 제공, 행위 요구, 대화 진행 등의 의사소통 기능을 상황에 맞게 사용한다. * [별표Ⅰ]에 제시된 의사소통 기본 표현을 참고한다.	
문화적 내용	문화	• 일본의 간략한 개관 • 언어문화 • 비언어 문화 • 일상생활 문화 • 대중문화 * 위에 제시한 소재는 선택적으로 다룰 수 있다.	• 이해하기 • 표현하기 • 발표하기 • 토론하기

나. 성취기준

(1) 듣기

[12일Ⅰ-01-01] 음성적 특징에 유의하여 정확하게 듣는다.

[12일Ⅰ-01-02] 짧고 쉬운 글이나 대화를 듣고 핵심어의 의미를 이해한다.

[12일Ⅰ-01-03] 의사소통 기본 표현과 관련된 쉬운 글이나 대화를 듣고 대의나 의도를 파악한다.

[12일Ⅰ-01-04] 일상생활과 관련된 간단한 글이나 대화를 듣고 적절하게 반응한다.

[12일Ⅰ-01-05] 짧고 쉬운 글이나 대화를 듣고 지위나 친밀도 등의 차이를 구별한다.

(가) 학습 요소 : 기본 어휘표, 의사소통 기본 표현, 언어문화

　　인사 : 만남, 헤어짐, 안부, 외출, 귀가, 방문, 식사, 연말, 신년, 축하

　　소개 : 자기소개, 가족 소개, 타인 소개

　　배려 및 태도 전달 : 감사, 사과, 칭찬, 고충·불평, 격려, 위로, 승낙·동의, 거절·반대, 사양, 겸손, 유감

　　의향 및 의사 전달 : 희망, 의지, 목적, 의견 제시, 기대, 감정, 정정·부정

　　정보 요구 : 존재, 장소, 시간·때, 선택, 비교, 이유, 방법, 상태, 형편·사정, 취향·취미, 능력·가능, 경험, 확인

　　정보 제공 : 안내, 추측, 전언, 상황 설명

　　행위 요구 : 의뢰, 지시, 금지, 권유, 조언·제안, 허가, 경고

　　대화 진행 : 말 걸기, 머뭇거림, 화제 전환, 맞장구, 되묻기

　　언어문화 : 의뢰 방법, 승낙·거절 방법, 호칭 방법, 표현적 특징 등

(나) 성취기준 해설

　　－ 언어 4기능(듣기, 말하기, 읽기, 쓰기)으로 성취기준을 제시하였지만, 학교 현장에서는 언어 4기능을 유기적으로 통합하여 교수·학습할 것을 권장한다.

　　－ 일본어의 음성적 특징이란 청·탁음, 장·단음, 요음, 촉음, 박(拍), 억양 등의 발음상의 특징을 말한다.

(다) 교수·학습 방법 및 유의 사항

　　－ 음성을 듣고 낱말 카드와 같은 학습 자료를 이용하여 청·탁음, 장·단음, 요음, 촉음 등을 구별하게 한다.

　　－ 음성을 듣고 손뼉 치기 등을 이용하여 박(拍)을 구별하게 한다.

　　－ 짧은 문장을 듣고 음성 소프트웨어 등을 활용하여 자연스러운 억양을 이해하게 한다.

　　－ 구강 단면도 등을 이용하여 한국인이 틀리기 쉬운 발음을 듣고 구별하게 한다.

　　－ 수업에서 자주 사용하는 교실 일본어를 듣고 적절하게 반응하게 한다.

　　－ 그림이나 사진, 광고 등을 이용하여 낱말의 의미를 이해하게 한다.

　　－ 숫자나 낱말 등과 관련된 노래를 듣고 의미를 이해하게 한다.

　　－ 짧은 미디어 자료를 듣고 그 의미를 이해하게 한다.

　　－ 쉬운 글이나 대화를 듣고 그에 알맞은 그림이나 도표 등을 찾게 한다.

　　－ 쉬운 대화를 듣고 약도, 노선도 등의 그림에서 해당하는 장소를 찾게 한다.

　　－ 일기 예보, 전화 통화 등의 쉬운 대화를 듣고 중심 내용을 찾게 한다.

　　－ 짧고 쉬운 광고나 애니메이션 등의 영상 자료를 보고 중심 내용을 이해하게 한다.

　　－ 간단한 대화를 듣고 퀴즈 게임 등을 이용하여 진위를 파악하게 한다.

　　－ 간단한 대화를 듣고 대화의 순서에 맞게 대화문을 배열하게 한다.

　　－ 다양한 설문지 내용 등을 듣고 체크 리스트 등에 표시하게 한다.

　　－ 간단한 주의 사항, 안내 방송 등을 듣고 알맞은 내용을 글이나 그림 등으로 제시하여 찾게 한다.

　　－ 하루 일과, 요리 만들기, 여행 계획 등의 내용을 듣고 표를 완성하게 한다.

　　－ 짧고 쉬운 대화를 듣고 그림 등을 이용하여 상하 관계를 구별하게 한다.

　　－ 상하 관계가 있는 영상 자료를 시청하고 경어법에 맞는 표현을 이해하게 한다.

　　－ 호칭, 경칭 등에 관한 영상 자료를 이용하여 친밀도를 이해하게 한다.

　　－ 언어 4기능(듣기, 말하기, 읽기, 쓰기)의 교수·학습은 자기 소개하기, 게임, 노래, 역할 놀이 등의 다양한 상황을 활용하여 학생 참여형 수업으로 할 것을 권장한다.

(라) 평가 방법 및 유의 사항
- 음성을 듣고 청·탁음, 장·단음, 요음, 촉음 등의 진위를 구별할 수 있는지를 평가한다.
- 음성을 듣고 박(拍)의 수를 셀 수 있는지를 평가한다.
- 짧은 문장을 듣고 자연스러운 억양을 표시할 수 있는지를 평가한다.
- 한국인이 틀리기 쉬운 발음을 듣고 그에 해당하는 말을 고를 수 있는지를 평가한다.
- 교실 일본어를 듣고 적절하게 반응하는지를 평가한다.
- 짧고 쉬운 글이나 대화를 듣고 그에 해당하는 낱말이나 그림을 고를 수 있는지를 평가한다.
- 숫자나 낱말 등과 관련된 노래를 듣고 의미를 이해하는지를 평가한다.
- 짧은 미디어 자료를 듣고 내용에 맞게 빈칸 채우기 등을 할 수 있는지를 평가한다.
- 쉬운 대화를 듣고 자연스러운 질문과 대답을 선으로 바르게 연결할 수 있는지를 평가한다.
- 쉬운 글이나 대화를 듣고 그에 알맞은 그림이나 도표 등을 고를 수 있는지를 평가한다.
- 쉬운 대화를 듣고 약도, 노선도 등의 그림에서 해당하는 장소를 찾을 수 있는지를 평가한다.
- 일기 예보, 전화 통화, 쉬운 대화 등을 듣고 중심 내용을 찾을 수 있는지를 평가한다.
- 짧고 쉬운 광고나 애니메이션 등의 영상 자료를 보고 중심 내용을 이해하는지를 평가한다.
- 간단한 대화를 듣고 진위를 파악할 수 있는지를 평가한다.
- 간단한 대화를 듣고 대화의 순서에 맞게 대화문을 배열할 수 있는지를 평가한다.
- 간단한 주의 사항, 안내 방송 등을 듣고 알맞은 내용을 그림 등에서 찾을 수 있는지를 평가한다.
- 하루 일과, 요리 만들기, 여행 계획 등의 내용을 듣고 정확하게 표를 완성할 수 있는지를 평가한다.
- 짧고 쉬운 대화를 듣고 상하 관계를 구별할 수 있는지를 평가한다.
- 상하 관계가 있는 대화를 듣고 경어법에 맞는 표현을 고를 수 있는지를 평가한다.
- 호칭, 경칭 등에 관한 대화를 듣고 지위나 친밀도 등의 차이를 구별할 수 있는지를 평가한다.
- 언어 4기능별로 개별 평가, 통합 평가를 실시하되, 균형 있게 평가한다.

(2) 말하기

[12일Ⅰ-02-01] 음성적 특징에 유의하여 말한다.
[12일Ⅰ-02-02] 낱말 또는 짧은 문장으로 자신의 의사나 정보를 표현한다.
[12일Ⅰ-02-03] 의사소통 기본 표현과 관련된 짧고 쉬운 대화를 한다.
[12일Ⅰ-02-04] 일본인의 언어·비언어 문화에 맞게 표현한다.
[12일Ⅰ-02-05] 상대방의 지위나 친밀도 등의 차이를 인지하고 상황에 맞게 말한다.

(가) 학습 요소 : 기본 어휘표, 의사소통 기본 표현, 언어·비언어 문화
인사 : 만남, 헤어짐, 안부, 외출, 귀가, 방문, 식사, 연말, 신년, 축하
소개 : 자기소개, 가족 소개, 타인 소개
배려 및 태도 전달 : 감사, 사과, 칭찬, 고충·불평, 격려, 위로, 승낙·동의, 거절·반대, 사양, 겸손, 유감
의향 및 의사 전달 : 희망, 의지, 목적, 의견 제시, 기대, 감정, 정정·부정
정보 요구 : 존재, 장소, 시간·때, 선택, 비교, 이유, 방법, 상태, 형편·사정, 취향·취미, 능력·가능, 경험, 확인
정보 제공 : 안내, 추측, 전언, 상황 설명

행위 요구 : 의뢰, 지시, 금지, 권유, 조언·제안, 허가, 경고

대화 진행 : 말 걸기, 머뭇거림, 화제 전환, 맞장구, 되묻기

언어문화 : 의뢰 방법, 승낙·거절 방법, 호칭 방법, 표현적 특징 등

비언어 문화 : 손짓, 몸짓 등

(나) 성취기준 해설
- 언어 4기능(듣기, 말하기, 읽기, 쓰기)으로 성취기준을 제시하였지만, 학교 현장에서는 언어 4기능을 유기적으로 통합하여 교수·학습할 것을 권장한다.
- 일본어의 음성적 특징이란 청·탁음, 장·단음, 요음, 촉음, 박(拍), 억양 등의 발음상의 특징을 말한다.
- 언어문화는 일상의 언어생활 또는 언어에 의하여 이루어지는 모든 문화를 통틀어 이르는 말로, 의뢰 방법, 승낙·거절 방법, 호칭 방법, 표현적 특징 등이 있다. 표현적 특징이란 관용적 표현(顔が広い, となりの 花は 赤い 등), 결혼식(切る, 時々 등)이나 병원(お元気ですか, さようなら 등) 등에서 삼가는 말, 헤어질 때 사용하는 다양한 표현(さようなら, お気を つけて, お大事に 등), 한국어와 표현 방법이 다른 것(あれこれ, 行ったり 来たり, 明日 学校ですか 등) 등을 말한다.

(다) 교수·학습 방법 및 유의 사항
- 미디어 자료 등을 이용하여 청·탁음, 장·단음, 요음, 촉음 등을 따라서 말하게 한다.
- 손뼉 치기 등을 이용하여 박(拍)에 맞추어 말하게 한다.
- 음성 소프트웨어나 억양이 표시된 문장 등을 활용하여 억양에 맞게 말하게 한다.
- 구강 단면도 등을 이용하여 한국인이 틀리기 쉬운 발음에 유의하여 말하게 한다.
- 그림이나 사진 등을 이용하여 자신의 의사나 정보를 말하게 한다.
- 사진, 게임, 동영상 만들기 등을 활용하여 자기소개, 타인 소개, 가족 소개를 하게 한다.
- 전단지, 메뉴판, 달력 등을 이용하여 자신의 의사나 정보를 말하게 한다.
- 역할 놀이를 이용하여 의사소통 기본 표현과 관련된 대화를 하게 한다.
- 인터뷰를 이용하여 취향, 선택, 승낙, 거절 등에 관한 대화를 하게 한다.
- 표지판, 약도, 그림 등을 보면서 간단하게 설명하거나 대화를 하게 한다.
- 짧고 쉬운 메모, 엽서, 전자 우편 등을 이용하여 중심 내용을 말하게 한다.
- 한국과 일본의 그림이나 영상 자료를 비교하여 일본인의 거절 및 의뢰 방법 등을 이해하고 그에 맞게 말하게 한다.
- 한국과 일본의 그림이나 영상 자료를 비교하여 일본인의 손짓이나 몸짓 등을 표현하게 한다.
- 짧고 쉬운 대화를 듣고 그림 등을 이용하여 상하 관계에 맞게 말하게 한다.
- 상하 관계가 있는 영상 자료를 시청하고 경어법에 맞게 말하게 한다.
- 호칭, 경칭 등에 관한 영상 자료를 이용하여 친밀도를 이해하고 상황에 맞게 말하게 한다.
- 상하 관계가 있는 역할 놀이를 이용하여 자신의 역할에 맞게 말하게 한다.
- 언어 4기능(듣기, 말하기, 읽기, 쓰기)의 교수·학습은 다양한 상황에서의 자기 소개하기, 게임, 노래, 역할 놀이 등을 활용하여 학생 참여형 수업으로 할 것을 권장한다.

(라) 평가 방법 및 유의 사항
- 청·탁음, 장·단음, 요음, 촉음 등이 포함된 말을 정확하게 말할 수 있는지를 평가한다.
- 박(拍)의 수에 맞추어 말할 수 있는지를 평가한다.
- 음성 소프트웨어 등을 이용하여 짧고 쉬운 대화를 자연스러운 억양으로 말할 수 있는지를 평가한다.
- 한국인이 틀리기 쉬운 발음을 정확하게 말할 수 있는지를 평가한다.

- 그림이나 사진 등을 이용하여 자신의 의사나 정보를 말할 수 있는지를 평가한다.
- 사진, 게임, 동영상 만들기 등을 통해 자기소개, 타인 소개, 가족 소개를 할 수 있는지를 평가한다.
- 전단지, 메뉴판, 달력 등을 이용하여 자신의 의사나 정보 등을 말할 수 있는지를 평가한다.
- 낱말 또는 짧은 문장으로 자신의 의사나 정보를 빈칸 채우기 등을 완성하여 말할 수 있는지를 평가한다.
- 의사소통 기본 표현과 관련된 짧고 쉬운 대화를 순서에 맞게 배열하여 말할 수 있는지를 평가한다.
- 의사소통 기본 표현과 관련된 짧고 쉬운 대화를 선 긋기 등으로 연결하여 바르게 말할 수 있는지를 평가한다.
- 의사소통 기본 표현과 관련된 짧고 쉬운 대화를 빈칸 채우기 등으로 완성하여 바르게 말할 수 있는지를 평가한다.
- 인터뷰를 이용하여 짧고 쉬운 대화를 할 수 있는지를 평가한다.
- 표지판, 약도, 그림 등을 보면서 간단하게 설명하거나 대화를 할 수 있는지를 평가한다.
- 짧고 쉬운 메모, 엽서, 전자 우편 등의 글을 이해하고 중심 내용을 말할 수 있는지를 평가한다.
- 일본인의 거절 및 의뢰 방법 등을 이해하고 그에 맞는 대화를 완성하여 말할 수 있는지를 평가한다.
- 일본인의 손짓이나 몸짓 등을 이해하고 그에 맞는 그림 등을 찾아 표현할 수 있는지를 평가한다.
- 상하 관계에 맞게 대화를 완성하여 말할 수 있는지를 평가한다.
- 상황에 맞는 경어를 사용하여 말할 수 있는지를 평가한다.
- 호칭, 경칭 등에 관한 친밀도를 이해하고 적절하게 말할 수 있는지를 평가한다.
- 언어 4기능별로 개별 평가, 통합 평가를 실시하되, 균형 있게 평가한다.

(3) 읽기

[12일 I -03-01] 가나와 한자를 바르게 읽는다.
[12일 I -03-02] 음성적 특징에 유의하며 짧고 쉬운 글이나 대화문을 바르게 읽는다.
[12일 I -03-03] 의사소통 기본 표현과 관련된 쉬운 글이나 대화문을 읽고 주제나 의미를 파악한다.
[12일 I -03-04] 일상생활과 관련된 간단한 글이나 대화문을 읽고 바르게 이해한다.
[12일 I -03-05] 짧고 쉬운 글이나 대화문을 읽고 지위나 친밀도 등의 차이를 구별한다.

(가) 학습 요소 : 기본 어휘표, 의사소통 기본 표현, 언어문화
　　　인사 : 만남, 헤어짐, 안부, 외출, 귀가, 방문, 식사, 연말, 신년, 축하
　　　소개 : 자기소개, 가족 소개, 타인 소개
　　　배려 및 태도 전달 : 감사, 사과, 칭찬, 고충・불평, 격려, 위로, 승낙・동의, 거절・반대, 사양, 겸손, 유감
　　　의향 및 의사 전달 : 희망, 의지, 목적, 의견 제시, 기대, 감정, 정정・부정
　　　정보 요구 : 존재, 장소, 시간・때, 선택, 비교, 이유, 방법, 상태, 형편・사정, 취향・취미, 능력・가능, 경험, 확인
　　　정보 제공 : 안내, 추측, 전언, 상황 설명
　　　행위 요구 : 의뢰, 지시, 금지, 권유, 조언・제안, 허가, 경고

대화 진행 : 말 걸기, 머뭇거림, 화제 전환, 맞장구, 되묻기

언어문화 : 의뢰 방법, 승낙·거절 방법, 호칭 방법, 표현적 특징 등

(나) 성취기준 해설
- 언어 4기능(듣기, 말하기, 읽기, 쓰기)으로 성취기준을 제시하였지만, 학교 현장에서는 언어 4기능을 유기적으로 통합하여 교수·학습할 것을 권장한다.
- 일본어의 음성적 특징이란 청·탁음, 장·단음, 요음, 촉음, 박(拍), 억양 등의 발음상의 특징을 말한다.

(다) 교수·학습 방법 및 유의 사항
- 미디어 자료 등을 이용하여 가나와 한자를 보면서 따라 읽게 한다.
- 낱말 카드와 같은 학습 자료를 이용하여 가나와 한자를 보고 읽게 한다.
- 가루다 게임과 같은 다양한 활동을 이용하여 가나와 한자를 보고 읽게 한다.
- 미디어 자료 등을 이용하여 청·탁음, 장·단음, 요음, 촉음 등을 구별하여 따라 읽게 한다.
- 손뼉 치기 등을 이용하여 박(拍)에 맞추어 읽게 한다.
- 미디어 자료 등을 이용하여 억양에 유의하며 따라 읽게 한다.
- 쉬운 글이나 대화문을 문말에서부터 확장해서 읽는 연습을 하게 한다.
- 쉬운 글이나 대화문을 읽고 핵심어 찾기 등을 하게 한다.
- 쉬운 글이나 대화문을 읽고 글이나 대화의 흐름을 파악하게 한다.
- 쉬운 글이나 대화문을 읽고 상황을 파악하여 대의를 유추하게 한다.
- 광고, SNS, 인터넷 등의 간단한 글을 읽고 원하는 정보를 찾게 한다.
- 전자 우편, 휴대폰 메시지 등의 간단한 정보를 읽고 적절하게 행동하게 한다.
- 메모, 엽서 등의 간단한 글을 읽고 적절하게 반응하게 한다.
- 역할 놀이 카드에 적힌 간단한 지시 사항을 읽고 적절하게 행동하게 한다.
- 대화자의 관계를 알 수 있는 그림 등이 포함된 짧고 쉬운 대화문을 읽고 지위나 친밀도를 구별하게 한다.
- 엽서, 편지 등에 나타난 표현 등을 이용하여 발신자와 수신자의 관계를 이해하게 한다.
- 호칭, 경칭 등이 사용된 짧고 쉬운 글이나 대화문을 읽고 지위나 친밀도를 구별하게 한다.
- 언어 4기능(듣기, 말하기, 읽기, 쓰기)의 교수·학습은 다양한 상황에서의 자기 소개하기, 게임, 노래, 역할 놀이 등을 활용하여 학생 참여형 수업으로 할 것을 권장한다.

(라) 평가 방법 및 유의 사항
- 가나와 한자를 바르게 읽을 수 있는지를 평가한다.
- 청·탁음, 장·단음, 요음, 촉음 등을 구별하여 읽을 수 있는지를 평가한다.
- 한자의 음독과 훈독을 구별하여 읽을 수 있는지를 평가한다.
- 짧고 쉬운 글이나 대화문을 청·탁음, 장·단음, 요음, 촉음 등에 유의하여 바르게 읽을 수 있는지를 평가한다.
- 짧고 쉬운 글이나 대화문을 박(拍)과 억양에 맞게 읽을 수 있는지를 평가한다.
- 쉬운 글이나 대화문을 읽고 진위를 파악하는 능력을 평가한다.
- 쉬운 글이나 대화문을 읽고 대의를 파악하는 능력을 평가한다.
- 쉬운 글이나 대화문을 읽고 핵심어나 주제어를 찾을 수 있는지를 평가한다.
- 쉬운 글이나 대화문을 읽고 내용에 맞게 그림이나 글의 순서를 배열할 수 있는지를 평가한다.
- 쉬운 글이나 대화문을 읽고 내용에 맞게 빈칸 채우기 등을 할 수 있는지를 평가한다.
- 표지판, 안내문 등의 간단한 정보를 읽고 바르게 이해하는지를 평가한다.

- 전자 우편, 휴대폰 메시지 등의 간단한 정보를 읽고 바르게 이해하는지를 평가한다.
- 메모, 편지, 엽서 등의 간단한 글을 읽고 글쓴이의 의도를 파악할 수 있는지를 평가한다.
- 간단한 글이나 대화문을 읽고 바르게 이해하는지를 평가한다.
- 그림 등이 포함된 대화문을 읽고 지위나 친밀도를 구별할 수 있는지를 평가한다.
- 엽서, 편지 등에 나타난 표현을 통해 발신자와 수신자의 관계 등 지위나 친밀도를 구별할 수 있는지를 평가한다.
- 호칭, 경칭 등이 사용된 글이나 대화문을 읽고 지위나 친밀도를 구별할 수 있는지를 평가한다.
- 언어 4기능별로 개별 평가, 통합 평가를 실시하되, 균형 있게 평가한다.

(4) 쓰기

[12일 I -04-01] 가나와 한자를 바르게 쓴다.
[12일 I -04-02] 가나 철자법에 유의하여 정확하게 쓴다.
[12일 I -04-03] 현대 일본어 문법에 맞게 글을 쓴다.
[12일 I -04-04] 의사소통 기본 표현과 관련된 내용을 짧고 쉬운 글로 쓴다.
[12일 I -04-05] 지위나 친밀도 등의 차이를 고려하여 적절하게 글을 쓴다.

(가) 학습 요소 : 기본 어휘표, 의사소통 기본 표현, 언어문화
　　인사 : 만남, 헤어짐, 안부, 외출, 귀가, 방문, 식사, 연말, 신년, 축하
　　소개 : 자기소개, 가족 소개, 타인 소개
　　배려 및 태도 전달 : 감사, 사과, 칭찬, 고충·불평, 격려, 위로, 승낙·동의, 거절·반대, 사양, 겸손, 유감
　　의향 및 의사 전달 : 희망, 의지, 목적, 의견 제시, 기대, 감정, 긍정·부정
　　정보 요구 : 존재, 장소, 시간·때, 선택, 비교, 이유, 방법, 상태, 형편·사정, 취향·취미, 능력·가능, 경험, 확인
　　정보 제공 : 안내, 추측, 전언, 상황 설명
　　행위 요구 : 의뢰, 지시, 금지, 권유, 조언·제안, 허가, 경고
　　대화 진행 : 말 걸기, 머뭇거림, 화제 전환, 맞장구, 되묻기
　　언어문화 : 의뢰 방법, 승낙·거절 방법, 호칭 방법, 표현적 특징 등
(나) 성취기준 해설
- 언어 4기능(듣기, 말하기, 읽기, 쓰기)으로 성취기준을 제시하였지만, 학교 현장에서는 언어 4기능을 유기적으로 통합하여 교수·학습할 것을 권장한다.
- 가나 철자법은 일본의 현대가나표기법(現代かなづかい)의 규정에 따른다.
- 현대 일본어 문법은 일본에서 간행된 '일본어교육사전, 현대일본어문법 시리즈' 등에서 기술하고 있는 내용을 참고한다.
(다) 교수·학습 방법 및 유의 사항
- 펜글씨 교본 등을 이용하여 획순에 맞추어 가나와 한자를 바르게 쓰게 한다.
- 빙고 게임, 빈칸 채우기 등을 이용하여 글자와 낱말을 바르게 쓰게 한다.
- 낱말 카드 등을 이용하여 유사한 가나를 구별하여 쓰게 한다.
- 미디어 자료, 인터넷 등을 활용하여 한국어 한자와 일본어 한자를 구별하여 쓰게 한다.

- 받아쓰기 등을 이용하여 청·탁음, 장·단음, 요음, 촉음 등을 구별하여 쓰게 한다.
- 미디어 자료 등을 이용하여 한국인이 틀리기 쉬운 발음을 구별하여 쓰게 한다.
- 다양한 활동을 통해 조사(は, へ, を)와 오쿠리가나를 가나 철자법에 맞게 쓰게 한다.
- 노래, 프레젠테이션, 교구 등을 이용하여 활용형을 바르게 쓰게 한다.
- 그림이나 사진 등을 이용하여 상황에 맞게 사용 빈도가 높은 조사, 조동사, 문말 표현 등을 구별하여 쓰게 한다.
- 그림이나 대화문 등을 이용하여 사용 빈도가 높은 지시사, 접속사, 부사를 구별하여 쓰게 한다.
- 한국인이 틀리기 쉬운 표현 등을 제시하여 낱말의 의미 용법을 구분해서 짧고 쉬운 문장을 바르게 쓰게 한다.
- 글쓰기 첨삭 활동을 통하여 짧고 쉬운 문장의 구조를 이해하고 바르게 쓰게 한다.
- 핵심어를 활용하여 짧고 쉬운 글을 쓰게 한다.
- 전자 우편, 휴대폰 메시지 등을 활용하여 자신의 의사를 작성하게 한다.
- 메모, 엽서, 초대장 등을 활용하여 짧고 쉬운 글을 작성하게 한다.
- 그림이나 도표 등을 보고 내용을 짧고 쉬운 글로 작성하게 한다.
- 간단한 글이나 대화문을 문맥이나 문체의 차이 등을 이해하여 바르게 번역하게 한다.
- 만화 등을 이용하여 상황에 맞게 문말 표현을 작성하게 한다.
- 미디어 자료를 이용하여 상황에 맞게 호칭, 경칭 등을 쓰게 한다.
- 지위나 친밀도를 고려하여 메모, 초대장, 편지 등을 작성하게 한다.
- 언어 4기능(듣기, 말하기, 읽기, 쓰기)의 교수·학습은 자기 소개하기, 게임, 노래, 역할 놀이 등의 다양한 상황을 활용하여 학생 참여형 수업으로 할 것을 권장한다.

(라) 평가 방법 및 유의 사항
- 50음도의 빈칸을 채울 수 있는지를 평가한다.
- 낱말 카드의 빈칸을 바르게 채울 수 있는지를 평가한다.
- 가나의 획순에 맞게 바르게 쓸 수 있는지를 평가한다.
- 한국어 한자와 일본어 한자를 구별하여 쓸 수 있는지를 평가한다.
- 청·탁음, 장·단음, 요음, 촉음 등을 바르게 쓸 수 있는지를 평가한다.
- 한국인이 틀리기 쉬운 발음의 글자를 바르게 쓸 수 있는지를 평가한다.
- 오쿠리가나를 가나 철자법에 맞게 쓸 수 있는지를 평가한다.
- 문맥에 맞게 형용사·동사 등의 활용형을 바르게 쓸 수 있는지를 평가한다.
- 문맥에 맞게 조사, 조동사, 문말 표현 등을 바르게 쓸 수 있는지를 평가한다.
- 문맥에 맞게 지시사, 접속사, 부사 등을 바르게 쓸 수 있는지를 평가한다.
- 문맥에 맞게 낱말을 바르게 쓸 수 있는지를 평가한다.
- 짧고 쉬운 문장의 구조를 이해하고 바르게 쓸 수 있는지를 평가한다.
- 주어진 표현을 활용하여 짧고 쉬운 글을 작성할 수 있는지를 평가한다.
- 자기소개, 장래 희망 등의 주제에 맞게 짧고 쉬운 글을 작성할 수 있는지를 평가한다.
- 간단한 글이나 대화문을 문맥이나 문체의 차이를 이해하여 바르게 번역할 수 있는지를 평가한다.
- 짧고 쉬운 글이나 대화문을 일본어 입력기를 활용하여 작성할 수 있는지를 평가한다.
- 상황에 맞게 문말 표현을 바르게 쓸 수 있는지를 평가한다.
- 상황에 맞게 호칭, 경칭 등을 바르게 쓸 수 있는지를 평가한다.
- 지위나 친밀도를 고려하여 간단한 글이나 대화문을 작성할 수 있는지를 평가한다.
- 언어 4기능별로 개별 평가, 통합 평가를 실시하되, 균형 있게 평가한다.

(5) 문화

[12일 I -05-01] 일본인의 언어·비언어 문화를 이해하여 표현한다.
[12일 I -05-02] 일본의 간략한 개관 및 일상생활 문화, 대중문화에 대해 이해한다.
[12일 I -05-03] 일본의 간략한 개관 및 일상생활 문화, 대중문화에 대해 조사하여 발표·토론한다.
[12일 I -05-04] 상호 문화적 관점에서 한국 문화와 일본 문화의 공통점과 차이점을 이해하고 표현한다.

(가) 학습 요소 : 기본 어휘표, 의사소통 기본 표현, 문화 관련 내용
　　　일본의 간략한 개관 : 행정 구역, 지리, 인구, 기후, 관광 명소 등
　　　언어문화 : 의뢰 방법, 승낙·거절 방법, 경어법, 호칭 방법, 표현적 특징 등
　　　비언어 문화 : 손짓, 몸짓 등
　　　일상생활 문화 : 가정생활, 학교생활, 사회생활, 교통 및 통신, 의·식·주, 스포츠, 여행, 환경, 위기
　　　　　　　관리, 연중행사, 마쓰리, 통과의례 등
　　　대중문화 : 노래, 만화, 애니메이션, 드라마, 영화 등
　　　문화 이해를 통한 세계 시민 의식
　　　* 위에 제시한 문화 내용을 선택적으로 다룰 수 있다.
(나) 성취기준 해설
　　 - 상호 문화적 관점이란 문화의 다양성을 인정하고 서로의 관계와 소통을 중시한 문화적 접근 방식을 말한다.
　　 - 상호 문화적 관점에서 한국과 일본이 지향하는 가치들을 서로 이해하고 공유할 수 있도록 한다.
(다) 교수·학습 방법 및 유의 사항
　　 - 미디어 자료 등을 이용하여 감사, 거절, 의뢰, 호칭 등의 방법을 이해하고 일본인의 언어문화에 맞게 표현하게 한다.
　　 - 미디어 자료 등을 이용하여 일본인의 손짓, 몸짓 등의 방법을 이해하고 일본인의 비언어 문화에 맞게 표현하게 한다.
　　 - 지도, 영상 자료 등을 이용하여 일본의 간략한 개관을 이해하게 한다.
　　 - 그림이나 사진, 실물 자료, 영상 자료 등을 이용하여 일상생활 문화를 이해하게 한다.
　　 - 노래, 애니메이션, 영화 등을 이용하여 대중문화를 이해하게 한다.
　　 - 문화 관련 서적, 인터넷 등을 이용하여 일본의 간략한 개관을 조사하여 발표·토론하게 한다.
　　 - 그림이나 사진, 실물 자료, 영상 자료, 인터넷 등을 이용하여 일상생활 문화를 조사하여 발표·토론하게 한다.
　　 - 노래, 애니메이션, 영화, 인터넷 등을 이용하여 대중문화를 조사하여 발표·토론하게 한다.
　　 - 영상 자료, 인터넷 등을 이용하여 양국의 언어·비언어 문화의 공통점과 차이점을 찾아 상호 문화적 관점에서 표현하게 한다.
　　 - 영상 자료, 인터넷 등을 이용하여 양국의 일상생활 문화의 공통점과 차이점을 찾아 상호 문화적 관점에서 표현하게 한다.
　　 - 영상 자료, 인터넷 등을 이용하여 양국의 대중문화의 공통점과 차이점을 찾아 상호 문화적 관점에서 표현하게 한다.

- 문화의 교수·학습은 유용한 정보를 얻을 수 있는 다양한 방법을 제시하여 이해하도록 지도하고, 취득한 정보를 활용한 요약, 발표, 토의 등 학생 활동형(그룹별) 수업으로 할 것을 권장한다.
- 문화 내용 설명 시 필요한 경우에는 우리말을 사용할 수 있다.
- 문화 내용은 최근의 객관적이고 공신력 있는 자료를 사용한다.

(라) 평가 방법 및 유의 사항
- 일본인의 언어문화에 관한 글을 읽고 진위를 구별할 수 있는지를 평가한다.
- 일본인의 비언어 문화를 이해하고 상황에 맞게 사용할 수 있는지를 평가한다.
- 일본인의 언어문화를 이해하고 상황에 맞게 사용할 수 있는지를 평가한다.
- 일본의 간략한 개관을 이해하고 질문에 답할 수 있는지를 평가한다.
- 일본의 일상생활 문화, 대중문화를 이해하고 질문에 답할 수 있는지를 평가한다.
- 일본의 개관 및 일상생활 문화, 대중문화에 대해 조사한 내용을 평가한다.
- 일본의 개관 및 일상생활 문화, 대중문화에 대해 조사하여 발표·토론할 수 있는지를 평가한다.
- 양국의 언어문화의 공통점과 차이점을 구별하여 말할 수 있는지를 평가한다.
- 양국의 비언어 문화의 공통점과 차이점을 구별하여 설명할 수 있는지를 평가한다.
- 양국의 일상생활 문화, 대중문화의 공통점과 차이점을 구별하여 설명할 수 있는지를 평가한다.
- 문화의 다양성을 인정하고 상호 문화적 관점에서 일본 문화를 설명할 수 있는지를 평가한다.
- 일본인의 언어문화, 일상생활 문화, 대중문화 등에 관한 평가 방법으로 지필평가 또는 다양한 수행평가(조사, 발표, 토론 등)를 활용한다.

4. 교수·학습 및 평가의 방향

가. 교수·학습 방향

(1) 교육과정의 성격과 목표에 맞도록 교수·학습 계획을 수립한다.
- 협력을 통해 공통 과제를 해결하는 경험을 하도록 하고, 이를 통해 타인에 대한 배려와 공동체 의식 함양 등 인성 교육을 강화할 수 있는 방법도 고려한다.
- 의사소통 능력 신장을 통해 상호 이해의 폭을 넓히고 더불어 개인의 창의성 계발이 함께 이루어지도록 한다.
- 문화 이해를 통하여 세계 시민 의식을 배양하고 일본 문화에 대한 올바른 이해와 개방적 태도를 가지도록 한다.

(2) 학습 내용을 분석하여 교수·학습 계획을 수립한다.
- 듣기, 말하기, 읽기, 쓰기의 4기능이 유기적으로 관련된 의사소통 활동 내용을 다루도록 수업을 계획한다.
- 의사소통 기본 표현을 이해하고 활용할 수 있도록 학습 활동을 주제 및 상황별로 전개한다.
- 의사소통 중심으로 학습한 내용을 반복하여 연습함으로써 다양한 일상적 상황에 맞게 적극적으로 활용할 수 있도록 한다.
- 언어 기능과 문화의 통합적 교수·학습(문화적 내용을 소재로 한 언어 기능 학습 등)을 지향한다.
- 학생의 성취수준과 학습 동기를 고려한 학습자 중심의 교수·학습 계획을 수립한다.
- 정보 통신 기술 및 기타 다양한 학습 자료들을 학생들 스스로 활용하여 일본 문화를 이해하도록 수업을 전개한다.

(3) 학습동기 유발 방법, 활동 유형(개인, 짝, 모둠, 전체), 학생 중심 수업활동, 수업 내용 확인 활동 등

이 포함되도록 교수·학습 계획을 수립한다.
- 학생들의 일본어 사용 능력, 학습 유형 및 전략 등을 고려하여 학생 중심의 수업활동이 이루어지도록 다양한 교수·학습 방법을 선정한다.
- 학습동기를 유발하고 흥미와 자신감을 기를 수 있도록 역할극, 게임, 노래 등을 활용한다.
- 학생 중심의 과제 및 체험 학습을 통해 자기주도적 학습이 이루어지도록 한다.
- 짝 활동, 소집단 활동 등의 상호작용을 적극 활용하여 학생들의 자발적 참여를 유도한다.
- 자발적인 학습 상황을 전개하여 자유로운 분위기에서 발표할 수 있도록 한다.
- 학습 효과를 높일 수 있도록 그림이나 사진, 녹음 자료, 동영상 등의 각종 시청각 자료 및 컴퓨터나 인터넷을 이용한 자료를 적극 활용한다.
- 학교 여건, 수준, 특성 등을 감안하여 교수·학습 방법을 선택적으로 활용할 수 있다.

나. 평가 방향
(1) 교육과정의 성격과 목표에 맞도록 평가 계획을 수립한다.
- 교수·학습 방법의 기본 방향인 인성 교육, 의사소통 능력 신장, 세계 시민 의식 배양에 기반을 두고 평가 방향을 정한다.
- 평가의 객관성을 유지하기 위해 명확한 평가 기준을 사전에 설정한다.
- 평가 결과는 개별 지도에 활용하는 한편, 향후 교수·학습 계획에 반영한다.
- 학습 포트폴리오를 활성화하여 학습 과정에 대한 기록을 남기고 자기 평가 자료로 활용한다.

(2) 학습 내용을 분석하여 평가 계획을 수립한다.
- 기본 어휘와 의사소통 기본 표현을 중심으로 일상생활과 관련된 기초적인 일본어를 이해하고 표현하는 언어 활용 능력을 평가한다.
- 성취기준 도달 여부를 확인하기 위한 형성평가를 수시로 실시하여 교수·학습의 일환으로서의 평가가 되도록 한다.
- 평가 문항은 성취기준에 근거하여 개발함으로써 평가를 통해 학생들의 성취기준 도달 여부를 알 수 있도록 한다.
- 지엽적이고 예외적인 사항보다는 기본적이고 중요한 사항을 중심으로 평가한다.
- 학습 활동의 성격에 따라 유창성과 정확성의 비중을 탄력적으로 조절한다.
- 평가 항목에 따라 개별 평가와 통합 평가를 적절하게 실시하되, 통합 평가의 비중을 서서히 높여 간다.
- 학습한 내용을 중심으로 듣기, 말하기, 읽기, 쓰기 능력을 고르게 평가한다.
- 개별 언어 기능에 대한 평가와 더불어 통합 언어 기능에 대한 평가도 적절히 시행한다.
- 통합 언어 기능에 대한 평가는 교과목 수준과 학생 수준에 따라서 기능 통합의 정도를 조절하여 실시한다.
- 문화에 대한 평가는 기초적인 지식뿐만 아니라 의사소통과 관련된 문화 내용을 잘 이해하고 있는지 여부를 중점적으로 평가한다.

(3) 학습 활동 유형(개인, 짝, 모둠, 전체), 학생 중심 수업활동, 수업 내용 확인 활동 등이 포함되도록 평가 계획을 수립한다.
- 교수·학습이 진행되는 도중에 형성평가를 실시함으로써 학생이 배운 성취기준을 제대로 익혔는지 점검하고, 학습상의 문제점을 파악하여 도움을 주고, 학생의 추후 학습에 대한 방향을 제시한다.

- 적극적인 수업 참여를 유도하기 위해 학습자의 의사소통 활동 참여도를 평가에 반영한다.
- 통합 언어 기능에 대한 평가는 교수 · 학습 과정에서 통합적 과제를 수행하도록 하면서 관찰 평가, 자기 평가, 학생 상호 평가 등 다양한 방법으로 실시한다.
- 정보 통신 및 기타 교수 · 학습 자료 탐색과 활용 능력 평가는 수행 평가를 활용한다.
- 가급적 수행 평가는 수업 활동과 연계하여 실시하고, 수업 중에 수행 평가가 어떻게 시행될 것인지 구체적으로 계획하여 학생들에게 공지하고, 채점 기준을 구체적으로 마련하여 공정한 평가를 한다.
- 학교 여건, 수준, 특성 등을 감안하여 평가 방법을 선택적으로 활용할 수 있다.

[별표 I]

[의사소통 기본 표현]

○ 다음은 고등학교 일본어 학습 과정에서 우선적으로 다루기를 권장하는 의사소통 기본 표현이다. 여기에 제시되지 않은 예시문도 사용할 수 있다.
○ 여기에 제시된 의사소통 기본 표현은 대화의 전개 과정에서 필요한 의사소통 기능별 표현으로서 상황과 수준에 따라 활용할 수 있으며, 문법 사항도 참고할 수 있도록 제시한 것이다.
○ '5. 정보 요구'에 대한 응답을 '6. 정보 제공'에 각각 제시하지 않았으나 사용할 수 있다.
○ '6. 정보 제공'은 정보 요구에 대한 대답도 되지만, 일방적인 정보 제공으로도 사용 가능한 기본 표현이다.
○ 의사소통 기본 표현은 기본적으로 정중체를 제시하였으나 보통체로도 사용할 수 있다.
○ 축약 표현은 제시하지 않았으나 사용할 수 있다.

- 이하 의사소통 기본 표현 예시 생략 -

[별표 II]

[기본 어휘표]

○ 동사, 형용사에서 파생되는 명사(형), 부사(형)는 기본 어휘로 간주한다(예 : くもり, はれ, あお, おおく, ……).
○ 인명, 지명, 국가명 등의 고유명사와 수사, 요일, 날짜 등은 기본 어휘로 간주한다.
○ 조사와 조동사에는 '~'로, 조어 성분(접두어, 접미어, 조수사 등)에는 '-'으로 표시하였다.
○ 쓰기와 읽기를 권장하는 학습용 한자는 ( )로, 읽기를 권장하는 표기용 한자는 〈 〉로 표시하였으며, 의미 구별을 위한 한자는 [ ]로 표시하였다. 수사와 요일은 학습용 한자로 간주한다.
○ 의사소통 기본 표현에 제시한 인사말은 기본 어휘로 간주한다.
○ 국제적으로 통용되는 'DVD, cm, MP3' 등은 기본 어휘로 간주한다.
○ 교육과정의 문화적 내용(의식주, 전통문화)과 관련된 어휘는 기본 어휘로 간주한다.
○ 'まつり, こいのぼり, はなみ, じんじゃ(神社)' 등은 고유명사로 분류하여 기본 어휘로 간주한다.
○ 기본 어휘 중 '명사와 명사, 명사와 동사의 명사형'이 결합된 복합어는 기본 어휘로 간주한다.

○ 우리말과 비슷한 감탄사(ああ, えっ, わあ, へえ 등)는 기본 어휘로 간주한다.
○ 상황에 따라 자연스러운 대화를 위해 장·단음(ほんと, ねえ, はーい 등)으로 표기하는 것도 허용한다.
○ 조사와 조사가 연결된 복합 조사(かな, よね 등)는 기본 어휘로 간주한다.
○ 기본 어휘의 동사로 된 복합 동사 중 '読み終わる, 食べすぎる' 등과 같이 뒤의 동사의 의미가 크게 변하지 않는 것은 기본 어휘로 간주한다.

– 이하 기본 어휘표 예시 생략 –

3 2022 일본어 개정 교육과정

1) 개정 배경

교육부 고시 제 2022-33호[별책 1] 초·중등학교 교육과정 총론에 의하면 교육과정 개정의 주요 배경으로 인공지능 기술 발전에 따른 디지털 전환, 감염병 대유행 및 기후·생태환경 변화, 인구 구조 변화 등에 의해 사회의 불확실성 증가와 사회의 복잡성과 다양성이 확대되고 사회적 문제를 해결하기 위한 협력의 필요성 그리고 학생 개개인의 특성과 진로에 맞는 학습을 지원해 주는 맞춤형 교육에 대한 요구 증가를 들고 있다.

이러한 배경하에, 개정 교육과정이 추구하는 인간상은 2015 개정 교육과정과 같은 자기주도적인 사람, 창의적인 사람, 교양있는 사람, 더불어 사는 사람이다. 인간상을 구현하기 위하어 기르고자 하는 핵심역량은 사기관리 역량, 지식정보처리 역량, 창의적 사고 역량, 심미적 감성 역량, 협력적 소통 역량, 공동체 역량이다. 이는 2015 개정 교육과정과 유사한 것으로 2015 개정 교육과정에서의 '다양한 상황에서 자신의 생각과 감정을 효과적으로 표현하고 다른 사람의 의견을 경청하며 존중하는 의사소통 역량'이 '다른 사람의 관점을 존중하고 경청하는 가운데 자신의 생각과 감정을 효과적으로 표현하며 상호협력적인 관계에서 공동의 목적을 구현하는 협력적 소통 역량'으로 바뀐 것이 큰 변화라고 할 수 있다.

2) 개정 중점

2022 개정 교육과정 구성의 중점은 총 일곱 가지로 다음과 같다. 첫째, 디지털 전환, 기후·생태환경 변화 등에 따른 미래 사회의 불확실성에 능동적으로 대응할 수 있는 능력과 자신의 삶과 학습을 스스로 이끌어가는 주도성을 함양한다. 둘째, 학생 개개인의 인격적 성장을 지원하고, 사회 구성원 모두의 행복을 위해 서로 존중하고 배려하며 협력하는 공동체 의식을 함양한다. 셋째, 모든 학생이 학습의 기초인 언어·수리·디지털 기초소양을 갖출 수 있도록 하여 학교 교육과 평생 학습에서 학습을 지속할 수 있게 한다. 넷째, 학생들이 자신의 진로와 학습을 주도적으로 설계하고, 적절한 시기에 학습할 수 있도록 학습자 맞춤형 교육과정 체제를 구축한다. 다섯째, 교과 교육에서 깊이 있는 학습을 통해 역량을 함양할 수 있도록 교과 간 연계와 통합, 학생의 삶과 연계된 학습, 학습에 대한 성찰 등을 강화한다. 여섯째, 다양한 학생 참여형 수업을 활성화하고, 문제 해결 및 사고의 과정을 중시하는 평가를 통해 학습의 질을 개선한다. 일곱째, 교육과정 자율화·분권화를 기반으로 학교, 교사, 학부모, 시·도 교육청, 교육부 등 교육 주체들 간의 협조 체제를 구축하여 학습자의 특성과 학교 여건에 적합한 학습이 이루어질 수 있도록 한다.

2022 개정 교육과정 일본어과의 가장 큰 특징은 고등학교가 선택 중심교육과정이 되면서 일본어 I과 일본어 II가 일반선택, 진로선택, 융합선택으로 그 선택의 폭이 넓어졌다는 점이다.

〈표 1.2〉 2022 일본어 개정 교육과정 교과목

공통 교육과정	선택 중심 교육과정		
	일반 선택	진로 선택	융합 선택
생활 일본어	일본어	심화 일본어	일본어 회화	일본 문화

교육과정 설계는 2015 개정 교육과정과 유사한데, 2015 개정 교육과정에

서는 성격과 목표를 따로 두고 있었지만, 2022 개정 교육과정에서는 성격 및 목표로 하나로 묶고 있다. 4. 교수, 학습 및 평가의 방향도 3. 교수, 학습 및 평가로 명시하고 있다.

구체적으로 살펴보면, 2. 내용 체계 및 성취기준에서 가. 내용 체계 부분은 언어적 내용의 핵심인 발음 및 문자, 어휘, 문법, 의사소통 표현뿐만 아니라 언어의 4기능별로 핵심 아이디어와 내용 요소의 범주로 지식·이해, 과정·기능, 가치·태도를 명시화하고 있다. 특히, 2015 개정 교육과정에서는 영역을 언어적 내용과 문화적 내용으로 분류하여 문화를 핵심 요소로 따로 두었지만, 2022 개정 교육과정에서는 언어의 4기능 다음 항목으로 두고 있다. 이때, 2015 개정 교육과정에서는 나. 성취기준 (가) 학습 요소에 있던 내용을 지식·이해로 가져왔다. 그리고 2015 개정 교육과정 나. 성취기준 (다) 교수·학습 방법 및 유의사항과 (라) 평가 방법 및 유의 사항을 2022 개정 교육과정에서는 (나) 성취기준 적용 시 고려 사항으로 간단명료하게 제시하고 있다.

3. 교수·학습 및 평가에서는 2015 개정 교육과정에서의 교수·학습 및 평가 방향에서 '방향'이라는 어휘를 큰 제목에서 삭제한 것이 특징이다. 하위 항목에서 교수·학습 방향, 교수·학습 방법과 평가 방향, 평가 방법을 통합적으로 다루고 있다.

[별표 I]이 기본 어휘표, [별표 II]가 의사소통 기본 표현이다.

이하 2015 일본어 I 개정 교육과정을 2022 일본어 개정 교육과정 체제와 비교하여 표로 제시하면 다음과 같다.

〈표 1.3〉 2015, 2022 개정 일본어 교육과정 체제 비교

구분	2015 개정안	2022 개정안	비고
교육 과정 체제	1. 성격 2. 목표 3. 내용 체계 및 성취 기준 4. 교수, 학습 및 평가의 방향	1. 성격 및 목표 2. 내용 체계 및 성취 기준 3. 교수, 학습 및 평가	
성격	1. 성격	1. 성격 및 목표	

구분	2015 개정안	2022 개정안	비고
목표	2. 목표 가. 의사소통 기본 표현을 이해하고 상황에 맞게 활용한다. 나. 일본 문화의 이해를 통해 세계 시민 의식을 기른다. 다. 다양한 매체와 자료를 활용하여 정보 교류 능력을 배양하고 이를 상황에 맞게 활용한다.	가. 성격 나. 목표 (1) 간단한 의사소통 기본 표현을 상황과 목적에 맞게 활용한다. (2) 다양한 매체를 활용하여 일상적이고 간단한 정보를 일본인과 교류하고 소통한다. (3) 상호문화적 관점에서 일본 문화를 이해함으로써 세계시민 의식을 기른다.	
내용 체계	3. 내용 체계 및 성취기준 가. 내용 체계	2. 내용 체계 및 성취기준 가. 내용체계 (1) 듣기 (2) 말하기 (3) 읽기 (4) 쓰기 (5) 문화	내용 체계 부분에서 언어의 4기능과 문화에 각각 핵심 아이디어와 내용 요소를 지식·이해, 과정·기능, 가치·태도 범주로 구분
성취 기준	나. 성취기준 (1) 듣기 　(가) 학습 요소 　(나) 성취기준 해설 　(다) 교수·학습 방법 및 유의사항 　(라) 평가 방법 및 유의사항 (2) 말하기 　(가) 학습 요소 　(나) 성취기준 해설 　(다) 교수·학습 방법 및 유의사항 　(라) 평가 방법 및 유의사항 (3) 읽기 　(가) 학습 요소 　(나) 성취기준 해설 　(다) 교수·학습 방법 및 유의사항 　(라) 평가 방법 및 유의사항 (4) 쓰기 　(가) 학습 요소 　(나) 성취기준 해설	나. 성취기준 (1) 듣기 　(가) 성취기준 해설 　(나) 성취기준 적용 시 고려 사항 (2) 말하기 　(가) 성취기준 해설 　(나) 성취기준 적용 시 고려 사항 (3) 읽기 　(가) 성취기준 해설 　(나) 성취기준 적용 시 고려 사항 (4) 쓰기 　(가) 성취기준 해설 　(나) 성취기준 적용 시 고려 사항	

구분	2015 개정안	2022 개정안	비고
	(다) 교수·학습 방법 및 유의사항 (라) 평가 방법 및 유의사항 (5) 문화 (가) 학습 요소 (나) 성취기준 해설 (다) 교수·학습 방법 및 유의사항 (라) 평가 방법 및 유의사항	(5) 문화 (가) 성취기준 해설 (나) 성취기준 적용 시 고려 사항	
교수, 학습 및 평가	4. 교수·학습 및 평가 방향 가. 교수·학습 방향 (1) 교육과정의 성격과 목표에 맞도록 교수, 학습 계획을 수립한다. (2) 학습 내용을 분석하여 교수·학습 계획을 수립한다. (3) 학습동기 유발 방법, 활동 유형(개인, 짝, 모둠, 전체), 학생 중심 수업활동, 수업 내용 확인 활동 등이 포함되도록 교수·학습 계획을 수립한다. 나. 평가 방향 (1) 교육과정의 성격과 목표에 맞도록 평가 계획을 수립한다. (2) 학습 내용을 분석하여 평가 계획을 수립한다. (3) 학습 활동 유형(개인, 짝, 모둠, 전체), 학생 중심 수업활동, 수업 내용 확인 활동 등이 포함되도록 평가 계획을 수립한다.	3. 교수·학습 및 평가 가. 교수·학습 (1) 교수·학습 방향 (가)~(아) (2) 교수·학습 방법 (가)~(바) 나. 평가 (1) 평가 방향 (가)~(사) (2) 평가 방법 (가)~(타)	
별표	별표 Ⅰ. 의사소통 기본 표현 별표 Ⅱ. 기본 어휘표	별표 Ⅰ. 의사소통 기본 표현 별표 Ⅱ. 기본 어휘표	

2022 일본어 개정 교육과정안 원문

교육부 고시 제 2022-33호 [별책 16]

1. 성격 및 목표

가. 성격

오늘날 우리 사회는 정보통신기술, 빅데이터, 인공지능 등을 활용한 제4차 산업혁명으로 인해 초지능·초연결 사회로 이행되고 있다. 이제 우리 사회는 상호 소통과 협업을 통한 집단 지능이 절실히 필요한 사회가 되었다. 이에 따라 학교에서도 지식 교육보다 정의적 인성 교육을 중요시하게 되었으며, 더 나아가 전 세계를 아우르는 공동체적 가치관과 창의성·포용성을 갖춘 자기주도적인 인재 양성의 필요성을 강조하게 되었다.

외국어는 세계로 나가는 열린 창으로 이웃과 소통하고 공동체의 일원으로 살아가는 데 필수적인 도구이다. 이를 통해 다른 문화권에서 살아가는 사람들의 사고와 문화를 이해하고 공유할 수 있다. 그러므로 외국어 교과는 국가의 역사와 문화에 대한 이해를 바탕으로 상호 협력하는 세계시민을 양성하는 필수 교과라 할 수 있다.

우리와 지리적으로 가까운 일본은 고대로부터 언어와 문화 등 다양한 방면에서 서로 영향을 주고 받으며 발전해왔다. 이러한 관계는 오늘날까지 지속되고 있다. 특히 급변하는 세계 흐름 속에서 정치, 경제, 외교 등 여러 방면에서 한국과 일본은 상호 이해와 협력이 요구되는 상황에 놓여 있다. 이러한 시점에 일본어 학습은 일본인과 직접 의사소통하고 일본 문화와 정보를 바르게 이해하는 계기가 되어 오해와 편견이 없는 협력 관계를 구축해 나갈 수 있는 중요한 디딤돌이 될 것이다.

「일본어」는 일본어를 처음 배우는 학습자들이 일상생활과 관련된 의사소통 기본 표현을 학습함으로써 기초적인 일본어 의사소통 능력을 함양하고, 일본 문화에 대한 이해를 바탕으로 상호문화적 관점에서 타 문화에 대한 포용력과 이해력을 신장함으로써 세계시민 역량을 함양하는 과목이다.

나. 목표

일상생활에 필요한 기초적인 의사소통 능력과 일본 문화에 대한 이해를 바탕으로 상호문화적 관점에서 일본인과 교류할 수 있는 능력을 기른다. 구체적 목표는 다음과 같다.

(1) 간단한 의사소통 기본 표현을 상황과 목적에 맞게 활용한다.

(2) 다양한 매체를 활용하여 일상적이고 간단한 정보를 일본인과 교류하고 소통한다.

(3) 상호문화적 관점에서 일본 문화를 이해함으로써 세계시민 의식을 기른다.

2. 내용 체계 및 성취 기준

가. 내용 체계

※ 내용 체계는 아래 제시된 '언어 재료'를 기반으로 한다.

※ 문법은 일본에서 간행된 '日本語文法事典(日本語文法学会編)', '新版日本語 教育事典(日本語教育学会編)', '現代日本語文法(日本語記述文法研究会編)' 등의 내용을 참고한다.

• **발음 및 문자**: 일본어 표준 발음과 일본의 현대가나표기법(現代かなづかい) 등을 따른다.

- **어휘**: [별표 Ⅰ]에 제시된 기본 어휘를 중심으로 450개 내외의 낱말을 사용하도록 권장한다.
- **문법**: [별표 Ⅰ]에 제시된 문법 요소와 [별표 Ⅱ]에 제시된 [의사소통 기본 표현]의 문법 내용을 참고한다.
- **의사소통 표현**: [별표 Ⅱ]에 제시된 [의사소통 기본 표현]을 중심으로 다룬다.

(1) 듣기

핵심 아이디어	• 음성적 특징에 유의하여 문장을 듣고 낱말을 식별하거나 의미를 파악하는 것이 듣기의 기본이다. • 글이나 대화문을 듣고 내용을 파악하거나 추론하는 것은 청해력 향상에 도움이 된다. • 상대방의 말을 경청하고 공감하는 자세는 원활한 의사소통의 바탕이 된다.
범주 \ 구분	내용 요소
	• 음성적 특징(청·탁음, 장·단음, 요음, 박 등)
	• 낱말(기본·파생 의미) • 간단한 구(낱말의 결합 관계, 관용적 표현) • 간단한 문장
지식·이해	• 인사·소개(만남·헤어짐, 외출·귀가, 방문, 식사, 연말, 신년, 축하, 자기소개, 타인 소개, 가족 소개 등) • 배려·의사 전달(감사, 사과, 칭찬, 격려·위로, 거절·사양, 겸손, 유감, 고충, 승낙·동의, 희망·의지, 목적, 의견 제시, 정정·부정 등) • 정보 교환(존재·장소, 시간·때, 선택, 비교, 방법·이유, 상태, 취미·관심, 능력·가능, 경험, 확인, 안내, 추측, 전언, 상황 설명 등) • 행위 요구(의뢰·지시, 금지, 권유, 조언·제안, 허가, 경고 등) • 대화 진행(머뭇거림, 맞장구, 감탄, 말 걸기, 되묻기, 화제 전개·전환 등)
과정·기능	• 발음을 듣고 문자나 낱말 식별하기 • 낱말·구·문장의 의미 이해하기 • 적절하게 반응하기 • 핵심어나 대의를 파악하거나 추론하기 • 내용 파악하기
가치·태도	• 내용에 흥미를 갖고 적극적으로 참여하는 자세 • 상대방 말에 대한 존중과 경청 • 다양한 관점과 의견에 대한 공감과 수용

(2) 말하기

	핵심 아이디어	• 명확한 의사 전달을 위해서는 음성적인 특징에 유의하여 말하는 것이 중요하다. • 다양한 표현을 상황에 맞게 말하는 것은 의사소통에서 중요한 요소이다. • 언어문화를 바탕으로 상대방을 배려하며 말하는 것은 원활한 의사소통으로 연결된다.
범주	구분	내용 요소
지식·이해		• 음성적 특징(청·탁음, 장·단음, 요음, 박 등)
		• 낱말(기본·파생 의미) • 간단한 구(낱말의 결합 관계, 관용적 표현) • 간단한 문장
		• 인사·소개(만남·헤어짐, 외출·귀가, 방문, 식사, 연말, 신년, 축하, 자기소개, 타인 소개, 가족 소개 등) • 배려·의사 전달(감사, 사과, 칭찬, 격려·위로, 거절·사양, 겸손, 유감, 고충, 승낙·동의, 희망·의지, 목적, 의견 제시, 정정·부정 등) • 정보 교환(존재·장소, 시간·때, 선택, 비교, 방법·이유, 상태, 취미·관심, 능력·가능, 경험, 확인, 안내, 추측, 전언, 상황 설명 등) • 행위 요구(의뢰·지시, 금지, 권유, 조언·제안, 허가, 경고 등) • 대화 진행(머뭇거림, 맞장구, 감탄, 말 걸기, 되묻기, 화제 전개·전환 등) • 언어문화(의뢰 방법, 승낙·거절 방법, 호칭 방법, 표현적 특징 등) • 비언어 문화(손짓, 몸짓 등)
과정·기능		• 음성적 특징에 유의하여 말하기 • 묘사하거나 설명하기 • 의사나 정보 표현하기 • 상황에 맞게 말하기 • 지위나 친밀도, 언어문화 등의 차이를 이해하고 표현하기
가치·태도		• 언어문화적 차이에 대한 배려 및 상대방 존중 • 타인과 상호 작용 시 협력적 소통 • 적극적으로 말하는 태도

(3) 읽기

	핵심 아이디어	• 다양한 자료를 음성적 특징에 유의하여 소리 내어 읽는 것은 자연스러운 발화에 도움이 된다. • 다양한 자료를 읽고 주제나 의미를 파악하는 것은 문해력 함양의 바탕이 된다.
범주	구분	내용 요소
지식·이해		• 히라가나와 가타카나, 한자(음독·훈독) • 음성적 특징(청·탁음, 장·단음, 요음, 박 등)

지식 · 이해	• 낱말(기본 · 파생 의미) • 간단한 구(낱말의 결합 관계, 관용적 표현) • 간단한 문장
	• 간단한 대화문 • 간단한 텍스트(문자 메시지, 메일, 사회 관계망 서비스(SNS), 초대장, 메모, 포스터, 만화, 간판, 표지판, 도표, 일기, 안내문, 광고문, 설명문, 소개문 등)
과정 · 기능	• 소리 내어 읽기 • 낱말 · 구 · 문장의 의미 이해하기 • 핵심어나 대의를 파악하거나 추론하기 • 세부 내용 파악하기 • 디지털 텍스트를 읽고 이해하기
가치 · 태도	• 읽기 자료에 대한 흥미 • 다양한 관점과 의견에 대한 공감과 수용 • 타인의 경험과 견해 존중

(4) 쓰기

핵심 아이디어	• 낱말, 학습용 한자, 간단한 문장을 바르게 쓰는 것이 글쓰기의 기본이다. • 대화문이나 글을 상황과 목적을 고려하여 어법에 맞게 쓰는 것은 정확한 의사소통을 위해 필요하다. • 지위나 친밀도 등을 고려하여 상대방을 배려하며 글을 쓰는 것이 필요하다.
범주 구분	내용 요소
지식 · 이해	• 히라가나, 가타카나, 학습용 한자 • 현대가나표기법 • 현대 일본어 문법
	• 낱말(기본 · 파생 의미) • 간단한 구(낱말의 결합 관계, 관용적 표현) • 간단한 문장
	• 간단한 대화문 • 간단한 텍스트(문자 메시지, 메일, 사회 관계망 서비스(SNS), 초대장, 메모, 포스터, 만화, 간판, 표지판, 도표, 일기, 안내문, 광고문, 설명문, 소개문 등)
과정 · 기능	• 학습용 한자 바르게 쓰기 • 표기법에 맞게 쓰기 • 어법에 맞게 쓰기 • 상황과 목적에 맞게 쓰기 • 지위나 친밀도, 언어문화 등의 차이를 고려하여 쓰기
가치 · 태도	• 글쓰기에 대한 흥미와 자신감 • 지위나 친밀도 등에 따른 상대방 배려

(5) 문화

핵심 아이디어	• 일본 문화에 대한 이해는 원활한 의사소통의 근간으로, 문화적 감수성을 키우는 바탕이 된다. • 상호문화적 관점에서 일본 문화를 이해하는 것은 일본을 이해하고 일본과 교류 하는 데 도움이 된다.

범주 \ 구분	내용 요소
지식·이해	• 언어문화(의뢰 방법, 승낙·거절 방법, 경어법, 호칭 방법, 표현적 특징 등) • 비언어 문화(손짓, 몸짓 등) • 일본의 간략한 개관(행정 구역, 지리, 인구, 기후 등) • 일상생활 문화(가정생활, 학교생활, 사회생활, 교통 및 통신, 의식주, 연중행사, 스포츠, 마쓰리, 행운·기원, 환경 등) • 대중문화(노래, 만화, 애니메이션, 드라마, 영화 등) • 기타(관광 명소, 주요 인물 등)
과정·기능	• 문화 내용을 이해하고 직간접적으로 경험하기 • 문화 내용을 조사·정리하여 콘텐츠 제작하기 • 문화 내용을 의사소통 상황에 활용하기 • 매체를 활용하여 문화 내용이나 정보를 온오프라인으로 전달·공유하기
가치·태도	• 일본 문화에 대한 호기심 • 일본 문화의 다양성에 대한 인식과 포용 • 상호문화적 관점 인지

나. 성취기준
(1) 듣기

[12일어01-01] 음성적 특징에 유의하여 듣고 문자와 낱말을 식별한다.
[12일어01-02] 낱말, 간단한 구나 문장을 듣고 의미와 내용을 이해한다.
[12일어01-03] 일상생활과 관련된 간단한 글이나 대화를 듣고 핵심어나 대의를 파악하거나 추론한다.
[12일어01-04] 간단한 글이나 대화를 경청하고 적절하게 반응한다.

(가) 성취기준 해설
• [12일어01-01] 이 성취기준은 청·탁음, 장·단음, 요음, 촉음, 발음(撥音), 박(拍), 억양 등 발음상
의 특징에 유의하여 듣고 문자와 낱말을 식별하는 것을 의미한다.
• [12일어01-04] 이 성취기준은 의사소통 표현을 활용한 간단한 글이나 대화를 듣고 상황에 맞게
손짓, 몸짓 등으로 표현하거나, 내용과 적절한 그림, 낱말 카드, 체크리스트 등을 선택하는 것을 말
한다.
(나) 성취기준 적용 시 고려 사항
• 촉음과 발음(撥音)은 세세하게 지도하기보다는 박(拍)의 수를 구별하여 들을 수 있도록 한다.
• 일상생활과 학습에 필요한 기본적인 듣기 능력과 태도를 갖출 수 있도록 하고, 학습자의 생활 주변
의 친숙한 주제를 바탕으로 듣기 활동이 이루어지도록 한다.

(2) 말하기

[12일어02-01] 음성적 특징에 유의하여 낱말, 간단한 구나 문장을 말한다.
[12일어02-02] 간단한 구나 문장으로 자신의 생각이나 느낌을 말한다.
[12일어02-03] 간단한 의사소통 기본 표현을 활용하여 상황에 맞게 말한다.
[12일어02-04] 지위나 친밀도를 고려하고 언어문화적 차이를 존중하며 상황에 맞게 말한다.
[12일어02-05] 상대방의 말을 존중하며 대화에 적극적으로 참여한다.

(가) 성취기준 해설
　　[12일어02-01] 이 성취기준은 청·탁음, 장·단음, 요음, 촉음, 발음(撥音), 박(拍), 억양 등 발음상의 특징에 유의하여 낱말, 간단한 구나 문장을 말하는 것을 의미한다.
(나) 성취기준 적용 시 고려 사항
　　촉음이나 발음(撥音)은 세세하게 지도하기보다는 박(拍)의 수를 구별하여 말할 수 있도록 한다.
　　말하기 활동을 위한 주제를 선택할 때는 학습자의 입장을 고려하되 다양한 사회·문화적 소재를 활용하여 다양성을 경험할 수 있도록 지도한다.
　　학습자의 말하기 활동에서 나타나는 오류는 의사소통에 지장을 주는 경우가 아니라면 즉각적으로 교정하기보다는 학습자가 자신감 있게 말할 수 있도록 한다.
　　일본인의 언어문화 습관에 맞게 지도하도록 한다. 예를 들어 매일 만나는 친구들끼리는 'こんにちば'나 'さようなら'라고 하지 않고, 권유에 대한 거절을 한 후에는 'ぜひ、またさそってください'라고 하는 등 일본인의 언어문화 습관을 반영하여 지도한다.
　　학습자 간 의사소통 시 기본적인 대화 예절을 준수하도록 지도한다. 상대방을 배려하여 경청하고 적극적으로 대화에 참여하는 태도를 갖도록 한다.

(3) 읽기

[12일어03-01] 음성적 특징에 유의하여 낱말, 한자, 간단한 구나 문장을 소리 내어 읽는다.
[12일어03-02] 낱말, 간단한 구나 문장을 읽고 의미를 이해한다.
[12일어03-03] 간단한 글이나 대화문을 읽고 대의나 세부 내용을 파악하거나 추론한다.
[12일어03-04] 간단한 디지털 텍스트를 읽고 주요 정보를 이해한다.

(가) 성취기준 해설
　　• [12일어03-01] 이 성취기준은 청·탁음, 장·단음, 요음, 촉음, 발음(撥音), 박(拍), 억양 등 발음상의 특징에 유의하여 낱말, 한자, 간단한 구나 문장을 소리 내어 읽는 것을 의미한다.
　　• [12일어03-04] 이 성취기준은 스마트폰, 컴퓨터 등의 디지털 매체를 기반으로 생산된 간단한 문자 메시지, 메일, 블로그, 사회 관계망 서비스(SNS), 웹 문서 등의 글을 읽고 이해하는 것을 의미한다.
(나) 성취기준 적용 시 고려 사항
　　촉음이나 발음(撥音)은 세세하게 지도하기보다는 박(拍)의 수를 구별하여 읽을 수 있도록 한다.
　　학습자의 인지적 수준이나 언어 사용 능력을 고려하여 읽기 자료의 종류를 다양화하고, 학습자들이 일상에서 접할 수 있는 매체를 두루 활용하여 읽기 활동에 흥미를 갖도록 한다.

(4) 쓰기

[12일어04-01] 가나와 학습용 한자, 낱말을 바르게 쓴다.
[12일어04-02] 간단한 구나 문장을 표기법과 어법에 맞게 쓴다.
[12일어04-03] 간단한 대화문이나 글을 상황과 목적에 맞게 작성한다.
[12일어04-04] 지위나 친밀도, 언어문화적 차이를 고려하여 간단한 글을 형식에 맞게 작성한다.

(가) 성취기준 해설
- [12일어04-01] 이 성취기준은 가나와 기본 어휘표에서 '( )'로 제시한 학습용 한자와 낱말을 바르게 쓸 수 있는 것을 의미한다.
- [12일어04-02] 이 성취기준은 일본의 '현대가나표기법(現代かなづかい), 상용한자(常用漢字), 오쿠리가나 붙이는 법(送り仮名の付け方)' 등의 표기법 규정과 '일본어문법사전(日本語文法事典), 신판일본어교육사전(新版日本語教育事典), 현대일본어문법(現代日本語文法)' 등의 어법 규정에 맞게 쓰는 것을 의미한다.
- [12일어04-04] 이 성취기준은 문자 메시지, 메일, 연하장, 엽서, 초대장 등의 간단한 글이나 대화를 지위나 친밀도 등의 차이를 고려하여 정중체나 보통체로 형식에 맞게 작성하는 것을 말한다.

(나) 성취기준 적용 시 고려 사항
학습자들의 개별 학습 수준과 속도를 고려하여 낱말을 쓰는 단순한 활동부터 어법에 맞는 문장을 완성하는 활동까지 수준별 과제를 제공하도록 한다.
학습자의 직접적 경험이나 일상에서 가깝게 접한 이슈 등 학습자의 일상생활과 관련된 내용을 소재로 활용하여 학습자들이 글쓰기에 대한 흥미를 갖고 쓰기 활동에 적극적으로 참여하도록 한다.
학습자의 성취수준을 고려하여 사전이나 번역기 등 보조 도구를 활용하여 학습자가 자신감을 가지고 쓸 수 있도록 한다.

(5) 문화

[12일어05-01] 일본 문화 내용을 이해한다.
[12일어05-02] 일본 문화 내용을 조사·정리하여 다양한 콘텐츠를 제작한다.
[12일어05-03] 일본 문화 내용을 상호문화적 관점에서 온오프라인으로 의견을 공유한다.
[12일어05-04] 언어문화·비언어 문화를 포함한 일본 문화 내용을 의사소통 상황에 활용한다.
[12일어05-05] 일본 문화에 대해 호기심을 가지고 수업이나 과제 활동에 적극적으로 참여한다.

(가) 성취기준 해설
- [12일어05-01/02/03/04] 이 성취기준에 나오는 '일본 문화 내용'은 '가. 내용 체계'에서 제시한 '(5) 문화' 영역의 '지식·이해' 범주에 속해 있는 '내용 요소'를 말한다.
- [12일어05-02] 이 성취기준은 일본 문화에 대하여 조사·정리한 내용을 바탕으로 보고서, 리플릿, 포스터, 동영상 등의 다양한 콘텐츠를 생산해 내는 것을 의미한다.
- [12일어05-03] 이 성취기준은 문화의 다양성과 차이점을 인정하고 한국인과 일본인이 지향하는 가치들을 서로 이해하고 존중하면서 일본 문화에 대해 조사·정리한 내용을 온오프라인으로 발표·토

론하고, 자료나 의견을 공유하는 것을 말한다.
- [12일어05-04] 이 성취기준은 의사소통 상황에서 일본인의 언어문화·비언어 문화를 활용하고 일상 생활 문화, 전통문화 등의 문화 내용을 소재로 다루는 것을 말한다. 일본어의 언어문화 특징으로는 의뢰 방법, 승낙·거절 방법, 호칭 방법, 칭찬 방법, 표현적 특징 등을 들 수 있다. 표현적 특징의 예로는 관용적 표현(顔が広い, となりの花は赤い 등), 결혼식에서 삼가는 말(切る, 別れる, 戻る 등), 병원에서 삼가는 말(お元気ですか, さようなら 등), 헤어질 때 사용하는 다양한 표현(さような ら, お気をつけて, お元気で 등), 한국어와 표현 방법이 다른 것(あれこれ, 行ったり来たり, もう一 度 등) 등이 있다. 비언어 문화의 특징으로는 자신을 가리킬 때 검지로 자신의 코를 가리킨다거나 식사 전후 두 손을 모으는 행위 등을 들 수 있다.

(나) 성취기준 적용 시 고려 사항

학습자의 수준을 고려하여 우리말로 수행할 수 있다.

발표나 토론의 내용을 구성하는 과정에서 다양한 매체를 통해 주제와 목적에 맞는 자료를 검색·수집 하여 정리하는 활동을 경험할 수 있도록 하며, 한일 문화의 공통점과 차이점을 이해하고 발표할 수 있 도록 한다.

학습자가 다양한 매체를 활용하여 일본 문화 내용을 조사하여 설명할 때는 공신력 있는 기관의 자료를 활용할 수 있도록 안내하며, 정보에 대한 출처를 남길 수 있도록 지도한다.

자료를 온라인으로 공유할 때는 저작권이 침해되지 않도록 유의한다.

3. 교수·학습 및 평가

가. 교수·학습

(1) 교수·학습 방향

(가) 언어 4기능(듣기, 말하기, 읽기, 쓰기)을 유기적으로 통합하여 교수·학습하도록 한다.

(나) 학습자의 능동적인 학습 활동이 이루어지도록 한다. 교수·학습 활동 설계 시 학습자의 일본어 사용 능력, 학습 유형 및 전략 등을 고려하여 학습자 중심 수업 활동을 구성하고, 학습자가 과업 목표 달 성을 위해 필요한 학습 과정과 전략을 취사·선택할 수 있게 하여 자기주도적 학습이 이루어지도록 한다.

(다) 학습자의 특성과 성취 단계를 고려하여 개별화 수업이 이루어지도록 한다. 개별 학습자의 일본어 능력 수준 및 다양한 학습자 요소를 파악할 수 있는 데이터를 수집하고, 각자의 수준과 요구에 부합하는 자 료, 활동, 과제를 선택하게 하는 능 개별화된 수업 환경을 제공한다.

(라) 다양한 디지털 교수·학습 도구를 적극적으로 활용하여 지도한다. 각종 언어 보조 학습 도구를 활용할 수 있는 과제를 부여하여 학습자의 능동적인 참여와 상호 작용을 촉진하고, 학습자들이 생동감 있는 일본어 학습을 경험할 수 있도록 한다.

(마) 수업 환경이나 일본어 학습 내용에 따라 다양한 온오프라인 연계 학습을 설계한다. 온라인 회의 시스 템, 메타버스 등 실시간 쌍방향 플랫폼을 활용하여 학습자들이 적극적으로 참여하도록 한다.

(바) 의사소통 기본 표현을 활용하여 주제 및 상황별로 실생활과 친숙한 일본어 의사소통 환경을 조성하고, 학습한 언어·문화적 지식을 실제 맥락에서 적용하고 체험할 수 있도록 지도한다.

(사) 상호 소통과 협력으로 과제를 해결하는 경험을 하도록 하고, 이를 통해 타인에 대한 배려, 공동체적 가치관과 더불어 자기주도성, 문제 해결 역량, 창의성을 기르도록 한다.

(아) 일본 문화 학습을 통해 문화의 보편성 및 다양성을 이해하고, 상호문화적 관점에서 한일 문화를 비교 하여 발표·토론하게 함으로써 다양한 가치를 존중하는 포용적 민주시민으로서의 자세를 갖출 수 있도

록 지도한다.

(2) 교수 · 학습 방법

(가) 글자나 낱말보다는 표현 중심으로 교수 · 학습 활동이 이루어지도록 한다.

(나) 의사소통 기본 표현을 이해하고 주제 및 상황별 학습 활동을 전개할 수 있도록 한다. 일과, 여행 계획, 설문지 등의 다양한 주제와 상황별 내용을 듣고 체크리스트 완성, 빈칸 완성, 인터뷰, 역할 놀이, 중심 내용 파악하기 등 학습자 수준에 맞는 활동을 하도록 한다.

(다) 음성 소프트웨어 등을 이용하여 억양에 맞게 말하도록 한다. 원어민과 자신의 억양을 비교하고 반복적으로 말하는 연습을 통해 자연스러운 억양에 익숙해지도록 한다.

(라) 그림, 사진, 메뉴판, 도표, 표지판, 약도, 노선도 등을 이용하여 간단한 글이나 대화를 듣고 정보를 찾거나 상황을 설명하도록 한다.

(마) 일상생활에서 친숙한 안내 방송, 광고, 포스터 등을 읽고 중심 내용을 이해하고 대화하거나 쓸 수 있도록 한다.

(바) 간단한 문자 메시지, 메일, 블로그, 사회 관계망 서비스(SNS), 웹 문서 등의 디지털 텍스트의 주요 정보를 이해하고, 중심 내용을 말하거나 일본어로 입력할 수 있도록 한다.

(사) 디지털 매체, 가나 연상 카드, 영상 교본 자료 등을 이용하여 청 · 탁음, 장 · 단음, 요음, 촉음, 발음(撥音), 박(拍), 억양 등을 구별하여 가나와 한자를 바르게 읽고 쓰도록 한다.

(아) 노래, 프레젠테이션, 교구 등의 매체를 이용하여 낱말이나 동사 · 형용사 등의 활용형을 표현 중심으로 학습하고 어법에 맞게 쓰도록 한다.

(자) 호칭, 경칭 등이 사용된 간단한 글이나 대화문, 영상 자료 등을 이용하여 지위나 친밀도 등을 구별하여 상황에 맞게 말하고, 초대장이나 엽서 등의 간단한 글을 작성할 수 있도록 한다.

(차) 디지털 자료, 온라인 검색 등을 이용하여 감사, 거절, 의뢰 등 일본인의 언어문화와 손짓, 몸짓 등의 비언어 문화를 이해하고, 언어문화 · 비언어 문화의 특징에 맞게 표현하도록 한다.

(카) 일본 문화 내용을 일본어 의사소통 시 유기적으로 활용하도록 한다.

(타) 다양한 실물 · 시각 · 디지털 자료를 제공함으로써 일본 문화 내용을 이해하고 생동감 있는 직간접적인 문화 체험을 할 수 있도록 한다.

(파) 일본어 학습에 대한 지속적인 동기 부여 및 흥미 유발을 위하여 역할 놀이, 퀴즈, 게임, 노래 등을 활용하여 학습자 중심의 교수 · 학습 활동이 이루어지도록 한다.

(하) 교사와 학습자, 학습자와 학습자 간 활발한 상호 작용을 유도하는 협동 · 협력 학습, 문제 해결 학습 및 소그룹 활동(짝 · 모둠 · 멘토 활동 등), 과업 중심 활동 등의 교수 · 학습 방법을 적절히 활용한다.

(갸) 그림, 사진, 영상 등의 창작물을 만들고, 이를 블로그나 사회 관계망 서비스(SNS)를 활용하여 공유하거나 학습자 간 발표 · 토론하게 하여 소통할 수 있도록 한다.

(냐) 빅데이터, 인공지능을 활용하여 한일 문화 전반이 거쳐 온 변화 등을 살펴보고 미래 사회를 예측하여 토론할 수 있도록 한다.

(댜) 디지털 기반의 학습자 중심 수업을 설계하고 이를 확대하여 학습자의 디지털 문해력을 키우고 일본어 학습을 위한 올바른 매체 활용법을 익히도록 한다.

(랴) 교육 정보 기술을 활용한 온오프라인 연계 수업 모형을 개발하고, 학생별 학습 데이터를 이용하여 학습자 수준에 맞는 단계별 과제를 제시하고 피드백을 통해 효율적인 학습이 이루어지도록 한다.

(먀) 스마트폰, 태블릿, 컴퓨터 등의 디지털 매체를 활용하여 학습자의 수준, 특성, 상황 등에 따라 활동이나 과제를 수행하도록 함으로써 자기주도적 학습이 이루어지도록 한다.

(바) 최소 성취수준 보장을 위해 일본어 학습 수준과 개인별 특성을 고려한 맞춤형 학습 활동과 협력형 모둠 활동을 지원한다. 이를 통해 학습자들의 일본어 학습 흥미와 동기를 높여 학습자들이 자기주도적으로 학습할 수 있도록 한다.

나. 평가

(1) 평가 방향

(가) 일상생활과 관련된 일본어 활용 능력과 역량 중심 평가가 이루어지도록 한다. 의사소통 표현을 중심으로 단편적이고 지엽적인 지식의 평가를 지양하고 사고 계발을 촉진하여 궁극적으로 일본어 활용 능력이 함양되었는지에 초점을 두고 평가한다.

(나) 학습자의 통합적인 일본어 능력을 신장시킬 수 있도록 듣기, 말하기, 읽기, 쓰기의 개별 언어 기능에 대한 평가뿐 아니라 두 가지 이상의 기능을 통합한 평가에 초점을 둔다.

(다) 일상생활 속 실제와 비슷한 상황과 맥락을 제공하고 학습한 의사소통 표현을 활용 및 응용할 수 있는지를 평가하되, 학습 활동의 성격에 따라 유창성과 정확성의 비중을 탄력적으로 조절하도록 한다.

(라) 학습자가 평가를 학습 과정의 일부로 인식하고 자신의 학습 과정과 성과를 성찰하도록 평가를 계획한다. 평가는 학습의 최종 단계에서 성과를 측정하는 행위를 넘어 학습자가 자신의 학습 전 과정을 되돌아보고 학습 계획을 자기주도적으로 수정·보완할 수 있도록 한다.

(마) 학습자의 다양한 특성 및 일본어 수준을 고려한 맞춤형 평가를 시행한다. 학습자의 학습 스타일, 정의적 특성, 일본어 수준 등을 고려해 다양한 평가 방식을 마련하여 학습자 맞춤형 평가가 이루어지도록 한다. 특히, 학습 부진을 겪고 있거나 성장 속도가 느린 학습자가 단일 평가 방식으로 인해 학습 의욕이 저하되지 않도록 다양한 유형의 평가 방안을 마련한다.

(바) 다양한 디지털 평가 도구를 적극적으로 활용한다. 디지털 분석·평가 도구를 활용하여 실제적인 평가 맥락을 제공하고 다양한 학습자 데이터를 체계적으로 구축한다. 온오프라인 플랫폼의 특징을 활용하여 언어 기능 및 문화 이해 수준을 균형 있게 평가하도록 계획한다.

(사) 교사는 평가 결과를 지속적으로 모니터링하고 이를 교수·학습에 환류하여 수업 개선에 활용한다. 학습자에게는 평가 결과를 바탕으로 개별 맞춤형 피드백을 제공한다.

(2) 평가 방법

(가) 통합 언어 기능에 대한 평가는 교수·학습 과정에서 통합적 과제를 수행하도록 하면서 협동학습 과정과 학습자 중심의 자기주도적 학습 능력을 포함하여 평가한다.

(나) 역할 놀이, 퀴즈, 인터뷰 등을 활용하여 기본 어휘와 의사소통 기본 표현을 중심으로 일상생활과 관련된 기초적인 일본어를 이해하고 표현하는 언어 활동 능력을 평가한다.

(다) 그림, 사진, 메뉴판, 도표, 표지판, 약도, 노선도 등을 이용한 일상생활 속 실제와 비슷한 상황과 맥락을 제공하여 의사소통 표현을 응용하여 대화하거나 상황을 설명할 수 있는지를 평가한다.

(라) 일과, 여행 계획, 설문지 등의 다양한 주제와 상황별 내용을 듣고 체크리스트 완성, 빈칸 완성, 중심 내용 확인하기 등의 활동을 통해 의사소통 기본 표현을 이해하는지 평가한다.

(마) 일상생활에서 친숙한 간단한 안내 방송, 광고, 포스터 등을 읽고 중심 내용을 이해하고 대화하거나 쓸 수 있는지를 평가한다.

(바) 간단한 문자 메시지, 메일, 블로그, 사회 관계망 서비스(SNS), 웹 문서 등의 디지털 텍스트의 주요 정보를 이해하고, 중심 내용을 말하거나 일본어로 입력할 수 있는지를 평가한다.

(사) 과정을 중시하는 평가 목적에 맞게 수업 중 디지털 매체를 활용한 제작 활동은 수행평가에 활용하되,

내용이나 표현의 정확성 등을 스스로 점검할 수 있는 다양한 웹사이트나 애플리케이션을 활용할 수 있도록 안내하거나 우리말로 발표·토론하도록 하는 등 학습자 수준에 따라 평가한다.

(아) 일본 문화를 조사하여 그림이나 사진, 영상을 활용한 창작물을 만들어 블로그, 사회 관계망 서비스(SNS) 등의 매체를 활용하여 공유하거나 발표·토론할 수 있는지 평가한다.

(자) 다양한 형태의 형성평가 및 수행평가에서 교사와 학습자가 익숙하게 사용할 수 있는 온라인 플랫폼이나 학습 기능 애플리케이션 등 디지털 평가 도구를 활용하여 효과적이고 효율적으로 평가한다.

(차) 문화에 대한 평가는 기초적인 지식뿐만 아니라 의사소통과 관련된 문화 내용을 잘 이해하고 있는지를 평가한다.

(카) 평가 계획 작성 시 성취기준에 따른 최소 성취수준을 설정하고 교수·학습 활동과 연계하여 최소 성취수준을 보장하기 위한 지도와 평가가 이루어질 수 있도록 한다.

(타) 학습자 개인의 수준과 특성에 맞는 수준별 학습 과제를 제시하여 최소 성취수준을 보장하고, 이에 대한 자기주도적 학습 역량을 평가하되 협력형 모둠 활동에서의 수행 역할, 협업 능력, 기여도 등을 교사 관찰 평가, 자기 평가, 학생 상호 평가 등 다양한 방법으로 평가한다.

[별표 I]

[기본 어휘표]

○ 이 표에 제시된 기본 어휘의 사용을 권장한다.

○ [의사소통 기본 표현]에 제시한 인사말은 기본 어휘로 간주한다.

○ 수사, 요일, 날짜, 과목명, 국가명, 고유명사(인명, 지명 등) 및 감탄사는 기본 어휘로 간주한다.
   (예: ひとつ, 社会, 体育, うん, ううん, ええと, さあ, なるほど, へえ, まあ, もしもし 등)

○ 동사나 형용사에서 파생되는 명사(형), 부사(형)는 기본 어휘로 간주한다.
   (예: 休み, 通り, 晴れ, 青, 近く, 多く 등)

○ '명사와 명사, 명사와 동사의 명사형, 동사의 명사형과 명사'가 결합된 복합어는 기본 어휘로 간주한다.
   (예: 朝ご飯, 昼休み, 売り場, 買い物, 乗り物, 忘れ物 등)

○ 상황에 따라 자연스러운 대화를 위해 장·단음으로 표기하는 것도 허용한다.
   (예: ほんと, ねえ, はーい 등)

○ 조사와 조사가 결합된 복합 조사는 기본 어휘로 간주한다.
   (예: ~には, ~かな, ~よね 등)

○ 낱말이 결합하면서 연탁 현상이 일어나는 경우도 기본 어휘로 간주한다.
   (예: 昔話, 予定どおり, 一人暮らし 등)

○ 복합동사로 쓰이는 다음 낱말은 기본 어휘로 간주한다.
   (예: ~合う, ~終わる, ~すぎる, ~出す, ~続ける, ~直す, ~始める)

○ 기본 어휘로 제시된 동사에서 파생된 연어는 기본 어휘로 간주한다.
   (예: ~について, ~にとって, ~によって, ~として 등)

○ 문화적 내용(의식주, 전통문화 등)과 관련된 어휘는 기본 어휘로 간주한다.
   (예: 着物, そば, アパート, 旅館, 茶道, 歌舞伎 등)

○ 일본 고유의 연중행사, 기원, 생활 문화, 관습 등과 관련된 어휘는 기본 어휘로 간주한다.

(예: お正月, 成人の日, 花見, こいのぼり, 祭り, 神社, 絵馬, まねきねこ, 歳暮, 年賀状, すもう 등)
○ 국제적으로 널리 통용되는 낱말, 화폐 및 수량 단위는 기본 어휘로 간주한다.
　(예: USB, DVD, SNS, ¥, cm, kg, ㎥ 등)
○ 조사와 조동사는 '~'을, 조어 성분(접두어, 접미어, 조수사 등)은 '–'을 붙여 표시하였다.
○ 쓰기와 읽기를 권장하는 학습용 한자는 '(　)'로, 읽기를 권장하는 표기용 한자는 '〈　〉'로, 의미 구별
　을 위한 한자는 '[　]'로 표시하였다. 이때 수사, 날짜, 요일은 학습용 한자로 분류한다.

– 이하 기본 어휘표 예시 생략 –

[별표Ⅱ]
[의사소통 기본 표현]

○ 고등학교 교육과정에서 다루도록 권장하는 의사소통 기본 표현이다.
○ 예시 표현은 문장의 구조, 문법 사항 등을 참고할 수 있도록 제시하였다.
○ 예시 표현은 지위나 친밀도 등을 고려하여 상황에 맞게 사용하도록 한다.
○ 정중체 중심으로 제시하였으나, 교수·학습 상황에 따라 보통체도 사용할 수 있다.
○ 필요에 따라 예시로 제시되지 않은 상황이나 주제를 설정할 수 있으며, 축약 표현 등 제시되지 않은
　표현도 사용할 수 있다.
○ 응답 표현은 일부 '–'으로 제시하였으며, 상황에 따라 제시하지 않은 표현도 사용할 수 있다.

이하 의사소통 기본 표현 예시 생략

4 확인 학습

* 〈A〉는 2015 개정 교육과정에 의한 제2외국교육과정(교육부고시 제 2015-74호) 일본어 I과 목에 게시된 「성취기준」「학습요소」의 일부이다. 〈B〉에 밑줄 ③과 ④를 참고하여 〈A〉의 ①과 ②에 들어갈 말을 각각 쓰시오. (2점)

〈A〉

挨拶：出会い、別れ、安否、外出、帰宅、訪問、食事、年末、新年、お祝い

紹介：自己紹介、家族紹介、他人紹介

…(中略)…

行為要求：依頼、指示、禁止、勧誘、助言・提案、許可、警告

会話進行：話しかけ、言いよどみ、（　①　）、あいづち、（　②　）

言語文化：依頼の仕方、受諾・断り仕方、呼び掛けの仕方、表現的な特徴など

〈B〉

鈴木　：　あ、山田くん。

山田　：　あ、鈴木さんじゃないですか。お久しぶりです。

鈴木　：　本当に久しぶりです。ご家族はどうしていますか。

山田　：　おかげさまでみんな元気にやっています。

鈴木　：　山田さんのお子さんも大きくなったでしょう。

山田　：　ええ、最近はあまり手がかからなくなりました。

鈴木　：　③ところで、お仕事のほうはどうですか。

山田　：　えーと……、実は会社が倒産してしまって……。

鈴木　：　④えっ、倒産？

山田　：　はい、そうなんですよ。

鈴木　：　それは大変ですね。今、うちの会社で中途採用しているんですが、

　　　　　山田さん、興味ありますか。

山田　：　どんなお仕事でか。

鈴木　：　韓国語の本を日本に紹介することをメインにしている出版社です。

山田　：　あ、おもしろそうですね。詳しいお話をおききしたいんですが……。

鈴木　：　もしよろしければコーヒーでも飲みながら話しませんか。

山田　：　ええ、ぜひお願いします。

모범답안　｜　① 話題(の)転換　② 聞き返し、問い返し

* 다음 〈A〉는 2015 개정 교육과정에 의한 일본어 I 과목 「내용체계」 「말하기」의 일부이다. 〈A〉의 밑줄에 해당하는 것을 〈B〉의 밑줄 ①~④로부터 하나 선택하고 장면에 맞는 표현으로 바꿔 그것을 仮名 5문자로 쓰시오. (2점)

〈A〉

言語文化は日常の言語生活または言語によって形成されるすべての文化の総称であり、依頼方法、承諾・断りの方法、呼称の方法、表現的特徴などがある。表現的特徴とは、慣用的表現、 結婚式や病院で 控えることば、…(中略)…、韓国語と表現方法が異なるものなどを言う。

〈B〉

見舞い客：①具合いはどうですか。 入院されたと聞いて、 びっくりしました。

患者　　：あ、ご心配ありがとうございます。 おかげさまで、 ずいぶんよくなりました。

見舞い客：そうでうか。それは②ひと安心ですね。あ、これ③つまらないものですが、

　　　　　よかったらどうぞ。

患者　　：あ、私の大好きなお菓子。ありがとうございます。

　　　　　　　　　　　…(中略)…

見舞い客：あ、もうこんな時間。そろそろ失礼しますね。では、④さようなら。

모범답안 ┃ ④ おだいじに

---

* 다음 〈A〉는 평가방법에 대한 설명이고, 〈B〉는 〈A〉의 (　　)에 들어갈 용어에 관한 설명이다. (　　)에 알맞은 용어를 쓰시오. (2점)

〈A〉

2015改訂教育課程による日本語I科目「評価方向」には、教師による評価だけでなく、学生相互評価、(　　　　)も行うという旨が記されている。

〈B〉

• 言語学習は生涯続く自律学習であると考えられるので、この評価の重要性は高まっている。

• 職場などでこの評価を求められることも増え、今までに自分がどの言語をどのくらい学び、どのくらいできるのかを説明することが必要となっている。

모범답안 ┃ 自己評価

* 〈A〉는 2015 개정 교육과정에 의한 제2외국어과 교육과정(교육부고시 제2015-74호) 일본어 I 과목의 「내용체계」의 일부분이다. 〈B〉의 밑줄을 참고하여 ①, ②에 적당한 말을 순서대로 쓰시오. (2점)

〈A〉

領域	核心要素	内容	機能
言語的内容	発音及び文字	• ひらがなとカタカナ、漢字 • 清・濁音, 長・短音, 拗音, 促音, 拍, イントネーション …(中略)…	• 聴く • 聴いて理解する • 聴いて反応する • はなす • 表現する • 状況に応じて話す • 仮名と漢字を読む …(後略)…
	語彙	• ことばの基本意味と(①)意味 • ことばの結合関係 • (②)表現 • 漢字の音読み・訓読 …(中略)…	
	文法	• 現代日本語文法 …(後略)…	

〈B〉
• あした、何か予定ありますか。天気だったら、いっしょに花見に行こうかと思って。
• その作家は、若者の心をつかんだ作品を引き継ぎ発表し、一気にベストセラー作家になった。
• 子供をスキーに連れていったが、なかなかうまくならないので、骨が折れた。
• 道草を食わなければ、今ごろおいしいお寿司を食べていたはずなのに。

모범답안 | ① 派生 ② 慣用的

* 다음 (   ) 안에 공통으로 들어갈 용어를 쓰시오. (2점)

- 2015教育課程による第2外国語科教育課程(教育部告示第2015-74号)の日本語Ⅰ科目の「評価の方法」では、「学習(   )を活性化し、学習課程についての記録を残し、自己資料として活用する」と示している。
- (   )は長期にわたる学習において、その学習の目的に沿って学生個人が行った努力の課程を示すもので、発表やプレゼンテーションという実技の場だけでは現れないそれまでの努力を記すものである。
- (   )評価の一番の長所は、学習者自身が評価に深く関わることで、その際、評価の視点や内容を学習者と教師が共有することも大事である。
- (   )の目的としては、資料を基に学習者自身が内省し、自己評価を行うことでメタ認知能力を育成し、自律学習を促進することがあげられる。

모범답안 | ポートフォリオ

---

* 2015 개정 교육과정에 의한 「고등학교」 일본어교육과정(교육부고시 제2015-80호)에서 제시된 일본어Ⅰ [회화]에 대한 「성취기준」에서는 〈A〉, 〈B〉와 같은 상황을 고려하여 〈C〉 항목이 새로 추가되었다. ①, ②에 들어갈 말을 한자 또는 仮名로 쓰시오. (2점)

〈A〉

あかね：先生お時間ありますか。

先生　：はい、ありますよ。

あかね：相談したいことがあるんです。

〈B〉

あかね：みどりちゃん、時間ある？

みどり：うん、あるよ。

あかね：相談したいことがあるんだ。

〈C〉

• 相手の(①)や(②)などの違いを知り、状況に応じて話す。

모범답안 | ① 地位(ちい)   ② 新密度(しんみつど)

일본어 교수법

본 장에서는 학습 활동의 총체인 교육과정에 준하여 일본어 교육을 하기 위한 여러 가지 교수법에 대해 고찰하고자 한다.

　이를 위해 먼저 제1언어 즉, 모국어의 습득(acquisition)과 일본어와 같이 외국어로서의 제2언어 습득 및 학습[1]의 비교를 통해 언어 습득 및 학습에 대한 개념을 정리하고 제2언어 습득 및 학습을 위한 일본어 교수법의 역사를 살펴보고자 한다.

1 　제1언어 습득과 제2언어 습득 및 학습[2]

　'언어 습득론'은 이중 언어 환경에서 외국어를 습득하는 어린이의 습득 특성을 구체화한 것이며, '언어 학습론'은 모국어 환경에서 학습자가 외국어를 훈련하는 과정에서의 특성을 구체화한 것이다. 이를 언어 습득자 및 학습자의 유형에 따라 구체적으로 분류하면 다음과 같은 그림으로 요약할 수 있다(정동빈, 1993).

---

1) 본서에서는 제2언어 습득을 이중 언어 환경이 아닌 모국어 환경에서의 외국어 학습을 통한 습득에 중심을 두고자 한다.

2) 제2언어 습득 및 학습 관련 대표적 이론으로 '인풋가설(input hypothesis)'과 '상호교류가설(interaction hypothesis)'이 있다. '인풋가설'은, 학습자가 현 시점에 가진 언어능력을 i라고 할 때, 효과적인 입력(input)은 I보다 조금 높은 i+1의 범위 내에서 새로운 언어 항목이 주어졌을 때, 학습자는 자연스럽게 이를 주위 상황이나 문맥을 통해 습득하게 된다는 이론이다. 학습자의 표현 능력은 학습이나 교육에 의한 것이 아니라 입력의 결과로서 나타나는 것으로 보고 이해 과정을 우선시 하는 입장. 반면 '인터액션가설(interaction hypothesis)'은 제2언어 습득에서 이해 가능한 인풋의 중요성을 인정하며 여기에 이 이해 가능한 인풋의 효과는 학습자가 의미 협상을 해야만 하는 환경에 놓여 있을 때, 제대로 발휘된다는 주장이다. 상호교류가설은 이해 가능한 인풋의 중요성도 인정하며, 외국어 회화 장면에서 이해 못하는 상황 발생시, 열심히 의사소통을 하려고 하는 노력 및 고민을 하는 '의미협상'이 더 중요하다고 생각하는 이론이다.

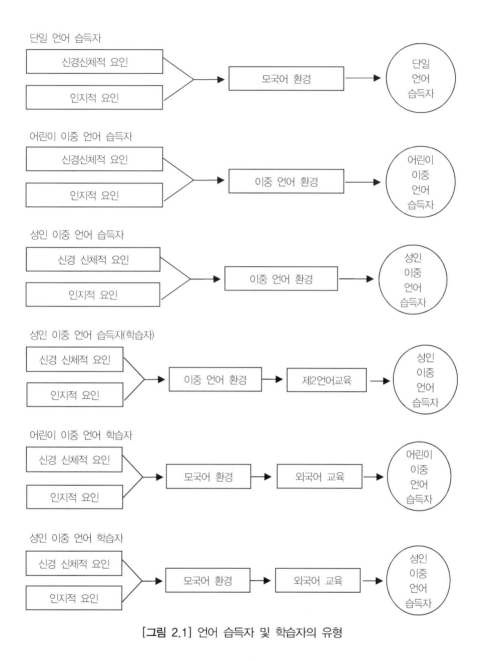

[그림 2.1] 언어 습득자 및 학습자의 유형

위 그림에서 알 수 있듯이 교육과정에 의한 제2외국어로서의 일본어 교육은 어린이, 더 나아가 청소년 및 성인을 대상으로 하는 언어 학습으로 이는 단일 언어 습득과정인 제1언어 습득과정과 동일할 수 없는 환경적 특성을 가지고 있다.

따라서 제1언어 습득과 제2언어 습득 및 학습의 조건과 상황 등을 비교 검토하는 것은 학습으로서의 일본어 교육에 있어 특히 일본어 교수법에 대한 이론적 고찰의 시작으로 매우 중요한 의미를 지닌다.

본 절에서는 제1언어 습득과 제2언어 습득 및 학습의 비교 대상으로 아기가 모국어를 습득하는 경우와 일본어 교육의 대상이 될 청소년 및 성인이 외국어를 습득 및 학습하는 경우를 고려하고자 한다. 비교 방법이나 영역에 대해서는 Brown(1980)이 제안한 '신체영역', '인지영역', '정의영역', '언어영역'의 4가지의 틀에 근거하고자 하며 여기에 '학습 환경'도 추가하고자 한다(中西家栄子 외, 1996).

1) 신체영역: 임계기

신체영역은 2개로 나눠서 생각할 수 있다. 하나는 뇌의 발달, 다른 하나는 신체의 발달이다. 신체의 발달이라 하더라도 신체의 크기나, 보통의 근육 발달과 조절 등은 언어 습득 및 학습에는 거의 관계가 없고, 발음을 위한 조음기관이나 청각기관 등이 제1・제2언어 습득 및 학습의 기초 조건으로서 중요하다. 따라서 이러한 기관을 제어하고 있는 근육이나 뇌신경의 발달과 Lennenberg(1967)가 말하는 언어 습득을 위한 임계기(臨界期: critical period)는 정말 있는가, 있다고 한다면 언제인가, 그리고 그것이 어떻게 성인의 언어 습득, 더 나아가 외국어 학습을 곤란하게 하는지에 대해 검토하고자 한다.

언어 습득의 임계기는 '간단하게 습득되며, 그것을 지나면 언어 습득이 급속하게 저하되는 생물학적 시기'를 말한다. 이 시기는 뇌의 일측화(一側化)와 관련지어 논의되고 있다. 생물학자 Lennenberg의 '임계기가설'에서 일측화는 2세경에 시작하여 사춘기 즉 12~13세경에 완료하는 완만한 과정이다. 실제로 여러 가지 기능을 제어하는 신경이 좌우 뇌에 각각 분담되어 있는 것은 실어증환자의 생물학적 연구에 의해 증명되고 있다. 예를 들면, 지적・논리적・분석적인 기능은 좌뇌에, 감성적・사회적 요구에 대한 것은 우뇌에 분담된다고 한다. 이러한 기능분담의 과정을 뇌의 성숙, 즉 뇌의 일측화라고 본다. Lennenberg는 2세 정도까지는 이러한 기능의 분담은 거의 이루어지지 않는다. 따라서 좌뇌에 손상을 받은 유아라도 언어 습득에는 커다란 문제는 일어나지 않으며, 손상이 없는 쪽, 즉 우뇌가 좌뇌를 대신해서, 언어중추를 만들어 갈 수 있다고 한다. 그러나 언어기능도 다른 기능과 마찬가지로, 뇌의 일측화가 진행하는 사춘기, 12세경까지는 완료한다는 것이다. 이렇게 되면, 그 후의 언어중추에 손상이 일어난 경우 언어기능을 회복할 수 없다는 것이다. 바꿔 말하면, 2세부터 12세 정도의 기간은 일측화가 서서히 진행하는 상태로 뇌가 '유연하다'고 하는 기간이다. 따라서 언어 습득은 이 기간에 있어서 가장 쉽게 이루어지지만, 이 시기를 지나면 뇌의 가소성을 잃게 되어 언어 습득 및 학습은 어렵게 된다는 것이다.

한편, 2세부터 13세 반 정도까지 열악한 환경상태에 놓여 언어에 접할 수 없었던 사춘기를 지나더라도, 그 속도는 느리지만 어느 정도 언어를 습득한 예도 있다(완전하지는 않다). 이 경우, 매우 흥미로운 것은 좌뇌에는 아무런 손상도 없었음에도 불과하고, 우뇌를 사용해서 언어처리를 하고 있다는 점이다. 이것은 어렸을 때부터 언어에 접촉하지 않았기 때문에 좌뇌에 언어중추가 발달하지 않았음을 나타내고 있다. 따라서 언어기능의 일측화는 생물학적 요인만이 아니라 사회적인 요인도 관계한다고 하겠다. 그리고 일측화가 완료되는 시기에 대해서, 좀 더 조기(早期)일 것이라는 설(5세경)도 있다.

이처럼 뇌의 발달과 언어 습득 및 학습의 관계에 대해서는 아직 여러 가지 이해되지 않는 점도 많이 남아 있고, 임계기에 대한 사고도 가설일 뿐이다. 따라서 임계기라는 개념만으로 제2언어 습득 및 학습의 곤란을 설명할 수는 없지만, 적어도 발음의 정확성은 완전한 음운체계를 익히는 5세 정도라는 것을 생각하면 사춘기를 지나면 모어화자와 같은 언어능력을 습득하는 것은 힘들다 하겠다.

이상, 언어 습득의 임계기가 있다고 하는 것은 언어 교육에 어떠한 시사를 주는 것일까? 역시 성인이 되면 외국어를 습득 및 학습하는 것은 어려운 것이구나, 외국어 교육은 아무리 늦어도 5세 전후부터 시작해야 하는구나 등 여러 가지를 생각하게 한다. 그러나 사춘기를 지난 후부터 학습한 사람이라도 외국어 습득 및 학습에 성공한 사람도 많이 있다. 모국어의 화자처럼은 되지 않더라도 자신의 생각을 전하고 상대의 이야기도 충분히 이해하고 훌륭하게 커뮤니케이션을 할 수 있는 것을 보면 외국어 습득 및 학습에 대해서는 단순히 신체적, 생물학적인 요인만이 아니라, 좀 더 다양한 요인이 관계하고 있다고 말할 수 있다. 그리고 그 요인이 인위적인 것이라면 그 요인을 해명하고, 외국어 습득 및 학습을 성공으로 이끄는 연구를 해야 하며, 또 그것이 교수법의 최종적인 목표라고도 본다.

2) 인지영역: 인지수준 차이

성인이 어린이보다 인지력이 발달해 있다는 것은 아주 당연한 것으로 새삼스럽게 말할 필요도 없다. 또 인지 발전단계와 언어표현이 일정한 대응관계에 있는 것, 즉 인지조작 단계에 의해 언어가 통제되고 지배되고 있다. 또는 적어도 이 두 가지는 서로 병행관계를 유지하면서 발전해 간다는 것도 인정되고 있다. 바꿔 말하면, 어린이가 구체적인 것밖에 인지하지 못하는 단계에 있어서는 습득하는 언어도 구체적인 것에 한정되어 있다. 그러므로 중요한 것은 어린이와 성인의 인지수준 차이가 언어 습득 및 학습에 어떠한 관계를 가지는가, 그것에 따른 언어교육이 이루어지는 행위에는 어떠한 차이가 있는가 하는 점이다. 인간의 인지는 16세경까지는 급속하게 발달하고 그 이후는 큰 변화가 없다고 한다. 그럼 이 16년 동안 도대체 어떠한 인지 상의 변화가 일어나는가, 이것에 대해서 Piaget는 몇 가지의 단계[3]가 있다고 설명한다. Piaget에 따르면, 11세경을 경계로 어린이는 구체적인 경험·직접적 지각밖에 이해하지 못했던 단계에서 이론적, 추상적인 것의 사고방식이 가능한 단계로 들어간다. 이러한 구체적 조작기에서 개념적 조작기로의 시기는 사춘기에 해당하며 언어 습득의 경계기와 정확하게 일치한다. 이에 Brown(1980)은 언어 습득의 경계기설에 충분한 논거가 있다고 제언하고 있다.

---

3) 감각운동기: 0~2세, 전조작기: 2~7세, 구체적 조작기: 7~11세, 개념적 조작기: 11~16세.

그리고 이러한 지적 발달의 단계를 보면, 어린이는 일상생활 속에서 관찰할 수 있듯이, 연역적으로 언어를 습득하는 것이 아니라 귀납에 의해 복잡한 언어규칙, 언어라는 골격을 익힌다고 본다. 이것을 그대로 교수법으로 받아들이는 경우, 어린이에게 문법의 설명이나 해설은 무의미하며 그것보다는 그림이나 예문을 많이 사용해서 구체적인 사실에 관계하는 예문을 충분히 부여해주고 그 속에서 귀납적으로 문법규칙을 이해시키는 방법이 좋을 것이다.

　한편, 제2언어를 학습하는 성인의 경우는 이미 인지적으로 발달해 있으며, 어린이에게는 무의미하다고 생각할 수 있는 문법 설명이나 이론을 이해할 수 있다. 따라서 언어교육에 있어서는 그 이점을 이용하여 문법규칙, 사용방법의 차이점, 모국어와의 차이 등을 처음부터 설명하는 연역적인 접근이 유익하다고 주장하는 사람도 있다. 성인의 경우 언어의 규칙과 체계는 바로 이해할 수 있기 때문에 제2언어 습득이 성공하는 것은 당연하다. 하지만 실제로는 규칙을 알고 있어도 말할 수 없고 사용할 수 없는 경우가 자주 보인다. 그 이유에 대해서 Brown(1980)이 다음과 같은 근거를 들고 있다.

　첫째, 어린이는 언어를 무의식적으로 습득하나, 성인의 경우 너무 의식하여 그것이 오히려 습득을 곤란하게 한다. 습득은 의식하지 않고 언어를 사용하는 것에 의해 가능하게 되는 것으로 지나친 의식은 언어 습득의 방해물이 된다고 말할 수 있다.

　둘째, 어린이는 초기 언어 습득 단계에서는 자기중심적이고 주위의 상황에 좌우되지 않고 순간적이더라도 한 가지에 집중할 수 있다. 신경을 집중해서 듣는 것이 기억을 더욱 확실하게 한다는 것은 분명하며, 이것이 언어 습득에 필요한 것도 당연하다. 성인의 경우, 집중력을 유지하는 것에 있어서는 어린이보다 뛰어나지만, 어린이는 순간적이라 하더라도 한 가지에 대해서만 주의가 집중된다는 섬을 생각하면 성인의 집중도와 비교하면 강하며, 그것이 언어 습득에 도움이 된다는 것은 충분히 생각할 수 있다.

　셋째, 성인이 됨에 따라 좌뇌 쪽이 우뇌에 대해 우성이고, 그 결과 성인은 제2언어의 학습을 할 때, 내용이나 방법 등을 과잉으로 분석하거나 지식으로써 취급하거나 하는 경향이 있다. 이것이 오히려 학습을 혼란스럽게 하거나 방해하는 원인이 된다고 한다.

넷째, 어린이의 언어 습득의 대부분이 지적 발달이 완료하기 전에 이루어지기 때문에 인지상의 애매성에 대해서 관대하지만, 지적 발달이 이루어짐에 따라 애매성을 인식하여 그것을 수정하려고 한다. 즉, 제2언어 습득을 하는 어린이의 경우라면 두 언어 간에 존재하는 무수한 차이점에 대한 자각은 지적 발달이 완료한 성인만큼 민감하지 않다. 따라서 어린이의 경우, 2개 국어, 나아가 3개 국어를 대수롭지 않게 습득할 수 있다. 그러나 성인이 되면 모국어와의 차이점을 강하게 자각한 나머지 제2언어 습득의 어려움에 압도되어 학습의욕이 좌절된다.

3) 언어영역: 모국어 간섭

어린이의 제1언어 습득과 성인의 제2언어 습득 및 학습에 있어서 차이점은 어린이의 경우는 처음으로 언어를 습득하는 것이고 성인의 경우는 이미 모국어 습득이 완료한 상태라는 점이다. 그리고 이때 문제는 모국어가 제2언어를 습득할 경우에 간섭을 한다는 주장이다. 성인이 제2언어를 학습할 경우, 이제까지 배운 언어로부터 얻은 언어체계에 대한 지식을 근거로 해서 그것을 최대한 이용하면서 제2언어를 학습하려고 하는 것은 학습 전략으로서 당연하다.

이러한 견해는 언어 습득은 습관형성에 의한다고 한다. 즉 제1언어와 마찬가지로 제2언어도 습관형성이라고 한다면, 이미 있는 언어습관은 제2언어 습득의 모든 면에 강하게 영향을 주는 것은 당연하다. 이것을 전이(轉移, transfer)라 한다. 전이가 성공하면, 즉 전이에 의해 학습이 쉽게 된다면 긍정적 전이(positive transfer)를 하고 있다, 학습이 잘되지 않는다면 부정적 전이(negative transfer) 또는 간섭(interfere)을 하고 있다고 말한다.

즉, 수면 위에서는 두 개의 빙산처럼 모국어와 제2언어로 분리되어 있지만, 수면 아래, 즉 두 언어의 기저가 되는 언어 능력 부분은 공유하고 있다는 가설이 있다. '공유기저언어능력모델(common underlying proficiency model : CUP

Model)'4)이라고 하는데, 어떤 대상을 하나의 언어로 이해했다면 다른 언어로 전이가 일어나 언어 간에 서로 교류가 일어날 수 있다는 것이다. 공유기저언어능력모델에 의해 이중언어 환경에 놓인 아동의 제2언어 사용 능력이 높은 이유가 밝혀졌다.

그래서 제1언어와 제2언어, 또는 목표언어와 모국어를 비교·대조하고, 그것을 언어교육 속에 도입하자는 주장도 있지만 현실적으로 두 가지 언어에 대해 정확하게 비교하는 것, 그리고 그 기준을 발견하는 것은 매우 어려운 일이다. 그러나 성인의 경우, 어린이보다 제1언어(모국어)를 확실히 습득하고 있기 때문에, 학습 전략으로서 제1언어의 체계를 기반으로 하는 것은 당연하고, 따라서 어린이보다 전이가 많고, 간섭도 많다고 충분히 말할 수 있다. 즉, 긍정적 전의에 의한 언어 학습의 어떤 분야에서는 성인이 어린이보다 뛰어나다고 볼 수 있다.

4) 정의영역: 자아의식 발달

1960년대 후반에 들어와서 정의적인 면이 언어 학습에 커다란 영향을 주고 있다고 인식하게 되었다. '정의 필터 가설' 또는 '태도 습득 가설'이 그 예다. 모두는 아니지만 성인이 언어 학습(제2언어)에 불안과 고통을 느끼며, 언어 습득에 성공하지 못한 채 도중에 포기해 버리는 예가 많다. 그렇다면 성인과 어린이의 신체적, 인지적, 언어적 차이만으로 성인의 언어 습득 및 학습을 방해하는 원인을 설명하려고 하는 것에는 무리가 있다. 인간은 감정의 동물이며 언어 습득이 정의적 면으로부터의 영향을 받지 않는다고 단언할 수는 없다.

정의(Affective)란 감정이나 의사를 의미한다. 어린이의 정의 발달은 언어의 발달과 마찬가지로 서서히 달성된다. 유아기는 완전히 자기중심적으로 주위의 생각, 상황에는 전혀 관심이 없으며 자기 자신과 주위와의 구별도 못

---

4) '공유기저언어능력모델과 대비되는 모델로 '분리기저언어능력모델(separate underlying proficiency model : SUP Model)'은 인간의 언어 능력은 유한하기 때문에 다중언어 환경에 있을 때, 하나의 언어가 우세해지면 다른 언어는 열세해진다는 가설이다.

한다. 그러나 성장함에 따라 주위와 자기를 구별하게 되고 자아의식이 생겨남으로써 정의가 강해져 간다. 그래서 사춘기를 지나 청년전기쯤까지는 실제로서의 자신을 확실히 인식하게 되는 것이다. 이와 함께 알지 못한 것에 대한 불안이나 공포, 자존감이 생겨나, 자신의 자기 정체성(identity)을 위협하려는 것에 대하여 마음을 닫거나 자신을 억제하고 자기 정체성을 숨기게 되는 일이 발생하게 된다. 이 자아의식의 발달이 제2언어 습득에 커다란 영향을 준다.

언어 습득 및 학습에 대해서는 개인의 성격이 외향적이라든지 내향적이라는 여러 가지 인격적 요인변수도 관계되지만, 성인의 경우, 특히 자아의식이 강하고 자신의 정체성을 지키려고 하는 경향이 강하다. 그 결과 새로운 언어에 동반하는 새로운 가치관을 받아들이는 것이 좀처럼 되지 않거나, 다른 학습자 앞에서 잘못 말하여 수정받거나 주의받거나 하는 것 자체를 자기에 대한 위협이라고 받아들인 나머지 긴장과 불안이 생겨난다. 그것이 언어의 습득을 방해하게 되어 그 결과 언어 습득에 실패해 버리고 만다는 경우가 많이 있다고 보는 것이다.

5) 학습 환경: 자연 대 인공적

어린이가 제1언어를 습득하는 환경은 자연적 조건의 근원이다. 실제 생활을 통해서 유의미한 학습을 무의식적으로 행하고 있다. 한편 성인의 제2언어 습득 및 학습 환경은 매우 인공적이라고 할 수 있다. 선생님 한 사람에 대하여 학생 20~30명이 있고, 교실이라는 좁고 한정된 환경 속에서 학습활동이 이루어진다. 수업형태도 기계적인 패턴 드릴이 중심으로 되어 있어 커뮤니케이션을 위한 교실활동은 매우 한정적이다.

(1) 언어활동

어린이의 경우는 양친이나 주위에 있는 사람이 언어, 특히 언어형식, 발음법, 철자, 읽는 법, 문법을 가르치려고 의식하면서 어린이와 서로 연계되어 있지 않다. 수정방식에서도 알 수 있듯이, 성인이 어린이와 하고 있는 것은 실제 커뮤니케이션이고 그 때문에 언어를 사용하고 있는 것이다. 부모는 지시하거나 또는 애정표현으로써 언어를 사용한다. 어린이는 자기 욕구를 표현하거나 충족시키기 위해 발화한다. 전형적인 초기의 발화에 의뢰, 요구, 명령, 거부가 높은 비율을 차지하고 있는 것으로도 언어는 필연성에 의해 사용됨을 알 수 있다. 그러나 교사의 경우는 가르치는 것이 목적으로 실제 의미에서의 언어운용은 아니다.

(2) 언어내용

어린이의 언어 습득에는 노골적인 장면과 문맥이 있다. 언어의 내용은 생활에 밀착되고 너무 많지도 너무 적지도 않게 어린이가 쉽게 이해할 수 있는 형태로 주어진다. 교실에서 주어지는 특별한 자극은 필연성이 없거나, 문법을 배우기 위한 언어내용으로서 학습자에 있어서 바로 필요한 것, 흥미가 있는 것은 아니다. 또 어린이가 접하는 언어는 부모로부터의 명령과 지시처럼 언어기능이 명확하지만, 교실에서 접하는 언어내용은 문맥을 고려하지 않는 언어사용이 많기 때문에 기능적이지 않다.

(3) 언어에 접하는 시간과 양

시간적으로는 성인이 언어에 접하는 시간이 훨씬 적다. 제1언어 습득에서는 하루에 12시간 이상으로, 5년간이라고 하면, 성인이 학습하는 시간과 비교해 현격한 차가 있음을 알 수 있다. 이는 성인에게는 제1언어 습득 때와 같은 여유가 주어져 있지 않기 때문이다.

(4) 학습방법

인공적인 환경에서 교사는 정해진 교육과정에 따라 목표를 달성한다. 그곳에는 학습자의 자주성은 별로 없다. 학습자는 의무교육으로 학교의 규칙에 따라 정기적으로 출석해야 한다. 숙제 검사도 있고 정신적인 압박도 있다. 학습방법의 중심이 되는 것은 모방, 반복, 드릴, 문법규칙의 암기, 또는 모국어에서 목표언어로의 번역 등이다. 대개의 경우 처음부터 발화가 요구된다. 하지만 어린이의 언어 습득에는 이러한 것은 없다.

(5) 인간관계

어린이가 부모로부터 받은 관심과 애정에 비교한다면, 학생이 교사로부터 받는 관심과 애정은 커다란 차이가 있다. 부모와 보살펴 주는 사람과의 사이에는 신뢰관계가 존재하고 있다. 따라서 자존심이 상하지 않게 억제를 할 필요도 없다. 바꿔 말하면, 자연조건의 근원에는 긴장과 불안이 없고 또 자기방어를 할 필요도 없다. 학생과 교사의 관계는 언제나 그렇다고는 할 수 없다.

(6) 필요성·동기

어린이의 경우, 언어 학습의 필요성에 대해서 성인처럼 의식하고 있지 않다. 하지만 언어 습득은 인간으로서의 일부이고, 절대적인 필요성이 근저에 있다. 그러나 성인의 경우, 그러한 절대적인 필요성이 있어 언어를 학습하는 것은 아니다. 성인의 언어 학습에는 강한 동기부여가 있어야 한다.

동기는 내재적 동기와 외재적 동기로 나누어 설명할 수 있다. 내재적 동기는 학습자 자신의 흥미나 관심과 같은 요인에서 유래된 동기로 학습 그 자체가 재미와 즐거움이 있으며, 목적이 되는 동기를 의미한다. 반면 외재적 동기는 칭찬이나 상 등 외부로부터 얻게 되는 이익을 위해 학습하고자 하는 동기를 말한다. 외재적 동기를 높이는 방법으로는 보상뿐만 아니라 벌을 주거나 경쟁의식을 불러일으키게 하거나 구체적 목표를 제시하거나 하는 방법 등이 있다. 그런데, 외적 보상을 받으면 내재적 동기가 줄어들 수 있는데 이를 '과잉정당화효과'라고 한다. 즉, 자기 행동의 동기를 자기 내부에서 찾지 않고 외부에서 주어진 보다 뚜렷한 보상 탓으로 돌리는 현상을 말한다.

유사한 개념으로 총합적 동기와 도구적 동기가 있다. 총합적 동기는 목표언어뿐 아니라 그 언어권의 문화를 좋아하여 그 문화에 자신을 일체화시키고 그 사회 구성원처럼 되고 싶어서 외국어를 배우는 동기를 말한다. BTS의

아미들이 한국어에 열광하는 이유도 바로 통합적 동기가 충만하기 때문이다. 도구적 동기는 도구적 목적을 얻기 위한 수단으로 언어를 배우고자 하는 하는 동기를 의미한다. 예를 들면, 취업, 승진, 진학 등을 목적으로 외국어를 배우는 경우가 해당된다.

이상에서 알 수 있듯이 어떻게 하면 제2언어 습득 및 학습을 성공시킬 수 있는지, 그 조건은 무엇인지를 생각하고 실행해 가는 것이 앞으로의 외국어 교육에서 가장 필요하다. 그러나 주의해야 할 점은 교육과정, 교육목적, 교육내용 등 모든 것을 제1언어 습득 과정처럼 설정하고 제2언어 습득 및 학습을 위한 교육을 해야 하는 것은 아니다. 다만 성인의 언어 학습은 어린이와 비교할 수도 없을 만큼의 상당한 노력이 있어야 성공할 수 있다는 사실이다. 교사의 과제는 제1언어와 제2언어의 습득 및 학습의 차이를 인식한 뒤, 어떻게 하면 학습을 성공으로 이끌 수 있는지, 어떻게 하면 학습하려는 마음을 끌어낼 수 있는지를 생각하고 제2언어 습득 및 학습을 성공으로 이끄는 조건을 정리하며 조정하는 것이라 하겠다.

2 외국어 교수법

모국어 습득과 제2언어로서의 외국어 습득 및 학습에 대한 개념 정리를 통해 언어교육의 어려움을 이해할 수 있었다면, 이제 외국어 교수법 특히, 일본어 교육에 영향을 미친 외국어 교수법의 역사에 대한 고찰이 필요하다. 이는 다양한 학습관, 학습자의 학습 목적, 학습 조건, 능력 등에 따른 개별 수업을 비롯한 수요자 중심의 교수·학습이 이루어지기 위해서 꼭 필요하다.

이에 본 절에서는 외국어 교수법의 연대별 변천과정을 통해 외국어 교수법이 어떻게 변해 왔는지, 가능한 많은 외국어 교수법에 대한 연구를 통해 현장에서 상황에 따라 여러 가지 교수법을 다양하게 구사할 수 있는 이론적 근거를 마련하고자 한다.

1) 문법번역법(Grammar – Translation Method)[5]

16세기경 프랑스어, 영어, 이탈리아어 등이 유럽 공통어로서 폭넓게 사용된 라틴어를 대신하게 되면서 라틴어는 더 이상 구어(口語)로서 사용되지 않게 되었다. 이후 19세기경까지 사어(死語)가 된 라틴어는 이상적인 언어라 간주되면서 고등교육의 기초가 되는 지적 훈련으로 학교교육에서 다루어지게 되었다. 이때로부터 문법 습득과 문헌 독해를 목적으로 문법규칙, 격변화, 어휘 등의 암기와 일상생활에서의 커뮤니케이션과는 동떨어진 문장 번역 학습의 중심이 되었다. 이 교수법이 문법번역법으로, 18세기에 들어오면 프랑스어, 영어, 이탈리아어 등 이른바 현대어도 외국어로서 가르쳐지게 되면서 라틴어 교육과 같은 방법으로 가르쳐졌다.

2) 자연법(Natural Method)

19세기 중반에는 유럽제국 간 왕래가 빈번하여 말할 수 있는 외국어 교육의 필요성이 강해졌다. 이에 문법번역법의 비판이 높아지고, 어학교육 전문가들은 새로운 교수법을 제창하기 시작하였다. 영국의 Prendergast(1806~1886), 프랑스의 Marcel(1793~1896)과 Gouin(1831~1895), 미국의 Sauveur(1826~1907) 등은 유아가 모국어를 배우는 과정을 관찰하고 같은 방법을 외국어 교육에도 응용해야 한다고 주장했다. 그 가운데서도 Gouin이 제창한 연쇄법에 의한 음성을 중시한 교수법은 널리 알려져 일본어 교육에도 영향을 미쳤다. 이들 교수법은 자연법이라고 불렸으며 20세기에 들어서 개발된 직접법의 기초가 되었지만, 당시 외국어 교육의 흐름을 변화시키지는 못하

---

5) 문법번역법의 단점으로는 먼저 내용만을 이해한 것에 만족하고 문장 구조상의 문제점을 이해하지 못한 채 학습이 종료하므로 응용이 안 된다. 때로는 원문보다도 번역된 모국어 쪽에 관심이 쏠려, 외국어는 단편적으로밖에 배우지 못한다. 또, 항상 한 자, 한 자 모국어로 고치지 않으면 이해할 수 없게 되는 습관을 몸에 익히게 되는 경우도 있다. 언어가 사용되는 상황에 따라 이해하려고 하지 않고, 모국어로 바꿔서 이해하려는 학습자를 만들 수도 있다. 이러한 버릇이 생긴 학습자는, 언제까지나 모국어의 구문(構文)에 의존한 문장을 쓰고 중급 이후, 모국어로는 번역되기 힘든 일본어의 미묘한 뉘앙스의 차이를 이해하는 데 어려움을 느끼게 된다. 따라서 모국어를 부여한 편이 정확한 이해를 가능하게 하고 시간 면에서도 특히 경제적이라고 판단한 경우, 그리고 이해의 확인 등을 위해서는 모국어의 효과적인 활용이 필요하다.

였다.

3) 직접법(Direct Method)[6]

자연법의 신봉자들은 언어의 의미를 실물로 나타내 보이거나 동작으로 이해시키거나 하면서 학습자의 모국어를 사용하지 않고 가르칠 수 있다고 주장하였다. 새로운 어휘는 이미 습득한 어휘를 사용하여 가르쳤으며, 이 교수법은 직접법으로 발전하였다. 구두 교수법(Oral Method)[7]을 제창한 Parlmer(1877~1949)는 직접법에 대하여 다음과 같이 설명하고 있다.

① 외국어의 텍스트를 모국어로 번역하지 않는다.

② 문법은 귀납적으로 가르친다.

③ 교재에는 연관이 있는 문장을 사용한다.

④ 발음은 조직적으로 가르친다.

⑤ 어구의 의미는 실물이나 다른 표현을 사용하거나 하여 번역하지 않고 가르친다.

⑥ 새로 나온 단어나 구문의 지식은 문답에 의해 철저하게 학습시킨다.

직접법에서 가장 잘 알려져 있는 것은 Berlitz(1852~1921)의 어학교(語學校)이다. 한때는 구미에서 성행했던 교수법이지만, 보통의 학교교육에서는 원어민 교수를 구하기 어려운 점, 학습자의 모국어를 절대 사용하지 않고 가르치는 것은 시간적으로도 경제적이지 못한 점 등의 이유로 1920년대 이후는 일부 어학교(語學校)를 제외하고는 점차 사용되지 않게 되었다.

---

6) 직접법은 언어의 매개 없이 가르치는 방법이기 때문에 학습자의 모국어의 영향은 되도록 적게 억제시킨다. 또 모국어를 몰라도 가르칠 수 있는 이점이 있다. 언어가 사용되는 상황 하에서 언어가 나타내는 의미와 연결히여 기리키면서 기르치기 때문에 언어의 사용 방법을 이헤시킬 수 있다. 그러나 기르치는 방법이 어렵고 학습자의 불안을 자아내기 쉽다. 미묘한 점의 이해 확인도 어렵다. 또, 모국어로 말해 버리면, 곧바로 이해되는데 빙 둘러서 설명을 해야 하기 때문에 많은 시간이 필요한 경우도 있다.

7) 구두 교수법(Oral Method)은 언어를 언어능력(language), 언어능력의 사회 독자의 기호 체계(langue), 그리고 그 기호 체계를 사용한 개인의 언어 행위(parole)로 나눈 Saussure(1857 - 1913)의 영향을 받은 Parlmer가 제창한 방법이다. Parlmer는 음성 언어를 중시하였다. 언어음을 잘 듣고 그것을 입으로 흉내 내고 무의식적으로 입을 통해 나오도록 연습을 반복할 것을 요구했다. 가능한 한 학습자의 모국어 사용을 피해서 실물이나 장면에 의한 설명을 많이 활용했다. 수업에서는 다음과 같은 7단계의 연습이 행해진다. ① 청해연습, ② 발음연습, ③ 반복연습, ④ 재생연습, ⑤ 치환연습, ⑥ 명령연습, ⑦ 정형연습.

4) ASTP(Army Specialized Training Program)

제2차 세계대전 중, 미국에서는 군인을 대상으로 해서 단기간에 집중적으로 외국어를 가르치기 위한 특별한 훈련(Army Specialized Training Program)을 실시했다. 목표는 외국어의 구어(口語)를 원어민(native speaker)에 가까운 발음으로 정확하게 그리고 유창하게 말할 수 있도록 하는 것에 두고 있다. 구체적인 방법으로는 다음과 같은 것이 있다.

① 비교적 단기간에 많은 수업시간을 마련한다.

② 한 학급에 10人 전후의 소규모 클래스로 한다.

③ 언어구조의 학습과 회화연습을 행한다.

④ 반복구어(口語) 연습을 중시하고, 언어습관 형성을 목표로 한다.

⑤ 음소분석과 음소표기를 이용한다.

⑥ 원어민을 활용한다.

이 교수법의 성공은 Aural-Oral approach가 말하기 능력의 양성에 효과적이라는 사실을 입증한 것으로, 이후 외국어 교육에 커다란 영향을 주었다. 특히, 제2차 세계대전 이후의 일본어 교육에 커다란 영향을 주었다.

5) 오디오링갈 메서드(Audio-Lingual Method)[8]

ASTP의 일환으로 1930년경부터 1960년대 초기까지 미국 언어학의 주류였던 구조언어학 및 행동심리학에 기초한 교수법이 개발되었다. 미시건(Michigan) 방법이라고도 불리는 이 교수법은 아미 메서드(Army Method)로도 알려져 있지만, 1950년대 중반에 오디오링갈 메서드(Audio-Lingual Method; A-L교수법)로 외국어로서의 영어교육에 응용되게 되었다.

구조언어학은 다음과 같은 사고를 가지고 있다.

---

8) 오디오링갈 메서드의 특징은 다음과 같다. 언어학습이라는 것은 구문, 음성, 단어를 학습하는 것이다. 원어민과 같은 발음이 요구된다. 학생의 모어 사용은 금지된다. 단원의 배열은 언어학적으로 본 복잡함의 척도만을 고려하여 결정된다. 학습자가 상대하는 것은 학습 교구나 연습 교재에 의한 언어 체계이다. 교사는 학습자가 사용할 표현을 확실히 제시하지 않으면 안 된다.

① 과학적으로 언어를 기술하려고 시도한다.

② 언어의 습득은 습관형성에 의해 이루어진다.

③ 음소의 대립 개념을 문장의 의미 이해에 적용한다.

　예) これを きって ください。
　　　これを きて ください。
　　　これを きいて ください。

오디오링갈 메서드에서는 학습자의 모국어와 습득해야 할 언어를 비교 연구하여 양자의 공통점과 차이점을 알아내고, 이것을 기초로 해서 교재를 선택하여 주의 깊게 배열한다. 구두(口頭)연습을 중시하고, 문형연습을 중심으로 한 다량의 연습을 부여한다. 이것은 학습목적이 읽기에 있어도 언어의 기본(제한된 어휘 범위 내에서 문법구조 및 음조직) 습득은 말하기라는 생각에 기초를 두고 있다. 규칙은 귀납적 추리에 의해 일반화되고, 설명은 최저한으로 그친다. 구체적으로는 다음과 같은 연습방법이 있다.

(1) 문장의 암기와 모방

- 구두(口頭)에 의한 연습을 먼저 행한 다음, 문자의 도입에 들어간다.
- 발음연습에 시간을 투자한다.
- 어휘 수는 제한하고, 자연스런 속도의 말하기 방법에 의해 연습을 한다.
- 오문(誤文)은 주지 않는다. 틀린 사용법을 외울 가능성이 있기 때문이다.

(2) 문형연습[9]

- 대입연습을 중심으로 한 기계적 문형연습을 반응이 반사적으로 될 수 있을 때까지 대량으로 연습한다.

---

9) 문형 연습의 종류 및 예는 다음과 같다.
　① 반복연습: 教師: 郵便局へ行きます。
　　　　　　　 学生: 郵便局へ行きます。

- 문형은 사용 빈도가 높은 것에서 낮은 것으로, 쉬운 것에서 어려운 것으로, 기본적인 것에서 파생적인 것으로 제시한다.

(3) 회화연습

- 먼저 학습한 문형이나 어휘를 사용하여 회화연습을 한다.
- 기습사항의 습득이 확인되면 자유회화로 들어간다.

오디오링갈 메서드는 유창하게 말할 수 있고 일정시간 안에 대량의 연습이 가능하다는 등의 장점을 가지나 문장구조가 같더라도 의미, 용법이 다른 구(句)나 문장의 설명이 곤란하며, 의미를 이해하지 않고 기계적으로 연습을 하는 것은 학습자의 지겨움을 유발하고 학습의욕을 잃게 한다. 또한 동물실험에 기초한 자극-반응 학습이론은 반드시 인간의 학습과 일치하는 것은 아니며, 자극-반응에 의한 습관형성이나 유추만으로는 언어의 창조적인 면을 설명할 수는 없다는 비판도 받고 있다.

教師: デパートへ行きます。
学生: デパートへ行きます。
② 대입연습: 教師: うどんを食べたことがあります。すし。
学生: すしを食べたことがあります。
教師: 豚カツ
学生: 豚カツを食べたことがあります。
③ 반응연습:「～たほうがいい」の練習
教師: 友だちがお腹が痛いとき、何と言いますか。
学生: 早く薬を飲んだほうがいいですよ。
教師: ほかには。
学生: 少し休んだほうがいいですよ。
④ 결합연습: 教師: 手紙を書きます。音楽を聞きます。
学生: 手紙を書いたり、音楽を聞いたりします。
教師: 映画を見ます。買い物をします。
学生: 映画を見たり、買い物をしたりします。
⑤ 완성연습: 先生: 食堂、昼ごはん、食べました。
学生: 食堂で昼ごはんを食べました。
先生: デパート、ハンカチ、買いました。
学生: デパートでハンカチを買いました。
⑥ 확장연습: 先生: 読みました。
学生: 読みました。
先生: 本を。
学生: 本を読みました。
先生: 図書館で
学生: 図書館で本を読みました。

6) 인지학습이론(Cognitive Approach)

1960년대에 들어서면 미국 언어학의 주류는 변형생성문법이론(変形生成文法理論)10)으로 변한다. Chomsky(1928~)는 언어습관형성이론을 부정하고 인간은 언어를 모방하고 반복하는 것에 의해 배우는 것이 아니라 각자가 가진 언어능력에서 새롭게 생성한다고 주장하였다. 또, 오디오링갈 메서드에 대하여 구조를 중시한 나머지 의미에 주의를 주지 못하여 기계적 연습을 반복하는 것은 학습의욕을 저하시키고 실제 커뮤니케이션 장면에서 그 문형이 사용된다고 보장할 수 없으며, 문장을 올바르게 구성할 수 있어도 단순한 의지 전달이 안 되는 학습자가 있다는 등의 비판도 나왔다.

한편, 1970년대 전반에는 인지학습이론에 기초하는 교수법이 제창되면서 오디오링갈 메서드에 비판적인 다양한 교수법이 심리학자와 생리학자에 의해 제창되었다. 이러한 교수법에는 Silent Way, CLL(Community Language Learning), TPR(Total Physical Response), Suggestopedia 등이 있다.

(1) Silent Way

심리학자 Gattegno(1911~1988)가 제창한 교수법으로, 다음의 5가지 생각에 기초하고 있다.

① 배우는 것은 가르치는 것에 선행한다.

② 학습이라는 것은 모방이나 연습과는 근본적으로 다르다.

---

10) 언어는 무한한 수의 문장을 지배하는 한정된 수의 규칙으로 이루어지며, 이 유한한 수의 규칙이 곧 문법이라는 이론. 1950년대 중반에 미국의 언어학자 촘스키(Chomsky, N.)가 창시한 이론으로 문장을 심층구조와 표면 구조로 구분한다. 심층 구조를 만드는 규칙인 구절 구조 규칙과, 심층 구조를 표면 구조로 바꾸어 주는 변형 규칙에 의하여 문장 생성의 구조를 설명하고 있다. 즉, 촘스키 등의 변형생성문법 연구사는 보통의 학습자들은 놀랄 만큼 단기간에 충분하지 않은 자료를 근거로 하여 완벽한 모어 문법을 습득한다고 말하고 있다. 그리고 이것은 소위 언어의 문법에 대응할 수 있도록 추상적이고 보편적인 성질을 가진 것이라고 가정되고 있다. 또 인간에게는 언어 메커니즘을 사용하고 있다고 가정할 수 있다. 이 언어 메커니즘은 언어적 학습을 위한 특별한 역할을 하고 있는데, 이것을 중간언어라고 한다. 한편, 제2언어 습득 과정상에 있는 학습자의 제2언어 능력의 총체를 가리키는 말로 언어 습득 장치라는 용어를 사용하고 있다. 이것은 학습자가 제2언어 습득 과정에 일시적으로 만드는 것으로 학습자 스스로의 내적 언어 학습 메커니즘의 움직임에 의해 만들어지는 것이라고 생각한다. 이것은 학습자의 모어 체계와도 습득하고 있는 제2언어 체계와도 다른 독자의 시스템을 가지고 있다.

③ 학습할 때의 지성은 조급한 판단을 줄이고 신중하게 시행착오를 시도한 후, 결론을 낸다는 지성 그 자체의 기능을 의미한다.

④ 지성이 작용할 때에는 이미 학습한 것이 전부 동원된다. 특히 모국어를 배웠을 때의 경험이 사용된다.

⑤ 교사는 학습자의 활동을 방해하거나 회피하지 말아야 한다.

Silent Way에서 교사는 극히 제한된 범위의 어휘를 사용하여 발음과 구문적 요소의 이해와 용법을 습득시키는 것에 주의를 기울인다. 어떠한 경우더라도 학습자는 절대 필요한 것만 주어진다. 교사는 새로운 입력(入力)을 하나하나 확실히 발음한다. 단, 새로운 입력(入力)은 이상적으로는 한 번만 부여하는 것이 바람직하다. 처음부터 학습자가 말하고, 교사는 거의 침묵하고 있다. 항상 말하고자 하는 이야기는 어떤 동작을 동반하고, 역으로 동작은 어떤 말하고자 하는 이야기를 동반한다. 만약 학습자가 교사가 나타내는 시각자극을 바르게 받아들이지 못하고 있을 경우, 학습자 스스로 생각하게 하고 교사는 무언가 비언어적인 도움을 주도록 한다. 그렇게 해도 효과가 없는 경우에는 무언(無言)으로 다른 학습자에게 대답하도록 한다. 그리고 가장 올바른 예를 교사가 무언(無言)으로 나타낸다. 그 후에 나머지의 학습자는 각자 말한 이야기를 재생한다. 이 교수법에서는 학습자는 서로 도와 가면서 배우고, 파괴적인 경쟁을 피할 수 있다고 보고 있으며, 자기 지력에 의해 주체적으로 이해하려고 노력하고 그러한 능력을 자각하는 기쁨을 학습과정에서 맛보게 하는 것이다.

(2) CLL(Community Language Learning)

미국의 신학자(神学者)이고 교육학자인 Curran(1913~1978)에 의해 개발된 공동체 언어 학습법으로 학습자는 둥그렇게 원으로 앉고 교사(조언자)는 원 바깥쪽에 선다.

수업 단계는 다음과 같다.

① 학습자가 외국어로 말하고 싶은 것을 다음과 같은 순서로 녹음한다.

- 학습자는 다른 학습자에 대하여 말하고 싶은 것을 모국어로 말한다.
- 교사는 학습자 뒤에 서서, 귓가에서 학습자가 말한 이야기를 번역한다.
- 학습자는 앞에서 자기가 한 말을 외국어로 바꿔서 말하고 테이프에 녹음한다.
- 이렇게 해서 차례대로 회화를 이어 간다.
② 학습자는 도움 없이 외국어로 말하고 싶은 것을 말한 다음에, 그것을 모국어로 말해도 괜찮다.
- 녹음한 회화 내용을 다시 들어 본다.
③ 외국어로 직접 말하고, 질문을 받거나 요구된 경우에만 모국어로 말한다.
- ②의 회화를 이번에는 한 문장씩, 한 번 더 들려준다.
- 필요에 따라 판서를 하고, 노트에 적게 한다.
- 학습자는 한 사람씩 부여된 문장을 해석한다.
④ 학습자는 기본적으로는 올바른 외국어로 말하며, 교사는 자연적인 표현법으로써 어휘나 구문의 뉘앙스의 차이를 가르치도록 한다.

이 교수법은 완전히 초보 단계보다도 기초적 레벨을 마친 학습자의 회화력을 키우는 데 적합하다. 그러나 학습자는 자신의 학습기록을 바로 곁에 두지 않으면 설령 말하기 능력이 늘었다 하더라도 심리적으로 불안을 가지는 경향이 있다. 이 점에서 회화만이 목적일지라도 ③단계가 매우 중요하다. 학습한 항목을 정리한 프린트를 모아서 나눠 주는 것도 좋다. 이것은 교실 외에서의 복습에도 도움을 주기 때문이다.

(3) TPR(Total Physical Response)[11]

미국의 심리학자 Asher(1929~)에 의해 제창된 전신 반응 교수법으로 유아는 어른으로부터 명령받은 것을 실행하면서 언어를 배워 간다는 것에 기

---

11) **TPR**의 단점에는 다음과 같은 것이 있다. 도입형식이 명령형이기에 내용이 한정되기 쉽다. 추상적 개념의 도입이 어렵다. 명령에 따라 신체를 움직이는 것에 대한 반감이 있는 학습자도 많이 있다. 청해력에서 발화력으로의 이행은 반드시 쉬운 것은 아니다. 발음의 지도 교정이 충분하지 못하다. 학습자로부터의 자발적 발화가 없다. 실제 지연 언어 운용으로부터 꽤 떨어져 있다.

초하여 외국어도 명령과 같은 과정을 거치면 쉽게 배울 수 있을 것이라고
생각했다.

교사는 학습해야 할 언어를 명령하고 그 명령을 동작을 통해 보여 준다.
학습자는 교사의 명령대로 동작을 하는 것에 의해 새로운 언어를 배운다.
학습자는 자기 스스로 그 언어를 사용해서 무언가 말하고 싶어질 때까지 가
만히 있어도 좋다. 교사는 학습자의 말하기를 초기 단계에서부터 강제로 시
켜서는 안 된다.

일본어 교육에서 명령형은 '読め', '読んで', '読んでください'을 사용한
예가 보고되고 있지만, '〜してください'가 가장 적당하다. '〜して, 〜して
下さい', '〜してから, 〜して下さい', '〜した人を指して'와 같이 전개할
수 있기 때문이다. 실제로 사용해 보면, 학습자의 연령이나 사회적 배경을
불문하고 재미있게 수업을 진행할 수 있다. 학습자는, 처음 단계부터 새로운
표현을 사용하여 자기 스스로도 급우에게 명령을 주고 싶어 하였다. 게다가,
이 방법을 사용한 클래스에서는, '〜て' 형태의 활용형의 실수는 전혀 보이
지 않았다.

제일 첫 단계의 수업부터라도 사용할 수 있다는 점, 일본어 학습에서는 중
요한 위치를 차지하는 '〜て'형을 간단하게 그리고 정확하게 몸에 익힌다는
점, '연체수식'도 빠른 단계부터 어려움 없이 도입할 수 있다는 점, 교사에게
특수한 훈련을 필요로 하지 않는다는 점, 다른 교수법과 병용할 수 있다는
점 등으로부터 일본어 교육에서의 많은 활용을 기대할 수 있는 교수법이다.

(4) Suggestopedia[12]

불가리아의 생리학, 정신 병리학자 Lozanov(1926~2012)에 의하여 개발된
교수법이다. 암시적 교수법이라고도 불린다. Lozanov의 학습관은 "학습이란

---

12) Suggestopedia의 장점에는 다음과 같은 것이 있다. 무의식중에 놀랄 정도의 기억력 증가를 기대할 수
있다. 유아화, 역할극을 통해 자기로부터의 해방이 있고, 그 결과 학습자는 보다 솔직하게 되어 학습이 촉
진된다. 단기간에 많은 양을 학습할 수 있다. 음악이나 학습 환경의 정비가 언어 습득에 깊이 관계하고 있
음을 보여 준다. 언어적인 능력 개발뿐만 아니라 잠재하는 미적 감각을 자극하여 풍부한 감성을 기른다.

심신 전체가 관여하는 전체적인 행동이다. 개인 학습능력에 대해서 과거에 주어진 암시적 영향을 제거하는 것에 의하여 기억력의 이상증진(異常增進)이 가능하다."는 관찰에 기초하고 있다.

교사는 권위가 있어야 하며 학습자가 신뢰할 수 있어야 한다. 이것은, 학습자가 어린이처럼 솔직함, 유연성, 독창성을 가지는 상태(유아화: Infantalization)에 도달하는 것을 돕는다. 교실 꾸미기, 책상이나 의자의 배치 등도 배려하고 비언어적인 면에서도 부정적 암시는 주지 않도록 한다.

학습자는 외국어 이름과 가공의 직업을 부여받는다. 내용은 학습자의 일상생활과 밀접하게 연계되어 있고, 학습자의 흥미를 끌 수 있는 것이어야 한다. 전체적 내용을 파악하게 하기 위해서 처음부터 모든 기본적 문법사항을 포함하지만, 실제로 학습하는 어휘나 문법항목은 한정되며 밑줄로 나타낸다. 신출어휘(新出語彙)에는 발음기호가 붙는다.

수업은 다음의 순서로 진행된다.

① 해설(Decoding): 회화내용이 설명되고, 교사는 학습자의 질문에 대답한다. 모국어를 사용해도 좋다.

② 콘서트(Concert): 학습자는 안락의자에 앉아 콘서트를 듣는 듯한 느낌으로 리드미컬하게 깊게 호흡하면서 교사가 배경음악을 틀고 교재를 읽는 것을 듣는다.

• 첫 번째 활동: 억양, 쉬는 방법, 음량의 변화를 주면서 읽는다. 이 억양이나 쉬는 방법은 회화의 의미와 관계가 없어도 상관없다. 학습자가 프린트를 보면서 듣는 음악은 고전파 및 초기 로망파를 사용한다.

• 두 번째 활동: 학습자는 낭독을 교재를 보지 않고 편안한 상태에서 눈을 감고 같은 호흡법을 계속하면서 듣는다. 교사는 음악에 맞춰 회화내용에 어울리는 억양으로 감정을 담아 읽어야 한다. 음악은 바로크를 사용한다.

③ 연습(Elaboration): 제시된 어휘나 구문의 정착을 도모한다. 학습자에 의한 낭독, 교사와의 대화(対話) 게임 등이 행하여진다. 회화를 중심으로 한 직접법 수업을 한다.

7) 의사소통 교수법(Communicative Approach)

언어의 의미와 기능에 주목하고 언어의 커뮤니케이션 능력 달성을 목적으로 하는 교수법으로 오디오링갈 메서드와 인지학습 방식이 변하여 1970년대 이후의 언어교육의 주류가 되고 있다.

제2차 세계대전 이후, 교육 및 문화적 협력을 위한 기관으로서 유럽협의회(Council of Europe)가 설치되었다. 이 기관은 언어교육을 위한 국제회의의 개최와 교재 출판 등에 지원을 하고 있었다. 1970년대 초에는 성인을 대상으로 하는 유럽 전역에 걸친 어학교육 프로그램 개발에 착수했다. 그 결과 영국의 Wilkins는 1972년 커뮤니케이션 능력 달성을 목적으로 하는 외국어 교수법을 위하여 실러버스[13]를 발표하였다. 이것은 언어의 커뮤니케이션 능력을 지탱하는 의미 체계에 기초한 것으로, 의미를 개념(시간, 시점, 시간적 계속, 빈도, 순서 등의 개념)과 전달능력(판단, 평가, 요구, 거부, 허락 등의 기능)의 카테고리로 나눠 그것들을 어학교육에 어떻게 적용할 것인가를 나타내었다(Wilkins, 1976).

이 사고방식은 커뮤니케이션 능력의 육성을 목적으로 한 초급수준의 실러버스로서 구체적으로 도입되어, 커뮤니케이션 능력 달성을 위한 교재작성과 교육과정 개발에 커다란 영향을 주었다. 현재에는 상호작용과 태스크(Task)[14]에 기초를 둔 실러버스, 학습자가 구축하는 실러버스 등 여러 가지 실러버스(Syllabus)가 고안되어 있다.

지도원칙은 "학습자의 목적을 알고 그 목적 달성에 따른 교육과정을 짠다. 종래의 문법을 중심으로 한 실러버스가 아닌, 개념과 기능 등 전달능력의 육성을 목표로 한 실러버스에 기초를 두고 가르친다. 언어항목을 그것이 사용되는 전체적인 틀과의 관련에서 이해시킨다. 언어의 4기능을 구분하지 않고 총합적으로 지도하며 학습자의 실수에 대해서는 유연하게 대처한다." 등이다.

---

13) syllabus, 교수요목

14) 태스크(Task)란 학습과제라고도 번역되며, 소규모 태스크에서부터 대규모 태스크까지를 가리키는 포괄적인 개념으로 Communicative Approach 수업을 전개하는 데 필요한 기본적 개념이다. 작은 규모의 태스크는 간단한 그림 카드나 지도를 보면서 방향을 묻고 길을 찾아가는 활동을 하는 것을 들 수 있다.

수업활동으로서는 역할놀이(Roleplay),[15] 시뮬레이션(Simulation),[16] 드라마 (drama), 게임(Game),[17] 짝(pair)학습, 태스크(Task)연습, 인포메이션 갭(Information gap)[18]을 메우는 연습 등이 이루어진다. 이 교수방식은 언어형식만이 아니라 전달과정을 중시하고 실제 커뮤니케이션 장면에서 언어가 사용될 수 있도록 하는 것을 목표로 한다.

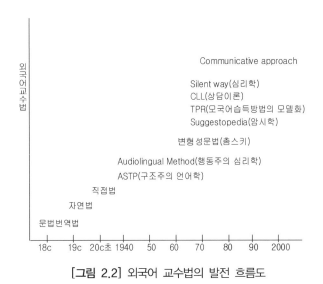

[그림 2.2] 외국어 교수법의 발전 흐름도

15) 역할놀이(Role play)는 여러 단계가 있는데, 배운 내용을 외워서 그대로 연기하거나 부분만을 바꾸어 말하는 오디오링걸의 패턴 연습에 준하는 것부터, 장면과 상황만 주어지고 어떠한 표현을 사용하는가는 연기자에게 맡겨지는 것까지 있다. **Communicative Approach**에서는 후자의 경우를 자주 사용하는데 화자에게 상황과 역할을 잘 설명한 뒤에 그 역할을 수행하도록 한다. 주의해야 할 점으로는 ① 실제로 일어날 만한 상황을 설정, ② 이미 학습한 일본어로 무리 없이 할 수 있는 조건 설정, ③ 필요한 전문 용어 등은 롤 카드에 미리 써 둘 것, ④ 교사는 계획한 내용을 자신이 직접 연기해 보고, 그 내용이 적합한지를 판단한다, ⑤ 롤 카드는 알기 쉬운 문제로 쓴다 등을 들 수 있다.

16) 시뮬레이션(Simulation)은 사회 활동의 일부를 교실에 모의 장면을 설치하고 그 역할에 따라 역할을 수행해 보는 것이다. 가장 바람직한 것은 현장과 똑같이 꾸며진 세트를 이용하는 것이지만, 교실에서는 간단한 소품과 장면을 꾸며 촌극처럼 연기하는 것도 무방하다.

17) 게임(Game)은 말 이어 가기, 수수께끼, 말 전달, 제스처 등 여러 유형의 게임을 언어 학습에 활용하는 방법이다. 게임을 잘 활용하면 학습자가 지루하지 않고 즐거운 학습이 되게 하는 데 효과적이다.

18) 인포메이션 갭(Information gap)이란 커뮤니케이션 활동을 위한 기본적인 연습 원리로 두 사람의 대화자가 각각 정보량에 차이가 있는 그림이나 표를 갖고서 서로가 대화를 통해 정보차를 메워 가는 활동이다. 예를 들면 한 사람은 방 안에 책상과 의자만 있는 그림을 들고 또 한 사람은 방 안에 더 많은 것들이 그려진 그림을 들고 방 안에 무엇이 있는가를 물어 가며 서로의 정보차를 확인해 가는 것이다. 이런 정보차를 이용한 연습을 인포메이션 갭 연습이라고 한다. 이런 정보차를 3명 이상이 분산적으로 다른 정보를 갖고 진행할 때 지그소우(jig saw: 협동, 모둠) 연습이 된다.

이상 일본어 교육에 영향을 미친 외국어 교수법의 발전 흐름도를 그려 보면 [그림 2.2]와 같다. 끝으로 18세기부터 현대에 이르기까지 가장 많이 활용되고 있는, 그리고 계속 연구되고 있는 대표적인 두 가지 외국어 교수법으로 A-L Method와 Communicative approach를 비교하면 <표 2.1>과 같다 (高見沢孟, 2000).

〈표 2.1〉 A-L Method와 Communicative approach 비교

A-L Method	Communicative approach
의미보다 구조를 중시	흥미는 가장 절대적인 것
언어가 사용되는 상황을 분명히 할 필요는 없다.	언어가 사용되는 상황이 대전제
언어학습은 구조, 음성, 어휘의 습득이라고 생각	언어학습은 커뮤니케이션 기능 습득이라고 생각
숙달과 반복 요구	효과적 커뮤니케이션을 요구
드릴이 교육의 중심	드릴은 때로는 행하지만 부차적
모국어 화자와 동일한 정확한 발음 요구	이해 가능한 수준의 발음을 요구
문화적 설명은 피한다.	학습자를 도울 수 있는 모든 방법 강구
커뮤니케이션 연습은 드릴이나 연습 문제 후에 행한다.	처음부터 커뮤니케이션을 위한 연습 요구
학습자는 모국어 사용을 금한다.	필요한 경우 지나치지 않는 선에서 모국어 사용 가능
초급단계에서 번역은 금지	필요한 경우에는 번역 인정
읽기, 쓰기는 회화능력을 습득한 뒤에 학습	읽기, 쓰기는 학습 초기부터 학습
목표언어의 언어체계는 문형 학습을 통해 습득	목표언어의 체계는 커뮤니케이션 연습을 통해서 배우는 것이 이상적
언어능력의 습득이 목표	커뮤니케이션 능력 습득이 목표
장면이나 문맥에 의한 말 바꾸기는 인정하지만 강조되지는 않는다.	장면이나 문맥에 의한 말 바꾸기는 교재 및 교수법의 중심 개념으로 중시됨
교사는 학습자를 엄격하게 통제하고, 이론에 반하는 행위는 통제	교사는 학습자의 동기를 강화하기 위해 조력
언어는 습관이라고 하는 생각	언어는 개인의 시행착오를 통해 형성된다.
정확함이 학습의 제1목표	유창성과 모국어화자에게 받아들여지는 언어의 학습이 제1목표
학습자는 교재에서 도입한 언어에서만 상호작용을 행한다.	학습자는 1 대 1 혹은 모둠 속에서 다른 사람과 상호 작용을 행할 것을 기대
교사는 학습자가 사용할 말을 지정	교사는 학습자가 사용하는 말을 예측하지 않는다.
학습 동기는 언어구조에 대한 흥미에서 생겨난다.	학습 동기는 언어가 가지는 커뮤니케이션으로부터 생겨난다.
대화 암기 요구	대화는 커뮤니케이션의 기능으로 암기는 불필요

<표 2.2>는 지금까지 설명해 온 여러 가지 교수법과 일본어 표기를 표로 만든 것이다.

〈표 2.2〉 여러 가지 교수법과 일본어 표기

自然的教授法 (ナチュラル・メソッド)	① 모국어에 의한 설명, 번역 없이 목표언어로 제시 ② 시청각 교재의 활용, 동작을 통한 추리, 실물이나 그림을 이용하여 모국어로 설명	グアン	직접법
音声学的教授法 (フォネティック・メソッド)	음성기호를 사용한 계통적인 음성지도를 계획	スウィート	
口頭教授法 (オーラル・メソッド)	언어가 가진 체계(体系)와 운용(運用)의 2가지의 측면 중에서 운용(運用)에 주목	パーマ	

ASTP(Army Specialized Training Program) (アーミー・メソッド)	외국어의 구어를 nativespeaker에 가까운 발음으로 정확하고 유창하게 말할 수 있도록 함. (제2차 세계대전 이후, 일본어 교육에 큰 영향을 미쳤다.)	グルーム フィールド	구조 언어학
Audio lingual approach (オーディオ・リンガル・アプローチ)	① 구조주의 언어학 ② 행동주의 언어학 ③ 언어의 구조 중심 ④ 문형연습, ミムメム연습	フリーズ	

全身反応教授法 (トータル・フィジカル ・リスポンス)	① 명령교수법 ② 청해중심교수법	アッシャー
自然接近教授法 (ナチュラル・アプロー チ)	① 이론적 배경: 제2 언어 습득 이론 • 습득・학습가설 • 모니터(モニター)가설 • 자연순서가설 • 정의필터(情意フィルター)가설 • 인풋(インプット)가설 ② 초기단계의 청해 중시	テレル
暗示的教授法 (サジェストペディア)	① 인간의 잠재능력에 주목 ② 음악・교실장식・가구의 이용	ロザノフ
沈黙教授法 (サイレント・ウェイ)	① 교사의 침묵 ② 지성에 의한 시행착오 ③ ロッド、カラーチャート의 이용	ガッテーニョ
協同学習法 (コミュニティ・ ランゲージ・ラーニン グ)	① 심리치료＋카운셀링(カウンセリング)의 원리 이용 ② 전인적 언어 학습관 ③ 가장 학습자 중심주의의 교수법	カラン
意思疏通中心 教授法 (コミュニカティブ・ アプローチ)	① 언어의 의미과 기능에 주목 ② コミュニケーション 능력의 양성	ウィルキンズ
内容重視教授法 (Content Based Instruction)	① 어학학습과 지식내용의 학습을 통합 ② 일본어 능력은 과제해결 과정에서 접하 는 일본어 자료를 통해 부수적으로 습득 된다.	

심리학
・
인지
학습
이론

3 확인 학습

* 〈B〉는 〈A〉의 밑줄을 이중언어적관점에서 서술한 것이다. 〈B〉 이론의 명칭을 쓰시오. 또, 그것과
  반대되는 이론의 명칭을 쓰고, 그 이론에 대해 설명하시오. (4점)

〈A〉

妻: 日本に行ったら娘のミナの学校はどうする？

夫: 公立の小学校に入れればいいんじゃない？

妻: ミナは今まで韓国語で勉強していたのに大丈夫かな？

夫: 日本の学校で勉強すれば、日本語はすぐ覚えられるよ。

妻: <u>でに、日本語を覚えたら韓国語を忘れちゃうよね。</u>
　　ちょっとさびしいな。

〈B〉

日本語を母語としない子どもたちに対し、「学校では日本語だけを使いなさい」あるいは「家でも日本語を
使うようにしなさい」と言う親や教師がいる。母語が第二言語習得の妨げになると考えられていたのであ
る。バイリンガリズムについての初期研究では、バイリンガルはモノリンガルに劣るとされる傾向にった。頭
の中には二つも言語の風船があり、一方の風船が大きくなるともう一方は小さくなっていくと考えられていた
のでsる。

모범답안　|　分離基底言語能力モデル(風船説)、共有基底言語能力モデル(氷山説)：二つ
の言語の表面的特徴は別々であってもその基底となる部分は共有して処理し
ているという理論である。したがって、ある言語で物事を理解すると、他の
言語へと転移が起こり、両言語間に交流が可能になる。

* 다음은 김 씨가 일본어를 배우고 싶은 이유이다. 다음과 같은 일본어를 학습하고 싶은 동기부여를 무엇이라 하는가? 2가지를 쓰시오. (2점)

わたしは、小学生のごろから好きなアニメがありました。とてもかっこいい女の子が主人公のアニメです。そのアニメは日本のだったので、日本のことをもっと知りたいと思うようになりました。アニメの原作となった漫画を読みたいと思って、ひらがなやカタカナを覚えました。今はアニメや漫画だけでなく、日本語を勉強する自体がおもしろくてしかたありません。

去年、日本に留学した従姉の家に行って、2週間滞在しました。その時に、アニメの舞台となった街にも行ってみました。その街を歩きながら、いつかわたしもここで生活したい、多くの日本人と交流したいと思うようになりました。わたしはこれからも、もっともっと日本語を勉強するつもりです。日本語を勉強して、日本に住み、日本の文化や社会を知りたいです。

모범답안 | 内発的動機付け、総合的動機付け

* 다음 문장을 읽고 ( )에 공통으로 들어갈 용어를 쓰시오. (2점)

田中: キムさん、何か特技とかありますか？

キム: とく……ぎ？

田中: ああ、何か得意なこと、うまくできることありますか。

キム: うまくできること……ああ、特技！はいはい、あります。
　　　わたしの特技は絵を描くことです。

田中: わあ、どんな絵を描くんですか。

キム: うーん……ユーロップのスタイルの……。

田中: ユーロップ？あ、ヨーロッパ？イギリスとかフランスとか？

キム: はいはい。ヨーロッパ？ヨーロッパの……昔の……有名な絵のスタイル……。

田中: あ、油絵かな。

キム: え？もう一度言ってください。

田中: 油絵。油って、分かります？

キム: はい、分かります。油。

田中: 油の絵の具で描く絵。

キム: ああ、油の絵！はいはい、そうですね。油絵。油絵を描きます。

この会話はインターアクション仮説に関して示唆する点がある。インターアクション仮説とは、お互いの意思

疎通がなされるまで(　　　　)を行うプロセスによって理解可能になったインプットが言語習得を促進するという考え方である。母語話者など言語能力が高い者から、簡略化したインプットを学習者が受信的に受け取るのではなく、学習者側も積極的に働きかけて(　　　　)に参加することが習得過程では重要になる。

모범답안 | 意味(の)交渉

기출: 2019년도 임용

* 다음 〈A〉는 제2외국어교육의 지도법 유형에 관한 설명이다. (1)~(3)을 사용하기 시작한 시기의 빠른 순서대로 나열하시오. 또 〈B〉의 ①에 알맞은 지도법 유형을 〈A〉의 (1)~(3)에서 하나 선택하고, 그 번호를 쓰시오. 나아가 ②에 알맞은 문제점을 쓰시오. (4점)

〈A〉

(1) 意味のあるコンテクストにおいて言語の伝達活動を行うが、その中で必要が生じたときに適宜言語形式にも学習者の注意を向けさせる。易しい文法規則でも難しい文法規則でも過剰一般化を最低限に押さえることができ、学習効果の持続も期待できると言われている。

(2) 意味のあるコンテクストにおいて言語の伝達活動を行い、学習者にはその中で個々の言語形式をみずから分析し、習得していくことが期待される。理解力や流暢さを見につけさせることはできるが、正確さが見につかない、また、言語形式の学習が断片的にしか起らず、学習速度も遅いと言われている。

(3) 文法規則を提示し、コンテクストから遊離した文法練習を行う。学習者には、個々の文法規則を一つ一つ学び、実際の言語使用場面ではそれらを統合して運用することが期待される。易しい規則の学習には最も効果的だが、その効果は多くに場合、持続しないと言われている。また、難しい規則に関して、大規模な過剰一般化が起き、学習効果が見られないとされている。

〈B〉

フィードバックの方法の1つにリキャストがある。これは相手の発話に対して、その発話意図や意味を維持しながら行う否定的フィードバックであり、(　①　)の代表的な指導技術である。リキャストには、コミュニケーションの流れを止めずに訂正できるという利点があるが、その一方で、(　②　)との批判もある。

모범답안 | (3)(2)(1), ① = (1)[19], ② 明示的でないし、暗示的フィードバックであるため教師の指導ポイントを学習者がつかめにくい場合がある。

---

19) リキャスト(recast) : 모어 화자인 교수자가 학습자의 실수를 명시적으로 드러내지 않고 수정하는 암시적 피드백의 하나

* 다음 문자을 읽고 (1)과 (2)에 관한 제2언어습득이론상의 용어를 순서대로 쓰시오. 또, (1)과 (2)를 비교하면서 그 개념을 설명하시오. (4점)

(1) 韓国人の日本語学習者にとって、「は」と「が」の使い分けはそれほど難しくない学習項目の一つである。これは、韓国にも「は」と「が」に相当する助詞が存在するからである。そのため、早い話、「は」、「が」をその二つの助詞にうまくマッチングさえできれば、初級レベルの学習者でもわりと簡単に「は」と「が」の使い分けができるのである。

(2) ある日、日本語教師の竹田さんは、夏休みのお土産をクラスの韓国人の学生に差し出した。そのとき、お土産を受け取った学生にお礼のあと、「先生、これが何ですか」と聞かれ戸惑わされてしまった。同僚の韓国人教師に聞いたところ、韓国語の「이게 뭐예요?」の直訳だったらしい。

모범답안 │ (1) 正の転移 ： 共通する発音や文法などが第二言語を促進させることである。
(2) 負の転移(母語の干渉) ： 母語知識が第二言語習得を妨げたり学習を遅らせたりすることである。

* 〈A〉는 초급학습자 임씨와 일본인의 회화이다. 이와 같은 경우에 어떻게 대응해야 할지, 가장 관련 있는 가설을 〈B〉의 ①~④에서 하나 골라, 그것에 기초하여 쓰시오. (2점)

〈A〉
村田: イムさん、日本語の勉強はどうですか。
イム: わたし、日本語の勉強をもうやめたいです。
村田: え？どうしてですか。
イム: 授業中に日本語で答えます。先生に間違いを直されます。どんどん自信がなくなります。先生の話を聞いても、よくわかりません。日本語の勉強は、最初は、楽しかったですが、今は楽しくありません。

〈B〉
① 臨界期仮説
② 発達相互依存仮説
③ 情報フィルター仮説
④ サビア・ウォーフの仮説

모범답안 | 情報フィルター仮説、感情的な要因がいかに第二言語習得に影響を及ぼすか
を説明している。学習者が緊張して間違いを直されることが不安で自信をな
くしてしまったりする否定的な感情は言語の習得を妨げる。したがって、教
師はよりわかりやすい日本語を使ったり、明示的フィードバックをして、学
習者が感じる不安感を和らげるように対応すできである。

Ⅲ

일본어 수업 설계

국가 수준의 일본어 교육과정 및 일본어 교육 필요성 인식, 모국어 습득과 외국어 습득 및 학습, 일본어 교육에 영향을 미친 여러 외국어 교수법에 대해 지금까지 살펴보았다.

본 장에서는 수업에 대한 개념 정의를 시작으로 본격적인 일본어 수업 설계를 위한 이론적 정리를 진행하고자 한다.

1 수 업

수업이란 영어의 Instruction에 해당되는 것으로 교수(Teaching)라는 말과 혼동되어 사용되고 있는데, 우선 이를 구별하면 다음과 같다.

Gagné(1964)는 교수란 너무 많은 것을 포괄하는 총칭적 개념이기 때문에 오해를 일으킬 수 있음을 지적하고 있다. 즉, 아침부터 내리는 비를 보고 우산 생각이 났다면 내리는 비는 교수를 하고 있다는 말을 할 수 있다. 혹은 버스 안에서 무심코 들은 옆 사람의 말이 나의 도덕적 행동을 바로잡게 하도록 해 주기도 한다. 이러한 논리를 계속 발전시기면 어린이들을 위한 교육, 특히 취학 전 어린이를 위한 교육에서는 맑고 아름다운 자연 환경 자체가 교수의 기능을 가진다고 할 수 있다. Rousseau의 Emile에서 "자연으로 돌아가라."라고 하는 부르짖음은 이러한 교수의 개념을 가정하고 있다.

그러나 최근 학교 교육이란 계획적이고 체계적이면서 형식적인 교육 활동을 주요 특징으로 하고 있다. 따라서 누구든지 교사가 되고 학생도 되는 식으로 지나치게 포괄적이면서 막연한 교수라는 말보다는 구체적 개념인 수업이라는 개념을 강조하기에 이르렀다.

수업은 학습자가 특정한 조건에서 특정하게 행동하는 것을 배울 수 있도록 학습자 개인의 환경을 정교하게 조정하는 과정이며, 처음부터 어떤 행동 변화를 의도하고 있다. 즉, 수업 개념과 교수 개념을 구별할 수 있는 점은 두 가지 면에서 정리된다. 하나는 학습될 행동과 그 행동에 적절한 조건을 구체화해야 한다는 점이고, 다른 하나는 그러한 행동 변화가 일어나게 하려고 환경에 가하는 통제의 정도에 있다. 또한 학습자 스스로 이러한 행동 변화에 적극적 참여 의지를 다지게 된다면 수업 결과는 더욱 효과적일 것이다.

따라서 수업이란 학습자가 의도된 지식·기술·신념을 합리적으로 학습할 수 있도록 내적·외적 환경을 체계적으로 조정하는 과정이라 정의할 수 있다.

이 정의가 내포하는 것을 네 가지로 정리할 수 있다.

첫째, 학습되는 것은 의도된 지식·기능·신념과 같은 학습력이다. 어쩌다가 형성되는 것은 일단 제외하려는 것을 시사하고 있다.

둘째, 학습자의 환경을 계획적·체계적으로 조정한다는 것이다.

셋째, 학습자의 환경은 외부적 환경만 문제 삼는 것이 아니라 학습자 내부적 환경, 예컨대 주의집중·동기형성·선행학습 등을 갖추게 하는 등의 환경 조성까지 포함한다는 것이다.

마지막으로 시사되는 것은 수업은 얻어진 결과이기보다는 결과를 낳는 과정이라 보는 것이다. 학생 등의 주의를 집중시키고 목표를 인식시키고, 선행학습내용을 상기시키고……, 하는 등의 일련의 체계적인 학습 환경 조직과정이 수업이라는 것이다(김인식 외, 1995).

② 수업 설계

수업 설계[1]는 일반적으로 '개인의 학습을 조장하는 것'을 목표로 하며, '단

---

1) 일본어 교육에서는 코스 디자인(course design)이라고도 표현한다. 다양화가 진행된 일본어 교육에 있어서 학습자 필요(needs)와 준비도(readiness) 조사(analysis)에 근거하여 학습자에게 가장 적합한 교육계획을

기와 장기'의 양 측면을 고려하여야 한다. 체계적으로 설계된 수업은 개개인의 발달에 큰 영향을 미치며, 수업 설계는 체제접근이라는 수단에 의해서 계획될 수 있다. 따라서 수업 설계는 인간의 학습에 관한 지식에 기초하지 않으면 안 된다.

수업 설계의 목적은 학습자 개개인의 학습을 활성화하고 도와주는 것이다. 이 목적은 수업이 행해지고 있는 곳에서는 어디에서든 존재한다. 한 사람의 지도자와 한 사람의 학습자 사이에 수업이 행해지고 있을 때는 말할 것도 없지만, 학급, 성인교실 또는 직장의 어디에서든 이러한 수업의 특성이 나타나게 된다. 학습을 지원해 주기 위한 수업은 우연성에 의한 것이 되어서는 안 되며 계획된 것이어야만 한다. 수업에 의해서 조성된 학습은 대다수의 개인에 대하여 그 능력을 최대한으로 이용하도록 도와주며, 인생을 즐겁게 해 주고, 물리적, 사회적 환경에 쉽게 적응케 해 준다. 수업 설계란 상이한 개인을 동질의 인간으로 만든다는 의미가 아니다. 오히려 개인 간의 다양성을 충분히 인정해 주는 것을 의미한다. 수업 설계의 목적은 사람이 지니고 있는 개성이 가능한 한 충분히 신장되도록 지원하는 것이다. 즉, 수업 설계는 효과적이고 효율적인 수업의 개발이라는 목적을 실현하기 위해 수업, 학습, 체제이론과 같은 전문적인 지식을 창조적이고 체계적으로 적용해 가는 과정이다.

예를 들어, 외국어 교육 특히 일본어 교육을 대상으로 설명해 보자. 외국어 교육에 있어 학습 대상 언어를 목표언어(target language)라고 한다. 일본어 교육에 있어서 목표언어란 물론 일본어이다. 그러나 단지 막연하게 일본어를 학습하는 경우, 범위가 너무 넓다. 일본 대학에 시험을 쳐 보고 싶다, 일본지사로 부임이 결정되었다, 관광여행으로 일본을 방문한다, 일본만화를 보고 싶다 등 일본어 학습의 목적은 사람에 따라 다양하다. 대학 시험을 목

설계하는 것이다. 내용은 무엇을 가르칠 것인가, 즉 학습할 항목의 총체, 실러버스(syllabus) 혹은 학습 내용을 결정하는 일, 어떻게 가르칠 것인가 즉 교수법 및 지도법을 선정하는 일, 어떻게 평가할 것인가 즉 교육 전반을 체크하고 그것을 개선하는 방법을 고려하는 시스템을 결정하는 일로 이루어진다.
한편, 일본어 교육에서는 실러버스를 어떤 순서, 어떤 방법으로 어떻게 연습해 나갈지를 결정하거나, 실러버스에 시간적 배분이나 교재 진도 등을 배려하여 구체적인 실시 계획을 세운 것을 커리큘럼 디자인이라고도 하는데, 이는 협의의 교육과정을 의미한다 하겠다.

적으로 한다면 어느 정도의 시간을 들여서 4기능(읽기, 쓰기, 말하기, 듣기)을 균형 있게 익히는 것이 필요하다. 관광여행만을 위해서라면 문법 지식을 쌓아 올려 나가는 것보다 정해진 표현을 통째로 암기하는 편이 효과적이다. 일본지사에 있는 기업에서 일하게 된다면 일에 필요한 전문용어나 경어도 알아 두는 편이 좋다. 이렇게 생각하면, 모든 학습자가 만족하는 최상의 일본어 수업 설계를 하는 것이 얼마나 어렵고 비효율적인지를 실감할 수 있다. 정해진 시간 속에서 각각의 학습자가 효과 있게 학습목적을 달성하기 위해서는 학습자에게 맞는 내용 및 형태의 일본어 수업이 필요하고 이를 위해서는 사전에 학습자의 필요를 정확하게 파악하고, 목표를 설정하여 이상적인 수업을 설계하는 능력이 한 사람, 한 사람의 일본어 교사에게 요구되고 있다.

3 일본어 수업 설계 모형

딕(Dick)과 캐리(Carey)의 체제적 수업 설계 모형(김동식, 2016)[2]은 수업 설계 현장에서 수업을 설계하고 개발하는 과정에서 필요한 모든 과정을 포함한 대표적인 모형으로, 전 세계적으로 가장 널리 알려진 모델 중 하나이다. 이 모형은 수업의 과정을 하나의 체제로 보고, 학습자, 교사, 교수·학습자료, 학습 환경 등이 학습이라는 목적을 위해 유기적으로 상호 작용하는 것으로 보고 있다.

본 절에서는 딕(Dick)과 캐리(Carey)의 체제적 수업 설계 모형에 근거하여 일본어 수업 설계 모형을 제안해 보고자 한다.

---

2) 역자는 instruction을 교수로 번역하고 있으나, 본 연구자는 수업의 정의에서 밝혔듯이 Gagné(1964)의 정의 등을 근거로 수업으로 번역함

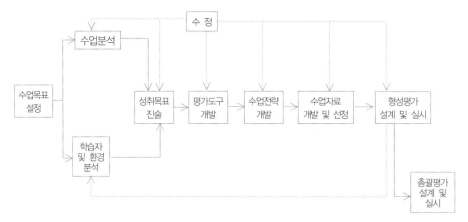

[그림 3.1] 딕과 케리(Dick & Carey)의 체제접근에 의한 수업 설계모형

1) 학습자 필요분석[3]

수업 설계의 출발점이 되는 것은 학습자의 필요분석(needs analysis)이다. 필요라는 말은 소비자의 필요에 의한 상품개발, 국민의 필요에 맞는 세제개혁이라고 말하듯이 일상생활 속에서 자주 우연히 듣게 되는 말이다. 일본어 교육에 있어서 필요(needs)란 학습자에게 필요한 일본어를 말하고, 학습자의 필요분석(needs analysis)이란 학습자에게 필요한 일본어를 명확하게 하는 프로그램을 말한다. 학습자의 필요분석(needs analysis)은 필요(needs)조사, 준비도(readiness)조사 등의 조사결과를 기초로 해서 이루어진다.

(1) 필요(needs)조사

필요(needs)조사란 학습 목적 및 학습자가 일본어를 필요로 하는 장면과 그곳에서 사용되는 언어기능 등에 대한 정보를 얻기 위한 조사를 말한다. 또 학습자가 일본어를 필요로 하는 장면과 그곳에서 사용하는 기능을 필요

---

3) 학습자의 '필요분석'이라는 용어와 '학습자분석'이라는 용어에 대한 구분: 학습자의 '필요분석'은 수업 목표를 설정할 때 요구분석을 통해 이루어지고, 즉 학습자가 어떤 것들을 희망하는지 수업에 가장 우선해서 요구분석을 하고 그 요구에 따른 수업 목표를 설정하는 것이다. 반면 '학습자 분석'은 수업 목표를 설정하고 나서 실라버스 설계 단계에서 학습과제(내용) 분석이 이루어진 다음에 실시하는 것이다. 학습자 분석은 학습과제 분석 결과를 바탕으로 해서 도출된 출발점 행동이나 선수학습 능력을 학습자들이 갖고 있는지, 설정된 수업 목표를 달성하기 위한 수업전략을 수립할 때 고려해야 할 학습자 특성이 무엇인지를 분석하기 위한 것이다.

(needs)영역이라고 한다.

학습목적에는 대학수학능력 시험을 친다, 일본회사에서 일하다, 여행을 하다 등이 있지만 이렇게 크게 파악하는 것만으로는 충분하지 못하다. 예를 들면, 일본회사에서 일하는 경우에는 회의에 출석할까, 그곳에서는 일본어를 사용할까, 서류를 일본어로 작성할까, 어떤 서식과 내용의 서류일까, 회사 내의 사람과 말하는 기회가 있는가, 그것은 거래처 기업일까 일반 고객일까, 사는 곳은 사택일까, 민간 아파트일까, 그곳에서 집주인과 일본어로 교섭할 필요가 있을까 등 일본어 사용에 관계되는 상황에는 무한의 선택이 있다. 따라서 필요(needs)조사를 실행할 때는 학습자가 일본어를 사용하는 장면과 기능에 대하여 구체적이고 신뢰할 수 있는 정보를 얻는 것이 중요하다.

필요(needs)조사는 질문지법과 면접법 2가지의 방법이 있다. 질문지법이란, 질문항목을 적은 종이를 배포하고 그곳에 적은 대답을 회수하는 방법이다. 질문지법의 장점은 비교적 간단하고 대량의 정보를 일정한 형식으로 얻을 수 있다는 것이다. 일단, 질문지를 만들면 질문지 복사비용 이외의 부대비용은 그다지 필요 없으며, 결과는 질문지 항목에 따라 한데 모으면 된다. 반면, 질문 내용이나 대답하는 방법을 사전에 잘 숙지시켜 두지 않으면 얻고자 하는 정보를 얻을 수 없거나 질문을 잘못 이해하여 예상과 다른 대답이 돌아오거나 하는 위험성이 있다.

면접법이란 조사대상자에게 직접 물어보는 방법이다. 면접법은 면접 인원에 따라 소유 시간의 차가 많고, 상대에 따라 말하기의 흐름이 다르기 때문에 결과의 종합이 기계적으로 되지 않는 등 설문지법보다는 시간이나 노력이 많이 든다. 그러나 교사가 인식하지 못했던 코멘트가 얻어지거나, 깊이 파고드는 질문이 가능하거나 하는 등 질문지법보다 상세하고 구체적인 답을 얻을 수 있다는 장점이 있다.

(2) 준비도(readiness)조사[4]

준비도(readiness)란 준비되어 있는 것, 혹은 준비상황으로 미시적 의미에서는 학습자가 이미 습득하고 있는 일본어 능력을 말한다. 거시적 의미로는 일본어 능력뿐만 아니라 언어 학습적성[5]과 언어조건조사[6] 등을 포함한다.

준비도 조사에는 필기시험이나 면접이 있다.

2) 수업 목표[7] 설정

목적은 보다 포괄적인 개념이며 목표는 그 하위 개념으로 정의한다. 그러나 양자의 차이는 어디까지나 상대적인 개념이다. 일반적으로 교육목적이나 목표의 문제를 취급할 때는 이를 3단계로 분류한다. 즉, 궁극적인 교육목적, 중간목표, 직접적인 목표로 나눈다. 궁극적인 교육목적은 국가의 교육목적을 말한다. 교육법에 제시된 목적, 국민교육헌장에 명시된 목적 등이 이에 해당하며 이는 일선 교육자 개개인의 직접적인 참여에 의하여 결정되는 것이 아니라 교육자를 대표하는 몇몇 전문가와 사회의 지도층에 있는 자에 의하여 결정된다. 일단 교육목적이 정해지면 이를 실현시키는 직접적인 목표로 분석하기 위한 교량적 역할로서의 중간 목표가 있어야 한다. 이 중간 목표는

---

4) 학습자 준비도 조사는 크게는 교육과정, 작게는 담당 교사의 필요성 및 전문적 판단에 의해 거시적 관점에서 혹은 미시적 관점에서 다양하게 실시할 수 있다.

5) 언어 학습적성(language aptitude) 조사란 학습자가 언어 학습에 대하여 가지고 있는 능력으로 미지의 언어음을 알아듣는 능력, 문법에 관한 감수성, 언어를 기능적으로 학습하는 능력, 암기력 등에 관한 평가이다.

6) 언어조건 조사란 일본어 학습에 관계되는 다양한 조건에 대한 조사로 학습자 배경 정보, 학습에 관계되는 외적 환경 등에 대한 조사를 들 수 있다.

7) 우리가 교육 현상이라는 개념하에서 얘기할 때, 수업과 학습은 상대를 전제해야만 성립할 수 있는 개념이다. 어떤 하나의 수업활동이 성립되려면 그 활동을 통해 학습이 일어나야 하고, 학습이라는 활동은 의도된 목적을 가진 수업 활동을 통해서 이루어져야 한다. 간혹 의도하지는 않았지만 학습자들이 학습하게 되는 것들이 있을 수 있는데(예를 들면, 교사의 행동이나 태도, 가치관 등), 어떤 학자들은 이를 잠재적 교육과정이라고 부르기도 한다. 이러한 잠재적 교육과정을 일단 논외로 한다면, 학습은 어떤 형태로든 수업이라는 활동을 전제로 하게 된다. 수업이 이루어지는 형태는 다양할 수 있는데, 교사가 직접 가르칠 수도 있고, 컴퓨터나 학습 자료를 통해서도 일어날 수도 있다. 하지만 후자의 경우에도 컴퓨터 프로그램을 제작하거나 학습 자료를 만들 때 의도된 목적하에 이루어진다고 볼 수 있다. 따라서 기본적으로 어떤 하나의 수업에서 수업 목표와 학습 목표는 동일하게 진술된다. 다만 수업 목표는 수업 개발자나 교사의 관점에서의 표현이고, 학습 목표는 학습자들로 하여금 자신이 배워야 할 목표라는 것을 인식하도록 하기 위한 표현이다. 수업을 통해서 가르치고자 하는 바와 그 수업을 통해서 학습자로 하여금 학습하도록 하고자 하는 바가 다를 수는 없다.

각 교과의 목표를 의미한다. 이의 결정은 교사 개개인의 대표적인 참여에 의하는 수도 있고 그렇지 않은 수도 있다.

이렇게 보면 교사 개개인이 절대적인 결정권을 가지고 있는 것이 직접적인 목표이다. 직접적인 목표는 수업 목표, 계발활동 목표, 학습 경영 목표, 생활 지도 목표 등 교사와 학생이 교육현장에서 상호 작용 하는 것을 이끌어 나가는 목표이다. 국가의 목적은 궁극적으로 직접적인 목표로 번역될 때 이를 달성할 수 있다. 직접적인 목표 중에서도 그 핵심을 이루고 있는 것이 수업 목표이다. 왜냐하면 학교에서의 활동의 대부분이 수업활동이기 때문이다.

3) 실러버스 설계

학습자 필요 분석과 일본어 교육 목표 즉, 수업 목표가 설정되면 그 목표를 달성하기 위해서는 지도 항목을 검토해야 한다. 이것을 실러버스 설계라고 한다. 실러버스는 지도 내용 즉 교수요목을 의미하는 것으로 오늘날 일본어 교육에서 취급하는 대표적인 실러버스에는 구조 실러버스, 기능(機能) 실러버스, 개념 실러버스, 장면 실러버스, 화제 실러버스, 기능(技能) 실러버스, 태스크 실러버스가 있다.

(1) 구조 실러버스

음성, 문자, 어휘, 문법 등의 구조로 분류하는 경우이다. 예를 들어, 음성구조로 분류하면 모음, 자음, 청/탁음, 강세, 억양 등이 실러버스 항목으로 되고, 문자구조로 분류하면, ひらがな, カタカナ, 漢字 각각의 문자 체계나 사용방법 등이 실러버스 항목이 된다.

구조 실러버스는 일본어 교육에서 채용되고 있는 가장 일반적인 것으로 문법항목과 어휘 등을 쉬운 것에서 점차 어려운 순으로 제시하고 있기에 학습하기 쉽고, 문법적 분석 능력을 배양할 수 있다는 장점이 있다. 일본어를 체계적이고 종합적으로 배우고자 하는 학습자나 장기간에 걸쳐서 일본어를 학습하고자 하는 학습자, 일본어를 전공하고자 하는 학습자에게 적합한 실러버스이다.

예) 1. 구어(口語)와 문어(文語)

　　 2. 방언(方言)과 공통어(共通語)

　　 3. 일본어의 특질

　　　　가. 음운

　　　　나. 어휘

　　　　다. 문법

　　　　라. 표기법

　　 4. 仮名(かな: 가나)

　　 5. 단(段)과 행(行)

　　 6. 청음(清音)

　　　　가. ひらがな

　　　　나. カタカナ

　　 7. 탁음(濁音)

　　 8. 반탁음(半濁音)

　　 9. 요음(拗音)

　　 10. 촉음(促音)

　　 11. 발음(撥音)

　　 12. 장음(長音)

　　 13. 가나 표기법(かなづかい)

(2) 기능(機能) 실러버스

　구조 실러버스가 형태에 주목해서 구성된 것에 대해서, 문장 전체가 가지는 기능과 의미로 분류, 구성된 것이 기능 실러버스(functional syllabus)이다. 예를 들어 誘う, 断る, 謝る, 尋ねる, お礼を言う, 自己紹介する 등이 실러버스 항목이 된다.

　다음 ①～⑤는 구조 실러버스에서는 다른 카테고리로 분류되지만 '사전을 빌려 달라고 부탁한다'는 기능에서는 공통적이다. 따라서 ①～⑤의 문장은 기능 실러버스에서는 '의뢰하다'고 하는 하나의 카테고리로 모아질 수 있다.

① 辞書、貸して。

② 辞書ある?

③ 辞書を貸してください。

④ 辞書を貸していただけませんか。

⑤ 辞書を貸してほしいです。

기능 실러버스는 제7차 교육과정과 같이 의사소통 중심, 유창성 등 실생활의 커뮤니케이션을 중시하는 교육과정에 있어 매우 도움이 된다. 반면 문법적 분석 능력을 기르지 못한다는 약점을 가지고 있다.

(3) 장면 실러버스

쇼핑, 우체국, 레스토랑, 구청 등 목표언어가 사용되는 장면이나 장소에 의해 분류한 것을 장면 실러버스(situational syllabus)라고 한다. 우체국 장면에서 일어나는 언어행동에 필요한 문형·어휘·언어기능 등이 하위 항목으로 기술된다.

> 예) 우체국 장면
> 언어행동: 切手を買う。小包を出す。公共料金を振り込む。
> 문형: ～枚下さい。どのくらいかかりますか。
> 어휘: 切手。速達。振り込む。
> 언어기능: 料金を尋ねる/聞き取る。ATM画面の指示を読み取る。
> 　　　　　宛名を書く。

1940～1960년대 영국에서 성행했던 것으로 의미를 명확히 하기 위해서 커뮤니케이션 장면을 중시하는 실러버스이다. 그러나 다른 장면에 접했을 때 응용하기 어렵다는 단점이 있다.

(4) 화제 실러버스

화제 실러버스(topic syllabus)는 문자 그대로 화제, 토픽에 의해 분류된 실러버스이다. 토픽 실러버스라고도 한다. 현실의 커뮤니케이션 속에서 언어는 어떤 화제에 대해 집중되어 나타나는 것이 보통이다. 화제 실러버스를 사용하는 것으로 학습활동을 자연스런 커뮤니케이션에 가까워질 수 있게 하고 학습자의 흥미, 관심에 맞는 화제를 선택함으로써 학습의욕을 높이는 효과도 있다.

화제 분류에는 자연과학, 정치, 문화, 예술이라는 도서 분류 방식과 ××사건, 엔고(円高), 왕따(いじめ) 등과 같은 사회현상, 가족, 취미, 여름방학과 같은 신변잡기 등 여러 가지 관점이 있다.

(5) 개념 실러버스

'제1과 존재', '제2과 이동', '제3과 변화' 등과 같이 몇 개의 개념을 설정하여 그 개념에 따라서 일상생활의 표현을 종합 정리한 것을 개념 실러버스라고 한다. 예를 들면 '존재' 단원을 살펴보면 います, あります, おります, ございます 등과 같이 존재를 나타내는 표현들이 있다.

(6) 기능(技能) 실러버스

기능 실러버스는 언어의 네 가지 기능에 대한 학습이 중심이 된다. 구체적으로는 '이들 각각에 대한 어떤 말하기, 어떤 읽기를 할까?'와 같은 하위 기능을 찾아내어 그 하나하나를 학습 항목으로 선정하는 것이다. 그러나 이러한 기능은 초·중급 단계에서는 따로 다루는 일이 별로 없다. 교재의 각 과나 단원에서 부분적으로 다룬다. 상급에서도 기능 실러버스는 거의 독립시켜 다루지 않는다. 부교재나 보조 연습에서 다루는 것이 일반적인 현상이다.

(7) 태스크 실러버스

언어를 사용해서 이루어지는 행동에 의해 분류한 실러버스를 태스크 실러버스(task syllabus) 또는 과제 실러버스라고 한다. '전화를 걸어 정보를 얻는다', '지시에 따라 지도를 그린다'처럼 도달 목표가 구체적인 형태로 설정되기 때문에 언어를 학습하기에 효과적이다. 이 실러버스도 기능 실러버스처럼 이것만 독립시켜 중심 교재로 다루는 일은 거의 없다.

4) 수업 매체 선택

매체(media)란 사전적 정의에 의하면 중간, 중위, 중간 정도의 것으로 매개물, 매질 등과 같은 뜻으로 사용된다. 이를 구체적으로 살펴보면 영어의 medium의 복수형인 media를 번역한 것으로서, 무엇과 무엇의 사이 즉 between에 해당되는 라틴어의 medius에 그 어원을 두고 있는데, 작게는 하나의 장치에서부터 크게는 체제의 형태를 갖고 있다.

이러한 개념을 분석·정리해 보면 첫째, 매체란 목표가 효과적이고 효율적이며 매력적인 방법으로 안전하게 달성될 수 있도록 도와주는 형태의 매개 수단 또는 제반 체제이다. 둘째, 매체의 범위는 좁은 의미에서 특별한 기구 없이도 쓸 수 있는 자료 및 보조기구로 예를 들면 컴퓨터와 CAI 프로그램 등이 있다. 반면 넓은 의미에서의 매체는 목표가 달성되기까지의 모든 제반 체제 즉, 환경·정보 등의 여러 산물들까지도 포함한다.

따라서 매체란 이미 존재하는 내용물을 전달하는 데 사용되는 것으로 특히 수업 매체의 경우는 학습 내용을 교사와 학습자 혹은 학습자와 학습자 사이에 전달하는 매개체 즉 교재나 자료에 한정되는 것이 아니라, 매개체의 이용방법, 전달방법 등 방법론적인 측면이 포함된 광범위한 개념으로 변화될 수 있다. 그리고 이들 수업 매체는 학습자 분석 결과, 수업 목표, 실러버스 등에 따라 적합한 것을 선택하여야 한다. 수업 매체 즉, 교재 및 교구에 대한 보다 자세한 사항은 4장에서 다루기로 한다.

5) 수업 평가

수업을 개선하기 위하여 수업에 대한 평가는 필요하며, 수업 설계 시 반드시 포함되어야 한다. 수업 평가는 학습 평가와 다른 개념이라기보다는 수업 평가 속에 학습 평가를 포함하는 개념으로 받아들일 수 있을 것이다.

수업을 평가할 때 평가의 대상은 교사가 되는데 교사를 평가할 때 몇 가지 문제점이 제기된다.

첫째, 무엇을 평가할 것이냐 하는 문제이다. 일반적으로 수업 평가에서는 수업 내용, 수업 과정, 수업 결과를 평가하게 된다. 그러나 이러한 내용을 평가한다 해도 또 문제가 남게 된다. 예를 들어, 수업 과정을 평가한다고 할 때 어떠한 수업의 변인들을 평가할 것이며, 이러한 변인은 과연 얼마나 타당하고 신뢰로운 것이냐 하는 문제이다. 지금까지 수업의 효율성에 관한 연구 결과는 이렇다 할 효율성의 기준을 제시하지 못하고 있는 실정이다.

수업을 평가할 때 가장 손쉬운 방법으로 수업 결과 즉, 학생들의 학습 결과를 평가한다. 이러한 입장은 학습이 수업의 영향을 받으므로 학습 결과는 곧 수업 결과라고 보는 입장이다. 그러나 학습 결과는 단지 수업만의 영향으로 보는 데는 문제점이 있다. 왜냐하면 학습은 수업 이외의 학습자 변인 및 수업 환경 등의 변인에 따라 영향을 받기 때문이다.

둘째, 수업 평가의 문제점은 평가 방법상에서 찾아볼 수 있다. 평가 방법으로 질문법, 검사, 면담 등의 방법이 있을 수 있으나, 이 방법의 타당도나 신뢰도에 대해서는 의문의 여지가 많다. 또한 실제로 수업 평가를 실시할 때 이들 평가 방법을 종합적으로 활용할 수가 없다.

셋째로, 평가에 관한 정보를 어디에서 얻느냐 하는 문제가 있다. 수업 결과를 평가할 경우 주로 학생들을 대상으로 하여 학습 결과에 대한 검사, 관찰 등의 방법으로 평가할 수 있으며, 교수과정에 대한 평가는 교사나 학생, 교장의 관찰 등의 방법을 통하여 교수의 효율성을 평가할 수 있을 것이다.

넷째, 평가 도구에 관한 문제이다. 수업 평가의 경우, 학력 평가의 경우와 달리 평가 도구의 제작이 더욱 어렵다. 특히 교사의 행동을 관찰한다고 했을 때 어떠한 내용을 어떠한 방법으로 할 것이냐에 대하여 표준화되고 객관화된 도구를 작성한다는 것은 쉬운 일이 아니다.

다섯째, 수업 평가 결과의 활용상의 문제이다. 일단 수업 평가를 실시하여 수업상의 문제점이 분석되었다고 하더라도 이러한 정보를 실제 수업 개선에 어떻게 활용하느냐의 문제가 남는다. 평가 결과는 다시 교사에게 피드백되어 교수의 개선에 기여할 수 있지만, 수업을 담당하고 있는 교사가 이러한 점을 어떻게 받아들이고 있는가를 알 길이 없다. 긍정적으로 이 결과를 받아들여 수업 개선에 활용할 수도 있겠지만, 어떤 경우 평가결과 자체를 부정적으로 받아들일 가능성도 배제할 수 없다. 수업 개선은 평가 결과가 교사에게 피드백되어 교사 자신의 노력을 통하여 개선이 있을 수 있으나 문제는 무엇을 어떻게 개선할 것이며, 이러한 개선을 위하여 자신의 노력 이외에 어떻게 체계적인 지원체제를 확립할 것이냐 하는 점이다.

따라서 수업 평가는 단순한 평가 작업이 아니라 수업을 실시한 뒤에 이루어지는 행위이지만, 학습자 분석을 통한 수업 목표 설정, 실러버스 및 수업 매체 등을 통하여 수업 설계를 하고 수업에 임한 결과를 확인할 수 있는 과정이다. 따라서 수업 설계 시 수업 평가가 환경적으로 어렵다면 적어도 학습 결과에 대한 평가 계획이 함께 세워져야 한다. 학습 결과에 대한 평가의 보다 자세한 사항은 6장에서 다루기로 한다.

[그림 3.2] 일본어 수업 설계 모형

기출: 2018년도 임용

* 〈A〉는 ○○고교의 여름방학 캠프 참가자 모집 포스터이다. 〈B〉의 흐름에 따라, 캠프 참가자를 대상으로 하는 [방과 후 특별수업] 코스디자인 내용을 〈작성방법〉에 따라 설명하시오. (10점)

〈A〉

[異文化にふれる会]に参加しませんか

• キャンプ名 ： 異文化にふれる会
• 期間　　　： 7月21日〜7月30日(9泊10日)
• 訪問団　　： 日本
• 宿泊先　　： ◇◇高等学校(本校の姉妹校)の療
• 募集人数　： 10名
• 対象　　　： 本校1年生
• 内容　　　：

> 毎年行われる本校の海外研修プログラム
> −文化体験のミッションに挑戦！−
> ＜今回のミッション＞
> 本場の寿司屋で好きなお寿司を食べよう

• 申し込み　： 5月31日まで

　　※詳しいことは担任の先生に問い合わせること。
　　※参加者全員を対象に、「放課後特別授業」を行う。

2018年5月10日
○○高等学校長

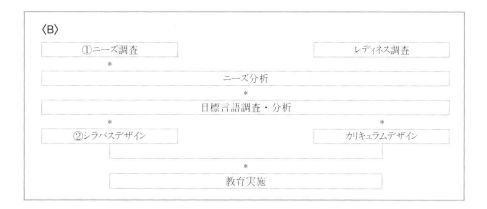

<作成方法>
- 序論、本論、結論の構成を備え、特に本論には以下の内容を述べること。
- ①を行う際に、日本語教育現場でよく用いられる方法として「アンケート法」と「インタビュー法」があげられる。<A>の状況に当てはめて、この二つの方法の長所と短所を比較しながら説明すること。
- ②を行う際に、ミッションをクリアーさせるためのより効果的なシラバスの種類を一つあげ、それを選んだ根拠を具体的に説明すること。
- ミッション遂行の目標言語を達成させるための教室活動を具体的に説明すること。ただ、キャンプ参加者全員は高校に入ってから日本語を習いはじめたことを考慮すること。

모범답안

序論	学習者がどんな目的で目標言語を学習するのか、今の目標言語のレベルはどのくらいか、また目標言語をどんな場面、状況で使用するのかなど、ニーズ調査とレディネス調査をまず実施し、分析する。 ①ニーズ調査には「アンケート法」と「インタビュー法」がある。「アンケート法」は短時間に多くの学習者　から情報を手に入れることができる。ただし、設問を作るのに時間と努力がかかる。 「インタビュー法」はその場でさらに質問を追加することもできるし、予想外の答えが得られるなど、学習者からの多様な声が聞けるが、インタビューの時間が長くなるのと参加しない学習者の意見を聞けないという短所がある。	「アンケート法」と「インタビュー法」の長所と短所の比較
本論	ニーズ調査と共にレディネス調査を実施し、学習者の日本語能力を把握し、それらの結果を踏まえて②シラバスデザインを行う。 今回のミッションは本場の寿司屋で好きなお寿司を食べることであるので、目標言語が使われる場面や場所によって分類する場面シラバスを選択する。すなわち、寿司屋で使われる必要な文型、語彙、言語機能などを中心に多様なコミュニケーションを学ぶことによって、学習者たちは実際に日本に行って、寿司屋で好きなお寿司を注文して食べることが期待できる。 そして、それに当てはまる教具や時間などを考慮してカリキュラムデザインをする。	ミッションをクリアーさせるための効果的なシラバスとそれを選んだ根拠

結論	高校に入学して初めて日本語を習いはじめた学習者であるので、初級学習者でも楽しく参加でき、海外研修プログラムでの異文化体験も事前体験できる教室活動であれば、学習者の内発的動機づけにもつながると思われる。さらに、現場で実際に使用する生教材で、いろんな寿司の名前を当てるゲームや、寿司屋のメニューを準備し、客と店員にわけてロールプレーも活動に取り入れていく。	ミッション遂行の目標言語を達成させるための教室活動を具体的に説明する

IV

교재 및 교구

수업의 중심이 되는 교재를 선택한다면, 그 수업에서 가르치게 될 내용이 거의 정해진다. 즉, 교재를 선택한다고 하는 것은 실러버스의 결정과 거의 같다. 따라서 교재의 성격을 파악하고 학습자 및 수업 목표에 적합한 교재를 선택하는 일은 매우 중요한 일이다(小林, 1998).

본 절에서는 대표적인 몇 가지 교재 및 교재로서의 교구[1])의 특징에 대해 살펴보기로 한다.

1 교과서

교과서란 학습자 필요분석의 결과에 입각해서 교사가 자작하는 것이 원칙이지만, 실제 현장에서는 시판되고 있는 교과서를 선정해서 사용하는 것이 일반적이다.

좋은 교과서를 만들기 위해서는 많은 시간, 노력, 지식, 기술을 필요로 한다. 교과서 작성에 쏟아 붓는 에너지를 얻어지는 성과와의 원가효율(비율 대 효과의 비용)로 생각해 보면, 모든 교재를 0부터 자작하는 것이 아니라 시판

---

1) 교구는 학습을 구체적으로 진행시키고 보다 쉽게 전개시키기 위한 방법으로 사용되는 도구로 교육의 목적이나 대상 또는 내용에 따라 그 종류나 기능이 달라진다. 교육은 교구를 사용함으로써 학습 능률을 높이며 교구의 발달은 교육의 효과를 더욱 증진시키게 된다. 한편, 교재와 교구는 교육자와 피교육자 사이에 성립되는 학습을 매개로 하는 것으로 서로 구분하기는 힘드나 엄격하게 말하면, 교재는 교육 활동을 성립시키는 직접적인 매개물이고, 교구는 간접적인 매개물로 교재는 교구를 매개로 하여 학습되는 것과 교구의 매개를 필요로 하지 않는 것이 있다. 예를 들어, 일본어 학습은 일본어가 교재로서 직접 학습 활동을 성립시키지만 그것이 한자 학습이 되면 그것을 표현하기 위하여 칠판, 분필, 종이, 연필, 지우개 등의 도구가 필요하다. 이들 도구를 교구라고 한다. 그러나 교구가 교사의 노동 수단으로 사용될 뿐만 아니라 학생의 학습 방법 또는 학습 조건으로 필요하게 되면 그것은 교구임과 동시에 교재가 된다.

한편, 최근에는 정보통신기술의 발달과 함께 교구의 범위가 확대됨에 따라 교육목표가 효과적이고 효율적으로 달성될 수 있도록 교수자와 학습자, 학습자와 학습자 사이에 필요한 의사소통을 도와주는 다양한 형태의 매개 수단으로서 교수매체라는 용어로도 사용되고 있다.

현행 시판되고 있는 고등학교 일본어 I 교과서는 10개 출판사 총 12종이다.

의 교과서를 주 교재로 사용하고 부족한 부분을 교사 자작의 부교재로 보충하는 것이 효율적이다. 시간과 체력을 교과서나 교재 작성에 모두 써 버린다면 그것이야말로 본말전도이다.

교과서가 결정되었다는 것은 수업 내용과 진도 목표가 결정되었다는 의미이다. 즉, 학습자에게 있어서도 무엇을 어떠한 순서로 배울 것인가가 명확해지기 때문에 수업에 대한 안심감, 달성감을 얻을 수 있다.

교과서를 선택할 때는 학습자의 필요에 가장 맞는 실러버스를 채용하고 있는 것을 고르는 것이 좋다. 교과서의 서문 부분에는 채용하고 있는 실러버스, 상정하고 있는 학습자, 학습형태, 학습기간 등이 적혀 있는 것이 많기 때문에 그것들을 읽는 것이 좋다. 교과서를 선택할 때의 포인트에는 다음과 같은 것이 있다.

[그림 4.1] 교과서

① 매개어가 사용되고 있는가?
② 표기는 로마자인가 ひらがな인가, 또는 漢字, かな 혼합인가?
③ 한자에는 한자 읽는 법이 적혀 있는가? 어느 위치에(漢字, 漢字) 있는가?
④ 문법적인 설명이 있는가?

또, 내용만이 아니라 가격이나 분량 등 외적 조건도 중요하다. 하지만 보다 중요한 것은 좋은 책인지 어떤지는 절대적인 기준으로 정하는 것이 아니라, 학습자 필요와의 상대적인 관계로 정해진다고 하는 점이다. 교과서를 선택할 때는 유명한 선생님이 적었기 때문에, 많은 기관에서 사용하고 있기 때문에가 아닌 학습자의 필요에 가장 맞기 때문이라는 시점을 잊어서는 안된다. "왜 경어를 공부하는 것일까?"라고 학습자에게 질문 받았을 때에 교과서에 있기 때문에가 아니라 그 학습자에게 있어 경어가 필요한 이유를 정확하게 대답해 줄 수 있어야 한다.

2 ▶ 모쥴형 교재

[그림 4.2] 모쥴형 교재

모쥴형 교재[2]란 각 단원이 각각 완결되어 있어 어떤 것을 어떤 순서로 사용할까를 자유롭게 정할 수 있는 형식의 교재를 말한다. 예를 들어 『○○ 여행 일본어회화』라는 책이 있다. 이 책은 입국, 환전, 레스토랑, 쇼핑…… 등 바로 도움이 되는 문장이 장면마다 나열되어 있다. 이러한 책에서는

반드시 제일 첫 페이지부터 순서에 따라 공부하지 않아도 된다. 필요한 부분을 필요한 때에 이용하면 된다. 반면에 일정한 순서에 따라서 체계적으로 학습할 수 없는 단점이 있다.

3 ▶ 생(生)교재

[그림 4.3.1] 생교재

교육을 위해 만들어진 교육 교재(educational material)에 대해서, 실제로 사용되고 있는 소재를 재료로 이용하는 경우, 그 교재를 생교재(authentic material, rawmaterial)라고 한다. 텔레비전, 라디오 뉴스 프로그램을 듣기 수업으로 사용한다든지, 신문기사를 읽기 수업에서 읽는 경우가 이에 해당한다.

생교재는 중·상급에서는 물론 사용방법에 따라서는 초급에서도 이용할 수 있다. 예를 들면 ひらがな를 학습한 직후에, 일본 신문이나 잡지에 교사가 발

---

2) 각 단원이 독립된 모쥴형 교재 이외에도 리소스형 교재가 있다. 필요에 따라 골라내어 이용할 수 있게 되어 있는 상태의 교재이다. 예를 들면, 어떤 내용에 관한 통계 데이터류, 신문보도기사, 해설서, 대립하고 있는 쌍방의 입장으로부터의 의견문, 비디오 등이 교재군으로 준비된 것이다.

음하는 ひらがな를 찾아내는 교실활동을 한
다면 일본 신문이나 잡지는 ひらがな 연습
을 위한 좋은 생교재라 할 수 있다.

[그림 4.3.2] 생교재

　많은 학습자에게 있어서, 일본어 학습의
최종목표는 실제로 일본어를 잘 구사하는
것에 있다. 때문에 초급 단계에서부터 생교
재를 적절히 도입해 가는 것은 실천적인 언
어 운용 능력의 양성을 도와줄 뿐만 아니라, 학습동기 부여에도 도움이 된다.

4　실물 교재3)

　실물 교재(realia)란 교구로 사용되는 실
물을 말한다. '本'이라는 단어의 의미를 가
르칠 때, '책, book'처럼, 학습자가 이해하
는 모국어로 번역하여 부여하는 것도 하나
의 방법이지만, 실물의 책을 보여 줘도 좋
다. 이 경우 책이 실물 교재이다. 실물 교
재는 명사의 의미만이 아니라, '赤い, 大き

[그림 4.4] 실물 교재

い, きれいな 本'처럼 형용사에도 사용할 수 있으며, 학습자 사이에서 책을
주고받게 하여 'あげる, もらう'라는 수수(授受)동사의 연습에도 사용할 수
있다. 단어의 도입과 연습을 위해 교사가 '食べる, 歩く, 書く' 등 동작을 실
연해 보이는 것도 실물 교재의 일종이라 말할 수 있다.

---

3) 실물 교재의 장점은 그림이나 사진으로는 얻을 수 없는 실물이 가진 부가적 힘이 있기 때문에 연습에 실제
　감을 줄 수 있는 반면, 단점은 이동 가능한 크기로 제한된다. 추상적인 것은 사용할 수 없다.

5 문자 카드

　문자 그대로 문자가 적힌 카드이다. 문자를 제시하기 위한 것으로 문자 도입에 이용되는 것 외에 판서와 병행해서 조사에 주목시키거나 오십음도와 병용해서 동사의 활용 연습을 하는 방법도 있다.

　문자 카드를 플래시 카드(flash card)라 부르는 경우가 있다. 이것은 문자 카드를 잇달아 섬광(플래시)처럼 제시하고 그것에 재빨리 반응하여 단어와 활용형을 말하는 연습에서 붙여지게 된 이름이다. 그러나 이것은 어디까지나 문자 카드의 사용 방법의 일례로 주목한 명칭으로, 문자 카드를 플래시 카드로 간주하는 것은 바람직하지 못하다.

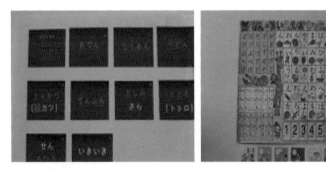

[그림 4.5] 문자 카드

6 그림 교재4) · 사진 교재

　그림 교재와 사진 교재에는 시판 교재, 교사 자작 교재, 잡지 그림 등을 이용해서 만든 것 등이 있다. 그림 교재는 여분의 정보를 분리해서 주목시키고 싶은 정보를 눈에 띄게 할 수 있기 때문에 단순한 동작을 끌어내는 신

---

4) 그림 교재의 장점은 한 장이든 여러 장 연속 사용이든 연습의 소재로 적합한 반면, 단점으로는 학급 규모가 크면 뒤에 있는 학생들이 보기 어려운 경우가 있다.

호로 자주 이용된다.

한편, 사진 교재에는 그림 교재에는 없는 현실감이 있지만 반대로 그 정보량의 많음이 오히려 학습의 방해가 되는 경우도 있다.

[그림 4.6.1] 그림 교재

[그림 4.6.2] 사진 교재

7 롤 카드

롤 카드(role-card)는 롤 플레이(role play, 역할놀이)를 수행할 때, 역할이나 상황 설명에 사용된다. 즉, 롤 플레이는 학습자들에게 연기해야 할 역할이 쓰인 종이를 나누어 주고 목표로 하는 구문이나 어휘를 사용하여 목표어

[그림 4.7] 롤 카드

를 이용하여 연기하게 하는 학습 활동이다.

롤 카드는 롤 플레이를 수행할 때에 사용되는 교구지만 롤 플레이에 반드시 롤 카드를 사용하는 것은 아니다. 상황 설정은 교사가 말로 부여해도 좋다. 복잡한 지시라면 롤 카드로, 간단한 지시라면 말로, 초보 단계에서는 학습자의 모국어로 적은 롤 카드로, 일본어로 설명할 수 있다면 일본어로 등을 고려하여 결정하는 것이 현명하다. 카드가 있는 편이 매끄러운 경우는 물론 롤 카드를 사용한다.

8 ▶ 에듀테크

컴퓨터의 등장과 함께한 CAI(Computer Assisted Instruction)에서는 컴퓨터가 학습 프로그램이라는 형태로 학습자의 직접적인 교사 역할까지를 대신하여 왔으며, 경우에 따라서는 인간 교사가 존재하지 않는 형태도 있다. 이러한 CAI에 언어학습과 관련하여 사용되는 용어로 교수 측면을 강조한 CALT(Computer Assisted Language Teaching)와 구별하여 학습 측면에 초점을 둔 것이 CALL(Computer Assisted Language Learning)이다. CALL에 대하여 Hardisty & Wideatt(1989)는 '언어학습 과정의 일부로 컴퓨터가 이용되는 것'을 말하는 가장 일반적인 용어라고 정의하고 있으며, Dunkel(1991)은 '외국어 학습에 적용된 CAI'라고 정의하고 있는데, 이를 종합하면 CALL이란 '컴퓨터를 이용한 외국어 학습'이라 하겠다.

초기 CALL은 대부분 Skinner(1904~1990)의 '자극－반응' 학습 이론인 행동주의적 접근 방식이 주를 이루었으며, 주로 반복 연습에 한정되어 있어서 교과서를 컴퓨터 화면에 옮겨 놓은 것과 다를 바 없다는 비판을 받아 왔다.

즉, 그동안에 이루어진 CALL의 대부분은 반복 연습 위주이고 의미의 문제는 부차적이었다. 응용 언어학과 인지 심리학 분야에서 의미 없는 반복 연습에 대하여 의문을 제기하고 있음에도 불구하고 여전히 같은 방식으로 유지되어 왔던 것이다(박덕재, 1994).

그러나 최근 일부 CALL 프로그램들은 초창기의 개별화 교수 형태에서 점차 소집단 학습 형태의 활용 방향으로, 단순한 주제 제시 및 반복 연습의 형태에서 모의실험과 게임을 이용한 다양한 문제 해결 중심 환경으로, 문법, 연습 등 단일 기능 학습에서 다양한 기능을 통합한 교육과정 접근 형태로, 그리고 단순한 지문 제시만이 아닌 그래픽과 애니메이션의 차원을 넘어 멀티미디어 학습 환경의 창출에까지 진화하고 있는 실정이다(허운나, 1993).

즉, 멀티미디어 교재로, 영화와 자막은 물론 번역까지 컴퓨터 화면에 동시에 비추며 청해 연습에 사용한다. 인터넷 신문기사를 화면상으로 읽으면서 모르는 단어의 의미를 사전 검색 소프트로 검색하는 시스템 등이 그 예이다. 멀티미디어 교재는 비디오, 교과서, 음성 테이프, 사전 등 종래 교재의 단순한 조합 이상의 가능성을 가지고 있다. 그럴 뿐만 아니라 교사가 프로그램을 용도에 따라 수정할 수 있는 저작 기능이나 학습자의 반응이 시스템에 받아들여지는 쌍방향 기능 등에 의해서 각 학습자에 맞춘 보다 상세한 교육 시스템 구축도 가능하다.

이러한 멀티미디어 교재의 장점에는 다음과 같은 것이 있다. 언어학습에서 가장 필요한 반복학습이 용이하고 학습하고자 하는 곳으로 쉽게 이동이 가능하다. 학생들로 하여금 흥미를 유발하고 학습동기를 부여하여 학습자의 능동적인 참여를 유도할 수 있다. 풍부한 학습 환경을 제공한다. 인터넷을 이용할 경우 학습 장소가 세계로까지 연결되어 풍부한 학습 환경이 마련되어 있다. 상호 작용 학습이 가능하다. 기존의 교수 매체들은 단방향으로 학습자의 수동적인 자세로 학습에 임하게 된 것과 달리 멀티미디어 프로그램과 학습자 간의 쌍방향의 상호 작용이 가능하게 된다. 개인차를 고려한 개별화 학습이 가능하다. 속도가 빠른 학습자와 보충학습이 필요한 학습자의 능력에 맞게 학습의 수준과 진도를 조절할 수 있다. 자기 주도적 학습(자율 학습)이 가능하다. 교실에서 정해진 시간에 학습하는 것을 뛰어넘어 컴퓨터만 있으면 학습자가 원하는 시간에 자기 주도적 학습이 가능하다.

여기에 더하여 인간의 학습, 추론, 지각 등의 능력을 인공적으로 구현하는 인공지능(artificial intelligence, AI) 분야의 발전은 언어 교육에 있어서 획기적인 계기를 제공하고 있으며, 이에 따른 새로운 언어 교수·학습 방법이 점차 요구되고 있다. 즉, 최근 학교 현장은 온·오프라인의 다양한 디지털 기술과 함께 AI형 학습기술이 도입되어, 온라인상의 백과사전 활용, AI 챗봇, AI 보조교사 등과 함께 에듀테크(EduTech)라는 개념이 급속히 확산되고 있다. 에듀테크는 인공지능과 로봇 그리고 교육내용이 융합되는 융합형 교육 방법이라고 할 수 있다.

특히, 에듀테크는 학습자 중심 학습 패러다임으로 바뀌고 있는 현실 속에서 더욱 주목받고 있는 것이 사실이다. 여러 가지 논쟁의 여지는 있지만, 학습자 중심 패러다임 속에서 에듀테크는 학습자에게 없어서는 안 될 필수적 교육 방법이 될 수 있기 때문이다.

에듀테크는 자기주도적으로 경험하며 문제를 해결을 할 수 있는 학습적 수단으로, 여러 형태의 기술과 적절한 교수설계를 통해서 통합적 자기주도 학습을 할 수 있게 한다. 예를 들어 챗봇이나 자동 서술 평가도구, 기계 번역기, 문법 검수도구, 목표어 발음 및 억양교정 도구 등을 통해 학습자 수준에 맞춘 외국어학습 및 언어관련 통합적 문제해결능력을 키울 수 있을 것이다. 특히 세계적인 네트워크를 통한 목표언어 학습에 있어 실제적 활용에 대한 기대가 크다.

그러나 기존의 많은 교육 매체 및 관련 교구들이 그러하였듯이 에듀테크 역시 학습자 스스로 호기심을 갖고 지속적으로 자기주도적 학습을 할 때 효과가 높은 것은 당연하다. 즉, 학습동기가 높지 않은 학습자에게는 내재적 동기를 어떻게 높일 것인가 하는 근원적인 문제는 여전히 남는다. 또한 기존의 프로그래밍된 교구와 달리 AI 교구는 스스로 학습한다는 점에서 윤리적 부분에 대한 더욱 세심한 배려가 필요하다.

요컨대, AI 관련 분야의 발달과 함께 인간 교사의 역할 변화, 학교의 존재

가치 등 학교 교육 그 자체의 정체성과 관련된 근원적 고민이 끊임없이 이어질 것이다. 하지만 대면 학습이 주는 관계학습, 정의적 학습, 감수성 학습 등과 함께 그 핵심은 인간을 위한 인간에 의한 인간의 에듀테크여야 한다는 점이다. 이제 더 이상 에듀테크는 선택의 문제가 아닌 사회 전체에 공유된 변화이다. 이러한 큰 변화의 물결 속에서 바람직한 에듀테크의 활용에 있어 인간의 온도와 감성을 기반으로 학습자의 학습 효율을 즐겁고 유익하게 높일 수 있는 지혜야말로 인간 교사의 몫이 아닌가 한다.

* 〈A〉 교안에 기초하여 [청해] 수업을 할 때, (　　) 에 들어갈 생교재로서 적절한 것을 〈B〉의 ①~④에서 하나 고르시오. 다른 3개의 교재가 부적절한 이유를 각각 쓰시오. (4점)

〈A〉

目標	現代の日本語の談話から必要な情報を聞き取る			
レベル	日本への留学を考えている上級の日本語学習者			
使用教材	(　　　　　　　　　　　)			

学習 活動	時間	項目	教師の活動	学習者の活動	留意事項
	5分	ウォーム アップ	学習者に日本でどんな勉強がしたいのか質問する	教師の質問に答える 学習者どうしで質問し合う	—
	3分	導入	今日の授業について説明する	教師の説明を聞く	—
	5分	聞取 活動	授業教材を視聴させる(1回目)	授業教材を視聴する	メモは取らないで聞くことに集中させる

〈B〉
① 日本で有名な大河ドラマ
② 囲碁のテレビの解説番組
③ 教育用に作成された座談会の会話
④ 日本の生活や文化を紹介するテレビ番組

모범답안　|　④

①は現代日本語ではない　②は日常生活の談話ではない、囲碁の専門談話、③は教育用で作成されたので、生教材として適切せはない。

V

일본어 수업의 실제

국가 수준 교육과정, 학교 단위 교육과정에 의해 일본어 교육의 전체 목표가 제시된다. 각급 학교에서는 해당 담당 교사에 의해서 먼저 학생들에 대한 필요 분석을 한다. 교사는 학습자 필요 분석을 기반으로 수업 목표를 설정한다. 학습자와 수업 목표에 가장 적합한 실러버스를 설계한다. 이때 실러버스 설계는 학습자 분석에 근거하여 그 수업을 받게 될 특정 학습자들에 대한 특성을 파악해야 하며, 학습자 특성에 근거한 매체, 즉 교재 및 교구의 선정은 수업의 틀을 결정짓는 중요한 작업이다. 이제 계획된 실러버스에 근거해 수업을 진행할 차례이다.

본 장에서는 일본어 수업의 실제를 언어의 4기능인 듣기, 읽기, 쓰기, 말하기를 중심으로 하여, 일본어 교과의 특징이라고 할 수 있는 문자 수업, 문법 수업, 어휘 수업, 음성 수업 등의 순으로 설명을 하고자 한다.

1 언어의 이해 기능

1) 듣기

일본어 교육에서 듣기는 일본어를 듣고 필요한 정보를 찾아내거나 전체적인 듣기 내용을 이해하는 과정[1]을 말하고, 듣기를 잘하기 위해서는 효과적인 교수·학습 방법이 학습자들에게 맞게 잘 동원되어야 한다.

언어를 처음 배울 때는 발화 없이 상당한 청취기간을 가져야 한다. 듣기 우선 접근법(listening−first approach)은 초기 단계에는 말하기 학습을 지연시키고 듣기만을 지도하는 방법론으로서 Postovsky(1918∼1977)가 선구자인

---

1) 청해(聽解)라고도 표현한다.

데, 이후 많은 언어교육 전문가들은 듣기 우선 방법론을 주장하고 있다(김정렬, 2000).

듣기는 다른 언어능력, 즉 말하기, 읽기, 쓰기 능력과 깊은 연관이 있다. 먼저, 듣기는 말하기처럼 인쇄매체 대신에 음성매체를 활용한다. 4가지 언어기능 중에서 말하기는 듣기에 가장 가까운 관계가 있다. 언어장애인이 들을 수 없기에 말할 수 없는 것처럼 말하기는 듣기에 의존한다. 또한 읽기와 듣기는 비슷한 세부능력, 사고와 반응이 요구되는 수용적인 언어능력이라는 점에서 상당한 공통점을 갖고 있다. 청취자나 독자 모두 어떤 재료의 의미를 해독해야 한다. 언어교육 전문가들은 이 두 능력의 높은 상관관계를 확인했는데, 즉 듣기에 강한 사람은 독해 능력이 강하다는 것이다. 한편, 듣기는 시각을 통한 언어표현 과정인 쓰기 능력과 가장 멀리 떨어져 있다. 그러나 쓰기가 말하기와 읽기에 관계된 것처럼, 직·간접적으로 듣기 능력과도 관계되어 있다.

(1) 청해 과정

청해 과정이란 청자가 소리를 듣고 그 의미나 의도를 파악하여, 그 내용에 대한 행동을 하거나 행동을 준비하는 과정을 말한다. 다시 말하면 청자는 들려오는 내용 중에서 핵심적 요지와 자신에게 중요한 사항 등을 기억하고, 들은 내용을 진정으로 의미하는 바가 무엇인지를 해석하며, 들은 내용에 대하여 자기 나름의 평가와 판단을 한 후에 행동을 준비하거나 반응을 하게 된다.

Peterson(1991)은 청해 과정을 상향식 과정(bottom‒up processing), 하향식 과정(top‒down processing), 상호 작용적 과정(interactive processing)인 세 가지로 분류하고 있다.[2]

① 상향식 과정
상향식 과정은 언어정보의 처리가 외적인 근원(external source), 즉 언어가

---

2) 상향식 과정과 하향식 과정 등은 듣고 이해하는 청해뿐만 아니라 읽고 이해하는 독해에서도 일반적으로 이용된다.

주는 자료 자체에 의하여 이루어지는 과정이다.

Carrell과 Eisterhold(1983)는 상향과정을 'bottom'에 있는 글의 가장 작은 단위(소리, 단어)로부터 점점 큰 단위(구, 절, 문장, 그리고 문장 간의 연결)까지 의미를 파악해 나가는 해독과정으로 보았다. 따라서 학습자의 언어적 능력이 바로 상향과정의 기초가 된다고 하였으며, 상향과정에서 요구되는 능력에는 다음과 같은 것들이 있다.

- 들은 문장의 언어적 요소를 조합하여 자구적 의미(literal meaning)를 해석하는 능력
- 언어의 음소를 구별하고 어휘를 식별하는 능력
- 강세, 리듬, 억양을 식별하고 의미파악에 활용하는 능력
- 의미 단위를 식별하는 능력
- 문맥에서 어휘의 의미를 파악하는 능력
- 문법지식을 활용하여 자구적 의미를 파악하는 능력

② 하향식 과정

Richards(1990)는 상향식 과정이 언어지식만을 강조하고 인간내면의 인지작용에 대한 고려가 없다는 비판에 비해, 하향식 과정은 전반적으로 선험지식 구조(schema)를 활용하여 언어자료를 재구성한 다음 이해하는 과정이라고 한다. 즉, 학습자의 배경지식인 주제, 상황, 문맥에 관한 지식으로 들은 내용을 추론하고 앞으로 들을 내용에 대한 기대를 형성하는 과정이다. 기대란 언어에 대한 기대, 세상에 대한 기대, 즉 내용에 대한 기대를 동반한다. 청자는 입력되는 담화를 이해하기 위해서 계속되는 언어적인 상황과 주제의 맥락을 바탕으로 입력되는 정보가 어떤 내용이 될지 능동적으로 예측하는 것이다. 그리고 부분이 어떻게 전체로 연결되는지를 추측하는 것이다. 하향식 과정에서 요구되는 능력은 다음과 같다.

- 담화의 상황, 화자 간의 관계에 따라 담화의 목적을 파악하는 능력
- 자구적 의미로부터 의도된 의미를 파악하는 능력
- 원인과 결과, 문제와 해결 등을 추론할 수 있는 능력

- 담화의 주제, 부연설명, 예시 등 정보의 흐름을 파악하는 능력
- 화자의 표정, 제스처, 음색으로부터 의도를 파악하는 능력

③ 상호 작용적 과정

하향과정이 선험지식만을 강조하는 것으로 잘못 이해되어, 하향과정만으로는 듣기 이해가 정확하게 이루어질 수 없다고 보고, 상향과정과 하향과정이 동시에 이루어진다는 상호 작용 과정이 대두되었다.

Peterson(1991)은 상호 작용 과정, 청해에는 상향과정과 하향과정이 모두 작용되며, 이 두 과정이 서로 의존함으로써 상호 보완하는 역할을 한다는 것이라고 설명하고 있다. 즉, 읽기 이해과정과 마찬가지로 듣기 이해과정은 언어적 자료와 지식을 이용하는 상향과정과 선험지식을 이용하는 하향과정이 동시에 일어나는 상호 작용 과정이라고 볼 수 있다.

이재희(1994)는 상호 작용적 처리에 의한 청해 과정을 단계를 지어 다음과 같이 설명하고 있다.

첫째, 들려오는 내용 중에서 특정한 언어요소만 선택적으로 청해(selective listening)하여 청자에게 중요한 요점만 기억 속에 남기고, 나머지 중요하지 않은 정보나 문법구조 등은 무시되거나 사라진다. 왜냐하면 청자는 들은 내용을 가지고 매우 능동적, 적극적으로 그리고 일관성 있게 의미상으로 연결되는 어떤 심상(image)을 머릿속에 구축하려 하며, 이 심상과 관련이 없거나 일치하지 않는 사항은 제거하거나 무시해 버리기 때문이다.

둘째, 청자는 들려오는 말의 형태와 의미에 대한 전체적인 인상을 얻기 위하여 많은 언어요소를 흡수, 분류, 저장하는 전반적인 청해(global listening)를 하며, 들으면서 끊임없이 적극적으로 예측하고 추측을 한다. 즉 청자는 주변 상황이나 맥락 또는 어떤 실마리, 즉 세상지식을 근거로 하여 화자가 말하는 동안 또는 화자보다 앞서서 예측이나 추측을 한다.

따라서 청해 활동은 <표 5.1>에서 보는 바와 같이 형태와 의미, 선택적 청해와 전반적 청해, 상향과정과 하향과정이 서로 상호 작용하여 전개되는 과정으로 다음과 같이 정리할 수 있다.

상향과정	하향과정
선택적 청해	전반적 청해
↓↓ 청각구두 교수법	↓↓ 의사소통적 접근법
상호 작용적 과정 협동적 청해	

(2) 청해 관련 교수법 및 교재[3]

① TPR(Total Physical Response)

Asher(1929~)는 어린이가 말하기 이전에 이미 듣기 능력을 갖게 되고, 그 형태는 명령에 대한 신체적 반응의 형태라는 점과 이렇게 해서 어느 정도 이해력이 숙달되면 말하는 기능으로 자연스러운 전이가 이루어진다는 모국어 습득 과정의 특징을 이용하여, 목표어로 된 명령문에 말이 아닌 신체로써 반응하게 하는 전신반응 교수법(Total Physical Response: TPR)을 주창했다. 이 방법은 교사가 외국어로 명령을 던지고 학생들이 신체적으로 반응하고 학생들이 직접 따라 하면서 의미를 이해하게 된다.

② 노래

우리나라의 경우 최근 일본어 노래가 일본어 교육 자료로 이용되는데, 이역시 노래가 가지는 흥미와 호기심을 적극적으로 활용한 방법으로 볼 수 있다. 교육에 활용될 수 있는 노래는 대중가요나 동요, 애니메이션 주제곡 등 어느 장르나 가능하며 노래가 갖는 비형식성(informality)이 딱딱한 교과서적인 요소보다 학생들의 흥미를 가중시켜 학습동기를 높일 수 있다. 가사에 포함되어 있는 표현이나 문법까지 거부감 없이 획득할 수 있다는 장점을 지닌다. 노래를 이용한 지도 방안은 어휘, 문법패턴, 음운적 현상, 문화, 사회적 배경

---

3) 듣기 활동과 관련된 간단한 지도 방법으로는 이야기를 듣고 그림을 순서대로 배열하기, 정보를 듣고 표 완성하기, 잘못된 부분 찾기, 내용을 듣고 묘사되는 사람이나 사물 찾기, 부분 받아쓰기 등이 있다.

을 익힐 수 있는 기회이며 빈칸 메우기, 의미이해, 발견해내기 등으로 활용할 수 있다.

청취력 학습에 사용될 노래선택의 조건으로는, 노래의 가사는 표준어로 된 것을 쓸 것, 내용이 너무 어렵지 않고 가사의 반복이 있을수록 좋다.

③ 영화, 애니메이션

영화 및 애니메이션 또한 오늘날 교육에서 많이 활용되고 있는 형태이다. 널리 알려진 재미있는 혹은 교육적인 가치가 있는 영화 및 애니메이션의 대사를 다루면서 단어, 문법, 표현 등을 학습할 수 있다. 이 방법이 학생들의 관심을 끄는 이유는 다루고 있는 일본어가 현재 실생활에서 쓰이고 있는 자연스러운 일본어라는 점이다. 즉 문법적이기는 하지만, 살아 있는 일본어가 아닌 교과서적인 일본어만 배우던 학생들에게 이것은 분명히 흥미를 자극하고 교육적인 효과를 누릴 수 있다는 점에서 권장할 만하다.

④ 일본어 뉴스

일본어 뉴스는 아나운서가 비교적 정확한 발음을 구사하고, 영화나 드라마보다는 속어를 덜 쓰며, 우리나라에서는 비교적 일본 방송을 접하기 쉬울뿐더러, 그것을 통해 일본의 흐름도 알 수 있어 그 활용도가 매우 높다고 할 수 있다. 그 외에도 뉴스는 다루는 내용이 실제적인 경험 사실과 사건들로 이루어져 있기 때문에 현실감과 흥미를 지닌다. 또한 뉴스는 특유의 구조 즉, 먼저 머리기사가 뉴스 내용을 요약하여 배경 지식을 형성하게 해 주며, 다음으로 자세한 내용을 전달하며 마지막으로 리포터나 앵커의 견해 등을 덧붙이는 순으로 진행되어 학습자의 인지적 활동에 매우 효과적이다.

⑤ 인터넷

현재 인터넷상에는 많은 정보들이 음성으로 저장되어 있다. 그 음성자료들의 종류를 살펴보면 실시간으로 제공되는 각종 뉴스를 비롯해서 기타 다양한 보도자료 및 교육자료들를 담고 있다. 또한 real player라는 프로그램을 사용하면 실시간으로 빠른 시간 안에 많은 양의 음성 및 화상정보를 얻을 수 있다. 이 프로그램은 음성파일을 이동시키는 데 걸리는 시간을 단축시켜 실시간으로 음성을 전송시켜 들을 수 있게 해 주는데, 연설에서부터 영화, 인터뷰, 뉴스, 광고에 이르기까지 다양한 종류의 일본어를 인터넷상에서 들을 수 있다. 이들은 특별히 가공되거나 편집되지 않은 살아 있는 일본어로서 일본어 학습자들에게 좋은 자료를 제공해 주고 있다.

(3) 청해 수업

청해 수업이 효과적인 수업이 되기 위해서는 활용되는 대화 녹음 속도는 처음부터 보통 회화속도(160~190wpm)가 적당하며, 완벽한 청취보다는 문맥, 상황, 주위환경, 추측, 기대를 활용한 합리적 이해력에 목표를 두고, 연습에서도 정확도보다 순발성에 역점을 두어야 한다. 그리고 청취 내용은 학습자의 수준보다 한 단계 높은 수준의 내용을 제공하는 것이 바람직하다. 내용은 좋은데 학생수준이 낮을 경우는 쉬운 과업을 부여함으로써 그 내용을 다룰 수 있다. 청해는 화자의 어휘 수준, 속도 및 내용을 수용해야 하기 때문에 긴 내용은 짧게 나누어서 제시한다. 특히, 초보단계에서는 한 번에 한 가지 내용에 집중해서 듣도록 하고 다시 들려주며 다른 정보를 듣도록 한다. 그리고 아주 명확한 원어민의 발음뿐만 아니라 외국인의 일본어 발음을 듣는 연습도 필요하며, 잡음이 전혀 없는 녹음과 더불어 잡음, 소음, 휴지, 반복 등이 포함된 녹음을 듣는 연습도 아울러 제공할 필요가 있다. 또한 초보단계에서는 자기 자신의 목소리로 녹음을 해서 듣는 연습을 해 보는 것도 청해에 관심을 유발시킬 수 있으며, 학생들이 단독이든지 그룹으로 제작한 청해 연습 문항을 수업 중에 연습 문항으로 활용한다면 동기 유발에서도 효과적이다.

(4) 청해 수업의 실제

① ひらがな 찾기

▶ 학습자 학습 수준

ひらがな를 읽을 수 있다.

▶ 수업 목표

학생들의 ひらがな 숙지상태를 확인한다.

▶ 수업 방법

순서	수업 방법	비고
1	칠판의 곳곳에 ひらがな를 쓴다.	
2	학생들이 한 명씩 나와서 선생님이 말하는 ひらがな를 칠판에서 찾는다.	제한시간은 3초 정도로 둔다.

② ひらがな 빙고

▶ 학습자 학습 수준

ひらがな를 읽을 수 있다.

▶ 수업 목표

ひらがな를 쓸 수 있는지를 확인한다.

▶ 수업 방법

순서	수업 방법	비고
1	가로, 세로 다섯 칸이 그려진 종이를 나누어 준다.	
2	학생들은 빈칸에 25개의 ひらがな를 써 나간다.	
3	선생님이 하나씩 읽는다.	
4	학생들은 선생님이 읽는 ひらがな가 자신이 쓴 것과 동일할 경우 체크를 한다.	
5	체크된 글자가 가로, 세로, 혹은 대각선으로 다섯 개가 되면 빙고라고 외친다.	

③ 이마에 단어를 붙이고 해당 아이에게 부드러운 공던지기

▶ 학습자 학습 수준

ひらがな를 읽고 쓸 수 있다.

▶ 수업 목표

재미있는 게임을 통해서 일본어 단어를 익힐 수 있다.

▶ 수업 방법

순서	수업 방법	비고
1	학생들을 원형으로 앉게 한다.	
2	단어가 적힌 종이를 나누어 주고 이마에 붙이게 한다.	
3	선생님이 단어의 뜻을 말하면, 그것을 이해한 학생이 부드러운 공을 잡아, 해당 일본어 단어를 붙인 학생에게 던진다.	
4	공을 받은 학생이 같은 방법으로 선생님의 지시에 따라 단어를 읽고 공을 던진다.	

④ 광고 완전정복

▶ 학습자 학습 수준

고등학교 교과서 3-4과 정도를 마친 상태

▶ 수업 목표

광고에 나오는 단어를 듣고 찾을 수 있다.

▶ 수업 방법

순서	수업 방법	비고
1	20개의 단어가 적힌 프린터를 나눠 준다.	광고에는 이 가운데 10개의 단어만이 나온다.
2	30초 분량의 영상 광고를 3회 보여 준다.	
3	학생들이 광고를 듣고 해당 단어를 체크한다.	

⑤ 감 잡았어! 자판기 사용방법

▶ 학습자 학습 수준

~てください를 활용할 수 있는 정도

▶ 수업 목표

교사가 말하는 일본어를 듣고 학습자가 행동으로 옮길 수 있다.

▶ 수업 방법

순서	수업 방법	비고
1	칠판에 음료 자판기 그림을 붙인다.	
2	교사가 학생을 한 명씩 지명한다.	
3	지명된 학생은 자판기 앞으로 나와서 선다.	
4	지명된 학생은 교사가 일본어로 말한 대로 일본어를 바르게 듣고 그대로 행한다. 교사는 질문형태를 다양하게 한다.	
5	예: コーヒーおねがいします。 　　コーラをください。	

2) 읽기

읽기(reading comprehension)는 여러 가지 형태로 정의되고 있다. Fitzgerald (1967)는 읽기란 '여러 가지 복합적인 활동을 포함하는 의미에 대한 사고 과정'이라고 정의하고 있다. 여기에서 복합적인 활동이란 지식의 근원 파악, 사실과 정보의 발견, 개념, 인지, 추론, 정당한 보편화, 비판적인 분석, 필연 요소의 발췌, 내적 관련성 및 상호 관련성 파악 등을 포함하고 있다. 또 Harris(1962)는 읽기를 인쇄되었거나 또는 쓰인 언어 기호에 대한 유의미적 해석으로 보고 있다. 이는 앞서 보았던 Fitzgerald의 정의와 유사한 것으로 Harris는 읽기는 '다양한 방법으로 의미를 감각적으로 느끼고 인지하며 반응하는 것'이라고 정의하고 있다. Goodman(1973)은 읽기를 '정보처리 과정'으로 보고 있다. 독자는 문자 입력(Graphic Input)과 접촉하면서 저자에 의해서 기호화된 메시지를 재구성하는 것으로 설명하고 있다. 즉, 독자는 자신이 습득한 언어능력과 더불어 자신이 성취한 이전의 전체적인 경험 및 개념을 집중시키게 된다. 이 점이 바로 독자가 문자로 나타난 메시지에 의미 요소를 제공하기 위하여 자신의 경험 또는 개념적 배경을 끌어들이는 것이다.

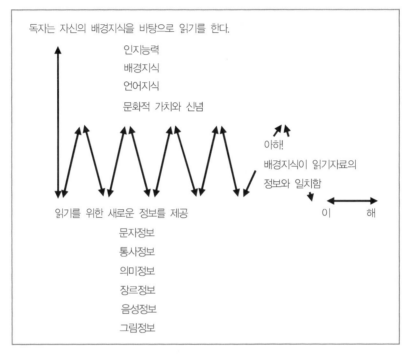

[그림 5.1] 읽기 과정

Mikulecky(1990)는 [그림 5.1]과 같이 읽기를 정의하고 있다. 즉, 읽기란 '독자가 자신의 배경지식이나 경험에 비추어 읽기 자료의 정보를 해석함으로써 글의 의미를 구성해 가는 것'이다. 독자는 글을 읽을 때 읽기 자료를 관찰하고(화살표↓) 곧 그 자료의 일치점을 찾으려고 노력하면서 이미 알고 있는 자신의 지식과 비교(화살표↑)한다. 이때 읽기 자료의 정보는 배경지식을 활성화시키고 배경지식은 글의 내용을 예측 가능하게 한다. 이 과정은 무의식적인 상호 작용으로서 독자가 읽기 자료와 자신의 배경지식 사이의 일치를 확인하여 이해(아하!)에 도달할 때까지 계속된다.

요컨대, 이상과 같은 읽기의 정의 및 읽기 과정을 보면, 읽기는 언어기호에 대한 유의미적 해석이라는 점에서는 모두 공통점을 보이고 있다. 그러나 읽기란 기본적으로 이해의 과정으로서, 한 단어, 한 문장을 읽고 이해할 때, 단어의 사전적 의미, 그리고 문장에 대한 언어적 지식만을 활용하는 것은 아님을 알 수 있었다. 즉, 단어 및 문장과 관련 있는 상식적 지식을 활용해서 이해하고, 일방적으로 정보를 수용하는 것이 아니라 적극적으로 예측을 하면서 이해하는 것이다. 따라서 읽기(reading comprehension)란 '지문을 단순히 번역하는 과정이 아니라 의미를 재구성하는 과정으로, 글이 내포하고 있는 의미와 독자의 배경 지식이 지문이라는 매체를 통하여 상호 작용하는 과정'이라 할 것이다. 다시 말해, 글을 대상으로 그 글을 이해(comprehension)하는 과정[4]이라 할 수 있다.

이러한 글을 이해하는 과정은 대표적으로 상향식 모형(Bottom up Model)과 하향식 모형(Topdown Model), 상호보완형 모형(Interactive compensatory Model)으로 설명된다.

먼저 상향식 모형은 자료 지향적 모형이라고도 하는데, 글의 작은 단위인 단어에서부터 큰 단위인 문장, 단락 순으로 글을 이해해 가는 과정이다. 문법 번역식 교수법이 그 대표적 예라 할 수 있다. 먼저 단어의 의미를 이해하고 문법, 지시어가 가리키는 것, 문장과 문장의 관계 등에 대해 상세하게 확인해 가며 글을 이해해 나가는 방법이다. 따라서 교사는 복잡한 구조의 문장을 학습자들이 이해할 수 있도록 설명한다든지, 내용을 이해하고 있는지 등을 확인하기 위해 질문한다든지 하는 과정을 거치는데 주로 초급학습자에게 효과적인 방법이다.

하향식 모형은 의미 구성적 관점 모형이라고 하며, 학습자가 자신의 배경 지식을 이용하여 글의 내용을 예측하고 추론하는 과정을 통해 글을 이해하게 한다. 예를 들면 제목이나 주변 정보(삽화, 사진 등)를 바탕으로 읽어야

---

4) 독해(読解)라고도 표현한다.

하는 내용에 대해 먼저 예측한다. 문장을 읽으면서 읽는 목적에 부합하는 것을 찾는다든지, 예측이 바른지를 확인하면서 읽어 나가는데 이때 스키밍 (sckimming)5)이나 훑어 읽기(scanning) 등의 활동이 이루어진다. 하향식 모형에서는 글에 대한 바른 예측과 추론 및 학습자의 배경지식 활성화를 위한 읽기 전 활동(키워드 안내, 및 학습자가 자유토론 등)이 중요하다. 중급 이상의 학습자에게 효과적인 방법이다.

역시 의미 구성적 관점 모형인 상호작용 모형은 우리가 일반적으로 글을 이해하는 과정에서 상향식 모형과 하향식 모형이 분리되지 않고 상호 작용한다고 본다. 즉, 학습자는 배경지식을 활용하여 글의 내용을 이해하려고 할 뿐만 아니라 필요에 따라서는 글의 작은 단위인 어휘 및 문법 등에 관한 확인 과정을 거치고 있다. 즉, 하향식 모형과 상향식 모형이 학습자가 글을 읽고 이해하는 과정에서 끊임없이 반복적으로 일어나고 있다는 견해이다.

(1) 독해 변인

앞서 읽어 이해하기 즉, 독해의 정의에서도 알 수 있듯이 독해는 단순히 주어진 글을 그대로 머릿속에 옮겨 놓는 과정이 아니다. 글을 대상으로 그 글을 이해하는 과정이다. 그러므로 하나의 글에 대한 독해 결과는 모든 독자에게 동일할 수 있겠지만, 독해 과정은 독자에 따라 다르다. 그것은 학습자 변인이 독해에 작용한 때문이다(이성녕, 1990).

따라서 독해에 있어서 우선적으로 고려되어야 할 것은 학습자 변인으로, Gagné의 표현을 빌리면 내재적 조건이라 할 것이다. 그리고 이러한 학습자 변인에는 I · Q, 학습태도, 흥미, 선수학습, 배경지식 등 여러 가지가 있는데, 여기서는 독해를 '글이 내포하고 있는 의미와 독자의 배경지식이 지문이라는 매체를 통해 상호 작용하는 과정'이라 정의함으로써, 배경지식, 즉 스키마 이론에 근거해서 독해를 이해하고자 한다.

---

5) 속독의 하나로 읽기 전에 미리 내용을 추측, 예측하고 나서, 실제 읽으면서 배경지식을 활용하여 내용을 대조해 가는 과정(matching)

우리들은 단순히 무엇을 보았다든지, 들었다는 것을 '이해했다'고 말하지 않는다. 즉, 석류를 보고 입 속에 침이 고이는 것을 '석류를 이해했다'고 말하지 않는 것과 같은 이치이다. 뿐만 아니라 증권거래소 직원이 아주 빠른 속도로 입출금을 계산해 나가는 경우에도 우리들은 '그는 입출금 내역을 이해했다'고 말하지 않는다.

'이해'라는 것은 단순한 정보의 수용이 아니며, 정보에 대한 수동적인 반응도 아닐 뿐만 아니라, 학습된 행위와 조작의 단순한 적용을 의미하는 것도 아니다. 여기에는 어떤 의미의 탐색과 의미의 추출이 포함되어 있어야 한다. 또한 여기서 말하는 '의미'는 단순히 단어의 사전적 정의를 가리키는 것이 아니다. 또 그 대상물이 어떠한 부분으로 구성되어 있는지를 나타내는 분석적 의미를 가리키는 것도 아니다. 당면한 상황, 문맥 등을 고려한 뒤에 '처음부터 이것은 어떠한 것일까'를 통합적으로 파악했을 때에 최초로 '이해했다'고 말할 수 있는 것이다. 바꾸어 말하면, 이해란 배경에 어떤 관점에서의 통일적인 해석 과정이 상정된 것으로, 본인의 의식적인 탐색, 적극적인 외부 세계로의 작용에 의한 창조적인 노력이 포함되어 있다.

이와 같이 외부 세계 정보로부터 '의미 있는 정리'가 구성되기 위해서는 우리들의 머릿속에 외부 세계의 정보를 '의미부여'하기 위한 구조를 준비하고 있어야 한다. 이와 같은 구조를 '스키마(schema)'라고 한다(東洋, 1982). 스키마는 사전지식(prior knowledge), 배경지식(background knowledge)이라 부르기도 한다. 그리고 스키마는 단수형인 데 반해, 그 복수형은 스키마타 (schemata)이다.

Carrell(1983)은 이 스키마를 내용 스키마(content schema)와 형식 스키마(formal schema)로 구분하고 있다. 내용 스키마는 사물이나 사건에 대한 기존 지식, 즉 배경 지식으로, 좀 더 일반적인 세상 지식을 의미하며, 형식 스키마는 구조적인 것으로, 글이나 이야기가 전개되는 방법, 즉 독자의 이해를 돕기 위하여 필자가 전형적으로 사용하는 담화 구조나 규약에 대한 지식을 의미한다. 즉, 여러 종류의 장르, 즉 우화, 소설, 과학 교재, 신문 기사 및 시 등과 같은 글의 구조의 차이와 이에 따른 기대 등에 대한 스키마이다.

Anderson & Pearson(1984)은 우리가 읽고 있는 '신정보'와 상호 작용하는 데 사용하는 어떤 '구정보'가 바로 우리의 스키마타라고 했다. 스키마는 독자가 알고 있는 모든 것을 의미한다. 우리가 배구공, 축구공, 볼링공을 보고서 각각 둥글게 생기고 굴러가는 성격이 비슷한 것이지만, 그 쓰임이 매우 다르다는 것을 알고 있다. 이는 이미 머릿속에 각각의 배구, 축구, 볼링의 운동 경기가 다르다는 사실을 알고 있는 것이다. 또한 우리는 식당에 들어가서 자리를 찾아 앉고, 주문을 하며, 먹은 것에 대한 값을 지불해야 한다는 것을 알고 있다. 이 '알고 있다는 사실'이 곧 스키마의 존재이다.

박수자(1993)는 독해와 스키마 즉, 배경지식의 관계에 대해 다음과 같이 정리하여 제시하고 있다.

① 스키마는 독해 과정에서 중요하고 글 관점과 이해에 결정적인 역할을 한다.

② 스키마는 모호한 글을 이해하는 데 이용될 수 있다.

③ 관련 있는 스키마는 독자의 글에 대한 회상과 인지를 증진시키나, 관련이 없고 부정확하며, 갈등의 소지가 있는 스키마는 이해를 왜곡시킬 수 있고 필자의 메시지 전달을 방해한다.

④ 스키마는 I·Q나 독해 성적보다도 독해 행위 수행에 더 많은 설명을 할 수 있다.

⑤ 스키마는 문장 길이의 측정이나 단어 난이도에 사용되는 빈도수보다 더 많이 글의 난이도를 설명할 수 있다.

(2) 독해 수업[6]

독해 수업은 실제로 문서를 자세히 읽기 전에 문서의 이해를 돕기 위해 이루어지는 독해 전 활동, 학습자의 배경지식과 언어능력을 활용하여 구체적인 목적을 가지고 다양한 독해 전략을 동원하여 문서를 읽고 이해하는 독

---

[6] 읽기 활동과 관련된 간단한 지도 방법으로는 읽고 도식화하기, 이야기 순서 배열하기, 주어진 자료에서 필요한 정보 찾기, 언어 체험 학습 활동, 빈칸 채우기, 정보 교환 등이 있다.

해 중 활동, 그리고 자신이 읽은 내용에 대해 개인적인 반응을 말이나 글로 표현하는 독해 후 활동으로 나눌 수 있다.

① 독해 전 활동

독해 전 활동의 목적은 학생으로 하여금 배경지식을 활용하도록 돕거나, 문서를 읽는 데 필요한 언어능력을 갖추도록 하거나, 문서를 읽고 싶은 마음이 생기도록 만드는 데 있다고 하겠다.

하지만 모든 독해 전 활동이 이 세 가지 목적을 달성할 필요는 없다. 가령 문서에 포함된 어휘나 문법구조가 쉬운 경우, 교사는 독해 전 활동의 두 번째 목적 달성에 관심을 둘 필요성을 느끼지 않을 것이다.

독해 전 활동에는 다양한 유형이 포함된다. 교과서에 실린 독해 전 활동이 적절하고 충분할 경우도 있겠지만, 독해 전 활동이 아예 포함되어 있지 않거나 미흡하다고 판단되면 교사의 적극적인 대처가 필수적이다. 따라서 교사는 독해 전 활동을 통해 달성하고자 의도한 목적이 무엇이며, 동시에 어떤 유형의 독해 전 활동이 이 목적 달성에 적합한지를 고려하여 교과서에 포함된 독해 전 활동들 중에서 선정하거나 새로운 독해 전 활동을 창의적으로 고안해 내야 한다.

어떤 독해 전 활동이 적합할 것인지 결정하는 데 고려해야 할 가장 중요한 사항 중 하나는 문서의 난이도이다. 일반적으로 이것은 언어적 난이도(linguistic difficulty)와 개념적 난이도(conceptual difficulty)에 달려 있다고 볼 수 있는데, 크게 다음의 네 가지 독해 상황을 고려할 수 있다.

- 高언어적 난이도와 高개념적 난이도
- 高언어적 난이도와 低개념적 난이도
- 低언어적 난이도와 高개념적 난이도
- 低언어적 난이도와 低개념적 난이도

각 상황에 적합한 독해 전 활동을 선정하고 고안하는 것은 교사의 몫이라고 할 수 있다. 생소한 어휘가 많고 문장구조가 복잡하여 문서의 언어적 난이도가 높고 독자의 배경지식이 부족하여 개념적 난이도까지 높은 문서의 경우, 문서에 사용된 낱말을 보고 내용을 예측하거나 진술의 진위 판단하기 등이 독해 전 활동으로 적합하다고 볼 수 있다.

② 독해 중 활동

독해 중 활동은 학습자의 배경지식과 언어능력을 활용하여 구체적인 목적을 가지고, 다양한 독해 전략을 동원하여 문서를 읽고, 이해하도록 만드는 데 의의가 있다. 이러한 독해 중 활동은 문서를 적극적으로 직접 읽어야 수행할 수 있는 성격을 지녀야 하며, 문자적 이해뿐만 아니라 깊이 있는 이해를 유도하고 학습자가 성공적으로 수행할 수 있는 정도를 고려해야 한다. 즉 독해 중 활동을 선택할 때 교사는 적어도 다음의 세 가지 기준을 고려해야 한다.

- 독해 목적의 명확성
- 독해 자료의 종류 및 양
- 성공 가능성

독해 중 활동은 문서의 주제, 목적, 분위기, 어조, 짜임새 등 '문서의 전반적인 골격을 파악하는 활동'과 '문서의 세부내용을 파악하거나 추론하는 활동' 등 크게 두 부류로 나눌 수 있는데, 구체적인 내용은 <표 5.2>와 같다.

독해 중 활동을 선정할 때 '독해 목적의 명확성', '독해 자료의 종류 및 정보의 양', '성공 가능성' 이외에 교사가 염두에 둘 사항에는 '문서의 특징(난이도, 문서 유형 등)'과 '학습자의 요구(활동 선호도, 학습자 유형 등)'가 포함되어야 한다.

<表 5.2> 독해 중 활동의 분류

문서의 전반적인 골격을 파악하는 활동	문서의 세부 내용을 파악하거나 추론하는 활동
• 첫 문단을 읽고 문서의 목적 파악하기 • 훑어보고 문서의 요지, 분위기, 출처 등 파악하기 • 문단 나누기 • 요약 완성하기	• 각 문단의 내용에 비추어 주어진 진술의 진위 파악하기 • 문서에 언급된 구체적 정보 파악하기 • 문서의 요약 중에서 틀린 부분 찾기 • 사실과 견해 구분하기 • 문서의 내용에 따라 도표 완성하기

문서의 난이도가 높은 경우 학습자는 자칫 읽을 의욕을 잃을 수 있기 때문에 교사는 문서의 난이도에 따라 독해 중 활동의 난이도를 조절하는 것이 중요하다. 어려운 문서일수록 난이도가 낮은 활동을 선정해야 성공 가능성이 높을 것이며, 쉬운 문서인 경우에는 학습자는 다소 난이도가 높은 활동도 성공적으로 수행할 수 있다.

③ 독해 후 활동

학습자는 독해 전 활동을 통하여 배경지식을 활성화하고 문서를 읽는 데 필요한 언어능력을 갖추며, 문서를 읽고 싶도록 느끼게 되며, 독해 중 활동을 통해서는 자신의 배경지식과 언어능력을 활용하여 구체적인 목적을 가지고 다양한 독해 전략을 동원하여 문서를 읽고 이해하는 작업을 수행한다.

학습자는 독해 후 활동을 통해서 적어도 자신이 읽은 내용에 대해 개인적인 반응을 말이나 글로 표현하고, 독해 기술을 연마하며, 독해에 대한 자신감을 축적해야 한다. 달리 말해서 독해 후 활동에는 문서를 읽고 이해한 다음 이를 응용 또는 적용하거나 차후에 다른 문서를 읽을 때 필요한 자질을 배양하기 위한 모든 활동이 포함된다.

(3) 독해 수업의 실제

▶ 학습자 학습 수준: 초급 일본어
▶ 수업 목표: あります와 います를 구별하여 사용할 수 있다.

▶ 수업 방법

1. 1단계: 독해 전 활동
   독해할 문장을 주기 전 배경지식을 활용할 수 있도록 독해와 관련된 그림을 제공한다.

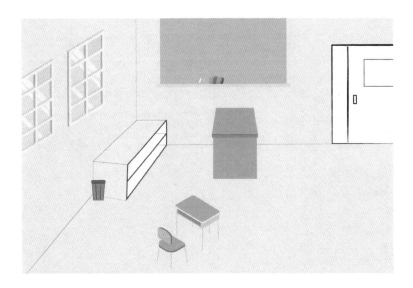

2. 2단계: 독해 중 활동
   독해할 문장을 제시한다.

> ① 本は机の上にありますか。　② いいえ、ありません。
> ③ 本は本だなの上にありますか。　④ はい、あります。
> ⑤ かばんは机のよこにあります。　⑥ はい、あります。

그림을 참고하여 주어진 회화문을 읽어 나간다.
기존 단어에서 힌트를 얻거나 그림을 통해 새로운 어휘를 유추하도록 유도한다(예를 들어 本だな의 경우 本이라는 이미 습득된 어휘와 그림을 통해 유추 가능.)
이때 그림과 다른 내용의 문장은 그림을 수정하는 작업을 통해 독해 내용을 확인한다(예를 들어 ③ 문장에 대한 답이 ④ 문장이 되기 위해서는 그림에 책장 위에 책이 추가되어야 한다.)

3. 3단계: 독해 후 활동
   새로 나온 어휘에 대해 교사는 다시 한번 정확하게 정리해 준다.
   あります를 사용할 수 있는 상황에 대해 다시 한번 정리한다.

2 언어의 표현기능

1) 말하기

일본어가 국제어로 사용되고 국제적인 교류가 증가됨에 따라, 일본어로 의사소통이 매우 중요하게 인식되고 있다. 이때 의사소통 능력이란 음성 언어능력, 그중에서도 특히 말하기 능력을 주로 고려하게 되는데, 많은 경우에 외국어 학습을 외국어 말하기 학습으로 생각할 정도로 말하기는 외국어 학습에서 매우 중요한 위치를 차지하여 왔다. 실제로 말하기는 특정 목표성취를 위해 의사소통을 하는 데 가장 중요한 기능이며, 특히 초보자에 있어서는 의사소통 자체가 거의 말하기에 의해 이루어진다 해도 과언이 아니다.

그러나 말하기 기능은 듣기 기능과 떼어서 생각할 수 없는 능동적인 기능이다. 왜냐하면 말하기는 상호 작용(interaction)에 의해 진전되기 때문에 화자는 청자가 이해하는 데 따라 말을 달리해야 하며 동시에 청자가 되어야 하기 때문이다.[7]

(1) 말하기 특성

말하기는 의사소통 행위에서 가장 중요한 언어기능이다. 실제 언어 상황에서 사람이 자기가 알고자 하는 것을 모두 알고 있고, 그것이 확실하다고 생각하고 있다면 말을 할 필요가 없다. 말하기는 주로 알고 싶은 정보를 얻거나, 의문스런 정보를 확인하기 위해서 행해지며, 따라서 이러한 정보의 공백을 메워 가는 과정이라 말할 수 있다. 그러므로 의도적으로 말하기를 활성화시키기 위해서는 정보 상의 공백이 주어지는 자연스런 상황을 만들어 주는 것이 필요하다. 이때, 말하기의 어려움은 의사소통을 위한 상호 작용에 있다. 혼자서 아무리 완벽한 준비를 했다고 하여도 상대방의 반응을 고려하

---

7) 회화(会話)라고도 표현한다.

지 못했다면 성공적인 의사소통이라고 할 수 없다. 그러므로 말하기는 자기의 의사를 명확하게 표현하는 것은 물론 상대방의 의사를 충분히 이해하고 적절히 대처해 나가야 한다. 이것이 전제가 된 경우에도 말하기가 성립되기 위해서는, 대화자 쌍방 사이에 정보 공백이 존재해야 하며 아울러 그러한 공백을 메워 가려고 노력하는 의지가 있어야 한다. 그러나 서로가 요구하고 얻고자 하는 정보가 같을 수만은 없다. 따라서 말하기는 상호 작용 속에서 참여자 간의 계속된 의미협상(negotiation of meaning) 과정이라고 할 수 있다.

한편, 말하는 것과 생각하는 것은 상당히 다르다. 의사소통을 위해서 생각할 때는 거의 제약을 받지 않지만 이를 말로 나타내기 위해서는 대화 상대자의 환경에 대한 고려 등, 여러 가지 제약을 받기 때문이다. 흔히 생각을 곧잘 말로 쉽게 잘 나타내는 사람을 직선적이라고 하면서 그 사람의 성격과 관련을 시키는 경향이 있는데, 이는 성격 중에서도 정의적인 면과 관련을 시킨 경우이다. 그런데 이런 현상은 외국어인 경우에 더욱 강하게 나타난다. 외국어인 경우, 의사소통을 위한 언어의 형태에 자신이 없기 때문에 말하는 내용에 대한 상대방의 반응을 생각하기 이전에 얼마만큼 정확하게 표현하느냐에 마음을 집중하게 된다. 그리하여 한 번 말을 하기 위해서는 입안에서 수십 번을 되뇌게 되고, 자신의 실수에 대한 부담감이 계속 커지면 결국 말하기를 포기하게 된다. 즉 자신의 실수에 대한 두려움 때문에 말하기를 기피하게 되는데, 이러한 현상은 일본어를 배우는 데 커다란 걸림돌이라 할 수 있다. 그러나 실수를 하지 않고는 일본어를 배울 수 없다. 적어도 외국어를 배우는 상황에서는 완벽한 한마디를 말하는 것보다 서투른 열 마디가 훨씬 값지다고 하겠다. 따라서 교실상황에서 학습자가 말을 할 때에는 실수에 대한 부담감을 갖지 않게 편안하고 수용적인 분위기를 조성하여 자아를 보호하려는 정의적인 벽을 없애거나 낮추어 주는 것이 중요하다.

(2) 말하기 수업 요소8)

교실 수업에서 효과적인 말하기 활동이 이루어지기 위해서는 다음과 같은
요소가 필요하다.

① 통제의 정도

말하기 활동은 교사의 완전통제를 받는 연습에서부터 학습자 자신의 완전
한 의사소통 활동까지 다양하게 나타난다. 통제를 많이 하면 할수록 학습자
의 오류가 줄어들어 자신감을 길러 주게 되지만 자기가 표현하고 싶은 것을
표현할 수가 없어 흥미가 떨어지게 된다. 따라서 말하기 활동을 구성할 때
에는 여러 가지 여건을 고려하여 통제의 정도를 조절해야 한다.

② 흥미도

말하기 활동에는 게임, 노래, 역할극과 같이 학습자에게 흥미를 불러일으
킬 수 있는 여러 가지 활동 등을 도입한다. 이들은 언어 요소들이 덜 체계적
이며 덜 제도적이기 때문에 수업 자체가 딱딱하고 경직되지 않아 학습자가
편안하고 즐거운 마음으로 학습에 참여할 수 있게 한다. 흥미를 주기 위한
이러한 활동들은 기억력을 증가시키고 언어를 덩어리째로 익히게 한다.

③ 상호 작용의 유형

전통적인 교실에서는 교사로부터 학습자에게로의 일방적인 지식의 전수만
이 있었다. 오늘날의 학습은 쌍방 간의 교류이며 이러한 상호 작용도 교사
와 학습자 전체, 교사와 학습자 개인, 학습자와 학습자, 학습자 부분과 학습
자 등 다양한 유형이 있다. 따라서 말하기 활동에서도 전체와 부분, 개인과
개인 간의 상호 작용이 적절히 일어나게 하는 것이 바람직하다. 교사의 말

---

8) 말하기 활동과 관련 간단한 지도 방법 중 정확히 말하기와 관련된 것은 2장 일본어 교수법에서 설명한 오
디오링갈 메서드의 문형연습으로 반복연습, 대입연습, 변형연습, 결합연습, 확장연습, 완성연습, 문답연습 등
이 있다. 적절하게 말하기는 역시 2장 일본어 교수법에서 설명한 의사소통 교수법의 태스크(タスク), 역할
놀이(ロールプレイ), 시뮬레이션(シミュレーション), 게임(ゲーム), 인포메이션갭(インフォメーション
ギャップ), 프로젝트워크연습(プロジェクトワーク), 짝 학습(ペア) 등이 있다.

이 많아지면 학습자의 말이 적어지기 마련이다. 그러므로 교사는 최대한 학습자의 말이 많아지게 분위기를 유도해야 할 것이다.

④ 언어적 반응

말하기 활동에는 짧게 반응하는 경우도 있고 완전한 문장이나 문장 이상으로 길게 반응하는 경우가 있다. 대화에서는 짧은 반응이 보다 자연스럽다. 또한 질문에 대한 이해 여부만을 점검하는 데에도 짧은 반응이 더 효과적이다. 그러나 긴 반응은 구조를 익히는 데 효과적이다. 이 경우에도 불필요한 것을 단순히 구조를 익히기 위해서 기계적으로 완전한 문장을 말하게 하는 것은 재미없는 일이다. 질문의 내용으로 보아 긴 문장으로 말해야 할 것이다.

⑤ 정확성과 유창성

일본어 교육에서 정확성과 유창성은 쫓아야 하는 두 마리 토끼에 비유할 수 있다. 교사의 의도에 의한 통제 연습에서는 정확성이 강조되어야 할 것이고, 의사소통 활동에서는 유창성이 강조되어야 할 것이다. 또 전체를 대상으로 하는 일제 학습에서는 통제가 쉬우므로 정확성을 강조할 수 있고, 개별 활동과 짝 활동 등에서는 통제가 어려워 유창성을 강조하게 된다.

⑥ 말하기 지속 시간

말하기 활동에서 고려해야 될 또 하나의 중요한 것은 얼마만큼 말할 기회를 주느냐다. 일본어는 말하지 않고는 배우지 못하기 때문에 시간이 많으면 많을수록 좋을 수도 있지만, 때로는 말하는 시간에 대한 부담감도 느낄 수 있음을 감안해야 할 것이다.

모든 학습자에게 가능한 한 말할 기회를 많이 주기 위하여 소그룹 활동과 짝 활동을 한다. 그러나 실제로 학습자들은 소그룹 활동은 좋아하지만 짝 활동은 좋아하지 않는다. 여기에는 여러 가지 이유를 찾을 수 있지만, 가장 큰 이유는 활동 시간 내내 짝 아니면 내가 말을 해야 된다는 부담감 때문이다. 따라서 짝 활동을 할 때에는 부담감을 느끼지 않고 자발적으로 하고 싶은 마음이 나도록 해야 한다. 활동이 누구나 할 수 있을 정도로 쉬울 뿐 아니라 실제로 무엇을 해야 하는지를 교사의 시범과 몇몇 학습자를 통한 시범으로 충분히 이해가 된 상태에서 짝 활동을 시키면 부담감이 적어질 것이다.

(3) 말하기 수업의 실제

① ~에 가면 ~이 있고 놀이

▶ 학습자 학습 수준

문자 학습 후 명사 어휘를 늘리기 위한 단계

▶ 수업 목표

관련 명사를 놀이를 통해 익힌다.

▶ 수업 방법

순서	수업 방법	비고
1	게임에 필요한 배경을 지정한다(ex: 시장, 학교, 동물원, 병원 등).	
2	지정한 장소에서 찾을 수 있는 사물이나 인물을 연결해서 일본어로 말한다.	

순서	수업 방법	비고
예	학생 1: 学校에 가면 先生도 있고 학생 2: 学校에 가면 先生도 있고 学生도 있고 학생 3: 学校에 가면 先生도 있고 学生도 있고 つくえ도 있고……	

② 가상 가족 만들기

▶ 학습자 학습 수준

고등학교 교과서 1과를 학습한 상태

▶ 수업 목표

가족사진을 보고 가족 소개를 할 수 있다.

▶ 수업 방법

순서	학습방법	비고
1	4-5명씩 1모둠으로 나눈다.	
2	조원이 의논하여 가족을 가상으로 정하고, 사진으로 표현해 본다. (예: 연예인, 정치인 등을 활용)	
3	만든 가족의 역할을 조원이 분담하여, 자신이 맡은 인물을 발표한다. (예: 저는 이 가족의 아버지 서태지입니다.).	

③ 니가 과일(동물, 식물, 지명 등)의 이름을 알어!

▶ 학습자 학습 수준

고등학교 교과서 2-3과를 학습한 상태

▶ 수업 목표

과일(동물, 식물, 지명 등) 이름을 5가지 이상 말할 수 있다.

▶ 수업 방법

순서	학습방법	비고
1	4-5명을 1모둠으로 나눈다.	
2	과일(동물, 식물, 지명 등) 이름을 학습한다.	
3	다양한 과일(동물, 식물, 지명 등) 도안이 든 바구니를 각 조별에 준다.	
4	모둠원이 돌아가면서 과일에 관련한 질문을 하고 대답한다.	
예	どんな くだものが すきですか。 どんな くだものが きらいですか。 りんごを ください。 はい、 ここに あります。	

④ 모둠별 가게 놀이

▶ 학습자 학습 수준

기본적인 수사 및 조수사를 알고 있다.

▶ 수업 목표

전화번호 혹은 물건의 가격을 묻고 답할 수 있다.

▶ 수업 방법

순서	수업 방법	비고
1	3-4명의 인원으로 모둠을 나누어서 가게를 지정한다.	
2	선생님은 114 안내원의 역할을 한다.	
3	각 조별로 핸드폰을 하나씩 지정하여 번호를 선생님에게 제출한다.	
4	조별로 안내원인 선생님께 전화를 해서 다른 조의 가게 전화번호를 물어보고, 안내원이 가르쳐 준 전화번호로 전화를 해서 간단한 질문과 주문 등을 한다.	
예	1모둠: (114에게 전화를 건다.) すみませんが、 うどん屋の電話番号を教えてください。 선생님: はい、010-9526-6428です。 1모둠: ありがとうございます。 (우동가게 번호로 전화를 건다.) (3모둠 쪽에서 벨소리가 울린다.) 1모둠: もしもし、うどん屋ですか。 うどんはいくらですか。 3모둠: うどんは300円です。 うどんセットは450円です。	준비물: 가게 이름, 핸드폰

2) 쓰기

쓰기는 문자 언어기능이면서 표현기능이기 때문에 일반적으로 언어의 4가지 기능 중에서 가장 나중에 접하는 기능이며 또 그만큼 어려운 것으로 여겨진다. 이처럼 쓰기가 어렵게 여겨지는 이유를 쓰기의 특성과 관련지어 살펴보자.

먼저 의미전달이 전적으로 문자에만 의존되어 일어나는 점을 들 수 있다. 말을 할 때에는 언어 이외에도 의미 이해를 도울 수 있는 억양, 음색, 음조, 그리고 얼굴 표정과 제스처 등을 병행할 수 있지만 쓰기에서는 그렇지 못하다. 따라서 어휘와 어법을 이해하지 못하고는 이해하기가 쉽지 않다. 다음으로 쓰기 기능을 숙달하는 데 많은 시간이 필요하다. 문자언어는 소리 이외에 문자를 익혀야 하는 부담이 있다. 일본어 문자를 익히고 소리와의 관계를 익혀야 한다. 비록 모국어일지라도 4가지 기능 중에서 쓰기를 어려워하는 학습자가 많은 것도 이 때문이다. 좋은 글을 쓰기 위해서는 일본어의 어휘를 충분히 마스터하고 문장 어법과 문어적 격식을 익혀야 하는데, 이를 위해서는 많은 시간이 걸린다.[9]

또한 외국어로서의 쓰기는 내용보다 형태의 정확성에 치중되기 쉽다. 글쓰기는 어떤 내용을 어떻게 전개하느냐가 중요한데, 외국어로서의 쓰기에서는 철자, 어휘, 문법, 필체 등 형식적인 잘못을 지적하고 고치는 것으로 일관되기 쉬워 흥미를 주지 못한다. 따라서 초기부터 쓰기 지도에서 어느 정도 내용에 입각하여 의미 있는 글을 쓸 기회를 주고 문법적인 오류는 간접적으로 수정함으로써 쓰기에 대한 흥미를 높여 주어야 한다.

이상과 같은 쓰기의 특성에 비추어 볼 때, 끊임없는 논의의 대상이 되는 것이 쓰기를 언제 시작하느냐는 것이다. 이에 대해 한편에서는 모국어의 습득 과정에 비추어 언어의 4가지 기능 중에서 가장 마지막으로 즉 듣기, 말하기, 읽기가 어느 정도의 수준에 올랐을 때에 쓰기를 도입하는 것이 학습자에게 부담도 적게 주어 바람직한 순서라고 한다. 또 다른 한편에서는 언어란 원래 각 기능이 따로따로 분리될 수 있는 것이 아니라는 것이다. 따라서 기능별로 순서가 정해져 있는 것이 아니라 상호 영향을 주고받기 때문에 거의 동시에 가르쳐지는 것이 효과적이라는 것이다. 그러나 이 경우도 결코 쓰기를 먼저 가르쳐야 된다는 것은 아니다. 효율적인 외국어 교육을 위해서는 초기에 음성언어 위주의 교육을 강화해야 한다는 의견에는 일치하기 때문에, 쓰기를 초기부터 도입을 한다고 하여도 쓰기 능력 자체를 개발하기보다는 음성언어 능력을 보조하고 강화하는 데 목적을 두게 된다. 따라서 쓰기를 도입하는 시기는 일률적으로 정해지는 것이 아니라 여러 가지 사항을

---

9) 작문(作文)이라고도 표현한다.

고려해서 결정해야 한다.

(1) 쓰기 과정

글쓰기는 결코 한순간에 행해지는 것이 아니다. 보이지 않는 독자에게 자기의 생각을 전하는 것이기 때문에 문법 규칙이 정확하고 적절한 어휘를 사용하여 의미가 분명하게 전달될 수 있어야 한다. 그러기 위해서 직접 펜을 들고 쓰기 전에 사전 준비를 위한 '계획단계', 계획에 따라서 실제로 글을 작성하는 '초고작성(drafting)', 그리고 작성한 초고를 검토 수정하는 '편집(editing)단계'로 나눌 수 있다.

① 계획단계

무슨 일이든 계획이 중요한 것과 마찬가지로 쓰기에서도 계획단계가 중요하다. 계획단계에서는 무엇보다도 전하고자 하는 내용을 정리하고 연결해 보아야 한다. 특히 주제가 주어지면 주제와 관련된 여러 가지 정보를 생각하고 모아서 연결해 보는 것이 필요하다. 그리고 글을 쓰는 목적이 무엇인지에 대해서 생각해 보아야 할 것이다. 초청을 위한 것인지, 부탁을 하기 위한 글인지, 아니면 감사를 드리기 위한 것인지, 글의 목적에 따라 구성이 달라지며 어휘 선택이 달라진다. 그리고 누구에게 쓰는가, 즉 글의 대상을 생각하게 된다. 친구에게 쓰는 편지와 선생님에게 쓰는 편지는 다르며, 동생에게 쓰는 것과 같을 수가 없다.

훌륭한 글을 쓰기 위해서는 충분한 계획을 세워야 한다. 그리고 충분한 계획을 세우기 위해서는 관련된 정보를 많이 모아야 한다. 주제에 대한 정보는 말할 것도 없이 자기가 처해 있는 상황과 대상에 대한 정보를 모아야 되는데 그러기 위해서는 리스트를 작성하거나 의미망(meaning map)을 작성하여 단어 간의 관계를 정리하거나, 관련 정보를 보다 구체화하여 주는 시각적인 표 등을 작성하게 하는 것이 효과적이다.

② 초고작성단계

충분한 계획이 세워지면 그다음은 직접 글을 쓰는 초고작성단계이다. 아무리 충분한 계획을 세웠다고 하여도 실제로 글을 작성하는 과정에서는 원래의 계획과 달라진다. Hegde(1994)는 글을 못 쓰는 사람일수록 새로운 아이디어를 찾아내려는 사고활동을 허용하지 않고 원래의 계획에 충실하려고 한다고 하며, 글은 끊임없는 사고 작용의 결과임을 강조하고 있다.

이 초고작성단계에서는 써야 할 글의 형태보다는 글의 내용을 중점적으로 생각한다. 따라서 초고작성의 첫 단계에서는 문법은 거의 생각하지 않고 표현하려는 내용의 골자를 정리하게 된다. 이를 읽기의 관점에서 보면 글을 읽고 내용을 요약해 보는 단계를 뒤집어 보는 것이라고 하겠다. 그리고는 개별적인 내용을 연결시킨다. 연결된 글을 읽으면서 써야 할 내용 중에서 빠진 것은 없는지, 중복되거나 불필요한 것이 들어가지는 않았는지 혹은 내용이 잘못된 것은 없는지, 내용 전후 관계가 분명하게 전개되었는지, 어휘가 적절히 사용되었는지 등을 글을 보고 수정하고 또 새로운 아이디어를 끌어내어 조직하는 과정을 되풀이한다.

③ 편집단계

초고작성을 끝내고서는 필자가 독자의 입장으로 바뀌어 자기가 쓴 글을 읽어 보고 수정하는 편집단계를 거치게 된다. 이 편집단계에서는 글의 내용뿐만 아니라 글의 형태까지 자세하게 검토하여 수정한다. 글을 쓴 목적이 잘 나타났으며, 전하고자 하는 내용이 모두 나타났는지, 또 분명하게 나타났는지를 엄밀하게 검토한다. 특히 문법과 구두점 관계뿐만 아니라 전반적인 구조화가 명료하게 되었는지를 살펴보고 만족스럽지 않으면 다시 고쳐 쓴다. 고쳐 쓰기는 학습자 상호 간에 고쳐 써 보는 것도 매우 효과적인 방법이다.

(2) 쓰기의 유형

쓰기 활동에는 전적으로 교사의 통제를 받는 통제된 글쓰기, 교사의 전적인 통제보다는 유도에 의하여 어느 정도 학습자의 선택이 주어지는 유도 글쓰기, 그리고 교사로부터 독립되어 학습자의 완전 선택으로 이루어지는 자유 글쓰기로 나눌 수 있다.

쓰기는 이처럼 교사의 전적인 의존에서 벗어나 학습자의 독립으로 옮겨가는 과정이라 할 수 있으며, 쓰기를 지도할 때는 이 과정이 원만하게 진행되도록 도와주어야 한다.

① 통제 글쓰기

초기단계의 쓰기 활동은 교사의 완전한 통제하에서 이루어진다. 이것의 목적은 글을 쓸 때 학습자가 오류를 낳지 않고 쓰기에 자신감을 갖게 하는 데 있다. 글을 쓰는 데 있어 학습자의 선택이 거의 주어지지 않기 때문에 활동의 결과는 전적으로 교사의 의도대로 나타난다. 통제 글쓰기는 언어의 형태를 연습하고 익히는 것으로 관심이 언어 자체에 주어지게 된다. 그렇기 때문에 자칫하면 내용을 고려하지 않는 의미 없는 기계적인 연습활동이 되기 쉽다. 그러나 비록 베껴 쓰는 글이라도 의미를 알고 생각하면서 쓰면 흥미 있는 활동이 될 수 있다. 그러기 위해서는 쓰는 목적이 뚜렷해야 한다.

통제 글쓰기에는 다음과 같은 여러 유형이 있다.

• 베껴 쓰기(copying)

쓰기에서 가장 먼저 하는 것이 베껴 쓰기이다. かな나 단어 및 문장의 형태를 익히기 위한 것으로 제시된 모델을 보고서 옮겨 적게 한다. 그러나 초기단계에서는 보고 옮겨 적는 것도 쉽지 않기 때문에 흐릿한 선이나 점선을 주고 그 위에 덮어 쓰게 할 수 있다. 베껴 쓰기를 할 때는 대체로 구두나 읽기를 통하여 익숙해져 있는 것을 제시함으로써 소리와 문자관계를 익힌다. 그리하여 베껴 쓰기를 할 때에는 어느 정도 소리 내어 읽으면서 하는 것이 효과적이다.

그러나 베껴 쓰기를 권한다고 하여 한 번에 필요 이상으로 많은 과제를 부과하면 일본어에 대한 흥미를 잃을 위험이 있음에 유의해야 한다.

• 그림에 설명 붙이기

여러 가지 문장을 제시하고 그림의 내용과 일치하는 문장만을 그림 밑에 옮겨 써 보게 한다.

• 양식에 맞춰 옮겨 적기

편지와 같이 글은 종류에 따라 특정한 양식이 있다. 글쓰기는 언어의 형태를 익히는 것도 중요하지만 양식을 익히는 것도 중요하다. 틀에 박힌 양식과 함께 일련의 문장을 적절히 조직하여 옮겨 쓰게 하는 방법도 초급 글쓰기에 있어 중요한 학습 방법이라 할 수 있다.

• 재생하여 쓰기

학습자의 수준에 맞게 간단하고 짧은 문장을 칠판에 쓰고는 잠깐 동안 주의 깊게 보게 한 후에 지우고는 재생하여 쓰게 한다. 이는 그룹별로 경쟁을 시키면 기억력을 훈련시키기에 효과적이다.

• 짝 찾아 쓰기

속담이나 경구 및 간단한 문장들을 수집하여 각각을 전·후반으로 나누어 전반부의 것을 한데 모아 봉투에 담고 후반부를 모아 다른 봉투에 넣어 짝을 찾아 완전한 원래의 문장을 쓰게 한다. 그러나 문장이 너무 많아지면 어렵기 때문에 인원수에 따라 적절히 조절해야겠지만 3~5명으로 된 조에 3~5문장이면 알맞다고 본다.

짝 찾아 쓰기가 끝나면 그림을 준비하여 해당 그림 밑에 붙이게 하여 문장의 의미를 이해시킨다. 이처럼 베껴 쓰면서도 생각 없이 기계적으로 베껴 쓰는 것이 아니라 베껴 써야 하는 이유를 제공해 주어 보다 흥미 있는 활동이 되도록 한다.

• 빈칸 메우기

글의 대부분이 주어지고 몇 단어를 빈칸으로 나타내어 여기에 적합한 단어를 쓰게 한다. 학습자가 쓰는 단어를 교사가 예상하고 있기는 하지만 단순히 기계적인 활동이 아니라 전체적인 글의 이해를 요한다.

빈칸 메우기 활동은 학습자의 언어수준에 따라 빈칸을 다양하게 만들 수 있으며, 또 학습목적에 따라 특정 언어요소를 빈칸으로 만들 수 있어 다양하게 활용될 수 있다. 중요한 것은 어떤 상황에서든 무의미한 문장을 생성하지는 말아야 한다.

② 유도 글쓰기

유도 글쓰기는 교사의 통제를 받지만 학습자의 선택권이 어느 정도 주어진다고 하겠다. 다시 말해 학습자가 쓰는 결과물이 교사의 예상과 완전히 일치되지는 않는다. 그러나 이 역시 언어의 형태에 관심이 주어지며 자유 글쓰기로 가는 하나의 과정으로 여러 가지 유형이 있다.

• 받아쓰기(Dictation)

주로 문장의 첫 부분이나 끝 부분만 받아쓰게 하고, 다음 예시에서와 같이 나머지는 학습자가 스스로 생각해서 문장을 완성시킨다.

• 편지, 카드, 초대장 쓰기

이들 글은 특정 양식을 가지고 있을 뿐만 아니라, 뚜렷한 대상이 있어 문자를 통한 의사소통을 잘 나타내 준다. 특히 직접 일본어로 말하기는 일본인이 있어야만 의사소통이 가능하지만 편지나 카드 및 초대장을 쓰는 것은 그런 제약을 받지 않고 일본어로 의사소통이 가능하다.

앞에서 언급하였듯이 글의 내용을 미리 주고 형식과 내용에 맞게 옮겨 적게 하는 통제 글쓰기도 가능하지만, 틀에 박힌 것을 주고 가변적인 내용을 상황에 맞게 직접 쓸 수도 있다.

• 대조문 쓰기

서로 대조적인 그림을 주고 문장을 완성시킨다.

• 표 보고 쓰기

표는 일상생활에서 많이 활용되는 것으로 핵심적인 정보만을 알기 쉽게 나타내고 있다. 따라서 표를 이해하고 해석하는 것은 매우 중요한 언어기능이다. 이런 기능을 기르기 위하여 표를 보고 문장을 만드는 활동을 해 볼 수 있다.

• 예시 따라 쓰기

모델이 되는 예시문을 주고 상황에 맞게 단어를 대체하여 새로운 문장을 만들게 한다. 이때 학습자는 글의 형태보다는 글의 내용을 생각하고, 학습자의 언어수준에 따라 도움이 될 어휘를 적절히 제공해 줄 수 있다.

③ 자유 글쓰기

통제 글쓰기와 유도 글쓰기는 교사의 의도대로 학습자가 글을 쓰게 하는 것으로 주로 글의 체제를 익히는 데 초점이 주어진다. 이에 비해 자유 글쓰기는 학습자 자신의 의도에 따라 글을 쓰도록 하는 것이다. 여기서 교사는 학습자의 자유스런 표현을 격려하고 도와주는 것이 무엇보다 중요하다.

그러나 쓰기는 단독으로 일어난 활동이 아니라 이전의 여러 활동과 관련이 되어서, 다시 말해 지금까지 한 학습을 적용하고 정리하는 데 많이 활용된다. 예를 들어, 일과와 시간에 대한 학습을 한 후에는 학습자 자신에게 있었던 하루 일과에 관해서 적어 보게 할 수 있고, 가족에 대한 명칭을 학습한 후에는 자기의 가족에 관해 써 보게 할 수 있다. 글의 양식도 일상생활에서 많이 접할 수 있는 우편엽서 쓰기, 초청카드 쓰기, 광고문 쓰기, 편지 쓰기, 일기 쓰기, 이야기 쓰기 등 다양하게 쓸 수 있다.

자유 글쓰기에서 유념해야 될 사항은 글쓰기에 대한 교정지도이다. 글을 완전히 완성하고 나서 맞고 틀리고를 구분하는 것보다 학습자가 글을 쓰는 과정을 지켜보고 어휘 선정이나 문법적 오류를 학습자가 인지하고 스스로 고칠 수 있게 하는 것이 바람직하다. 이 경우에도 모든 오류를 고치게 하는 것이 아니라 중요한 것은 의미전달이 얼마나 되느냐이다. 따라서 의미전달에 문제가 있는 중대한 오류만을 고치게 함으로써 학습자가 글쓰기에 자신감과 성취감을 갖게 해야 한다. 이렇게 하여 완성된 글을 제출하여 전시한다.

(3) 쓰기 수업의 실제

① 단어 만들기

▶ 학습자 학습 수준

　고등학교 교과서 1과 정도를 학습한 상태

▶ 수업 목표

　단어를 게임을 통해 쉽게 익힌다.

▶ 수업 방법

순서	수업 방법	비고
1	ひらがな 한 자 한 자를 글자카드로 만들어 칠판에 순서 없이 붙인다.	준비물 글자카드
2	교사의 지시에 따라 학생들이 글자를 조합하여 단어를 만들어 나간다.	

② 등도 학습도구다!

▶ 학습자 학습 수준

　고등학교 교과서 3−4과 정도의 진도를 나간 상황

▶ 수업 목표

　단어에 대한 설명을 듣고 정확하게 그 단어를 쓸 수 있게 한다.

▶ 수업 방법

순서	수업 방법	비고
1	5명씩 하나의 모둠으로 나눈다.	
2	처음 한 명만 선생님의 지시를 받고 나머지는 돌아서 있는다.	
3	선생님이 단어를 처음 학생에게 일본어로 설명하면 학생이 자신이 생각하는 단어를 다음 학생의 등에 크게 적는다.	귓속말 잇기도 가능
4	같은 방법으로 전달하여 마지막 학생이 준비된 스케치북에 자신이 생각하는 단어를 쓴다.	
5	쓰인 단어가 선생님이 지시한 단어와 같은지 확인한다.	

③ 단어 조각으로 문장 만들기

▶ 학습자 학습 수준

　고등학교 교과서 3-4과를 학습한 상태

▶ 수업 목표

　주어진 단어를 사용해서 창의적으로 문법에 맞는 문장을 만들 수 있다.

▶ 수업 방법

순서	수업 방법	비고
1	4-5명을 한 모둠으로 해서 앉는다.	
2	각 조에 품사별(동사, 형용사 등)로 이루어진 단어를 5개씩 나누어 준다.	
3	나누어 준 단어를 사용해서 문장을 3개 만들게 한다.	
4	만들어진 문장을 노트에 쓰게 하고 각 조의 대표가 나와 발표하게 한다.	
5	선생님이 문법에 틀린 부분을 수정해 준다.	

3 통합적 수업

　앞서 우리는 언어를 이해 기능(읽기, 듣기)과 표현 기능(말하기, 쓰기)으로 분리하여 일본어 수업에서 어떻게 각각의 기능을 함양할 것인지에 주목하였다. 그러나 이해 기능과 표현 기능은 동전의 양면처럼 서로 분리해서 생각할 수 없다. 외국어 학습의 궁극적 목적인 목표언어 화자와의 의사소통은 읽기, 듣기, 말하기, 쓰기 등의 4기능의 상호작용, 즉 주고받음에 의해 가능하다. 읽고 이해하여 쓴다든지, 말한다든지, 듣고 질문에 대답하거나 기록한다든지 하는 다음 활동으로 이어져야 하는 것이 실제 언어 환경이다. 굳이 언어의 4기능을 분리하여 안내한 것은 교실 환경에 따른 최적의 학습 환경을 위한 예를 드는 과정이다.

　문자 및 발음 등 극히 초보 일본어 학습자들에게는 적용의 한계가 있겠지만, 학습자의 내적동기 유발 및 유의미학습을 위한 4기능의 통합적 수업은 일본어 교육과정이 처음으로 개발된 제3차 교육과정기부터 음성언어인 '듣기와 말하기'는 읽기, 쓰기와 달리 통합적으로 제안하고 있었다. 하지만 학교 현장은 '듣기와 말히기'의 통합적 수업보다는 읽기 또는 쓰기 중심의 기능별 수업이 주를 이룬 것 또한 사실이다. 제6차 교육과정에서는 4기능을 이해 기능(듣기와 읽기)과 표현 기능(쓰기와 말하기)으로 표기하며, '듣기와 말하기'를 교수・학습 계획 첫 번째에 두며 중점적으로 강조하였다. 그 결과 각급 학교에 Lab실을 설치하는 등, 테이프, CD 등을 활용한 듣기 관련 수업이 부각되기도 했지만, 말하기와 연계되었다고는 보기 어려운 부분이 많다.

제7차 교육과정에서는 다시 언어의 4기능별로 표기를 하되, 각각의 기능을 중심으로 처음으로 의사소통 활동 항목을 신설하여 의사소통 역량을 강조하게 된다. 2007 개정 교육과정에서부터는 정확성보다 유창성을 강조하며 더욱 언어의 통합적 기능을 강화하였다. 또한 언어의 4기능을 유기적으로 연계하여 장면과 상황에 따라 상호 행위가 가능하게 할 것을 명시화하였다. 2009 개정 교육과정에서는 성취 기준으로 언어적 내용 부분에서 4기능 관련 구체적 상황을 예와 함께 제시며 상황에 따라 상호 행위가 가능하도록 교수・학습은 물론 그 결과가 평가로 이어질 수 있도록 하였다. 2015 개정 교육과정에서는 성취기준에서 4기능별 학습요소, 성취기준 해설, 교수・학습 방법 및 유의사항, 평가 방법 및 유의사항이 구체적으로 제시되어 있다. 특히, 성취기준 해설에는 언어의 4기능(듣기, 말하기, 읽기, 쓰기)으로 성취기준을 제시하였지만 학교 현장에서는 언어 4기능을 유기적으로 통합하여 교수・학습할 것을 권장한다고 명시적으로 강조하고 있다.

요컨대, 통합적 수업은 듣고 말하기, 듣고 쓰기, 읽고 말하기, 읽고 쓰기, 쓰고 말하기 등의 형태로 활발히 교육 현장에 적용되고 있다. 이러한 통합 수업의 핵심은 목표언어 화자와의 활발한 의사소통이며, 목표언어가 가진 문화에 대한 이해뿐만 아니라 다양한 매체를 활용한 학습자들의 활발한 수업 참여를 도울 수 있도록 구성되어야 할 것이다.

딕토 글로스(Dicto-gloss)는 짝 또는 소모둠 활동을 통한 듣기와 쓰기 기능의 통합적 수업의 좋은 예이다.

절차는 다음과 같다.

① 교사는 먼저 학습자 수준에 적합한 적절한 텍스트를 정상 속도록 2번 정도 읽어준다(듣기).

② 학습자들은 들리는 내용을 메모한다(쓰기).

③ 짝 또는 소모둠으로 서로의 메모를 바탕으로 목표언어 또는 모국어를 사용해서 교사가 들려준 문장을 가능한 한 정확하게 표현할 수 있도록 한다 (협동학습).

④ 학습자들이 복원한 문장과 교사가 들려준 원래 문장을 비교 확인하며 틀린 곳을 짝 또는 소모둠이 함께 찾아 수정한다.

⑤ 필요에 따라 교사는 문법적 항목을 명시적으로 설명한다(문법지도).

4 확인 학습

* 다음 일본어교사 두 사람의 대화이다. ①과 ②에 들어갈 말을 쓰시오. 또 ③에 공통으로 들어
  갈 말을 カタカナ로 쓰고, 그것에 대해 설명하시오. (4점)

教師A : 来学期に読解の授業を担当することになったんですが、

読解授業は何をすればいいのか悩んでいます。

単語の意味と新しい文法を説明して、韓国語に訳していけばいいですか。

教師B : それも一つのやり方ですね。

文章を理解していくプロセスには（　①　）と（　②　）があります。単語の意味を理解して、

単語から文へ、文から段落へと少しずつ理解を積み上げていくのが（　①　）です。

特にまだ単語や文法知識に制限のある初級の学習者には効果的ですよ。

教師A : もう一つの（　②　）というのは何ですか。

教師B : これは、文字や単語から積み上げる作業ではなく、文章のタイトルなどの周辺

情報をもとに予測や推測を行いながら読んでいく方法です。

脳内にある（　③　）と、書かれた文を照らし合わせていく作業と言えるでしょう。

教師A : 先生、私は英語の授業で、単語の意味も文法も理解できたのに、文章全体の意味が

把握できなかったことがあります。

教師B : それは、内容に関する（　③　）がなかったからでしょう。

すべての学習者が読解の内容についての（　③　）を持っているわけではありませんから、

授業では読む前にテーマについてグループで話し合う準備活動やキーワードの

導入なども大切ですよ。

教師A : そうですね。

모범답안 | ① ボトムアップモデル
② トップダウンモデル
③ スキーマ(過去の経験や学習などを通じて得た様々な背景知識が構造化され
たいること)

VI

평
가

본 장에서는 먼저 언어 교과목의 특성을 중심으로 평가의 목적과 유형 및 언어의 4가지 기능에 따른 평가 방식을 살펴보고자 한다. 다음으로 평가 목적과 측정하려는 언어 기능의 내용에 따른 문항 유형 등을 분류하고 검사지 개발을 위한 유의 사항 등을 살펴보고자 한다. 또한 제7차 교육과정에서는 학생들의 수행과정을 중시하며 그와 관련한 수행평가를 학교 현장에서 실시하고 있다. 이에 수행평가에 대한 이해와 실제 수업에서의 예를 통한 활용법을 강구해 보고자 한다.

1 평가 목적과 유형

학습의 여러 가지 요소가 다양한 수준과 다양한 방법으로 평가될 수 있다. 평가를 위한 소재의 선택과 이 소재가 평가되는 방법은 수업 목표에 의해서 결정되는 평가 목적에 좌우된다. 평가에 앞서서 교사는 다음과 같은 문제들을 고려해야 한다. ① 수업의 목표는 무엇인가? ② 학생들이 어떠한 능력을 보여 줄 것으로 기대하는가? ③ 만일 의사소통 능력이라면 어떠한 능력의 어떠한 수준으로 할 것인가? ④ 평가는 학생들의 학업 성취도를 측정하기 위한 것인가? ⑤ 각기 다른 교육 기관으로부터 우수한 학생을 선발하기 위한 것인가? ⑥ 새로 전입한 학생을 적절한 수준에 맞추어 배치하기 위한 평가인가? ⑦ 통역자나 번역자 선정을 위한 특정 기능에 대한 평가인가? 등 여러 가지 평가 목적이 가능하다. 만일 평가가 이와 같은 목적에 부합하려면 평가 제작에 앞서서 그 목표 결정이 선행되어야 한다.

따라서 목표에 따라 진단 평가(diagnostic evaluation), 숙달도(능력) 평가(proficiency test), 성취도 평가(achievement test) 등의 필요성이 존재하며, 이

와 같은 평가 유형[1])에 따라 구체적으로 살펴보고자 한다.

1) 진단 평가

수업 과정 중에 이루어지는 비공식적인 평가와 수시로 행해지는 간단한 퀴즈 형태의 평가는 교사와 학생 모두에게 교수·학습상의 강점과 약점을 지적하여 주는 기능을 한다. 따라서 이러한 평가 결과는 수업 내용 중 어떠한 부분이 다시 교수·학습되어야 하며 더 많은 연습을 쌓아야 할 부분이 무엇인가를 제시함으로써, 교사가 새로운 교수·학습 과정으로 이끌어 나가는 데 필요한 자료를 제공해 준다.

효율적으로 제작된 진단 평가는 효과적인 교수·학습이 되지 못한 부분을 점검해 줄 수 있으므로 교사에게 좋은 길잡이가 된다. 올바르게 교수-학습이 되지 못한 요인은 경우에 따라서 여러 가지 요인으로 구분하겠으나, 그중 하나는 학생들에게 제시되는 교수 자료의 본질적인 난이도의 문제와 다른 하나는 교사가 학생에게 필요한 학습을 위한 충분한 연습시간을 제공하지 못하였기 때문으로 볼 수 있다. 평가는 그 자체로 하나의 목적이기보다는 교수·학습 과정을 수반하는 선행적인 단계로 보고 평가를 통해 나타나는 어려움의 대상 또는 오해된 부분을 보다 적절히 강조하여 원래 제시된 교수자료를 적합하게 변형하여 지도하는 기능을 수행해야 한다.

또한 진단 평가는 개별화 학습(individualized learning) 프로그램의 필수적

---

[1]) 학교 현장에서 널리 활용되는 진단 평가, 숙달도(능력) 평가, 성취도 평가 이외의 평가에는 다음과 같은 것이 있다. 형성 평가(formative evaluation)가 있다. 교육의 과정에서 행해지는 교육의 달성도를 조사하기 위한 평가이다. 현행 교육의 달성 여부와 교육방침 조정의 필요성 등의 판단 자료가 된다. 구체적으로는 수업에 있어서 학습자의 활동 상황의 관찰이나 퀴즈 성취도 평가를 기본으로 행해진다. 학급의 달성도가 낮은 경우에는 수업의 진도, 교육방법, 교재, 학습자의 노력 등 어느 것이 문제인지를 조사, 정리하게 된다. 또 학급 전체의 수준에 비해 특히 낮은 학습자가 있는 경우에는 보충 학습이나 과외 수업, 가정학습 등에 의해 뒤처진 부분을 보충하기 위한 근거 자료가 된다.
적성 검사(평가)(aptitude test)는 어떤 종류의 학습이나 직업을 좋아하는지 어떤지를 판정하기 위한 평가이다. 언어 적성 검사로서는 미국의 MLAT(Modern Language Aptitude test)가 유명하다.
배치고사(placement test)는 새로 입학한 학습자에게 최적의 교육을 실시하기 위해 그 시점의 능력, 장점, 결점 등을 명확히 하기 위한 검사이다. 출제범위는 학습자의 과거 학습 내용과는 관계가 없고, 이제부터의 교육에 필요한 능력 정도를 조사한다. 능력의 수준에 따라 어느 학급에 소속시킬 것인지를 결정하는 경우가 많다. 일본에서는 組分けテスト라고도 한다.

인 요소이다. 이 경우에 학생들은 각 단원에 대한 학습이 완료되었다고 생각될 때 시험을 행할 수 있다. 그리고 이러한 평가는 학생들이 다음 단원이나 과제로 넘어갈 준비가 되었는지를 확인하는 데에 도움이 될 수 있다. 만일 평가 결과가 어떤 학생들에게 새로운 과제로 넘어갈 준비가 되어 있지 않음을 보여 준다면, 개별평가분석에 의해서 부차적인 학습을 필요로 하는 영역이 무엇인지에 대한 정보를 얻을 수 있다.

2) 숙달도(능력) 평가와 성취도 평가

Bière(1972: 322)에 의하면 숙달도 평가는 특정 교재나 단원 및 교수방법에 상관없이 해당 언어에 있어서 개인이 보여 주는 언어능력의 정도를 측정하는 평가인 데 반하여, 성취도 평가는 개인이 공식적인 교실 수업에서 제시된 언어 기능 및 정보를 어느 정도로 습득했는가에 관한 평가를 뜻한다고 정의하였다.

숙달도 평가 제작에 있어 평가내용은 어느 특정인 또는 특정 교육기관에서 배운 교육내용에 관련되는 것이 아니고 성공적인 언어 학습자에게 바람직하게 요구되는 언어능력 수준에 관한 것이다. 예를 들면, 미국의 경우 주에 따라서는 교사와 예비교사는 부임할 학교에 배치되기 전에 언어의 기본적 기능에 대해 어느 정도의 언어능력 수준이 있는가를 확인하는 요구가 있다. 뿐만 아니라 해당 언어권 사람들의 문화에 대한 지식, 응용언어학 및 교수방법론에 관한 지식까지도 확인한다.

성취도 평가는 숙달도 평가와는 달리 일정한 기간을 두고(중간고사 또는 기말고사) 이미 학습한 내용을 문항으로 출제하는 것이 보통이다. 이러한 평가는 교수방법에 커다란 영향을 줄 수 있다. 왜냐하면, 교사로 하여금 평가되는 특정 분야에 대하여 학생들이 적절하게 학습되었는지를 확인시켜 주기 때문이다.

몇몇 언어의 경우에는 표준화된 성취도 평가(standardized achievement tests)가 가능하다. 학교가 아닌 타 기관에 의해서 출제되는 이러한 평가는 다양한 수준의 성취도를 알아보기 위해서 만들어진다. 표준화된 성취도 평가는 보통 전문가에 의해서 준비되며 사전 평가에 의하여 여러 가지 미비한 요소가 수정된다. 이렇게 제작된 평가는 서로 다른 지역의 각급 학교에 소속된 대단위 학생들을 대상으로 실시하며 얻어진 점수결과를 토대로 당해 연도의 각 학생집단별 학력수준에 대한 비교와 또는 다른 해와의 비교가 가능하다.

3) 상대평가와 절대평가

Brown(1989)에 의하면 상대평가(relative evaluation)는 전반적인 언어능력이나 개별 기능을 측정하기 위한 것으로 정상분포(normal distribution)라는 통계적 개념에 의거하여 해석되는 것이 보통이며, 절대평가(absolution evaluation)는 교과과정 내의 특정 프로그램에서 정해진 교수목표 달성 여부를 측정하는 것이 보통의 경우라고 정의하고 있다.

다시 말해, 상대평가는 어느 학생의 평가결과를 다른 학생의 평가결과와 비교하여 순위를 부여하는데, 이 경우 그 기준은 수험생 집단의 평균점에 의해서 마련된다. 표준화된 평가에서 그 기준점수란 해당 평가를 수차 실시한 결과 많은 학생들에 의해서 얻어진 평가결과의 평균 수준을 나타낸 것이다. 이 경우 상당히 많은 수의 수험자가 있을 때에는 그 점수가 정상분포에 가까워 개별 학생들이 도달한 백분율 수준을 알 수 있다.

〈표 6.1〉 상대평가와 절대평가

특 징	상대평가	절대평가
해석 방법	상대적(한 사람의 수험자의 성적이 다른 수험자의 성적과 비교된다.)	절대적(한 사람의 수험자의 성적은 습득한 언어자료의 양, 즉 퍼센트로 비교된다.)
측정 종류	일반적인 언어 능력과 언어 숙달도를 측정한다.	목표로 정해진 특정 언어 항목을 측정한다.
테스트의 목적	수험자를 일반적 언어 능력이나 언어 성숙도에 기초해서 직선상에 나열한다.	개개의 수험자가 습득한 언어자료의 양을 측정한다.
득점의 분포	평균가를 중심으로 한 정규분포	보통은 정규분포로 하지 않음(학습사항을 전부 알고 있는 수험자는 전원 100% 득점할 수도 있다.)

특　징	상대평가	절대평가
테스트의 구조	여러 가지 내용으로부터 이루어진 소수의 비교적 긴 하위테스트 문항	같은 종류의 내용으로부터 이루어진 목표가 있는 하위 테스트군
질문의 예상	수험자는 질문 내용을 거의 예상할 수 없다.	수험자는 테스트 질문 내용을 정확히 예상할 수 있다.

반면 절대평가는 학생이 성취해야 할 목표, 즉 기준이 설정되며 학습자에 따라서 다른 학습자보다 학업성취 소요시간이 더 걸릴 수도 있다. 절대평가는 학생 모두가 특정 교수자료에 있어서 일정한 습득수준을 보여 주어야 되는 교과과정에 활용된다. 예를 들어, 국제선의 승무원은 상황에 따라 외국어로 말하거나 들을 수 있어야 하므로 고도의 언어구사력을 필요로 한다. 이와 같은 평가 유형의 점수는 타인의 성취도와 비교되지 않고 미리 정해 놓은 기준과 관련하여 개인이 보여 준 언어능력 수행의 입장에서 해석된다.

지금까지 살펴본 언어 평가의 목적에 따른 분류를 도표로 요약해 보면 다음과 같다.

〈표 6.2〉 언어 평가의 목적에 따른 분류

테스트 특성	의사결정의 종류			
	상대평가		절대평가	
	숙달도(능력)	배치	성취도	진단
정보의 상세함	매우 일반적	일반적	구체적	매우 구체적
초점	입학에 필요한 일반적 언어능력	언어프로그램 전체 수준과 능력에 관한 학습 사항	코스나 프로그램의 최종 목표	코스의 최종 목표와 하위 목표
의사결정 목표	개인의 종합적 능력을 다른 그룹 또는 개인과 비교한다.	학습자 한 사람 한 사람의 적절한 수준을 판정한다.	진급이나 졸업을 위한 학습 정도를 결정한다.	더 많은 학습을 요하는 목표와 직접적으로 관계
언어 프로그램과의 관계	그 외의 교육기관과 비교한다.	프로그램 내에서 비교한다.	프로그램 목표와 직접관계	더 많은 학습을 요하는 목표와 직접관계
실시 시기	입학 전 또는 졸업할 때	프로그램의 시작	코스의 종료	코스의 시작 또는 중간

테스트 특성	의사결정의 종류			
	상대평가		절대평가	
	숙달도(능력)	배치	성취도	진단
득점 해석	득점 분포	득점 분포	학습된 목표 수와 양	학습된 목표 수와 양
장점	선발상황에 유리 학습동기 유발 통계적 처리 용이		성취도 판단(수업의 질적 관리, 자격 인정에 유리) 건전한 학습 분위기 조성 교육의 책임성 조성	
단점	교육의 질에 둔감 배타적 인간관 형성		목표 지향 측정 　- 수업목표의 명료화 　- 타당도 강조 　- 성취기준의 설정	
교육관	선발적		발달적	
지향 분포	정상적 분포		부적 분포	

2 언어 기능과 평가[2]

　언어 학습 결과에 대한 평가는 앞서 살펴본 것처럼 언어 학습이 추구하는 목표 결정이 선행되어야 한다. 즉, 목표가 결정된다는 것은 듣기, 읽기, 쓰기, 말하기의 4영역 가운데 무엇을 얼마나 어떻게 신장시킬 것인가에 대한

---

[2] OPI 평가법(회화능력측정법: 会話能力測定法)
(1) OPI(Oral Proficiency Interview)의 정의: 구두표현 능력을 면접에 의해 종합적으로 측정하기 위한 표준화된 시험
(2) OPI의 평가순서
① 도입: 가벼운 날씨이야기 등으로 부드러운 분위기를 유도하여 심리적 안정 상태를 유지
② 가분류: 비교적 낮은 수준으로, 얼마나 다양한 장면과 종합적인 과제에 잘 대처하는지 파악
③ 레벨탐색: 언어적 좌절상태로 대처할 수 있는 최상의 레벨이 어디인가를 분석하여 탐색
④ 마무리
(3) OPI의 특성: 종합성, 임기응변성・현장성, 기준 중심의 평가
(4) OPI의 장점: 평가의 객관화, 평가의 표준화, 평가의 종합화
(5) OPI의 한계점
① 시험관의 화제 전개 방식에서 영향을 받을 수 있다.
② 일본어의 특성상 오디오 테이프가 갖는 한계로 비언어의 측정이 불가능하다.
③ 대량평가가 불가능하다.
④ 시간의 제약에 따른 설정 장면 수의 한계
⑤ 고비용

결정이기도 하다. 따라서 언어 학습에 대한 목표 설정은 언어 기능과 관련하여 결정되며, 이는 또한 평가 방식에 영향을 준다.

이에 본 절에서는 언어의 4기능과 그에 따른 평가 특징에 대해 살펴보고자 한다.

1) 듣기

청해 능력에는 기능별로 크게 미시적 청해(micro-listening)와 거시적 청해(macro-listening)로 대별된다. 미시적 청해는 발음, 단어, 구문의 식별 등의 언어 요소의 분석을 통한 청해 능력(following)을 말하고, 거시적 청해는 언어 요소의 분석적 청해 과정을 넘어서, 연음되는 음성언어를 의사단락으로 크게 듣는 과정(chunking)을 통해, 사실이나 개념의 교화, 화자의 의도의 유추 등을 통한 광의(広義)의 의사소통에 관련한 청해 능력(understanding)을 말한다. 미시적 청해는 상향식 읽기 인지과정에, 거시적 청해는 상향식과 하향식의 혼합적 읽기 인지과정에 비유해 볼 수 있다(Rivers and Temperley, 1978).

청해 능력을 위한 요소로서는 ① 발음 식별력, ② 억양 및 강세 이해, ③ 구어(口語)의 특징 이해, ④ 어휘 및 숙어력, ⑤ 문법실력, ⑥ 세부내용 파악능력, ⑦ 중심사상 파악능력, ⑧ 화자의 태도(얼굴 표정 및 몸동작) 및 어조의 이해 및 추론, ⑨ 세상지식 등이 있다.

일반적인 의사소통 상황에선 청해의 궁극적인 목적은 미시적 청해 과정을 넘어서 거시적 청해의 성취에 있다고 보는 만큼, 청해 능력 평가에서도 청해의 기본이 되는 미시적 청해뿐만 아니라 전체적인 내용 파악을 위한 거시적 청해 능력에 초점을 두어야 한다.

(1) 청해 시험의 특색

보편적으로, 청해 시험이라고 하면 다음과 같은 타입의 문제를 생각하게 된다.

학습한 구문이나 어휘를 사용한 문장을 들어서 알 수 있는가 어떤가를 묻

는 문제. 예를 들면, 「机の上に帽子があります。」(책상 위에 모자가 있습니다.)라는 일본어 문장을 듣고, 책상 위나 아래 혹은 옆에 모자나 공 등이 놓여 있는 네 개의 그림 가운데에서 정확한 것을 선택한다고 하는 문제.

또는 문제문으로 주어진 담화에서, 정보를 정확하게 들을 수 있는가 어떤가를 묻는 문제. 그 담화에는 미지(未知)의 구문이나 어휘, 대화체 특유의 어법 등도 포함된다.

이와 같은 사항을 정리해 본다면, 다음과 같은 특색이 있다.

첫째, 학습자가 교실을 포함한 일상생활에서 부딪히는 과제와 마찬가지의 과제를 해결할 수 있는가?

둘째, 정보의 정확한 청취에 그치지 않고 들어서 무엇인가를 하는 것, 즉 과제를 해결할 수 있는가?

셋째, 원하는 것을 모두 듣는다고 하는 것만이 아니라 과제의 해결에 있어 가장 효과적인 듣기 방법을 구한다. 구체적으로는 과제의 해결에 있어 중요한 부분에 주목해 듣고, 그 외의 정보에 대해서는 흘려버린다고 하는 적절한 방법을 사용할 수 있는가?

(2) 청해 시험에서 측정하는 것

위에서 말한 바와 같은 특색을 지닌 청해 시험에 의해, 어떠한 능력을 측정하는가에 대해 살펴보면 다음과 같다.

첫째, 구문·어휘 능력의 위치

둘째, 정보를 정확하게 들을 수 있는 능력의 위치

셋째, 청해 행동 능력

넷째, 청해 행동 능력의 형성

(3) 청해 시험의 구성

① 청해 시험의 기본적인 성립

청해 시험은 먼저 청해 과제에 대한 지시가 있고, 다음에 지정된 그 과제를 해결하는 데 필요한 정보를 얻기 위한 문제 본문이 주어지고, 지시의 재확인이 있으며, 마지막에 선택지가 주어진다고 하는 구성으로 이루어져 있다. 이와 같은 흐름의 기본적인 성립을 이루는 커다란 두 가지의 구성 부분은 지시와 문제 본문이다. 간단히 말하자면 어느 과제가 주어지고 그 과제 해결에 필요한 담화가 주어진다는 것이다. 이 과제를 학습과제(task)라 하며, 그리고 주어지는 담화를 교재(text)라 한다. 이들이 어떠한 성격을 갖고 있는가에 대해서는 다음과 같다.

② 학습과제(task)

학습과제는 앞서 말한 바와 같이 학습자가 교실을 포함한 일상생활에서 부딪히게 되는 과제와 성격을 공통으로 하는 것을 중심으로 취급한다. 또, 이 학습과제의 특징적인 것은, 이 학습과제가 문제 본문이 주어지기 전에 시험에 제공된다는 것이다. 즉, 문제 본문에 앞서 과제가 제시된다고 하는 자유 학습과제(pretask)의 형식을 취하고 있다. 자유 학습과제의 형식을 취하는 이유는 다음과 같다.

• 청해를 어떤 정해진 목적을 가진 듣기로 할 수 있다.
• 문제 본문 즉, 교재를 들음에 있어 학습자가 가지고 있는 예비지식이나 경험을 활용해서 들을 수 있다.
• 자유 학습과제로서의 목적이 주어진 경우에는 가장 중요한 점이 무엇인가에 대하여, 교재를 듣기 전에 미리 판단할 수 있다.
• 또 그 결과, 문제 본문 즉 교재 속에서 미지의 구문이나 어휘가 있다고 하더라도 듣지 않으면 안 될 중요한 부분만을 집중해서 듣고, 그 부분에 이미 알고 있는 구분이나 어휘를 최대한 활용해서 정보를 얻어 낼 수 있도록 듣는 태도가 가능하게 된다.

③ 교재(text)

청해 시험에서 듣고 있는 교재는 소위 자연스런 언어로 구성되어 있다. 그

것은 일본어 교과서에서 언급되어 있는 이미 학습한 구문이나 어휘만을 사용한 것은 아니다. 일본인이 일본인에 대해 사용되어 온 뉴스 등의 교재와, 또 다른 특징적인 것으로는, 일본어 화자(話者)인 말하는 사람이 실제로 일본어를 모어로 하지 않는 학습자에게 뜻을 전하려고 하는 것으로, 말하려고 하는 내용이 명확하게 전해지도록 배려해서 구성된 교재이다. 특히, 후자의 성격의 교재에서는, 다음과 같은 점이 말하는 사람에 의해 배려된다.

- 듣는 이의 일본어 능력이 어느 정도인가?
- 듣는 이의 문화적 배경이나 일본 문화나 사회에 대하여 지식이나 경험은 어느 정도인가?
- 듣는 이의 말하는 내용에 대하여 지니고 있는 흥미나 관심의 정도는 어떠한가?
- 듣는 이의 말하는 내용에 대하여 어떠한 예비지식이나 배경지식을 가지고 있는가?

구체적으로는 다음과 같은 것을 고려하면서 담화가 이루어진다.

- 무엇을 어떠한 순서로 말하는가?
- 그 내용이나 화제 또는 정보를 어느 정도 생략하거나 간략화하는가? 혹은 역으로 설명을 더하거나 하는가?
- 상대에게 이해 가능한 어휘는 무엇인가?
- 상대의 능력에 맞는 문의 구조는 무엇인가?
- 이어진 발화(発話)의 길이는 적절한가?
- 말의 전개의 스피드는 적절한가?
  특히, 중요한 부분에 대해서는 강조하려고 하지 않는 부분과의 구별이 가능한가?
- 상대가 알 수 없는 가능성이 있는 부분에 대해서는 반복하거나 바꾸어 말하거나 또 재차 한 번 더 말하거나 하는 등의 조정을 할 것인가?

• 상대가 알았다거나 어떤가를 직접 확인하는 것을 할 것인가?

(4) 청해 시험 교수요목의 목적

교수요목은 시험문제 작성자의 기준이 되는 것이다. 청해 시험에는 어떠한 청해 능력을 측정하는가에 의하여 여러 가지가 있을 수 있고, 또 경우에 따라서는 어떠한 능력을 측정하는가가 명확하지 않는 시험 문제로도 여겨질 수 있다. 이 교수요목하에 있는 청해 문제를 위해서는 일정한 성격에 따른 시험항목을 준비한다고 하는 것이 지목된다.

단, 여기에 제시된 것은 한 번 제시되면 이 형태 그대로 계속 능력시험이 실시된다고 하는 성질의 것이 아니고, 수험자, 교사, 학습자 게다가 문제 작성자 각각의 시점에서 피드백을 얻는 것에 의해 그 불충분한 점, 혹은 조정해야 할 점을 명확하게 하고, 그것에 기초해서 계속적으로 개선해 가는 것이다. 특히 일본어 능력시험 속에서 청해 부문에 대해서는 무엇을 청해 능력으로 취급되는 것인가, 그리고 그것을 어느 형식의 문제로 묻는가에 대하여 다년간 검토되어 왔다.

(5) 청해 시험 과제의 해설

여기서 말하는 청해 시험의 교수요목은 일본어 능력시험의 청해 시험으로 행해지는 시험 문제의 유형을 나타낸 것으로 그 의미로 출제를 위한 기준이며 출제자가 문제 작성에 있어서 하나의 기준으로 사용한다.

다음 <표 6.3>은 청해 시험에서의 과제 일람표로 짙은 색 부분은 어느 급을 중심으로 그 과제가 출제되었는가를 나타냄을 뜻한다. 이상과 같이 일본어 청해 시험에 대한 전반적인 사항(국제교류기금: 1994)을 서술해 보았다. 본 연구에서의 청해 문제는 이와 같은 기준에 의거하여 출제된 문제 중에 일부를 선정한다.

<표 6.3> 청해 시험 과제 일람표

과 제 명		1급	2급	3급	4급
A. 정보완성	A-1. 지시에 의한 정보 완성				
	A-2. 정보완성에 의한 이론적 판단				
B. 규칙·법칙·경향의 적용/검증	B-1. 규칙·법칙·경향의 구체적인 예 적용				
	B-2. 규칙·법칙·경향의 검증/수정				
	B-3. 구체적 예에 기초한 규칙·법칙·경향의 판단				
C. 정보종합	C-1. 정보의 비교(상이점)				
	C-2. 정보의 비교(공통점)				
	C-3. 정보의 종합				
D. 의도파악	D-1. '예/아니오'의 판단				
	D-2. 의향의 판단				
E. 조회	E-1. 네 개의 사물·인물의 조회				
	E-2. 하나의 사물·인물의 조회				
F. 순서 재구성	F-1. 시간적 순서의 재구성				
	F-2. 순서·절차의 재구성				
G. 사물·인물의 동정					

2) 말하기

말하기의 기능별 영역으로는 개인적인 일상 회화(가족, 친구 간 대화 등)로부터, 사무적인 대화(사업 거래 등), 매우 공식적인 의사표현(강의 및 연설 등)까지 그 기능이 극히 광범위하다. 예를 들면, 격식(formality)에 따라서, 극도의 격식을 갖춘 1 대 다수의 대화, 일반적 격식을 갖춘 1 대 다수의 대화, 진찰이나 상담 등의 격식을 갖춘 1 대 1의 대화, 격식을 덜 갖춘 1 대 1의 대화, 비격식적인 1 대 1의 대화 등으로 나눌 수 있다.

말하기 능력의 구성 요소로는 문법, 어휘, 발음 등의 가장 기본적 요소 외에도, 유창성(fluency)과 표현의 적합성(appropriateness), 더 나아가서, 필수적인 청해력과 추리력, 감정의 적절한 비언어적 표현 등 상황 판단적 능력(strategic competence)까지 극히 다차원적이므로 정의하기가 쉽지 않다(Bachman,

1990). 즉, 회화능력의 요소 및 기능 자체의 성격을 제대로 정의하기 힘들기 때문에 시험의 개발과 평가방법의 설정 및 결과의 해석, 타당성의 검증에 있어 상반되는 견해(언어사용 상황에 근거한 real life 평가 방식, 언어능력 요소에 근거한 평가 방식)가 있을 수 있다(Bachman, 1990).

3) 읽기

독해의 기능별로 보아 읽기 영역은 ① 읽기 전 단계부터, ② 정독, ③ 대의 파악(skimming), ④ 신속히 정보 찾기(scanning), ⑤ 읽기 후 단계로 결론 유도 및 추론 등의 능력까지를 일컫는다. 그리고 독해를 위한 여러 요소별로 보아 ① 문자 식별력, ② 어휘(숙어)력, ③ 문법실력(구문력), ④ 문단의 세부내용 파악 능력, ⑤ 중심사상 인지 및 결론 유도, ⑥ 작가의 태도와 어조의 이해 및 추론, ⑦ 속독 능력, ⑧ 세상 지식(world knowledge) 등이 있다.

언어평가에서 어디까지 독해능력으로 평가해야 하는가라는 점에선 논란이 있을 수 있으나, 주로 언어학습 초보자들이 활용하는 상향식(bottom-up) 독해 방법보다는 상향식 방법과 하향식(top-down) 방법의 절충적(interactive) 독해 과정을 활용할 때 유리하도록 세부적인 내용뿐만 아니라 전체적인 내용과 이해를 강조하는 독해능력 평가를 추구해야 할 것이다(Goodman 외, 1967).

4) 쓰기

우리가 일상생활에서 활용하는 작문의 기능은 매우 개인적인 기능(일기, 개인적 편지 쓰기)으로부터 매우 공식적인 기능(사무서류, 연구보고, 법적 문서 작성)에 이르기까지 다양하여 격식(formality)에 따라 사용되는 문어체의 언어학적 성격이 매우 다양하다.

작문능력은 요소별로 보면, ① 기계적인 능력, ② 어휘력, ③ 문법실력, ④ 적절한 어휘 선택, ⑤ 구성력, ⑥ 내용 및 표현의 일관성, ⑦ 적합성, ⑧ 수사법, ⑨ 논리, ⑩ 문체 등으로 다양하게 구분할 수 있다.

이렇게 다차원적인 기능과 요소로 구성된 쓰기 능력은 피험자의 언어 교육 목표에 근거하여 측정 가능한 기능별 영역으로 세분화된 작문시험을 통해 평가되어야 한다.

③ 언어 평가 문항의 형태적 분류

이상과 같은 평가의 목적과 측정하려는 언어 기능의 내용에 따라 평가 문항의 유형 또한 다양한 방식으로 분류할 수 있다.

본 절에서는 언어 평가 문항을 유형별로 분류하여 장단점을 살펴보고자 한다.

1) 객관식 평가

객관식 평가와 주관식 평가를 구분할 수 있는 하나의 기준은 점수화 가능성이다. 객관식 평가는 미리 정해진 수의 답만이 가능하고, 기계적 채점이 가능하고 평가 준비기간이 오래 걸리지만 채점이 용이하고, 학습 진행에 대해서 정확한 정보를 얻을 수 있으며, 자주 평가할 수 있는 장점이 있다. 또한 언어의 이해기능(듣기, 읽기) 측정에 보다 적합하다.

(1) 선택지 및 정답의 형태와 수

① 정오(true, false) 판정 테스트[3]

이 유형은 50%의 확률을 가지고 있으므로 바람직한 평가유형은 아니지만, 다음과 같은 장점과 단점을 모두 갖추고 있다. 장점으로는 첫째, 문항제작이 용이하다. 둘째, 채점의 객관성을 높일 수 있다. 셋째, 문항 교정 및 수정 개선에 신속성을 가져 능률적이다. 넷째, 피험자에게 시간적으로 경제

---

3) 일본어로는 真偽法テスト라고 한다.

적이다. 끝으로 주어진 검사시간에 다수의 문항으로 많은 교과내용을 측정할 수 있다.

반면 단점으로는 첫째, 앞서 언급한 것처럼 추측에 의하여 문항의 답을 맞힐 수 있다. 즉, 문항의 답을 알지 못하고 정답을 찾아낼 확률이 50%에 해당하므로 추측에 의하여 문항의 답을 맞힐 확률이 높아 검사의 신뢰도가 낮아질 수 있다. 둘째, 학생의 오차를 통제하기 힘들다. 즉, 이분 점수이므로 문항의 변별력이 감소할 수 있다. 셋째, 학습동기가 감소된다. 학생들은 그날의 운에 의지하는 경향을 보인다. 넷째, 문항진술이 간단하기 때문에 '정(true)'과 '오(false)'를 판단하기가 어렵다.

예) 다음 표현이 맞으면 ○, 틀리면 X 하시오.
1. 机の上に本があります。(   )
2. 先生は教室にあります。(   )
3. 私の前に花があります。(   )

② 다지 선택형(multiple‒choice) 테스트

객관식 문항의 전형적인 유형이다. 객관적 유형으로는 장점이 많으나 훌륭한 다지 선택형 문항 자체를 만드는 것이 어렵고, 정오 판정 테스트처럼 수험자가 답을 모르는 경우에도 답을 맞힐 가능성이 여전히 남아 있다. 하지만 선택지의 수, 선택해야 하는 정답의 수에 따라 다양한 변형 형태가 가능하므로 이를 이용하면 객관식 문항의 단점을 보완할 수 있다.

우선 정답의 수가 하나인 경우, 선택지의 수는 수험자가 답을 모르는 경우에도 답을 맞힐 확률과 밀접히 관련된다. 즉 선택지의 수가 많을수록 이 확률은 떨어지지만 문항 출제자가 좋은 문항을 만들 확률도 동시에 떨어진다. 현재 가장 일반적으로 실시되는 다지 선택형 문항에서 선택지의 수는 4~5개이다.

예) A: a. 御主人はいらっしゃいますか。

　　 B: a. はい、いらっしゃいます。

　　　　 b. はい、まいります。

　　　　 c. はい、おります。

　　　　 d. はい、います。

③ C-Test[4]

Cloze-Test[5]의 변형으로서 C-Test란 문절 속의 빈칸에 적당한 어휘나 표현을 넣는 것으로 완전한 의미가 있는 문절로 만드는 시험이다. 5～6개의 다소 짧은 지문으로 구성된다. 장점으로는 정확한 단어의 채점이 가능하고 채점이 매우 효율적이며, 몇 개의 다른 지문을 사용하여 많은 수의 문항을 개발할 수 있으므로 높은 신뢰도를 얻게 된다. 그리고 Cloze-Test보다 학생들에게 심리적으로 부담감을 덜 준다.

예) この道を(ま　　　)すぐ行ってください。

　　 東京で(で　　　)に のります。

　　 子供は池の(そ　　　)に います。

(2) 지문과 선택지의 사용 매체

언어 평가에 사용되는 지문과 선택지는 문자, 음성, 정지화상, 동영상 등 다양한 매체가 사용될 수 있다. 매체의 선택은 평가의 목적, 유형, 대상자의 연령 등에 따라 이루어지며 한 문항에 여러 가지 매체가 복합적으로 사용될 수 있다. 예를 들어 '듣기' 능력을 평가하는 것이라면 지문 또는 선택지에 음성 자료 또는 음성을 포함하고 있는 동영상 자료가 제공된다. '읽기' 능력을 평가하는 문항이라면 지문이나 선택지가 문자 또는 그림 등의 정지화상으로 제시될 수 있다.

---

4) 일본어로는 完成法テスト(complement test: 穴埋めテスト)라고 한다.

5) 주관식 평가 참조.

예)

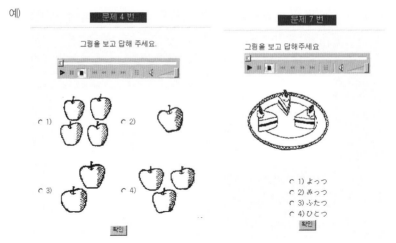

2) 주관식 평가

주관식 평가는 채점 시간과 채점에 있어서 출제자의 의도에 따라서 많은 영향을 받으므로 대규모 평가에서는 객관적 평가를 주로 이용하는 경향이 있다. 주관적 평가는 하나의 정답을 예측하는 것은 불가능하지만, 언어의 표현 기능(쓰기, 말하기)의 측정을 위해서는 유용하다.

(1) Cloze－Test

Cloze－Test에서는 매 5～7번째 단어가 생략되고 피험자는 이 빈칸을 채워야 한다. 채점 방식에는 정확한 단어만을 맞는 것으로 평가하는 방법과, 수용 가능한 단어도 맞는 것으로 평가하는 방법이 있다. 전자의 방식에 의하면 모국어 화자도 100% 정답을 얻어 내지 못한다. 후자의 방법이 보다 타당하지만 채점하는 데 복잡하다는 단점이 있다.

따라서 무작위로 빈칸을 선정하기보다는 합리적인 판단하에 빈칸을 선정하여 Cloze－Test를 구성해야 한다. 이 방법을 이용하면 학생들의 전체적인 이해도와 언어능력을 평가할 뿐 아니라 문법적, 어휘적 문제점을 평가하는 것이 가능하다.

예) ようこそ

　　みなさん、日本語会話クラブの ホームページに ようこそ!

　　日本語会話クラブは *毎週* 2回、

　　日本人と いっしょに 会話の 練習を します。

　　お天気の いい 日には (　　　　　　)にも 行きます。

　　それから 1年に 1会 日本の 高校生にも (　　　　　　)。

　　日本語の (　　　　) 人なら だれでも OKです。

　　日本語で (　　　　) 話しましょう。

　　日本語会話で あなたも 国際人に!

(2) 받아쓰기

　적절한 시험 기법을 통한 받아쓰기 시험은 청해 능력뿐만 아니라 언어의 전반적인 능력을 가장 잘 대표한다. 받아쓰기는 정상적인 속도로 세 번 읽는데, 첫 번째는 휴지기간이 없이 빠른 속도로, 두 번째는 학생들이 받아쓸 수 있는 휴지기간을 주며, 세 번째는 학생들이 자신의 답을 정정할 수 있도록 좀 더 짧은 휴지기간을 준다. 그러나 한 번에 받아써야 하는 분량은 12개 단어를 초과하지 않아야 한다.

　받아쓰기의 장점으로는 다음과 같은 점을 들 수 있다. 첫째, 대화하는 수준의 속도와, 단기기억에 적합한 길이 등의 조건을 구비하고 있으므로 전체 숙달도 평가에 매우 좋은 방법이다. 둘째, 학생들의 현재 수준을 진단할 수 있는 충분한 정보를 제공해 준다. 단점으로는 다음과 같은 점을 들 수 있다. 첫째, 본문의 문맥이 단어를 추측하는 데 도움을 주기 때문에 음을 분별하는 능력을 정확히 평가하지 못한다. 둘째, 순수한 평가라기보다는 혼합된 성격을 가지고 있다. 셋째, 학생들의 말하기 능력에 대해서는 전혀 평가할 수 없다. 넷째, 채점하는 데 드는 시간과 노력이 많이 소모된다.

　받아쓰기를 변형한 것으로는 Cloze-Test와 유사한 형태로 빈칸이 많은 인쇄된 본문을 학생들에게 나누어 주고, 각 문항을 한 번씩만 읽어 주는 것이다. 이러한 방법을 '부분적 받아쓰기'라고 하는데, 준비하는 데 시간이 걸리지만 채점이 용이하고 실시하기가 용이하며, 점수결과가 객관적이라는 장점이 있다.

(3) 면접

면접에서 피험자는 두 명의 면접관으로 구성된 한 팀에 의해 면접을 받게 된다. 여기서, 두 명의 심판관을 이용하는 것은 최종평가의 신뢰도를 높일 수 있기 때문이다.

면접에서 기본적인 등급은 약 5분 안에 결정할 수 있으나 정확한 말하기, 읽기 등급 평가를 위해서는 보다 많은 시간이 소요된다. 이 방법에서는 피험자가 유사한 구조와 주제를 반복하는 데 시간이 소요되고, 특정한 주제에 대해서는 전혀 언급을 하지 않는 경향이 있어서 문제점으로 지적되고 있다. 또한 개인적인 성향의 문제가 존재하고, 이전의 피험자가 월등한 능력을 발휘했으면 뒤에 따르는 피험자는 상대적으로 평가 절하되고 그 반대의 현상도 일어나는 문제점이 있다.

(4) 작문

작문능력상 단계적 측면에서 보면, 기초 단계(통제 작문: guided writing)와 기능(functional) 단계(요약 작문, 자유 작문)로 나눌 수 있다. 문장 결합 등의 초보 작문 유형이나 문법적인 변환을 주로 다루는 통제 작문 유형은 작문에 필요한 문법능력을 측정하는 작문의 전 단계 시험 유형으로 진정한 의미의 작문 시험 유형이라 할 수 없다.

통제 작문과 자유 작문의 중간 단계로 사용할 수 있는 테스트 기법은 주어진 문장을 읽고 일정한 단어 수의 문장으로 요약하는 방식이다. 통제 작문은 문법 등의 기계적인 면에 초점을 맞춘 작문형태이고, 논리성과 창의성까지 측정하므로 대부분의 피험자들의 실력 수준을 고려해 볼 때 변별력이 떨어질 수 있으므로, 중간 단계라고 할 수 있는 요약 방식의 테스트를 사용하는 것이 바람직하다. 독해 지문의 길이와 요약의 방식은 테스트의 목적과 피험자의 수준에 따라서 정할 수 있으며, 요약 방식을 통제하는 정도에 따라서 평가의 객관성 정도가 달라진다.

예) きのうは 雨が ふって いたが、きょうは とても 天気が よかった。
    きょうは 一人で 秋葉原に 行った。秋葉原は 電気せいひんが 安くて
    有名だ。近くの 駅から JRに 乗って 行った。日曜日なので 秋葉原
    には 人が たくさん いた。わたしは カメラが ほしかったので、まず
    カメラの 店に 行った。いろいろな カメラが あったが、最近は 小さ
    い カメラが 人気だそうだ。でも 新せいひんは やっぱり 高かった。
    少し 形は 古いが 安い ものを 買った。あしたは この カメラを
    持って 東京ディズニーランドに 行く 予定だ。あしたの ために きょ
    うは 早く ねよう。

※ 위 문장을 읽고 20단어 이내로 요약하시오.

(5) 과제형 테스트 또는 논술

주제를 정해 두고 수필이나 자유로운 쓰기 연습을 통한 쓰기 평가가 여기에 속하지만, 객관적인 평가를 위해서는 바람직하지 못하다는 이유로 위에서 살펴본 것과 같은 변형된 테스트가 선호되고 있다.

4 검사 개발

1) 검사 개발 시 유의점

검사작성에 있어서는 여러 가지 점에서 유의해야 한다. 사실, 좋은 검사를 만드는 것은 쉽지 않다. 검사를 해 보면 미흡한 점을 발견하는 경우가 많다. 그렇게 되지 않게 하기 위해서 다음과 같은 점에 충분한 주의를 주어 검사를 개발하도록 하여야 한다. 또 과거의 검사는 모두 보존하고 문제점이 있는 곳은 명확하게 기록하여 똑같은 실수를 하지 않도록 주의해야 한다. 검사의 역할을 단순히 학력을 체크하기 위한 것이라고 생각하지 말고, 검사를 하는 것에서 학습자가 보다 학습의욕을 불태울 수 있도록 하는 것이 가장 바람직하다. 따라서 수업활동이 유창한 언어표현 활동 중심인 경우 검사가 문법 항목만이 안 되도록 하는 것이 중요하다. 학습하고 있는 내용과 검사 내용에 불일치가 있어서는 안 된다.

① 무엇을 검사하고 싶은지를 명확하게 하고 그것을 가장 잘 반영할 수 있는 검사를 작성한다.

② 검사형식은 친숙한 것으로 한다.

③ 언어 외의 지식을 검사하는 것이 있어서는 안 된다.

④ 피험자 수가 많다면 채점이 간편한 것으로, 그리고 충분히 객관성이 있는 것이어야 한다.

⑤ 문항 수가 너무 적으면 추측에 의한 맞춤이나 부주의 같은 우연의 결과가 크게 영향을 주기 때문에 극단적으로 적거나 또 너무 많아서 시간 안에 종료할 수 없게 되는 일이 없도록 주의한다.

⑥ 문제의 지시는 명확하게 하되 잘 모를 것 같은 것은 예를 준다.

⑦ 검사항목의 배열은 쉬운 것에서 어려운 것이 되도록 한다.

⑧ 어려운 것에 배점을 많이 주는 경향이 있는데 불균등하지 않도록 항목 수를 고려하여 준다. 각각의 배점은 검사에 명확하게 표시한다.

⑨ 검사를 작성하는 것은 검사가 있는 날 적어도 며칠 전에 작성하여 충분히 검토할 필요가 있다. 검사 작성 후 반드시 작성자 이외의 사람에게 훑어보게 한다.

⑩ 검사를 받는 것에 의해 학습자에게 좌절감을 경험하지 않도록 하는 배려가 필요하다.

⑪ 수업시간을 검사로 너무 쓰지 않도록 한다.

⑫ 검사도 수업 설계와 같이 항상 개선에 유념한다.

2) 좋은 검사의 조건

(1) 타당도

타당도는 측정하고자 하는 것을 얼마나 충실히 측정하였느냐, 즉, 검사점수가 검사의 사용 목적에 얼마나 부합되느냐의 문제이다. 다시 말해 연구에서 측정하고자 하는 변수를 검사가 제대로 측정하였느냐가 타당도이며, 이는 검사도구의 목적에 대한 적합성에 해당한다.

학습내용을 반영하지 않은 것을 성취도 검사(achievement test)에 출제하는 것은 검사로서 부적절하고 타당성이 전혀 없는 것이 될 뿐만 아니라, 학습자에게 혼란을 초래한다. 그리고 학습하고 있는 것이 검사에 출제되지 않는다면 학습을 하지 않으려는 사람도 생길 수 있다. 이러한 영향을 여파효과(backwash effects)라고 하며 여기에는 충분한 주의가 필요하다.

(2) 신뢰도

검사의 결과가 우연성에 좌우되지 않고 평가하는 사람이 바뀌더라도 같은 결과가 나오는 것이 중요하다. 어떤 사람이 뚱뚱하고 머리가 좋다는 말을 하였을 때 이는 한 개인에 대한 평가이다. 이는 주관적 판단으로, 몸무게와 지능을 제대로 측정하였느냐 하는 문제가 제기된다. 몸무게를 재기 위하여 자나 되가 아닌 체중계를 사용하였다면 이는 타당한 측정도구를 사용한 것이다. 체중계를 사용하였다 할지라도 모두 신뢰가 가도록 몸무게를 측정하였다고는 할 수 없다. 만약 체중계가 매우 오래되어 체중을 측정할 때마다 다른 수치를 나타낸다면 이는 믿을 만한 체중계, 즉 신뢰할 수 있는 측정도구라 할 수 없다. 만약 타당도와 신뢰도가 결여된 측정도구에 의하여 측정한 결과를 가지고 평가를 하였다면 아무 소용이 없다. 평가를 위하여 사용되는 측정도구의 하나인 검사는 타당도와 신뢰도가 반드시 확인되어야 한다.

(3) 실용성

실용성이 있어야 한다. 시간의 제약, 검사의 관리, 채점법, 채점규준 등의 점에서 봐서 실용적이어야 한다. 최근에는 수험자가 다수이면서 선택형 문항의 검사인 경우 대부분 컴퓨터를 이용하여 채점하지만, 채점에 시간이 너무 오래 걸린다든지, 한 사람에게 한 사람의 채점자가 필요한 것은 실용성이 있다고 말할 수 없다.

(4) 객관성

객관성이라는 것은 채점의 객관성을 의미한다. 작문과 같이 채점의 주관이 들어가기 쉬운 주관식 평가는 객관성이 낮고, 누가 채점해도 결과가 같게 되는 객관식 평가는 객관성이 높다고 할 수 있다.

5 수행평가

1) 수행평가의 이해

(1) 수행평가의 개념

사전적 의미의 수행(遂行)이란 생각한 바를 행하여 냄, 계획대로 해냄을 의미한다. 물론 Performance의 사전적 의미 역시 실행, 이행, 집행, 거행을 의미한다. 즉, 사전적 의미를 바탕으로 한 일반적 수행이란 구체적인 상황하에서 실제로 말하거나, 듣거나, 쓰거나, 그리거나, 만들거나, 행동하는 과정 혹은 그 결과를 의미한다 할 것이다.

따라서 교육현장에서 기존의 교육평가 체제의 새로운 대안으로 제시되고 있는 수행평가란 학생 스스로가 자신의 지식이나 기능을 나타낼 수 있도록 답을 작성(구안)하거나, 발표하거나, 산출물을 만들거나, 행동으로 나타내도록 요구하는 평가 방식이라고 정의할 수 있다. 여기서 말하는 행동이란 단순히 신체를 움직이는 것만을 의미하는 것이 아니라 말하거나, 듣거나, 쓰거나, 그리거나, 만들거나 하는 인간의 모든 활동을 포함하는 것이다.

이러한 수행평가에서는 학생이 배우고자 하는 지식이나 기능을 평가함에 있어서 선택형 검사나 단답형 검사와 같이 정답을 선택할 수 있는 능력이나 단순한 지식이나 정보를 기억하는 능력이 곧 지식을 안다거나 기능을 습득했다고 가정하는 것을 부정하고, 학생이 답안을 작성(구성)하거나 행동으로 나타내는 것을 통해 지식이나 기능을 직접적으로 측정·평가하고자 한다(백순근, 1998).

(2) 수행평가의 특징[6]

첫째, 수행평가는 기존의 선발, 분류, 배치를 위한 평가에서 진일보하여 지도, 조언, 개선에 그 목적을 두고 있다. 따라서 수행평가의 가장 큰 특징은 학생의 학습 과정을 진단하고 학생의 자기 주도적 개별 학습을 촉진하는 데 그 의의가 있다. 때문에 수행평가는 기존의 양적 평가가 아니라 질적 평가로 절대평가 및 충고형 평가의 체제를 취해야 할 것이다.

둘째, 수행평가는 실제 상황하에서 학생이 스스로 정답을 작성하거나 행동으로 나타내도록 하는 평가방식으로 선언적 지식을 강조하던 기존의 일회적, 표준화된 선택형 평가와는 달리, 절차적 지식, 방법적 지식을 평가하는 데 그 중심을 두고 있다. 따라서 수행평가는 학습의 결과뿐만 아니라 학습 활동의 모든 과정도 함께 중시한다. 아울러 개인에 대한 평가뿐만 아니라 집단에 대한 평가도 함께할 수 있다.

셋째, 수행평가는 학습 활동이 종료되는 시점뿐만 아니라 학습 활동의 모든 과정에서 수시로 개별 교사에 의해 이루어진다.

넷째, 따라서 수행평가는 지속적이고 종합적인 평가로, 기존의 객관성, 일관성, 공정성이 강조되던 평가와는 달리 교사의 전문성, 평가의 타당도, 평가의 적합성이 강조된다. 물론 이러한 수행평가에서 교사는 지식의 전달자

---

6) 수행평가의 단점으로는 고비용, 시간적 소비가 큼, 채점 신뢰도의 문제, 채점 기준 설정의 어려움 등이 있다.

가 아니라, 학습의 안내자, 촉진자 역할을 해야 할 것이다.

끝으로 수행평가는 기존의 교사 중심 교수·학습 활동이 학생 중심으로 옮겨 가기 위한 대안적 평가 방법으로 학생의 인지적인 영역뿐만 아니라 학생 개개인의 행동 발달 상황이나 흥미·태도 등 정의적인 영역, 특히 창의성 등 고등 사고 기능에도 관심을 기울이며, 아울러 체격이나 체력 등 심동적인 영역에 대한 종합적이고도 전인적인 평가를 중시함이 그 특징이다.

(3) 수행평가의 방법 및 절차

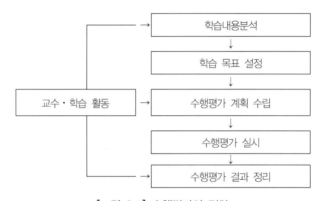

[그림 6.1] 수행평가의 절차

① 학습 내용 분석

단원 혹은 영역별(듣기, 말하기, 읽기, 쓰기)로 학습 내용을 분석하여 차시 및 교수 매체를 설계하고, 그 내용을 조직한다.

② 학습 목표 설정

분석, 조직된 내용을 통해 이끌고자 하는 목표를 설정한다.

③ 수행평가 계획 수립

• 수행평가의 이유, 목적, 대상, 결과의 활용 및 용도를 결정한다.
• 수행평가의 내용 및 기능, 성취 행동을 명확히 선정한다.

- 수행평가 방법(서술형 및 논술형, 구술시험, 토론법, 실기 시험, 실험·실습법, 면접법, 관찰법, 자기 평가 및 동료 평가 보고서법, 연구 보고서법, 포트 폴리오법, 기타) 및 평가 자료의 수집, 평가 시행의 공고 여부 등을 결정한다.
- 수행평가 결과의 정리 및 분석 기준을 결정한다.
- 단, 이때 학교 내 양적 평가와 적절한 조화를 이룰 수 있도록 배려한다.

④ 수행평가 실시

수행평가 계획에 따라 교사의 전문성을 바탕으로 한 수행평가를 실시한다.

⑤ 수행평가 결과 정리

수행평가 계획에 따라 결과를 분석, 정리하여 데이터베이스화한다.

⑥ 수행평가 결과 활용

분석, 정리된 수행평가의 결과를 새로운 학습 내용의 분석 및 목표 설정, 수행평가 계획 수립, 수행평가 실시, 수행평가 결과 정리 등에 계속적으로 반영하여 교수·학습 활동이 보다 발전적이고 효율적일 수 있도록 한다. 특히 학생의 창의적이고 자기 주도적인 학습에 도움이 될 수 있도록 평가 결과를 활용하는 데 주의를 기울여야 할 것이다.

2) 일본어과 수행평가의 실제

수행평가 평가방법 및 평가기준은 『2015 개정 교육과정에 따른 고등학교 제2외국어 평가기준 개발 연구』(이용백 외, 2017)와 『2015 개정 교육과정 평가기준 고등학교 제2외국어과』(권영민 외, 2018)에서 다음과 같이 제안하고 있다.

(1) 듣기

교육과정 성취기준			평가기준
[12일 I -01-01] 음성적 특징에 유의하여 정확하게 듣는다.	[평가준거 성취기준 ①] 청·탁음, 장·단음, 촉음, 발음, 요음, 박(拍) 등에 유의하여 낱말이나 문장을 정확하게 듣는다.	상	청·탁음, 장·단음, 촉음, 발음, 요음, 박(拍) 등에 유의하여 문장을 정확하게 들을 수 있다.
		중	청·탁음, 장·단음, 촉음, 발음, 요음, 박(拍) 등에 유의하여 짧고 쉬운 문장을 정확하게 들을 수 있다.
		하	청·탁음, 장·단음, 촉음, 발음, 요음, 박(拍) 등에 유의하여 낱말을 정확하게 들을 수 있다.
	[평가준거 성취기준 ②] 억양에 유의하여 문장을 정확하게 듣는다.	상	억양에 유의하여 문장을 정확하게 들을 수 있다.
		중	억양에 유의하여 짧고 쉬운 문장을 정확하게 들을 수 있다.
		하	억양에 유의하여 의문사(いつ？, どう？, どこ？, なに？, …)만으로 끝나는 짧은 문장을 정확하게 들을 수 있다.
[12일 I -01-02] 짧고 쉬운 글이나 대화를 듣고 핵심어의 의미를 이해한다.		상	짧고 쉬운 글이나 대화를 듣고 직접적으로 제시되지 않은 핵심어를 찾아내어 의미를 이해한다.
		중	짧고 쉬운 글이나 대화를 듣고 직접적으로 제시된 핵심어의 의미를 이해한다.
		하	짧고 쉬운 글이나 대화를 듣고 반복적으로 제시된 핵심어의 의미를 이해한다.
[12일 I -01-03] 의사소통 기본 표현과 관련된 쉬운 글이나 대화를 듣고 대의나 의도를 파악한다.	[평가준거 성취기준 ①] 인사, 소개 등과 관련된 쉬운 글이나 대화를 듣고 대의나 의도를 파악한다.	상	인사, 소개 등과 관련된 쉬운 글이나 대화를 듣고 직접적으로 제시되지 않은 대의나 의도를 파악한다.
		중	인사, 소개 등과 관련된 쉬운 글이나 대화를 듣고 직접적으로 제시된 대의나 의도를 파악한다.
		하	인사, 소개 등과 관련된 쉬운 글이나 대화를 듣고 반복적으로 제시된 표현을 통해 의도를 파악한다.
	[평가준거 성취기준 ②] 배려 및 태도 전달, 의향 및 의사 전달 등과 관련된 쉬운 글이나 대화를 듣고 대의나 의도를 파악한다.	상	배려 및 태도 전달, 의향 및 의사 전달 등과 관련된 쉬운 글이나 대화를 듣고 직접적으로 제시되지 않은 대의나 의도를 파악한다.
		중	배려 및 태도 전달, 의향 및 의사 전달 등과 관련된 쉬운 글이나 대화를 듣고 직접적으로 제시된 의도를 파악한다.
		하	배려 및 태도 전달, 의향 및 의사 전달 등과 관련된 쉬운 글이나 대화를 듣고 반복적으로 제시된 표현을 통해 의도를 파악한다.
	[평가준거 성취기준 ③] 정보 요구, 정보 제공 등과 관련된 쉬운 글이나 대화를 듣고 대의나 의도를 파악한다.	상	정보 요구, 정보 제공 등과 관련된 쉬운 글이나 대화를 듣고 직접적으로 제시되지 않은 대의나 의도를 파악한다.
		중	정보 요구, 정보 제공 등과 관련된 쉬운 글이나 대화를 듣고 직접적으로 제시된 의도를 파악한다.
		하	정보 요구, 정보 제공 등과 관련된 쉬운 글이나 대화를 듣고 반복적으로 제시된 표현을 통해 의도를 파악한다.

교육과정 성취기준			평가기준
[12일Ⅰ-01-03] 의사소통 기본 표현과 관련된 쉬운 글이나 대화를 듣고 대의나 의도를 파악한다.	[평가준거 성취기준 ④] 행위 요구, 대화 진행 등과 관련된 쉬운 글이 나 대화를 듣고 대의나 의도를 파악한다.	상	행위 요구, 대화 진행 등과 관련된 쉬운 글이나 대화를 듣고 직접적으로 제시되지 않은 대의나 의도를 파악한다.
		중	행위 요구, 대화 진행 등과 관련된 쉬운 글이나 대화를 듣고 직접적으로 제시된 의도를 파악한다.
		하	행위 요구, 대화 진행 등과 관련된 쉬운 글이나 대화를 듣고 반복적으로 제시된 표현을 통해 의도를 파악한다.
[12일Ⅰ-01-04] 일상생활과 관련된 간단한 글이나 대화를 듣고 적절하게 반응한다.		상	일상생활과 관련된 간단한 글이나 대화를 듣고 물음에 문장 형태로 적절하게 반응할 수 있다.
		중	일상생활과 관련된 간단한 글이나 대화를 듣고 물음에 어구 형태로 적절하게 반응할 수 있다.
		하	일상생활과 관련된 간단한 글이나 대화를 듣고 물음에 그림이나 낱말 형태로 적절하게 반응할 수 있다.
[12일Ⅰ-01-05] 짧고 쉬운 글이나 대화를 듣고 지위나 친밀도 등의 차이를 구별한다.		상	짧고 쉬운 글이나 대화를 듣고 경어 표현으로 지위나 친밀도 등의 차이를 구별할 수 있다.
		중	짧고 쉬운 글이나 대화를 듣고 문말 표현(~だ, ~です, ~ます, …)으로 지위나 친밀도 등의 차이를 구별할 수 있다.
		하	짧고 쉬운 글이나 대화를 듣고 호칭 표현으로 지위나 친밀도 등의 차이를 구별할 수 있다.

(2) 말하기

교육과정 성취기준			평가기준
[12일Ⅰ-02-01] 음성적 특징에 유의하 여 말한다.	[평가준거 성취기준 ①] 청·탁음, 장·단음, 촉 음, 발음, 요음, 박(拍) 등에 유의하여 낱말이나 문장을 말한다.	상	청·탁음, 장·단음, 촉음, 발음, 요음, 박(拍) 등에 유의하여 문장을 말할 수 있다.
		중	청·탁음, 장·단음, 촉음, 발음, 요음, 박(拍) 등에 유의하여 짧고 쉬운 문장을 말할 수 있다.
		하	청·탁음, 장·단음, 촉음, 발음, 요음, 박(拍) 등에 유의하여 낱말을 말할 수 있다.
	[평가준거 성취기준 ②] 억양에 유의하여 문장을 말한다.	상	억양에 유의하여 문장을 자연스럽게 말할 수 있다.
		중	억양에 유의하여 짧고 쉬운 문장을 말할 수 있다.
		하	억양에 유의하여 의문사(いつ?, どう?, どこ?, なに?, …)만으로 끝나는 짧은 문장을 말할 수 있다.
[12일Ⅰ-02-02] 낱말 또는 짧은 문장으로 자신의 의사나 정보를 표현한다.		상	자신의 의사나 정보를 짧고 쉬운 문장으로 표현할 수 있다.
		중	자신의 의사나 정보를 어구로 표현할 수 있다.
		하	자신의 의사나 정보를 낱말로 표현할 수 있다.

교육과정 성취기준		평가기준
[12일 I -02-03] 의사소통 기본 표현과 관련된 짧고 쉬운 대화를 한다.	[평가준거 성취기준 ①] 인사, 소개 등과 관련된 짧고 쉬운 대화를 한다.	상	인사, 소개 등과 관련된 짧고 쉬운 대화를 문장 수준으로 할 수 있다.
		중	인사, 소개 등과 관련된 짧고 쉬운 대화를 어구로 할 수 있다.
		하	인사, 소개 등과 관련된 짧고 쉬운 대화를 낱말로 할 수 있다.
	[평가준거 성취기준 ②] 배려 및 태도 전달, 의향 및 의사 전달 등과 관련된 짧고 쉬운 대화를 한다.	상	배려 및 태도 전달, 의향 및 의사 전달 등과 관련된 짧고 쉬운 대화를 문장 수준으로 할 수 있다.
		중	배려 및 태도 전달, 의향 및 의사 전달 등과 관련된 짧고 쉬운 대화를 어구로 할 수 있다.
		하	배려 및 태도 전달, 의향 및 의사 전달 등과 관련된 짧고 쉬운 대화를 낱말로 할 수 있다.
	[평가준거 성취기준 ③] 정보 요구, 정보 제공 등과 관련된 짧고 쉬운 대화를 한다.	상	정보 요구, 정보 제공 등과 관련된 짧고 쉬운 대화를 문장 수준으로 할 수 있다.
		중	정보 요구, 정보 제공 등과 관련된 짧고 쉬운 대화를 어구로 할 수 있다.
		하	정보 요구, 정보 제공 등과 관련된 짧고 쉬운 대화를 낱말로 할 수 있다.
	[평가준거 성취기준 ④] 행위 요구, 대화 진행 등과 관련된 짧고 쉬운 대화를 한다.	상	행위 요구, 대화 진행 등과 관련된 짧고 쉬운 대화를 문장 수준으로 할 수 있다.
		중	행위 요구, 대화 진행 등과 관련된 짧고 쉬운 대화를 어구로 할 수 있다.
		하	행위 요구, 대화 진행 등과 관련된 짧고 쉬운 대화를 낱말로 할 수 있다.
[12일 I -02-04] 일본인의 언어 · 비언어 문화에 맞게 표현한다.		상	일본인의 언어문화(의뢰·승낙·거절 방법, 일본어의 표현적 특징 중 '顔が広い, となりの花は赤い, …'의 관용적 표현)와 손짓, 몸짓 등의 비언어 문화를 이해하여 상황에 맞게 표현할 수 있다.
		중	일본인의 언어문화(의뢰·승낙·거절 방법, 일본어의 표현적 특징 중 결혼식에서 삼가는 말 '切る, 時々, …', 병원에서 삼가는 말 'お元気ですか, さようなら, …' 등, 헤어질 때 사용하는 다양한 표현 등)와 손짓, 몸짓 등의 비언어 문화를 이해하여 상황에 맞게 표현할 수 있다.
		하	일본인의 언어문화(짧고 쉬운 의뢰·승낙·거절 표현, 일본어의 표현적 특징 중 'あれこれ, 行ったり来たり, 明日 学校ですか, …'의 한국어와 표현 방법이 다른 것)와 손짓, 몸짓 등의 비언어 문화를 이해하여 상황에 맞게 표현할 수 있다.
[12일 I -02-05] 상대방의 지위나 친밀도 등의 차이를 인지하고 상황에 맞게 말한다.		상	상대방의 지위나 친밀도 등의 차이를 인지하고 경어 표현을 사용하여 상황에 맞게 말할 수 있다.
		중	상대방의 지위나 친밀도 등의 차이를 인지하고 문

교육과정 성취기준		평가기준
		말 표현(~だ, ~です, ~ます, …)을 사용하여 상황에 맞게 말할 수 있다.
	하	상대방의 지위나 친밀도 등의 차이를 인지하고 호칭 표현을 사용하여 상황에 맞게 말할 수 있다.

(3) 읽기

교육과정 성취기준			평가기준
[12일Ⅰ-03-01] 가나와 한자를 바르게 읽는다.		상	가나와 학습용 한자, 표기용 한자를 바르게 읽을 수 있다.
		중	가나와 학습용 한자(映画, 公園, …)를 바르게 읽을 수 있다.
		하	히라가나와 쉬운 학습용 한자(上, 先生, …)를 바르게 읽을 수 있다.
[12일Ⅰ-03-02] 음성적 특징에 유의하며 짧고 쉬운 글이나 대화문을 바르게 읽는다.		상	음성적 특징에 유의하며 짧고 쉬운 문장을 바르게 읽을 수 있다.
		중	음성적 특징에 유의하며 어구를 바르게 읽을 수 있다.
		하	음성적 특징에 유의하며 낱말을 바르게 읽을 수 있다.
[12일Ⅰ-03-03] 의사소통 기본 표현과 관련된 쉬운 글이나 대화문을 읽고 주제나 의미를 파악한다.	[평가준거 성취기준 ①] 인사, 소개 등과 관련된 쉬운 글이나 대화문을 읽고 주제나 의미를 파악한다.	상	인사, 소개 등과 관련된 쉬운 글이나 대화문을 읽고 제시되지 않은 주제나 문장의 의미를 파악한다.
		중	인사, 소개 등과 관련된 쉬운 글이나 대화문을 읽고 제시된 주제나 어구의 의미를 파악한다.
		하	인사, 소개 등과 관련된 쉬운 글이나 대화문을 읽고 반복적으로 제시된 주제나 낱말의 의미를 파악한다.
	[평가준거 성취기준 ②] 배려 및 태도 전달, 의향 및 의사 전달 등과 관련된 쉬운 글이나 대화문을 읽고 주제나 의미를 파악한다.	상	배려 및 태도 전달, 의향 및 의사 전달 등과 관련된 쉬운 글이나 대화문을 읽고 제시되지 않은 주제나 문장의 의미를 파악한다.
		중	배려 및 태도 전달, 의향 및 의사 전달 등과 관련된 쉬운 글이나 대화문을 읽고 제시된 주제나 어구의 의미를 파악한다.
		하	배려 및 태도 전달, 의향 및 의사 전달 등과 관련된 쉬운 글이나 대화문을 읽고 반복적으로 제시된 주제나 낱말의 의미를 파악한다.
	[평가준거 성취기준 ③] 정보 요구, 정보 제공 등과 관련된 쉬운 글이나 대화문을 읽고 주제	상	정보 요구, 정보 제공 등과 관련된 쉬운 글이나 대화문을 읽고 제시되지 않은 주제나 문장의 의미를 파악한다.
		중	정보 요구, 정보 제공 등과 관련된 쉬운 글이나

교육과정 성취기준		평가기준	
나 의미를 파악한다.	상	대화문을 읽고 제시된 주제나 어구의 의미를 파악한다.	
	하	정보 요구, 정보 제공 등과 관련된 쉬운 글이나 대화문을 읽고 반복적으로 제시된 주제나 낱말의 의미를 파악한다.	
[평가준거 성취기준 ④] 행위 요구, 대화 진행 등과 관련된 쉬운 글이나 대화문을 읽고 주제나 의미를 파악한다.	상	행위 요구, 대화 진행 등과 관련된 쉬운 글이나 대화문을 읽고 제시되지 않은 주제나 문장의 의미를 파악한다.	
	중	행위 요구, 대화 진행 등과 관련된 쉬운 글이나 대화문을 읽고 제시된 주제나 어구의 의미를 파악한다.	
	하	행위 요구, 대화 진행 등과 관련된 쉬운 글이나 대화문을 읽고 반복적으로 제시된 주제나 낱말의 의미를 파악한다.	
[12일 I -03-04] 일상생활과 관련된 간단한 글이나 대화문을 읽고 바르게 이해한다.	상	일상생활과 관련된 간단한 글이나 대화문을 읽고 제시되지 않은 핵심적인 내용을 바르게 이해한다.	
	중	일상생활과 관련된 간단한 글이나 대화문을 읽고 제시된 핵심적인 내용을 바르게 이해한다.	
	하	일상생활과 관련된 간단한 글이나 대화문을 읽고 반복적으로 제시된 핵심적인 내용을 바르게 이해한다.	
[12일 I -03-05] 짧고 쉬운 글이나 대화문을 읽고 지위나 친밀도 등의 차이를 구별한다.	상	짧고 쉬운 글이나 대화문을 읽고 경어 표현으로 지위나 친밀도 등의 차이를 구별할 수 있다.	
	중	짧고 쉬운 글이나 대화문을 읽고 문말 표현(~だ, ~です, ~ます, …)으로 지위나 친밀도 등의 차이를 구별할 수 있다.	
	하	짧고 쉬운 글이나 대화문을 읽고 호칭 표현으로 지위나 친밀도 등의 차이를 구별할 수 있다.	

(4) 쓰기

교육과정 성취기준		평가기준
[12일 I -04-01] 가나와 한자를 바르게 쓴다.	상	가나와 어려운 학습용 한자(映画, 公園, 親切, 新聞 問題, …)를 바르게 쓸 수 있다.
	중	가나와 쉬운 학습용 한자(体, 時, 先生, 学校, …)를 바르게 쓸 수 있다.
	하	히라가나와 쉬운 학습용 한자(上, 下, 中, 日, …)를 바르게 쓸 수 있다.
[12일 I -04-02] 가나 철자법에 유의하여 정확하게 쓴다.	상	가나 철자법에 유의하여 오쿠리가나 등을 정확하게 쓸 수 있다.

교육과정 성취기준		평가기준	
	중	가나 철자법에 유의하여 청·탁음, 장·단음, 촉음, 요음, 발음을 정확하게 쓸 수 있다.	
	하	가나 철자법에 유의하여 'を, は, へ'와 같은 조사를 정확하게 쓸 수 있다.	
[12일Ⅰ-04-03] 현대 일본어 문법에 맞게 글을 쓴다.	상	현대 일본어 문법에 맞게 글이나 대화문을 쓸 수 있다.	
	중	현대 일본어 문법에 맞게 짧고 쉬운 문장을 쓸 수 있다.	
	하	현대 일본어 문법에 맞게 어구를 쓸 수 있다.	
[12일Ⅰ-04-04] 의사소통 기본 표현과 관련된 내용을 짧고 쉬운 글로 쓴다.	[평가준거 성취기준 ①] 인사, 소개 등과 관련된 내용을 짧고 쉬운 글로 쓴다.	상	인사, 소개 등과 관련된 내용을 어법에 맞게 짧고 쉬운 글로 쓸 수 있다.
		중	인사, 소개 등과 관련된 내용을 제시된 문형에 맞게 짧고 쉬운 글로 쓸 수 있다.
		하	인사, 소개 등과 관련된 내용을 제시된 어구나 낱말을 조합하는 수준으로 짧고 쉬운 글로 쓸 수 있다.
	[평가준거 성취기준 ②] 배려 및 태도 전달, 의향 및 의사 전달 등과 관련된 내용을 짧고 쉬운 글로 쓴다.	상	배려 및 태도 전달, 의향 및 의사 전달 등과 관련된 내용을 어법에 맞게 짧고 쉬운 글로 쓸 수 있다.
		중	배려 및 태도 전달, 의향 및 의사 전달 등과 관련된 내용을 제시된 문형에 맞게 짧고 쉬운 글로 쓸 수 있다.
		하	배려 및 태도 전달, 의향 및 의사 전달 등과 관련된 내용을 제시된 어구나 낱말을 조합하는 수준으로 짧고 쉬운 글로 쓸 수 있다.
	[평가준거 성취기준 ③] 정보 요구, 정보 제공 등과 관련된 내용을 짧고 쉬운 글로 쓴다.	상	정보 요구, 정보 제공 등과 관련된 내용을 어법에 맞게 짧고 쉬운 글로 쓸 수 있다.
		중	정보 요구, 정보 제공 등과 관련된 내용을 제시된 문형에 맞게 짧고 쉬운 글로 쓸 수 있다.
		하	정보 요구, 정보 제공 등과 관련된 내용을 제시된 어구나 낱말을 조합하는 수준으로 짧고 쉬운 글로 쓸 수 있다.
	[평가준거 성취기준 ④] 행위 요구, 대화 진행 등과 관련된 내용을 짧고 쉬운 글로 쓴다.	상	행위 요구, 대화 진행 등과 관련된 내용을 어법에 맞게 짧고 쉬운 글로 쓸 수 있다.
		중	행위 요구, 대화 진행 등과 관련된 내용을 제시된 문형에 맞게 짧고 쉬운 글로 쓸 수 있다.
		하	행위 요구, 대화 진행 등과 관련된 내용을 제시된 어구나 낱말을 조합하는 수준으로 짧고 쉬운 글로 쓸 수 있다.
[12일Ⅰ-04-05] 지위나 친밀도 등의 차이를 고려하여 적절하게 글을 쓴다.	상	지위나 친밀도 등의 차이를 고려하여 경어 표현을 사용하여 적절하게 글을 쓸 수 있다.	
	중	지위나 친밀도 등의 차이를 고려하여 문말 표현(~	

교육과정 성취기준		평가기준
		だ, ~です, ~ます, …)을 사용하여 적절하게 글을 쓸 수 있다.
	하	지위나 친밀도 등의 차이를 고려하여 호칭 표현을 사용하여 적절하게 글을 쓸 수 있다.

(5) 문화

교육과정 성취기준		평가기준
[12일 I -05-01] 일본인의 언어·비언어 문화를 이해하여 표현한다.	[평가준거 성취기준 ①] 의사소통하려는 적극적인 태도로 일본인의 언어·비언어 문화를 이해하여 표현한다.	상	의사소통하려는 적극적인 태도로 일본인의 언어문화(의뢰승낙거절 방법, 일본어의 표현적 특징 중 '顔が広い, となりの花は赤い, …'의 관용적 표현)와 손짓, 몸짓 등의 비언어 문화를 이해하여 표현할 수 있다.
		중	의사소통하려는 적극적인 태도로 일본인의 언어문화(의뢰승낙거절 방법, 일본어의 표현적 특징 중 결혼식에서 삼가는 말 '切る, 時々, …', 병원에서 삼가는 말 'お元気ですか, さようなら, …' 등, 헤어질 때 사용하는 다양한 표현 등)와 손짓, 몸짓 등의 비언어 문화를 이해하여 표현할 수 있다.
		하	의사소통하려는 적극적인 태도로 일본인의 언어문화(짧고 쉬운 의뢰승낙거절 표현, 일본어의 표현적 특징 중 'あれこれ, 行ったり来たり, 明日 学校ですか, …'의 한국어와 표현 방법이 다른 것)와 손짓, 몸짓 등의 비언어 문화를 이해하여 표현할 수 있다.
[12일 I -05-02] 일본의 간략한 개관 및 일상생활 문화, 대중문화에 대해 이해한다.	[평가준거 성취기준 ①] 일본의 간략한 개관에 대해 이해한다.	상	일본의 간략한 개관에 대한 구체적이거나 종합적인 내용을 이해한다.
		중	일본의 간략한 개관에 대한 대략적인 내용을 이해한다.
		하	일본의 간략한 개관에 대한 단편적인 내용을 이해한다.
	[평가준거 성취기준 ②] 일본의 일상생활 문화에 대해 이해한다.	상	일본의 일상생활 문화에 대한 상세한 내용을 이해한다.
		중	일본의 일상생활 문화에 대한 대략적인 내용을 이해한다.
		하	일본의 일상생활 문화에 대한 단편적인 내용을 이해한다.
	[평가준거 성취기준 ③] 일본의 대중문화에 대해 이해한다.	상	일본의 대중문화에 대한 상세한 내용을 이해한다.
		중	일본의 대중문화에 대한 대략적인 내용을 이해한다.
		하	일본의 대중문화에 대한 단편적인 내용을 이해한다.

교육과정 성취기준		평가기준	
		상	일본의 간략한 개관에 대해 정보 검색 능력을 활용하여 내용을 조사하고 종합적으로 이해한 후, 논리적으로 발표·토론할 수 있다.
	[평가준거 성취기준 ①] 일본의 간략한 개관에 대해 정보 검색 능력을 활용하여 조사한 후, 발표·토론한다.	중	일본의 간략한 개관에 대해 정보 검색 능력을 활용하여 내용을 조사하고 개략적으로 이해한 후, 발표·토론할 수 있다.
		하	일본의 간략한 개관에 대해 정보 검색 능력을 활용하여 내용을 조사하고 단편적으로 이해한 후, 발표·토론할 수 있다.
[12일Ⅰ-05-03] 일본의 간략한 개관 및 일상생활 문화, 대중 문화에 대해 조사하여 발표·토론한다.		상	일본의 일상생활 문화에 대해 정보 검색 능력을 활용하여 내용을 조사하고 종합적으로 이해한 후, 논리적으로 발표·토론할 수 있다.
	[평가준거 성취기준 ②] 일본의 일상생활 문화에 대해 정보 검색 능력을 활용하여 조사한 후, 발표·토론한다.	중	일본의 일상생활 문화에 대해 정보 검색 능력을 활용하여 내용을 조사하고 개략적으로 이해한 후, 발표·토론할 수 있다.
		하	일본의 일상생활 문화에 대해 정보 검색 능력을 활용하여 내용을 조사하고 단편적으로 이해한 후, 발표·토론할 수 있다.
		상	일본의 대중문화에 대해 정보 검색 능력을 활용하여 내용을 조사하고 종합적으로 이해한 후, 논리적으로 발표·토론할 수 있다.
	[평가준거 성취기준 ③] 일본의 대중문화에 대해 정보 검색 능력을 활용하여 조사한 후, 발표·토론한다.	중	일본의 대중문화에 대해 정보 검색 능력을 활용하여 내용을 조사하고 개략적으로 이해한 후, 발표·토론할 수 있다.
		하	일본의 대중문화에 대해 정보 검색 능력을 활용하여 내용을 조사하고 단편적으로 이해한 후, 발표·토론할 수 있다.
[12일Ⅰ-05-04] 상호 문화적 관점에서 한국 문화와 일본 문화의 공통점과 차이점을 이해하고 표현한다.	[평가준거 성취기준 ①] 상호 문화적 관점에서 한국 문화와 일본 문화의 공통점과 차이점을 이해하고 세계 시민 의식을 함양한다.	상	상호 문화적 관점에서 한국 문화와 일본 문화의 공통점과 차이점의 상세한 내용을 이해하고 논리적으로 표현할 수 있다.
		중	상호 문화적 관점에서 한국 문화와 일본 문화의 공통점과 차이점의 개략적인 내용을 이해하고 표현할 수 있다.
		하	상호 문화적 관점에서 한국 문화와 일본 문화의 공통점과 차이점의 단순한 내용을 이해하고 간단하게 표현할 수 있다.

(6) 수행평가 실례 1

학교급		고등학교	과목	일본어 I	영역	문화
교육과정 성취기준						

학교급	고등학교	과목	일본어 I	영역	문화
교육과정 성취기준	[12일 I −05−04] 상호 문화적 관점에서 한국 문화와 일본 문화의 공통점과 차이점을 이해하고 표현한다. [평가준거 성취기준 ①] 세계 시민 의식을 가지고 상호 문화적 관점에서 한국 문화와 일본 문화의 공통점과 차이점을 이해하고 표현한다.				
평가 기준	상 ■	상호 문화적 관점에서 한국 문화와 일본 문화의 공통점과 차이점의 상세한 내용을 이해하고 논리적으로 표현할 수 있다.				
	중 ■	상호 문화적 관점에서 한국 문화와 일본 문화의 공통점과 차이점의 개략적인 내용을 이해하고 표현할 수 있다.				
	하	상호 문화적 관점에서 한국 문화와 일본 문화의 공통점과 차이점의 단순한 내용을 이해하고 간단하게 표현할 수 있다.				
문항 유형	수행 평가	□ 글쓰기 □ 관찰 ■ 토론	□ 대화 □ 보고서 □ 역할극	□ 인터뷰 ■ 발표 □ 기타		

① 학생 수준: 일본어 수업 첫 시간

② 준비물−학생: 없음

　　　　　　교사: 캠코더, 채점 기준표, 간단한 토론 규칙

③ 수행 목표

찬성 혹은 반대 입장에서 일본어 수업의 필요성에 관련된 토론을 할 수 있다.

④ 수행 과제

제2외국어과에는 불어, 독어, 중국어, 스페인어를 비롯하여 일어, 러시아어, 아랍어, 베트남어 등이 있다. 하지만 선택교과인 제2외국어는 학생들이 선택하기보다는 학교에 따라 이미 결정되는 경우가 많다. 학습에 있어 가장 중요한 학습자의 내재적 동기가 좌절되는 원인이 되기도 한다.

특히 이 가운데 일본어를 학습하게 될 학습자는 과거 한·일 간의 불행한 관계사로 인하여 무조건적인 거부감을 표하는 학생도 없잖아 있다. 따라서 일본어라는 교과목을 학습할 필요가 있는지 없는지에 대해 학생들 스스로 토의·토론하는 과정을 거치며 앞으로의 일본어 수업에 대한 욕구를 가늠해 본다.

⑤ 수행평가 방법 및 관점

신입생을 대상으로 하는 첫 수업이기에 교사는 물론 학생들 스스로도 서로 익숙하지 않은 상태이다. 따라서 교사는 토론에 임하는 학생들이 적극적일 수 있도록 격려하며, 토론이 자연스럽게 이루어질 수 있도록 분위기를 연출해야 할 것이다.

또한 평가 대상(교사의 학생 평가, 학생의 학생 평가, 학생의 자기 평가)의 선정 없이, 교실의 적당한 위치에 사전에 캠코더를 설치하여 토론 시간 속의 학생들의 활동을 자연스럽게 녹화한다. 그리고 수업 후 평가 기준표에 따라 교사가 평가하며, 앞으로 가지게 될 일본어 수업에 있어서의 학생들의 참여의식 및 관심도에 중점을 두어 평가한다.

즉, 토론 수업을 통해 앞으로의 일본어 수업의 방향을 가늠해 보고 신입생의 얼굴을 익히면서 학생들의 성향을 짐작해 볼 수 있도록 하는 데 수행평가의 의의가 있는 것이다.

◎ 토론 규칙

1) 사회자에게 발언 기회를 얻어서 발언한다.
2) 발표 시간을 3분 이상 초과하지 않는다.
3) 상대가 말할 때, 동시에 말하지 않는다.
4) 자신의 의견을 끝까지 분명히 밝히도록 한다.

채점 기준

평가 요소	배점	채점 기준
일본어 학습의 필요성, 중요성 발표 · 토론하기	20점	일본어 학습의 필요성에 대해 잘 이해하고 논리적으로 발표하거나 토론에 참여하는 경우
	15점	일본어 학습의 필요성에 대해 개략적으로 이해하고 발표하거나 토론에 참여하는 경우
	10점	일본어 학습의 필요성에 대해 단순 이해하고 발표하거나 동의 혹은 반대의 의사만 보이는 경우

(7) 수행평가 실례 2

학교급	고등학교	과목	일본어 I	영역	문화
교육과정 성취기준	[12일 I -04-01] 가나와 한자를 바르게 쓴다.				
평가 기준	상 ■	가나와 어려운 학습용 한자(映画, 公園, 親切, 新聞 問題, …)를 바르게 쓸 수 있다.			
	중 ■	가나와 쉬운 학습용 한자(体, 時, 先生, 学校, …)를 바르게 쓸 수 있다.			
	하 ■	히라가나와 쉬운 학습용 한자(上, 下, 中, 日, …)를 바르게 쓸 수 있다.			
문항 유형	수행 평가	■ 쓰기 □ 관찰 □ 토론	□ 대화 □ 보고서 □ 역할극	□ 인터뷰 □ 발표 □ 기타	

① 학생 수준: 일본어 문자 2~3시간째

② 준비물 - 학생: 교과서, 펜맨십, はい(빨강) · いいえ(검정) 깃발
　　　　　　교사: 50音図, 일본어 가나 문자 원어민 발음 파일

③ 수행 목표
ひらがな 청음과 탁음, 반탁음을 분별하여 말할 수 있다.

④ 수행 과제 및 수업 방법

영어나 우리말과는 달리 일본어는 모음과 자음이 하나로 되어 한 글자를 이루고 있다. 특히 일본어 문자는 아주 작은 모양 차이로 발음이 다르기에 기본 50음을 외우기 위해 처음 얼마간은 혼란스러워 힘들어하는 학생이 많다. 심지어 고등학교 3년을 마치는 시점에서조차 일본어 문자인 ひらがな를 확실히 읽고 쓰지 못하는 학생들이 있을 정도다.

따라서 자칫 일본어 학습의 시작과 동시에 의욕 상실로 인해 원만한 학습을 지속하지 못할 수도 있다. 따라서 교사는 학생들에 따라 1시간 분량의 문자 암기로 부담스럽지 않을 만큼의 양으로 제시하는 세심한 배려가 필요하며, 이때 완전히 쓰기보다는 글자를 보고 읽을 수 있도록 유도함으로써 자신감을 잃지 않도록 해야 할 것이다.

특히 ひらがな의 기본음인 오십음에 대해, 보고 읽기가 끝난 시점에서 청음에 근거한 탁음 및 반탁음의 발음 차를 명확히 제시하고 녹음된 원어민의 발음을 학생들이 충분히 함께할 수 있도록 함으로써 청·탁음 및 반탁음을 보고 들으면서 분명히 구별할 수 있도록 한다.

⑤ 수행평가 방법 및 관점

수업이 진행됨에 따라 전체적으로 학생들이 청·탁음 및 반탁음을 보고 들으면서 구별할 수 있다고 판단되면 우선 はい·いいえ 깃발을 이용하여 전체적으로 교사의 판단과 학생들의 판단 일치를 확인한다. 즉, 청·탁음 및 반탁음을 보고 들으면서 구별할 수 있는지를 학생들에게 묻고 학생들은 はい·いいえ라는 대답과 함께 색 깃발을 들어 보임으로써 교사는 한눈에 학생들의 수행 상태를 파악할 수 있다.

그리고 어느 정도 긍정적인 평가 결과에 이르면 별지로 준비할 퍼즐법을 이용해 수행평가를 하고 수업을 마무리한다.

이때 교사는 수업 후 별지의 퍼즐 문제지를 수거하여 평가하며, 주된 평가 관점은 주어진 시간 내에 학생들이 얼마나 정확하게 보고 들으면서 빈칸을 메웠는지를 평가한다. 그리고 적힌 글자들의 모양이 얼마나 바른지를 평가하여 다음 수업에서 바로잡을 수 있도록 활용한다.

이러한 퍼즐법 수행평가는 문자 수업 시간뿐만 아니라 가로, 세로의 질문을 이미 학습한 일본어로 바꾸어(초보자인 경우 단어 정도만) 읽기 및 쓰기 평가에도 응용할 수 있다.

◎ 퍼즐 문제지(예시)

1	1)			8	6)		10		7)		
	2								11		
					9		8)				9)
			6	11)							
				7						12	
2)		4	4)								
	3)			5)			3	10)			
				5							

<녹음 내용>

◎ 가로

1. あい　　2. えり　　3. さざえ　　4. のむ　　　5. みみ　　6. かう

7. ちち　　8. ばか　　9. なまえ　　10. たべる　　11. すき　　12. ぎん

◎ 세로

1) いえ　　　　2) はい　3) もり　　4) むり　5) すみ　6) かたな

7) るすばん　　8) えび　　9) にほん 10) ざる 11) うち

(8) 수행평가 실례 3

학교급	고등학교	과목	일본어 I	영역	문화
교육과정 성취기준	[12일 I -02-03] 의사소통 기본 표현과 관련된 짧고 쉬운 대화를 한다. [평가준거 성취기준 ③] 정보 요구, 정보 제공 등과 관련된 짧고 쉬운 대화를 한다.				
평가 기준	상 ■	정보 요구, 정보 제공 등과 관련된 짧고 쉬운 대화를 문장 수준으로 할 수 있다.			
	중 ■	정보 요구, 정보 제공 등과 관련된 짧고 쉬운 대화를 어구로 할 수 있다.			
	하 ■	정보 요구, 정보 제공 등과 관련된 짧고 쉬운 대화를 낱말로 할 수 있다.			
문항 유형	수행 평가	☐ 글쓰기 　☐ 대화 　☐ 인터뷰 ☐ 관찰 　☐ 보고서 　■ 발표 ☐ 토론 　■ 역할극 　☐ 기타			

① 학생 수준: 일본어 문자 학습 후 일본어 수업 20시간 정도

② 준비물－학생: 개별 디바이스

　　　　　교사: 전화 관련 단어장, 전화기, 캠코더

③ 수행 목표

주어진 단어를 이용하여 상황에 맞는 전화 내용을 작문할 수 있다.

④ 수행 과제

　수업 현장에서 학습한 외국어를 실제 상황 속에서 활용 및 과정평가를 하기에 비교적 적합한 교수법 가운데 하나가 롤 플레이(역할극)를 이용한 교수·학습 및 수행평가법이다.

　듣기, 말하기, 읽기, 쓰기를 통해 학습한 문장들을 실제 상황으로 재현함으로써 학생들은 응용력은 물론 창의력까지 신장할 수 있을 것이다.

본 예시 수업은 모둠별 수업으로 주어진 단어를 이용하여 상대방의 정보(전화번호)를 요구하는 내용을 작문하고 이것을 다시 재현하는 과정을 통해 일본어로 정보를 요구하거나 제공하는 방법을 배우고자 하는 데 의의가 있다.

⑤ 수행평가 방법

교사가 제시하는 관련 단어들을 모둠별로 나누어 들고 먼저 단어를 이용한 3분 정도의 스토리보드를 만든다. 그리고 협동하여 스토리보드를 일본어로 옮긴다. 완전한 문장이 될 수 있도록 교사의 지도를 받는다.

문장이 완성되면, 역할을 분담하고 차례대로 롤 플레이로 재현한다. 이때 교사는 학생들의 롤 플레이 장면을 캠코더로 녹화하여, 차후 평가에 활용한다. 관람 학생들은 단순히 롤 플레이 장면을 지켜보는 것이 아니라, 나누어 준 평가지에 롤 플레이에 참여하는 학생들을 평가하게 하여, 수업 후 교사의 평가와 조율한다.

채점 기준

평가 요소	배점	채점 기준
정보(전화번호) 요구 및 제공 관련 역할극 하기	15점	전화번호 요구 및 제공 등과 관련된 짧고 쉬운 대화를 문장 수준으로 할 수 있다.
	10점	전화번호 요구 및 제공 등과 관련된 짧고 쉬운 대화를 어구로 할 수 있다.
	5점	전화번호 요구 및 제공 등과 관련된 짧고 쉬운 대화를 낱말로 할 수 있다.

6 확인 학습

* 다음은 초급 일본어 학급의 시험문제이다. (1)~(9) 가운데 부적절한 문제를 2개 골라 그 이유를 테스트의 장·단점을 측정하는 척도의 관점에서 설명하시오. (4점)

初級日本語クラス期末テスト

名前：＿＿＿＿＿＿＿＿＿＿＿

• これは何ですか。

(1)	(2)	(3)	(4)

• (　　　)に入ることばを１つ選びなさい。

(5) 日本人ははし(　　　)ご飯をたべます。
　　① と　　　　② で　　　　③ も　　　　④ が

(6) クリスマスプレゼントに何(　　　)欲しいですか。
　　① の　　　　② も　　　　③ が　　　　④ は

(7) あれは(　　　)の雑誌ですか。
　　① だれ　　　② どれ　　　③ どこ　　　④ なん

(8) きょうは(　　　)ですか。
　　① いつ　　　② どの　　　③ なんさい　　④ なんにち

• 質問に答えなさい。

(9) 田中さんは、お母さんとスーパーへ行きました。田中さんは200円の牛乳を1本と300円のパンを５つと100円のチョコレートを３つ買いました。お母さんは、200円のジュースを買いました。5本買うと20％引きでしたから5本買いました。2人でいくら払いましたか。
　　① 2,600円　　②2,700円　　③2,800円　　④2,900円

| 不適切な問題は(7)、(9)である。

(7)は答えが２つで、出題ミスである。この問題は全員正解とせざるを得ない。この問題は弁別力も、信頼性もなくなる。

(9)は日本語能力より算数の計算能力を測るもので、内容妥当性が低い問題である。

기출: 2017년도 임용

* 〈A〉는 어휘력을 묻는 객관식 테스트의 예이다. 〈B〉의 ①, ②에 들어갈 말을 한자 또는 仮名
로 쓰시오. (2점)

〈A〉

(1) 次は着用に関することばである。それぞれ韓国語に訳しなさい。

　　はく＿＿＿＿＿＿＿　かける＿＿＿＿＿＿＿　かぶる＿＿＿＿＿＿＿　はめる＿＿＿＿＿＿＿

(2) (　　　)に入ることばを書きなさい。

　　デパート(　　)ネックレス(　　)買いました。

(3) 下線部と同じ意味のことばを選びなさい。

　　寒いから、手袋をして出かけました。

　　① 着て　　　　　② はいて　　　　　③ はめて　　　　　④ 巻いて

(4) 左右のことばを意味が通じるように線を結びなさい。

　　帽子を　　　・　　　　　　　　　・ はく
　　めがねを　　・　　　　　　　　　・ かける
　　スカートを　・　　　　　　　　　・ かぶる

〈B〉

客観テストは、自分で解答を書き込む再生形式と、用意されたものの中から正答を選ぶ再認形式とのふたつに分けられる。(1)の翻訳方と(2)の空欄補充は再生形式の例であり、(3)の多肢選択方と(4)の(　①　)は再認形式の例である。語の用法の学習は、単純に意味を覚えるだけでなく、文中でともに用いられる他の語や句などとの(　②　)関係を知ることも重要である。(3)と(4)はその関係を問う問題である。

모범답안 | ① 組み合わせ(くみあわせ)　② 結合(けつごう)

VII

교육실습의 실제

교육실습이란 교원양성기관에서 습득한 교사로서의 역할 수행에 필요한 이론과 기술, 지식들을 실제 학교 현장에 나아가 직접 실행해 봄으로써 보다 원활한 교사로서의 역할을 수행하도록 하는 과정이다(김남순, 1999). 그리고 이러한 교육실습의 목적을 보통은 ① 교직에 대한 종합적 이해를 가져오도록 하는 데 도움을 준다. ② 대학 강의에서 습득한 지식을 적용하고 검증하며 심화시키는 구실을 한다. ③ 교육현장에 필요한 교직 기술을 함양시킨다. ④ 교생들에게 교사로서의 자기평가의 기회를 제공한다. ⑤ 교사로서의 신념과 정신을 확립시키는 데 도움을 주는 데 두고 있다.

남정걸(1998)은 교육실습의 의의를 다음과 같이 요약하였다. 첫째, 교육실습은 교사자격증 취득을 위한 법적 요건을 충족하기 위한 것이다. 둘째, 대학에서 배운 지식이나 이론과 원리를 교육현장에서 실천하는 기회이다. 셋째, 이 기회를 통하여 교사로서의 품성과 능력을 기른다. 넷째, 교사로서의 자질을 스스로 평가하고 객관적으로 평가받는다. 다섯째, 교육현장의 실태와 문제를 파악한다. 여섯째, 이를 연구하고 해결하는 능력을 배양한다. 일곱째, 한 사람의 교사가 되기 위한 준비에 만전을 기한다. 또한 류태호(1975)는 이론적 강의에서는 얻기 어려운 교육적 능력, 특히 기술적 훈련, 학생과의 대인관계 그 밖의 견습적 경험을 통해 교사가 되기 위한 기반을 형성하는 데 교육실습의 의의가 있다고 한다.

그러나 절대다수의 교육실습을 앞둔 학생들은 교육실습에 대한 불안을 토로하고 있으며, 교육실습을 다녀온 학생들의 반응도 4주간의 실습 시간이 짧고, 실습에 대한 불안 및 기대에 비해 예비교사로서의 실습에 대한 효과를 기대하기 어렵다고 한다(S대학교 사범대학 일어교육과 교육실습 평가록, 2019~2021). 그 이유로는 실습 기간 중 실습 학교의 행사로 인한 수업 결손과 일본어과의 현장에서의 수업 시수 부족 등을 들 수 있다. 그리고 그 가운데 특히 중요한 이유는 교육 및 전공 교과에 대한 이론적 지식의 부족 및 매체 활용의 미숙보다는 학교 현장 및 실습 대상 학생들에 대한 이해 부족을 들고 있다. 즉, 급변하는 정보기술 속에서 학교 현장의 학생들은 짧게는 과거 4, 5년 전 길게는 10여 년 전 실습생들이 다녔던 학교와 너무나 변화해 있다는 것이다. 따라서 자신이 그동안 학습해 온 여러 이론적 지식을 현장에 어떻게 활용해야 할지조차 실습 1, 2주차에는 막막하다고 한다.

이에 본 장에서는 이러한 문제점의 개선을 위해 교육실습의 실제에 대해 살펴보고자 한다.

1 기존 교육실습 현황 분석

1) 수업 실습

S대학교 사범대학 일어교육과 교육실습 평가록(2019~2021)에서는 코로나 상황과 겹쳐 에듀테크 관련 준비의 필요성에 대한 이야기가 많았고 수준별 수업을 시도했다는 점, 팀티칭을 통한 수업 등이 좋은 평가를 받았다는 것을 알 수 있었다.

반면, 실습생이 유의할 점으로 흥미로운 수업, 시간 배분, 수업 분위기 조성, 학습 지도안, 언어(음량, 속도) 등을 공통점으로 꼽을 수 있다. 그러나 100% 대면으로 진행되었던 2019년은 흥미로운 수업과 시간 배분이 가장 두드러진 반면, 2020년과 2021년 비대면 또는 블랜디드 교육실습에서는 수업 분위기 조성을 가장 힘들어하였다.

즉, 교육실습 평가록에서 실습생들은 실습 기간 동안 가장 힘들었던 점으로 수업분위기 조성을 들고 있다. 따라서 실습에 임하기 전에 인지해야 할 항목으로서 첫째는 실습교의 특징·학생들의 전반적인 수준과 이해 파악이며 그다음이 학습지도안 작성법, 예절인지라고 학생들은 지적하고 있다.

2) 생활지도 영역

이 영역에서는 상담자로서의 심리적 부담감과 상담 방법을 잘 알지 못해 학생들에게 많은 도움을 주지 못했다는 애로점을 대부분이 가지고 있으나 실습생과의 상담이나 지도로 변해 가는 학생들의 모습을 볼 때와 먼저 고민을 상담해 오는 학생들에게서 보람을 찾는다고 응답하였다.

생활지도 시 지도교사들은 학생에게 많은 관심을 요구하였다. 특히 개인 상담을 통해 학생에게 많은 도움을 주는 방법을 권유한 교사가 많았다. 그리고 교육실습생으로 인하여 생활태도가 흐트러지지 않도록 엄격한 출결 확인이나 정숙한 수업 분위기와 같은 생활 지도를 교사들은 강조하였다.

3) 학급 및 학교 경영지도 영역

학급 및 학교 경영지도 영역의 실습은 교사의 실무적 업무와 실제적인 역할을 체득하여 교사로서의 자질을 향상시킴과 동시에 사명감과 교사관을 갖도록 하는 데 목적이 있다.

학생통솔과 반 분위기 조성이 제일 큰 애로점으로 실습생에게 받아들여졌으나, 실습이 진행되면서 학생들과의 유대감이 조성됨에 따라 보람을 느낀다는 의견이 많았다.

한편, 실습 일지에서 지도교사들은 담임 업무 중 실습생이 가장 유의해야 할 사항으로 환경 지도, 출석부 관리, 조회·종례를 들었다. 또한 학생의 입장이 아니라 교사로서의 책임감과 품행에 대하여 많이 지적하였고, 아울러 학생들과의 유대관계 증대를 통한 인성교육에 힘써 줄 것을 당부하였다.

요약하면, 기존 4주간의 현장 교육실습은 수업 실습과, 생활지도 영역 실습, 그리고 학급 및 학교 경영지도 영역 실습으로 나눌 수 있는데, 수업 실습에 대해, 교육실습 평가록에서 대부분 실습생들은 실습 기간 동안 가장 힘들었던 점으로 수업분위기 조성을 들고 있다. 일본어 교과의 경우 대부분 실업계로의 실습이 일반적으로, 학생들의 일본어의 동기 유발이 힘들고 학습 능력의 저하로 인한 학생의 낮은 참여도 때문으로 풀이된다. 따라서 실습에 임하기 전에 인지해야 할 항목으로서 첫째는 실습교의 특징·학생들의 전반적인 수준과 이해 파악이며 그다음이 학습지도안 작성법, 예절인지라고 학생들은 지적하고 있다.

다음으로 생활지도 영역에서는 상담자로서의 심리적 부담감과 상담 방법을 잘 알지 못해 학생들에게 많은 도움을 주지 못했다는 애로점이 대부분이었다.

끝으로 학급 및 학교 경영지도 영역에서는 학생 통솔과 반 분위기 조성이 제일 큰 애로점으로 실습생들에게 받아들여졌으나, 실습이 진행되면서 학생들과의 유대감이 조성됨에 따라 보람을 느낀다는 의견이 많았다.

2 수업 기법

앞서 언급하였듯이 교육실습생들은 실습 기간 동안 가장 힘들었던 점으로 수업분위기 조성을 들고 있다. 이는 교사와는 달리 실습을 하고 있는 학생으로 수업 기법이 미숙한 이유일 것이다. 이하 수업 기법에 대해 설명하고자 한다.

1) 설명

(1) 설명 절차

설명 기술은 설명 절차에 그대로 반영된다. 설명 기술은 교사의 지식과 창의가 요구되는 기술이기는 하지만 대체로 교사들이 거치게 되는 설명의 일반적인 절차가 있기 마련이다. 예를 들면 다음과 같다.

• 제1단계: 목적을 밝힌다. 즉, 인과관계를 나타내는 데 목적이 있다.

- 제2단계: 요점을 정의한다.
- 제3단계: 예시한다.
- 제4단계: 요약한다. 증명을 통하여 나타난 결과를 구두나 또는 글로 요약한다.

(2) 설명의 일반 기술

여러 연구결과에 의하면 좋은 설명이란 구조화되어 있고, 흥미가 있다는 점이다. 그러나 구조화되고 흥미 있는 설명이 구체적으로 무엇을 의미하고 또 교사가 되고자 하는 사범대학 학생들에게 어떻게 교육시킬지 그 구체적 방안을 제시하기란 쉬운 일이 아니다.

렉(Wragg)이 조사한 좋은 설명기술은 다음과 같다.

① 설명의 전략 계획
- 주제를 주요 부분으로 분석한다.
- 부분과 부분을 연결 지운다.
- 규칙을 결정한다. 규칙이 없는 경우 이 부분은 생략된다.
- 필요한 설명의 형태를 구체화한다.
- 학습자의 특성에 따라 설명계획을 맞춘다.

② 설명의 기초 기능
ⓐ 명확성과 유창성
- 새로운 용어를 정의한다.
- 명확한 언어를 사용한다.
- 모호한 내용을 회피한다.
ⓑ 강조와 흥미
- 제스처를 변화시킨다.
- 매체와 자료를 활용한다.
- 목소리를 변화시킨다.

◦ 변화 또는 언어적 단서를 사용한다.

ⓒ 실례의 활용

◦ 명확하고 적절하고 구체적인 예를 사용한다.

◦ 충분한 양의 예를 사용한다.

◦ 긍정적, 혹은 부정적인 예를 사용한다.

ⓓ 조직

◦ 논리적이고 명확한 계열

◦ 과제에 적합한 유형

◦ 연결어와 연결구의 사용

ⓔ 환류

◦ 질문의 기회 제공

◦ 주요 아이디어의 이해 평가

◦ 가치와 태도의 표현

2) 발문

교사들은 수업 중에 여러 가지 목적을 달성하기 위하여 발문을 한다. 발문은 교사와 학생들의 언어적 상호 작용을 촉진하며 주제의 특정한 내용이나 특징에 주의를 집중시킨다. 또한 발문은 교과에 대한 학생들의 지식과 이해 정도를 평가하는 데 사용되며 교과의 핵심을 복습하는 데 도움이 된다. 발문은 특정유형의 사고와 인지활동을 자극하는 데, 학생의 사회적 행동을 통제하는 데 사용된다.

좋은 발문은 발문의 목적을 명확히 설정하고 발문의 본질을 개관하며, 발문에 사용될 절차를 구체화하는 것 등을 포함하는 충분한 계획에서 출발한다. 다음은 효율적인 발문의 원리에 대한 설명이다.

① 발문내용에 비추어

첫째, 교과의 특성에 따라 다양한 발문을 사용하라.

둘째, 발문이 수업목표와 관련이 있는지 확인한다.

셋째, 학생들이 거의 언제나 올바르게 대답할 수 있는 발문을 하라.

넷째, 발문에 사용되는 용어는 직접적이고 명료해야 하며, 학생들에게 잘 알려진 어휘와 어형을 사용한다.

다섯째, 학생의 지식, 경험, 능력에 적합한 발문을 하라.

여섯째, 한 번에 하나의 요점을 묻는 발문을 한다.

일곱째, 학생의 능력을 고려하여 다양한 수준의 발문을 사용하라.

② 발문방법에 비추어

첫째, 한 번에 한 가지만 발문하라.

둘째, 쉬운 것부터 시작하여 어려운 것으로 차례로 발문하라.

셋째, 구체적인 목적을 달성하기에 적절한 순서로 발문하라.

넷째, 논리적인 계열을 만들어 발문하라.

다섯째, 발문 후에 학생들이 적절한 답변을 준비하도록 적당한 시간을 제공하라.

여섯째, 발문-대기시간의 속도를 발문의 내용과 학습활동의 목적, 그리고 교과내용의 난이도에 맞추도록 조절하라.

일곱째, 발문을 하고 잠시 멈춘 후에 한 학생을 지적하여 응답하게 하라.

여덟째, 수업에 참여한 학생들에게 고루 발문을 하고, 어떤 특정한 학생만을 편애하지 마라.

3) 학습강화

강화란 어떤 반응의 결과에 뒤이어서 어떤 자극 혹은 사상이 주어졌을 때 그 외적 자극 혹은 사상이 그 특정 반응 수준의 증가를 가져오는 과정을 말한다. 이것은 동기유발, 특히 외발적 동기유발과 관련이 깊은 개념으로 중요한 수업기법의 하나이다. 다음에 진술된 원리는 교사들이 사용할 수 있는 여러 형태의 강화와 관련이 있다.

첫째, 개인이나 특정 학생집단에 효과적일 수 있는 강화물을 사용해야 한다.

둘째, 강화물은 학생들의 지적, 사회적 성숙 수준에 맞도록 제공되어야 한다.

셋째, 학생들에게 적절한 강화물을 선택할 때 학생 개개인의 흥미와 가치를 고려해야 한다.

넷째, 강화물로서 상징적인 것을 사용해야 한다.

다섯째, 학생들이 좋아하지 않는 학습활동에서는 강화물로서 학생들이 좋아하는 학습활동을 사용하도록 한다.

여섯째, 특히 폭넓은 연습과제를 수행하거나 과중한 학습을 하는 동안 강화물로서 말로 자주 격려해 주거나 칭찬해 주어야 한다.

일곱째, 정적 강화물이 효과가 없으면 부적 강화물을 사용해야 한다.

여덟째, 학습과제의 수준과 특성에 알맞도록 강화의 유형과 강도를 변화시키도록 해야 한다.

아홉째, 새로운 반응을 학습하는 초기단계에서는 연속적인 강화를 사용해야 한다.

열째, 학습이 충분히 이루어질 때는 간헐적인 강화기법을 사용해야 한다.

4) 피드백

피드백이란 학생 개개인의 활동이나 반응의 적절성에 관하여 개별 학생들에게 다시 송환되는 정보를 말한다. 즉, 어떤 학습 상황에서 학생들의 성취의 양 혹은 질에 관하여 학생들에게 정보를 제공해 주는 모든 형태의 의사소통이라고 할 수 있다. 피드백을 적절히 사용하면 학생들은 그들이 이미 학습한 것, 과제를 적절하게 수행하기 위하여 학습해야 하는 것, 교과에 대하여 알고 그것을 이해하는 데 필요한 정보 등을 얻을 수 있다.

(1) 피드백 개념과 기능

피드백은 학습자가 일정한 학습과제를 수행한 다음 그 결과의 옳고 그름에 대한 정보를 제공하고, 그 이유를 설명하거나 학습의 부족한 부분을 보충하기 위해 교수·학습과정 외의 부가적 정보를 학습자에게 제공하는 것이다. 즉 교실의 학습상황에서 학생들의 질적 양적인 성취에 관하여 학생들에게 정보를 제공해 주고자 하는 모든 형태의 의사소통을 피드백이라 할 수 있다. 이러한 피드백의 개념은 학습과 관련하여 학자마다 다양하게 정의하고 있다.

Cole & Chan(1987)은 피드백은 개인의 행위나 반응에 대해서 그들에게 주어지는 정보이며 그것은 정상적인 의사소통의 과정의 일부이고 조절적인 기능을 갖는다고 하였다. 학급의 학습 상황에서 보면 학생들의 수행의 양이나 질에 대하여 그들에게 정보를 제공하고자 하는 형태의 의사소통 과정이 피드백이다. 따라서 학생들에게 시험 결과를 알려 주는 것, 숙제나 시험 답안에 대한 평가, 과제 수행에 대한 평론 등이 모두 피드백으로 분류될 수 있다. 그러나 피드백은 학생들이 학습 과제에 대하여 반응을 하기 위한 진지한 노력을 시도한 다음에 주어지는 것으로서 그와 같은 노력이 없이 제공되는 정보는 피드백으로 볼 수 없다고 한다.

Bardwell(1982)은 피드백이란 학교현장에서 교사가 학생에게 그가 한 행위에 대해 주는 정보 또는 학습자가 그의 반응의 유용성, 효율성 혹은 적절성에 대해 획득한 정보라고 정의하고 있다. 구체적으로 피드백의 개념을 정의한 Kulhavy(1977)는 학습자에게 그들이 한 반응이 정반응인지 오반응인지 지적해 주는 여러 가지 절차라고 하였다.

임인재(1976)는 학습자가 학습한 행동이 바람직한가 아닌가를 알려 주는 과정이라고 정의한다. 백영균(1989)은 학습자의 응답에 반응을 주고, 격려하며 학습자의 능력을 최대한 발휘하도록 동기를 부여하는 것이라고 정의하였다.

위에서 살펴본 바와 같이 피드백은 "학습과제의 해결을 통해서 나타난 학습자의 학습결과에 대하여 확인하여 주고, 교정과 관련 정보를 제공하여 정확한 학습목표의 도달을 도와주는 것"이라고 정의할 수 있다.

Bardwell(1982)은 피드백의 기능을 강화인으로서의 기능과 교정적 정보로서의 기능으로 구분하고 있다. 피드백을 강화인으로 보고 있는 입장은 행동주의자들로서 피드백을 옳은 반응에 대하여 제공될 경우 그러한 반응을 반복하게 되어 강화된다고 생각하고 있다. Bendar 외(1991)는 피드백은 옳은 반응을 확인하고 옳지 않은 반응을 지적하며, 적절하지 못한 것을 교정해 주는 기능을 하는 것으로 보며 학습자가 그에게 제공된 피드백을 효과적으로 처리할 때만 이러한 기능을 할 수 있을 것이라고 한다.

Kulhavy(1985)는 피드백은 정보로서 작용하며 그것의 효율성은 제공된 정보를 처리하는 과정에 달려 있다는 가정을 전제로 하고 있다. 이를테면 사전－사후 검사 방법에서 피드백을 효율적으로 처리하지 못한 사람은 오류를 범할 수 있다고 하였다. 즉, 첫 번째의 옳은 반응에 대해서 인정해 주지 않을 경우 새로운 오류가 일어날 수 있으며, 처음의 잘못된 반응을 지적은 하되 교정을 해 주지 않으면 다른 오류가 발생한다는 것이다.

Smith(1988)는 피드백을 동기 유발적 강화 피드백 및 정보적 교정 피드백으로 나누고, 동기 유발적 강화 피드백의 기능은 옳은 반응을 강화함으로써 그것이 일어날 수 있는 가능성을 증대시키는 것이라고 하였다. 그리고 정보적 교정 피드백의 기능은 학습자에게 그들의 반응에 대한 정보를 제공함으로써 잘못이나 오해를 추적하여 교정할 수 있도록 하며 특정한 반응이 옳은 이유를 이해할 수 있도록 하는 것이라고 하였다. 대부분의 피드백은 강화의 기능보다는 정보적이며 오류를 밝히고 교정해 주는 기능을 하며 따라서 옳은 반응보다는 옳지 않은 반응 후에 제공되는 피드백이 더 효과적이라고 하였다(Cohen, 1985; Kulhavy, 1977).

이같이 수업과정에서 제공되는 피드백의 주된 기능은 학생의 학습결과에 대하여 학습상태의 적정 여부와 학습결손의 유무에 대한 정보를 제공해 주며 결손을 발견하여 교정해 줌으로써 학습에 대한 동기를 유발하고 강화시켜 학습의 효과를 높이는 것이라고 볼 수 있다.

(2) 피드백 유형

많은 연구자들은 피드백의 유형을 각기 다른 분류 기준에 따라 여러 가지 유형으로 구분하고 있다. 피드백을 분류하는 기준으로는 피드백을 제공하는 방식에 따라, 제공되는 시기에 따라, 제공되는 정보의 양에 따라, 학습과제의 특징에 따라, 누구에 의해 제공되느냐 등에 따라 학습에서의 피드백 제공의 효과에 대한 실험연구는 다양하게 이루어지고 있으며 여러 연구에서 피드백의 효과성을 보고하고 있다.

Anderson & Everton(1979)은 교수・학습과정에서 교사가 학생에게 주는 피드백을 제공하는 방식에 따라 유보적 피드백, 종착적 피드백, 과정적 피드백으로 나누고, 유보적 피드백은 학습자 자신이 스스로 오답을 수정하도록 기회를 주고 피드백의 제공을 유보하는 것이며, 종착적 피드백은 교사가 정답을 가르쳐 주는 행동이고, 과정적 피드백은 교사가 학생으로 하여금 정답을 찾아내도록 유도하는 것이라고 설명하고 있다.

Phye(1979)는 제공되는 피드백의 양이 많을수록 즉시 기억과 지연된 기억에 효과가 있을 것이라고 예상하고 연구를 실시한 결과, 가장 적은 피드백이 기억 향상에 가장 큰 효과를 가져왔다는 결론을 내리고, 예상과는 다른 결과에 대해서는 정보의 양이 너무 많거나 지나치게 상세한 것은 오히려 학습자에게 혼란을 주는 것 같다고 하였다.

Sassenrath(1975)는 피드백의 유형을 학생들의 반응에 따라 제공되는 정보의 양에 따라 첫째, 학생의 반응이 맞는지 틀렸는지를 알려 주는 정・오 판정 피드백, 둘째, 학생들의 첫 번째 반응이 틀렸을 때 정답만 제시하는 정답제시 피드백, 셋째, 질문에 적합한 답변을 말할 때까지 학생들에게 반복하여 반응하게 하는 피드백, 넷째, 특정한 반응이 맞거나 틀린 이유에 대해 보다 확장된 설명을 제공하는 피드백으로 구분하였는데, 이 연구에서 시험을 치른 후, 칠판에 있는 정답을 보고 자기 답을 검토하는 집단, 교사와 질문・토론하는 집단이 피드백을 제공받지 못한 집단과 자료를 판독하는 집단보다 더 나은 성적을 보여 주었다는 결과를 발표하였다.

Cole과 Chan(1987)은 피드백을 누구에 의해 제공되느냐에 따라 외재적 피드백과 내재적 피드백으로 나누고 내재적 피드백은 어떤 과제를 완성하는 동안 개인이 스스로 느끼는 성취수준의 질에 관한 정보를 뜻하고 외재적 피드백은 어떤 개인의 성취에 대한 적절성이나 정확성에 관하여 다른 사람에 의해 제공되는 정보를 말한다. 특히 외재적 피드백을 다시 적극적이거나 소극적인 피드백, 강화와 벌, 의도된 피드백과 의도되지 않은 피드백, 평가적 피드백과 비평가적 피드백, 언어적－상징적 피드백, 교정적 피드백으로 분류하고 있다.

Annett(1969)는 학습자에게 외재적 피드백보다 내재적 피드백이 많이 일어날수록 학습의 효과가 있다 하였다.

Schimmel(1988)은 학습과제의 특성에 따라 피드백의 제공을 달리해야 한다면서 언어 정보적 과제에서는 정답 반응의 피드백을 주고 지적 기능의 수업에서는 오류를 확인해 주고 다양한 양의 정보를 포함하는 피드백을 제공하는 것이 유용하다고 하였다.

백영균(1989)은 피드백의 유형을 확인적 피드백, 교육적 피드백, 동기적 피드백 세 가지 범주로 구분하고 있다. 확인적 피드백은 가장 단순한 형태의 피드백으로서 정답의 정당성을 확인하여 주는 데 사용되는 것으로, 반응에 대하여 정·오의 정보를 알려 주는 피드백이며, 교육적 피드백은 학습의 과정을 더욱 활발하고 그 경험이 풍부하게 제공하기 위해 사용하는 것으로 학습자의 정답에 적절한 메시지로 피드백을 주는 것을 말한다. 또한 동기적 피드백은 학습자가 흥미를 갖고 계속적으로 학습과정에 머물도록 유도함으로써 학습을 강화하기 위하여 사용하는 것이며 이러한 피드백들은 학습자와 학습과제의 특성에 맞게 주는 것이 학습효과를 증진시킨다고 하였다.

Merrill(1983)은 학습내용을 사실, 개념, 절차, 원리로 구분하고 이러한 학습내용을 적절하고 완전하게 습득하기 위해서는 학습자가 충분히 학습할 기회를 제공한 후에 적절한 시기에 피드백을 제공하는 것이 학습에 증진을 가져올 수 있다고 하였다.

이처럼 피드백의 제시시기를 언제로 할 것인가에 관한 연구가 많이 이루어지고 있는데 즉각 피드백과 지연 피드백 중 어느 쪽이 학습 효과가 좋으냐에 관하여서는 많은 이견을 보이고 있다. 행동주의 이론가에 의해 제시된 교육의 기본적 피드백은 학습자의 반응에 따라 즉각적으로 제공되어야 강화의 유효성이 감소되지 않는다는 것이다. 이 원리는 즉각적인 피드백이 파지를 위해 결정적인 것으로 받아들여지고 있다. 즉각 피드백의 학습효과를 대표하는 것으로 완전학습전략을 들 수 있다. 언제 피드백을 줄 것인가가 사전에 결정되어 있고, 학습자의 학습과정을 수시로 점검할 수 있는 프로그램 학습이나 컴퓨터 보조학습 형태에서는 정반응에 대한 지식을 즉시에 제공해야 학습과 파지에 효과적이라고 한다.

초기의 연구(Sassenrath et al. 1975)에서는 즉각 피드백이 지연 피드백보다 월등한 것으로 나타났다. 컴퓨터 관련 수업이나 Keller의 수업 개별화 체계, 그리고 수업기구에서나 즉각 피드백 제공은 피드백의 강화의 입장으로 직후에 확인할 수 있는 것에 바탕을 두고 있다. 이처럼 행동주의 이론가들은 미리 마련된 수업절차에 따라, 체계적인 피드백 절차로 즉시 제공되어야 최적인 상태의 학습이 이루어진다고 했다.

그러나 피드백의 즉시성을 강조하는 여러 학자들의 견해에 의문을 제기한 것은 1962년 Brackbill이 아동들을 실험 연구하여 제시한 파지효과를 언급하고 지연 피드백이 학습내용의 파지에 있어 우월함을 주장한 연구부터이다 (More, 1969). Brackbill의 연구 이후 그의 이론을 뒷받침하기 위해 복잡한 인지활동을 포함하는 학습과제에서 지연된 피드백이 파지를 촉진시키는 데 즉각 피드백보다 월등하거나 동등하다는 것을 나타내는 많은 연구결과들이 나왔다. 한편, More(1969)는 중학생들을 대상으로 한 독서과제 실험에서 피드백의 제시시기를 조사한 결과 즉각 피드백 제공이 가장 낮은 반면에 1일 지연 피드백이 가장 높게 나왔다. 지연 피드백이 효과적이라는 주장은 결과에 대한 지식이 즉시 주어지게 되면 학습자가 부주의하게 되고 정보의 양이 지나치게 많을 때에는 학습자의 피로가 심하게 나타나기 때문이다. 따라서 지연된 피드백을 제공하면 집중이 잘되어 학습효과를 높일 수 있다고 한다. 요약하면, 행동주의적 입장에서는 학습자의 반응에 따라 즉각적으로 피드백을 제공해 주어야 학습자의 행동이 강화되어 정보획득이 수월하고 적합한 학습이 이루어진다는 것이다. 반면에 인지론적인 입장에서는 지연피드백을 제공하는 경우 오반응에 대한 간섭이 줄어 새로운 학습을 쉽게 받아들일 수 있어 학습에 매우 효과적이라는 연구결과가 나왔다. 이렇게 실험이나 연구에서는 지연 피드백과 즉각 피드백이 상반된 결과를 보이고 있으나 교수·학습과정에서는 상호 보완적인 관계라고 할 수 있다.

이상에서 살펴본 바와 같이 피드백의 유형은 제공자에 따라 외적 피드백과 내적 피드백으로, 의도성의 유무에 따라 의도적 피드백과 무의도적 피드백으로, 정보의 양에 따라 정오 피드백과 정보 피드백으로, 제시하는 시기에 따라 즉각 피드백과 지연 피드백으로, 그 밖에도 피드백의 여러 기능을 강조하는 조건에 따라 각각 분류되고 있다. 특히 대부분의 실험연구가 학습자에게 제공되는 피드백의 정보의 양에 따라 많이 이루어지고 있다. 이러한 연구에서는 단순히 정오 피드백을 제공하는 것보다 관련된 정보를 함께 제공하는 것이 학습에 효과적이라는 연구 결과들이 많았다.

(3) 피드백 효과

피드백의 효과가 학습과제의 대상이 되는 지식의 유형과 밀접한 관련을 맺고 있다면, 지식의 유형을 확인하고 그에 맞는 적절한 피드백을 설계함으로써 학습효과를 더욱 크게 할 수 있다. 이러한 관점에서 수행된 연구로는 Schimmel(1988)과 나일주(1988)의 연구를 들 수 있다.

Schimmel(1988)은 피드백의 유형을 정오확인 피드백, 정답반응 피드백, 내용설명 피드백, 오류 관련 피드백 네 가지로 분류하면서, 학습과제에 따라 피드백의 유형을 달리 주어야 한다고 강조한다. 즉, 언어적 정보를 가르칠 때에는 정답반응 피드백을 주고, 높은 수준의 학생들에게 지적 기능을 가르칠 때에는 정보의 양이 다양한 피드백을 스스로 선택할 수 있게 하며, 절차적 기능을 가르칠 때에는 오류 관련 피드백을 사용하도록 제안하고 있다. 이는 학습과제의 특성에 따라 이를 학습하기 위한 조건에 차이가 있다는 인식에 근거한 것이라고 볼 수 있다.

한편, 나일주(1988)는 학습과제의 대상이 되는 지식을 과제를 수행하기 위해 단지 '기억'만을 요구하는 지식을 뜻하는 선언적 지식과 그 이상의 선수지식을 요구하는 지식을 위계적 지식으로 구분하고 그 각각의 지식을 획득함에 있어 정오제공 피드백, 정답제공 피드백, 관련 정보제공 피드백이 어떤 변별적 효과를 보이는가를 밝히고자 하였다. 선언적 지식과 위계적 지식이 특히 정오제공 피드백, 정답제공 피드백, 관련 정보제공 피드백의 어떤 변별성에 비추어 정답을 기억하고 회상하는 선언적 지식의 획득의 경우에는 정답제공 피드백과 관련 정보제공 피드백의 효과는 차이가 없을 것이며, 이와 달리 기존의 지식을 변형하고 새로운 상황에 이를 적용하는 등의 위계적 지식의 획득의 경우에는 단순히 정답만을 알려 주는 정답제공 피드백보다는 관련된 지식을 알려 주는 관련 정보제공 피드백이 더 효과적일 것이라고 예측하였다.

그러나 연구결과는 관련 정보제공 피드백이 선언적 지식과 위계적 지식을 획득하는 데 가장 효과적인 것으로 나타났다(나일주, 1988). 즉 관련 정보제공 피드백은 위계적 지식뿐만 아니라 선언적 지식을 획득하는 데도 정답제공 피드백이나 정오제공 피드백보다 더 효과적이었다.

이러한 결과는 다음과 같은 두 가지 측면에서 논의되었다. 하나는 반복효과로서, 선언적 지식문항의 관련 정보제공 피드백에서 제공된 정보내용의 반복이 그 과제에서의 학습자의 암기를 촉진시킬 수 있었다는 점이다. 다른 하나는 위계적 지식문항의 관련 정보제공 피드백에서 제공된 정보의 효과이다. 가령 위계적 지식문항의 정보는 그 지식에 관계되는 다른 선수 선언적 지식이므로 정답제공 피드백 집단과는 달리 관련 정보제공 피드백 집단의 학습자들은 위계적 지식문항을 학습할 때 그에 상응하는 선언적 지식문항을 복습할 수 있었다. 따라서 선언적 지식에서의 관련 정보제공 피드백의 효과가 전자의 논의대로 반복에 의한 것이라면 피드백 설계 시 지적 기능의 수준을 막론하고 관련 정보제공 피드백을 제공하는 것이 유용하다. 이와 달리 후자의 논의대로 외부의 영향이라면 선언적 지식의 경우 반드시 관련 정보제공 피드백을 제공할 필요는 없다. 즉 선언적 지식에서의 관련 정보제공 피드백의 효과가 반복에 의한 것인지 아니면 외적인 영향에 의한 것인지에 따라 피드백의 설계 시의 지침이 달라진다. 또한, 학습자의 정확한 반응 후에 제공되는 피드백은 그다지 중요하지 않으며, 부정확한 반응 후에 제공되는 피드백이 가장 효과가 높았다고 보고한 연구결과(Cohen, 1985)도 있지만 이와는 달리 Gilman(1969)은 학습자의 부정확한 반응뿐만 아니라 정확한 반응에 대해서도 정답의 이유를 제공해 주는 것이 중요하다고 한다.

한편 Kulhavy(1977)는 오답에 대한 지적에 그치지 말고 그것을 정답으로 교정해 주는 피드백이 보다 효과적이라고 하였다.

3 일본어 수업지도안 작성

어떤 단원을 어떻게 가르칠 것인가 어떤 수업을 어떻게 진행할 것인가 등에 대한 지도 계획안을 교안, 지도안, 수업지도안 등이라고 부른다. 이하 일본어 수업지도안 작성을 위한 여러 가지 제안을 하고자 한다.

1) 지도안 작성 시 주의점

① 학급 인원수

교안 작성은 학습자의 인원수에 의해서도 좌우된다. 학급의 인원수가 많은 경우, 개별 연습을 위해서 많은 시간이 걸린다. 이 같은 경우에는 그룹 단위의 게임 등의 연습방법을 사용하는 것이 효과적이다. 역으로 인원수가 적은 학급인 경우에는 개별적인 연습 방법을 이용할 수 있고, 또 학습자의 오용 등에 대한 지도도 가능하다.

② 사용할 수 있는 교재 교구의 확인

교안을 작성하기 전에 수업 시간에 어떠한 교재나 교구를 사용할 수 있는가를 조사할 필요가 있다. 드릴에 필요한 그림 카드 등은 바로 작성할 수 있지만 프로젝트나, 비디오테이프, 카세트테이프 등의 기구를 사용할 수 없다면 교재로 사용하지 못하는 것이다. 이 같은 기구를 사용할 수 있는지 없는지를 교안을 작성하기 전에 확인해 두어야 한다.

③ 지도할 과의 목표 확인

한 과를 가르치기 전에 그 과의 목표가 무엇인가를 확인해야 한다. 그리고 앞으로 가르쳐야 할 학습자의 목표나 실력을 고려하여 조정해야 한다. 교과서는 수업을 진행하기 위한 재료이기 때문에 거기에 쓰여 있는 것을 모두 충실히 할 필요는 없다. 교사는 학습자에게 가장 적합한 방법으로 교과서를 사용하여 수업을 진행해 가면 된다.

④ 그 과의 지도 항목의 확인

문법 사항, 신출 단어, 문자 등을 조사해야 한다. 그리고 그 과에 제시되어 있는 항목을 모두 가르칠 것인가, 가르칠 필요가 있다면 무엇 무엇을 가르칠 것인가를 판단하여 정한다.

⑤ 지도 항목을 순서대로 열거한다.

지도 항목을 제시하는 순서에는 여러 가지 방법이 있지만, 대개 쉬운 것에서 어려운 것으로, 또 이미 배운 항목에 가까운 것이 있으면 그것에서 새로운 것으로 하는 방법이 타당할 것이다.

⑥ 시간 배분

지도 항목과 제시 순서가 결정되면 그다음으로는 수업 시간을 어떻게 배분할 것인가를 정한다. 시간 배분을 할 경우 지도 항목 외에 워밍업이나 전날 배웠던 것에 대한 복습도 첨가해 두어야 한다. 지도 항목 중 중요하다고 생각하는 것이나 어렵다고 생각하는 항목에 많은 시간을 할애하게 되는데 예정 시간에 착오가 생길지라도 어딘가에서 조정이 가능하도록 여유 있게 계획을 세워야 한다.

⑦ 연습 방법

새로운 구문의 구두 연습을 행할 경우, 가능하면 이미 배웠던 어휘나 학습자에게 유용한 어휘를 사용해야 한다. 또, 연습 등은 경우에 따라서는 예정보다 빨리 끝나 버리는 경우가 있기 때문에 조금 여유 있게 준비해 두는 편이 좋다.

⑧ 학습자의 기습득 항목

새로운 과를 가르치기 전에 그 과의 전 과까지 나와 있던 어휘, 표현, 구문 등을 조사하여 기억해 두어야 한다. 새로운 어휘나 구문을 제시할 경우에는 항상 이미 배운 어휘나 구문을 기초로 해서 도입해야 한다. 즉, 학습은 항상 '옛것에서 새로운 것으로'라는 나선상의 형태로 진행해 가는 것이다. 새로운 것을 학습하면서 동시에 복습도 겸함으로써 정착되어 가는 것이다.

⑨ 참고 문헌

참고 문헌은 평소부터 주의해서 모아 두거나 조사해 두면 교안을 작성할 때 대단히 편리하다. 특히 학기가 시작되면 수업 준비, 숙제나 시험 등으로 분주해지기 쉽기 때문에 학기와 학기 사이에 많은 참고 문헌을 조사해 두는 것이 좋다.

2) 수업지도안 작성례

(1) 모둠활동을 통한 금지 표현 관련 수업지도안 작성례

① 단원의 배경

우리나라와 일본의 사회 문화적 특성을 이해하는 것은 양국 간의 교류 활동에 긍정적이고 적극적으로 참여할 수 있는 바탕이 된다.

본 단원에서는 우리나라와 일본의 식사 예절과 교통 규칙에 대한 공통점과 차이점을 단원의 배경으로 삼아 일본 문화에 대한 올바른 이해와 더불어 우리 문화를 일본에 바르게 소개할 수 있는 능력을 기르도록 돕고 있다.

② 단원 학습 목표
• 듣기: 경고, 금지, 사과, 설명에 관한 표현을 듣고 답할 수 있다.

- 말하기: 금지, 사과에 관한 표현 등을 말할 수 있다.
- 읽기: 교통 규칙과 식사 예절에 관한 글을 읽고 교통 규칙과 식사 예절에 대한 공통점과 차이점을 한글로 요약할 수 있다.
- 쓰기: 우리나라와 일본의 공통점과 차이점을 일본어로 쓸 수 있다.
- 문화: 일본 전통 복장의 특징을 3가지 이상 말할 수 있다.

③ 의사소통 기능
- 경고: まだ、たべては いけません。
- 금지: あ、木村さん、まだ 食べては いけません。
- 사과: ごめんなさい。
- 설명: 韓国では 年上の方が さきに 食べるんです。

④ 차시별 학습 계획

차시	영역	주요 활동
1~2	聞い話そう 듣고 말하기 활동	• 경고, 금지, 사과, 설명의 표현을 듣고 이해하기 • 금지, 사과에 관한 표현 등을 자연스러운 어조로 말하기 • 금지에 관한 말을 듣고 반문과 수긍하는 말로 써 보기
3	ダイアローグ	• 식사 예절 설명에 필요한 표현 익히기 • 교통 규칙을 설명할 때 필요한 표현 익히기
4	말하기 활동	• ダイアローグ에서 익힌 표현을 바탕으로 모둠활동을 통한 금지의 표현하기
5	読んで みましょう	• 교통 규칙과 식사 예절에 관한 글을 읽고 이해하기
6	書いて みましょう	• 우리나라와 일본의 닮은 점과 차이점 쓰기
7	확인 학습	• 듣기: 대화를 듣고 한국과 일본의 차이점 비교 설명에 맞는 그림 고르기 • 말하기: 금지와 반문의 표현으로 묻고 대답하기 • 읽기: 제시된 글을 읽고 묻는 말에 답하기 • 쓰기: 한자 읽기와 컴퓨터 자판으로 입력하기
8	보충 학습 심화 학습 일본의 문화	• 교통 표지판 알기 • 약도를 보고 목적지 안내하기 • 일본인의 전통 복장 이해하기

⑤ 수업 계획7)

가) 학습자 분석(Analyze Learning)

(가) 일반적 특징(General characteristics)

본 수업을 위한 학습자는 인문고등학교 2학년으로 여학생 10명, 남학생 10명, 총 20명으로 구성된 자연계열 학생들이다. 이 가운데 5명만 07년생이며 나머지 15명은 06년생으로 대부분 만 17세로 구성되어 있다. 학교는 부산광역시에 위치해 있으며 6명의 학생이 □□구에서 중학교를 다녔고, 1명의 학생이 울산에서 중학교를 다녔다. 그 외 13명의 학생들은 인근의 ★★, ☆☆, ◎◎중학교 학생으로, 유사한 교육 및 문화 환경 속에서 자란 학생들이다. 편모슬하 3명의 학생을 제외하고는 모두 부모님이 계신다. 학생들은 전반적으로 일본 애니메이션 등 일본의 현대 문화에 관심이 많으며, 대학 진학 등의 목표가 분명하기에 일반적으로 학습에 열의를 갖고 있다.

(나) 출발점 특성(Specific entry competencies)

1학년 때 정규 교과목으로는 일본어가 없었지만, 1학년 때, 창의적재량학습으로 5시간의 일본어 문자 관련 수업이 있었다. 때문에 학습자들은 일본어 문자인 ひらがな는 읽고 쓸 수 있는 상태에서 정규수업이 시작되었다. 중학교 때 일본어를 학습하거나 독학에 의해 일본어 관련 사전 학습이 되어 있는 학생은 전체 20명 가운데 16명이었다. 즉, 대부분의 학생들이 고등학교에 입학 전에 다양한 방법으로 일본어 학습을 하고 있었다.

현재 일본어는 2학년의 경우 주당 2시간의 정규 수업이 있다. 교과서는 2015 개정 교육과정의 의사소통 중심 교육을 반영한 내용으로, 1학기는 본

---

7) ASSURE 모형에 근거하여 수업방법 및 자료 선정을 하였다.
　 Analyze learners(학습자 분석)
　 State objectives(목표 진술)
　 Select methods, media and materials(교육방법, 매체, 자료의 선정)
　 Utilize media and materials(매체와 자료의 활용)
　 Require learner participation(학습자의 참여 유도)
　 Evaluation and revise(평가와 수정)

수업자가 만든 보충 교재를 이용하여 기본적인 일본어 문법 및 어휘 학습을 함께하였고 교과서는 4과까지 학습하였다. 2학기는 1학기 학습에 대한 형성평가를 시작으로 5과에 이어 6과를 학습 중이다.

이 수업을 위한 학생들의 출발점 특성은 다음과 같다.[8]

(a) ひらがな 및 カタカナ를 읽고 쓸 수 있다.

(b) です와 ます의 쓰임을 구별할 수 있다.

(c) 동사의 종류를 구별하고 ます 관련 활용을 할 수 있다.

(d) 음편활용에 대한 개념을 이해하고 활용할 수 있다.

(e) 일본어로 일상생활과 관련된 간단한 인사말 및 질문을 할 수 있다.

(f) 일본어로 금지, 반문, 사과, 대비의 표현을 6과를 통해 학습하고 있는 중이다.

(다) 학습 양식(Learning styles)

제2언어는 제1언어와 달리, 많은 학습자에게 있어도 없어도 좋은 것이다. 따라서 제2언어 학습은 특히 학습자의 동기화가 중요하다. 현재 학습자는 인문고등학교 2학년이다. 대학에 진학하기 위해 수학능력시험을 칠 때 제2외국어를 꼭 선택하지 않아도 되기에 학습자들은 일본어 교과를 중요 교과목으로 생각하지 않고 있는 것이 현실이다. 따라서 본 교사는 인문고교 학생들의 진학이라는 목표에 의한 동기 유발이 아니라, 거시적 관점에서는 일본 문화 이해를 통한 세계시민의식 배양과 미시적 관점에서는 일본 애니메이션 및 젊은 일본 문화의 이해, 일본인 친구 사귀기 등의 실용 면에서의 동기부여를 강조하고 있으며, 학습자들은 비교적 성실하게 수업에 임하고 있다.

---

8) 본 수업은 Heinich(1995)의 ASSURE모형에 기초하여 교수・학습 방법 및 매체 선정을 행하였다.
 Analyze learners(학습자 분석)
 State objectives(목표 진술)
 Select methods, media and materials(교수・학습 방법 및 매체, 교재 선정)
 Utilize media and materials(매체와 자료의 활용)
 Require learner participation(학습자 참여 유도)
 Evaluation and revise(평가와 수정)

나) 목표 진술(State Objectives)

대상: 2학년 3반 학생

행동: 일본어로 금지의 표현을 사용해서 말할 수 있다.

조건: 시험시간에 해서는 안 될 행동

수준: 초급 회화 수준

⇒ 시험시간에 해서는 안 될 행동에 대해 일본어로 금지의 표현을 사용해서 말할 수 있다.

다) 교육방법, 자료의 선정(Select Methods and Materials)

"시험시간에 해서는 안 될 행동에 대해 일본어로 금지의 표현을 사용해서 말할 수 있다."는 수업 목표를 성공적으로 달성하기 위해서 학습자에게 선정된 교육내용 6. まだ 食べてはいけません의 말하기 활동을 효과적으로 전달하기 위한 수업 모형9)을 선택하였다.

역할놀이의 상황 선정 및 제시에 효과적일 것으로 판단되는 파워포인트와 실물 사진 등을 교수매체로 선택하였고, 교수 매체를 통해 제시될 자료는 교수 자료를 선정하는 3가지 방법, 즉 기존 자료 활용, 기존 자료 수정, 새로 제작 중 본 수업자는 주변 인물들을 등장인물로 하여 새로 제작하였다.

---

9) 역할놀이 수업 모형의 기본 가정은 다음과 같다.
  ① 학생들은 인간 상호 간에 일어나는 여러 가지 평범한 문제를 정의하고 직면하여 대처해 나갈 수 있다.
  ② 학생들은 자신의 행동과 타인의 행동에 영향을 미치게 될 가치, 충동, 두려움, 외적인 영향력 등을 깨닫게 된다.
  ③ 학생들은 역할놀이 상황에서 얻은 통찰력을 실제생활에 적용할 수 있다.
  ④ 학생들은 가상적인 상호 행동을 통하여 자신의 이상, 의견, 행동 등을 평가해 볼 수 있다.
  ⑤ 가상적으로 어떤 역할을 해 봄으로써 문제나 상황을 깊이 이해할 수 있게 된다.
  ⑥ 역할놀이 방법을 배움으로써 학생들은 대인관계 기술을 향상시키고 자신과 타인의 동기에 대한 이해력을 높일 수 있다.
  역할놀이 수업 모형의 적용 절차는 다음과 같다.
  ① 역할놀이의 상황 선정
  ② 역할놀이 준비
  ③ 역할놀이 시연 선정
  ④ 청중의 준비
  ⑤ 역할놀이 시연
  ⑥ 역할놀이 시연에 대한 토론과 평가

라) 매체와 자료의 활용(Utilize Media and Materials)

2015 개정 교육과정의 의사소통 중심 교육에 있어서 학습자 중심수업을 위하여 교사는 안내자, 촉진자의 역할을 하여야 한다. 이에 본 수업자는 각 반에 학년 초 교과담당 도우미 3명씩을 희망자 원칙으로 선정하여 수업의 진행 및 매체활용, 수업 전후의 평가에 대한 안내 등을 돕게 하고 있다. 도우미들의 대표적 활동은 수업 당일 진도 및 수업 내용에 대한 사전 숙지와 수업 시작과 함께 그날 사용할 매체들을 준비하고 수업 중 활용하는 일을 담당한다. 예를 들자면, 일본어 수업은 항상 교과 관련 일본어 동요를 듣는 것으로 시작하며, 학생들은 도우미 학생이 틀어 주는 동요를 듣고 따라 부르며 수업의 시작을 기다린다.

마) 학습자 참여의 유도(Require Learner participation)

역할놀이 수업 모형이므로 학습자의 참여 유도는 다른 어떤 수업보다 중요하다 할 것이다. 즉, 학생들의 자발적인 참여를 유도할 수 있도록 수업 분위기가 신뢰적이며 따뜻해야 한다. 본 수업자는 과정평가로 수행평가를 통해 수업 도입과 종료 시 학생들의 개인 및 모둠 활동에 의한 활발한 표현 활동을 격려하고 있다. 이는 현재 수업 상황에서 매우 효과적인 방법으로, 학습 참여도를 높이고 있다. 즉, 평가를 위한 별도의 시간을 할애하지 않아도 수업에 적극적으로 참여하는 것[10]만으로, 수행평가를 대신할 수 있으며, 수업에의 적극적인 활용 결과 일본어로 기본 회화가 가능하게 되므로 학습 성취를 높일 수 있었다.

바) 평가와 수정(Evaluate and Revise)

매 단원이 끝나고 나면 단원 관련 형성평가지를 통해 학습 상태를 평가하고 그 결과를 그림으로 분석하여 학생들에게 피드백하고 있다.

---

10) 개인별 활동은 1학기부터의 전체 일본어 수업을 통해 학습한 어떤 내용이라도 난이도 및 진도에 관계없이 활용하도록 권고하고 있으며, 모둠별 활동은 매번 모둠 구성원을 바꾸도록 하여 다양한 특성의 학생들이 함께할 수 있도록 하고 있는데, 이는 특히 중하위권 학습자의 학습 의욕을 높이는 역할을 하고 있다.

⑥ 본시 수업 계획(말하기 활동)

	학 습 활 동		지도·평가
단원명	6. まだ 食べては いけません		
학습 목표	시험시간에 해서는 안 될 행동에 대해 일본어로 금지의 표현을 사용하여 말할 수 있다.		
학습 내용	학 습 활 동		지도·평가 상의 유의점
	교사의 지도	학생의 활동	
동기 유발 및 전시 학습 복습 (12분)	〈夕焼け小焼け〉 가사 가운데 동사 관련 질문을 따라 부르기 중에 적절하게 한다. それでは 授業を はじめます。 みなさん、こんにちは。	〈夕焼け小焼け〉를 따라 부르며 가사 가운데 동사를 찾아 원형 및 활용에 대해 익힌다. 先生、こんにちは。 학생들 일본어로 묻고 답하기를 통해 전시 학습 확인	도우미가 준비 준비물: 책, 공책, 부교재 확인 출석 확인 개별수행평가
학습 목표 제시 본시1 (15분)	今日の質問は何でしょうか。 학생 표현 가운데 잘못된 부분을 수정해 준다. 시험 중, 해서는 안 될 행동을 말할 수 있다. 선배모델을 통한 시험 장면 촬영 사진 제시 1. 話しては いけません 2. 辞書を 見ては いけません 3. 寝ては いけません 4. 人の答案を見てはいけません	학습 목표를 정확하게 이해한다. 주어진 사진을 보면서 금지의 표현을 이용하여 각자의 공책에 작문한다. 설명을 잘 듣고 자신의 오류를 수정한다.	파워포인트로 목표 제시 동사원형은 교사가 제시해 준다. 음편이 틀린 곳 수정
	학생들이 작문하는 동안 작문이 잘되었거나 특이한 학생을 표시해 둔다. 실물 화상기를 통해 학생 작문 내용을 수정한다.		
본시2 (20분)	모둠 활동 방법에 대해 설명한다. 모둠끼리 시험 중에 해서는 안 될 행동에 대해 의논하고 스크립트를 작성한다. 짝이나 모둠끼리 역할놀이 연습을 하도록 한다. 충분히 연습되었다고 판단되면 희망 모둠별로 발표하게 한다.	모둠끼리 스크립트를 작성한다. 역할을 정해 역할놀이 연습을 한다. 모둠별로 발표한다.	모든 학생이 참여할 수 있도록 지도한다. 모둠 수행평가 실수에 대한 감점 없음.
정리 (3분)	모둠 활동에 대한 전체적 평가를 한다. 일본 현지 장면 제시. 차시 예고를 한다.	설명을 잘 듣고 다음 모둠 활동에 참고한다. 메모한다. 금지 표현에 대해 실제 일본에서의 사용 장면을 통해 마지막 정리를 한다.	

⑦ 매체와 자료

• 파워포인트

학습 목표

● 시험시간에 해서는 안 되는 행동에
대해서 일본어로 금지의 표현을 사
용해서 말할 수 있다.

• 사진

⑧ 판서 계획

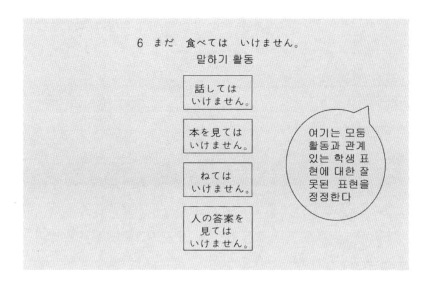

(2) 수업지도안 작성례 2

Ⅰ. 교재관련

1. 교재

교재: 고등학교 일본어Ⅰ

2. 단원

대단원: 4. えいがかんはどこ？

소단원: きいてはなそう、たのしくあそぼう

3. 대단원 학습 목표

듣기: 짧고 쉬운 글이나 대화를 듣고 핵심어의 의미를 이해한다.

말하기: 낱말 또는 짧은 문장으로 자신의 의사나 정보를 표현한다.

읽기: 의사소통 기본 표현과 관련된 쉬운 글이나 대화문을 읽고 주제나
　　　의미를 파악한다.

쓰기: 가나와 한자를 바르게 쓴다.

문화: 일본의 간략한 개관 및 일상생활 문화, 대중문화에 대해 이해한다.

4. 핵심 성취기준

[12일Ⅰ-01-02] 짧고 쉬운 글이나 대화를 듣고 핵심어의 의미를 이해한다.

[12일Ⅰ-02-02] 낱말 또는 짧은 문장으로 자신의 의사나 정보를 표현한다.

Ⅱ. 단원 전개안

1. 대단원 전개

1) 단원 설정 이유

4단원 「えいがかんはどこ？」는 일본의 위치표현과 존재표현, 형용사의 활용법과 조사 그리고 일본의 대중문화와 스포츠문화에 대한 지식을 제시하고 있다. 일본어 문법의 기본이 되는 조사와 い형용사, な형용사를 학습하여 일본어 의사소통 능력을 기르고 상호문화적 관점에서 일본의 대중문화와 한국의 대중문화의 차이 이해를 목표로 이 단원을 설정하였다.

2) 단원 구성 방향

4단원 「えいがかんはどこ？」는 일본의 위치표현과 존재표현, い형용사의 활용법, な형용사의 활용법, 일본어 조사, 일본의 대중문화와 스포츠문화를 배운다.

2. 대단원 교수학습 계획운영안

차시	교과서		주요 활동 내용	비고
	영역	쪽수		
1	きいて はなそう たのしく あそぼう	58-59 69	• 위치 표현을 듣고 사물의 위치를 파악할 수 있다. • 'どこですか'를 활용하여 사물의 위치를 묻고 답할 수 있다. • 일본의 전통놀이 ふくわらい를 통해 위치표현을 복습한다.	
2	よんで はなそう① まとめ きょうしつ①	60-61	• 본문을 바르게 읽을 수 있다. • 존재표현 'いる', 'ある'를 사용하여 정보를 전달할 수 있다. • い형용사를 활용하여 문장을 만들 수 있다.	

차시	교과서		주요 활동 내용	비고
	영역	쪽수		
3	よんで はなそう② まとめ きょうしつ②	62~63	• 본문을 바르게 읽을 수 있다. • な형용사를 활용하여 문장을 만들 수 있다. • 일본 조사의 의미를 알고 문법에 맞게 사용할 수 있다.	
4	かいて みよう いっしょに やってみよう	64~65	• 낱말을 올바르게 배열하여 문장을 완성할 수 있다. • 빈칸에 들어갈 알맞은 표현을 골라 쓸 수 있다. • 짝활동을 통해 존재표현 'いる', 'ある'를 올바르게 사용하여 사물의 위치를 설명할 수 있다.	
5	ようこそ 日本！	66~67	• 일본의 대중문화와 스포츠 문화를 이해하고 한국의 문화와 비교할 수 있다. • J-POP과 일본 영화에 대해 이해하고 설명할 수 있다.	과제 발표
6	かくにん しよう	68	• 4단원의 전체 내용(위치표현, 존재표현, い형용사, な형용사, 대중문화, 스포츠 문화)을 복습한다.	지필 평가

- 소단원 きいてはなそう의 위치표현을 효과적으로 학습하기 위하여 きいてはなそう 학습 후 たのしくあそぼう를 먼저 활동한다.
- 5주차 소단원 ようこそ日本！에 들어가기 전, J-POP과 일본영화에 대한 발표 과제를 미리 안내하여, 5주차에 발표할 수 있도록 한다.
- 6주차 소단원 かくにんしよう 활동 후 지필평가를 통해 학생들의 단원 이해도를 확인한다.

Ⅲ. 소단원 전개안

1. 소단원 학습 목표
위치 표현을 듣고 사물의 위치를 파악할 수 있다.
'どこですか'를 활용하여 사물의 위치를 묻고 답할 수 있다.

2. 소단원 지도방법 및 유의점
① 처음 등장한 한자 단어에 학생들이 거부감을 느끼지 않도록 최소한의

기본 한자 단어만을 사용한다.

② たのしくあそぼう 놀이 활동 시 소외되는 학생이나 활동을 따라가지 못하는 학생이 없도록 순회지도 하며 살핀다.

③ '띵커벨' 사용 시 학생들이 스마트폰으로 학습 외 활동을 하지 않도록 지도한다.

3. 단원의 학습계열

선수학습	본 학습	후속학습
'～じゃありません'을 사용하여 부정 표현을 말할 수 있다. 사람의 수를 셀 수 있다.	위치 표현을 듣고 사물의 위치를 파악할 수 있다. 'どこですか'를 활용하여 사물의 위치를 묻고 답할 수 있다.	존재표현 'いる', 'ある'를 사용하여 정보를 전달할 수 있다. い형용사를 활용하여 문장을 만들 수 있다.

4. 교재연구

 1) 위치를 묻는 표현

'どこですか'는 '어디입니까'라는 의미로 위치를 물을 때 사용하는 의사소통 기본 표현이다.

 2) 위치를 나타내는 표현

위치표현	뜻
上(うえ)	위
中(なか)	안
下(した)	아래
まえ	앞
ひだり	왼쪽
みぎ	오른쪽
うしろ	뒤

Ⅳ. 학습자 분석 및 좌석배치도

1. 학습자 분석

대상: **고등학교 2학년 3반 20명

이전 차시 수업에서 교과서 3단원 'おじゃまします'까지 학습을 마친 상태이며, 전 차시 후반부에 실시한 형성평가를 통해서 단원에 대한 전반적인 이해도가 높다는 것을 확인함.

Ⅴ. 본시 교수·학습 과정안

일본어 교수학습 과정안					
교재	고등학교 일본어 Ⅰ	대단원	4. えいがかんはどこ？	차시	1/6
		소단원	きいてはなそう たのしくあそぼう	시간	50분
일시	11월 16일 (수)	대상	**고등학교 2학년 3반 20명	장소	교실
학습 목표	1. 위치 표현을 듣고 사물의 위치를 파악할 수 있다. 2. 'どこですか'를 활용하여 사물의 위치를 묻고 답할 수 있다.				
학습 자료	교수자	교과서, PPT자료, 동영상			
	학습자	교과서, 필기도구, 활동지, 스마트폰			

수업 모형	수업 단계	교수·학습활동		자료 및 지도상의 유의점
		교사	학생	
도입 (3분)	수업 준비 (30초)	▶ **인사** T: みなさん、こんにちは。 ▶ **출석체크** T: 出席チェックしましょう。 출석체크하겠습니다. **고등학교 전자출결 앱 들어가주세요~ – 모두 출석 확인된 경우 T: 네, 전원 출석 확인되었습니다. – 출석 확인 안 된 학생이 있을 경우 T: ○○○さん, 출석체크가 안 되었는데, 출석했나요? 네, 자리에 있네요. 선생님이 수동 체크할게요.	▷ **인사** S: 先生、こんにちは。 ▷ **출석체크** – **고등학교 전자출결 어플을 통해 출석을 인증한다. S: 출석했습니다.	– 전자출결 시스템의 문제로 잘못 출석체크된 학생이 없는지 확인한다.
	전시	▶ **소지품 질문하기**	▷ **소지품 대답하기**	

학습 확인 (1분)	T: ○○○さん、책상 위에 있는건 물인가요? T: 물이 아니었네요. 우리 저번 시간에 '～이 아니다'라는 말을 일본어로 배웠죠. 그럼 ○○○さん, 일본어로 물어볼 테니까, 일본어로 그 표현을 사용해서 다시 대답해 주세요. ○○○さん、これれは水ですか。 T: それでは、○○さん、これはかばんですか。 T: ○○さん、これはギャラクシ탭ですか。	S: 아니요, 이건 커피예요. S: いいえ、水じゃありません。 S: いいえ、かばんじゃありません。 S: いいえ、ギャラクシ탭じゃありません。	– 소지품을 질문할 때, 부정적인 답변을 유도하여 질문한다. – 학생이 단어를 모를 경우, 한국어로 단어의 뜻을 간단하게 설명한다.	
	▶ 전시학습 상기하기 T: 여러분 잘 기억하고 있네요. '～이 아닙니다.'는 일본어로 'じゃありません。'이었습니다. 一緒に読んでみよう。 – じゃありません。을 반복하여 말한다. T: 네, 잘 읽었어요.	▷ 전시학습 상기하기 – じゃありません。을 반복하여 말한다.	● PPT	
동기 유발 (1분)	▶ 크레용 신짱 영상 시청 T: 여러분, 애니메이션 '짱구는 못말려' 좋아하시나요? T: 저도 짱구는 못말려 엄청 좋아하는데, 지금 한 번 같이 짧게 볼까요? – 영상을 재생한다. T: 어때요 여러분, 지금 무슨 상황인 것 같나요? T: 네, 맞아요. 노란 머리 아저씨가 화장실이 많이 급한 것 같죠. 여러분도 일본 여행 가서 화장실이 급할 때, 화장실의 위치를 물어볼 수 있어야겠죠. 아저씨가 화장실의 위치를 물어 볼 때 뭐라고 말했는지 기억나나요?	▷ 크레용 신짱 영상 시청 S1: 네, 좋아해요! S2: 저도 좋아합니다! S: 네! 우와~ – 영상을 시청한다. S1: 화장실을 가고 싶어하는 것 같아요. S2: 배가 아픈 것 같아요. S1: 기억이 안 나요~ S2: トイレはどこだ 라고 했어요.	● 동영상 – 동영상의 음향을 미리 체크하여 수업에 차질이 없도록 한다. – 동영상 재생이 끝난 직후, 학생들이 산만해지지 않도록 주의한다.	

		일본어 교수학습 과정안		
		▶ PPT 화면 제시 T: 네 맞아요. 어디는 어디, 어느 곳이라는 뜻으로, ですか를 붙여서 どこですか라고 하면 어디에 있습니까 라는 뜻입니다. 一緒に読んでみよう。 – どこですか를 반복하여 읽는다. T: 오늘은 どこですか를 이용해서 위치를 묻고 답하는 법을 배워볼거예요.	▷ PPT 화면 응시 – どこですか를 반복하여 읽는다.	● PPT
	학습 목표 제시 (30초)	▶ 학습 목표를 제시한다. T: 다 같이 학습 목표 읽어볼까요. 一緒に読んでみよう。	▷ 학습 목표를 읽는 다.	● PPT
		학습 목표 1. 위치 표현을 듣고 사물의 위치를 파악할 수 있다. 2. 'どこですか'를 활용하여 사물의 위치를 묻고 답할 수 있다.		
전개 (11분)	위치 표현 학습① (2분)	▶ 上、下、中 학습 T: 여러분, 익숙한 한자죠. 어떤 한자인가요? T: 네, 맞아요. 차례대로 '윗 상', '가운데 중', '아래 하' 한자예요. 다 같이 읽어볼까요. 一緒に読んでみよう。 – 히라가나를 반복해서 읽는다. ▶ 上、下、中 복습 T: 여러분, 고양이가 의자 위에 있죠. 위가 일본어로 뭐였죠? T: 네, 맞아요. 고양이가 상자의 어디에 있죠? 일본어로 대답해볼까요? T: 맞아요, 안은 일본어로 中였습니다. 마지막 고양이는 의자의 어디에 있나요? T: 네, 맞아요. 아래, 밑은 일본어로 下였습니다.	▷ 上、下、中 학습 S: 위, 안, 아래라는 뜻이에요. – 히라가나를 반복해 서 읽는다. ▷ 上、下、中 복습 S: 上입니다. S: 中입니다. S: 下입니다.	● PPT ● PPT
	위치 표현 학습② (3분)	▶ まえ、ひだり、みぎ、うしろ 학습 – 위치표현 학습을 지도한다. T: 일본어로 상,중,하를 배웠지만, 화장실의 위치를 자세하게 알려면 앞, 뒤, 오른	▷ まえ、ひだり、 みぎ、うしろ 학습 – 위치표현을 학습한다. – 히리가나를 반복해	● PPT

	쪽, 왼쪽도 배워야겠죠. 一緒に読んでみよう。 – 히라가나를 반복해서 읽는다. ▶ **まえ、ひだり、みぎ、うしろ 복습** T: 친구가 앞을 보고 있네요. 앞은 일본어로 뭐였죠? T:네, 맞아요. 등 뒤에도 길이 또 있죠. 뒤는 일본어로 뭐였죠? T: 잘했어요. 그리고 왼쪽, 오른쪽은? T: 네, 다들 정말 잘하네요.	서 읽는다. ▷ **まえ、ひだり、みぎ、うしろ 복습** S: まえ입니다. S: うしろ입니다. S1: ひだり입니다. S2: みぎ입니다.	
위치 묻고 답하기 (3분)	▶ **그림 지도 제시** – 의사소통 기본표현 どこですか를 활용하여 신사의 위치를 묻는다. T: 누군가가 신사의 위치를 물어봅니다. 신사는 신을 모시는 일본의 종교 시설로, じんじゃ라고 합니다. じんじゃ의 위치를 일본어로 어떻게 물어볼까요? T: 네, 맞아요. 잘 읽었어요. 신사는 공원의 안에 있어요. 빈칸에 들어갈 말을 넣어서 대답해 볼 사람? T: 네, 맞습니다. こうえんの中です. 입니다. 근데, 나는 공원 말고 백화점, デパート로 설명하고 싶어요. 빈칸에 들어갈 말을 넣어서 대답해 볼 사람? T: 네, 아주 잘했어요. 아, 나는 영화관 えいがかん을 중심으로 설명할래. 빈칸에 들어갈 말을 넣어서 대답해 볼 사람? T: 다들 정말 잘했어요.	▷ **그림 지도 응시** – 위치표현을 이용하여 신사의 위치를 답한다. S: じんじゃはどこですか. 입니다. S: こうえんの中です. 입니다. S: デパートのまえです. 입니다. S: えいがかんのみぎです. 입니다.	● PPT
모둠 활동 (3분)	▶ **ふくわらい 안내** T: 그럼 지금부터 오늘 배운 위치표현을 활용하여 재미있는 일본 전통놀이를 해볼게요. 후쿠와라이는 일본에서 1월 1일 설날에 하는 전통놀이로, 이렇게 빈 얼굴 그림에 눈코입을 붙이는 놀이입니다. –후쿠와라이 놀이 방법을 안내한다. ▶ **ふくわらい 활동**	▷ **ふくわらい 안내** – 후쿠와라이 놀이 방법을 안내받는다. ▷ **ふくわらい 활동**	● PPT – 모둠 활동 외 수업과 관련 없는 활동을 하지 않도록 주의한다. – 소외되는 학생이나 활동에 따라가지 못하는 학생이

		– 2인 1조로 후쿠와라이 활동을 지도한다. – 완성한 얼굴을 친구들에게 보여주도록 지도한다. T: 자～ 여러분, 우리 누가 제일 얼굴을 예쁘게 완성했는지 볼까요? 전부 얼굴을 들어주세요～ 여러분이 만든 얼굴을 봤는데 저는 전부 아름다운 것 같아요. 눈이 휘어져 있든, 올라가 있든, 코가 아래에 있든 옆에 있든, 어떤 얼굴이어도 아름다운 거겠죠?	– 2인 1조로 후쿠와라이 활동을 진행한다. – 완성한 얼굴을 친구들에게 보여준다.	없도록 순회 지도 한다. – 학생의 결과물을 칭찬하여 강화를 제공한다.
정리 (6분)	형성 평가 (4분)	▶ **띵커벨 큐알코드 제시** – 띵커벨의 형성평가 큐알코드를 제시한다. T: 오늘 배운 내용을 여러분들이 제대로 이해하고 있는지 체크해볼게요. 다들 스마트폰을 꺼내서 큐알코드로 접속해서 형성평가를 풀어주세요. ▶ **형성평가 결과 리포트** – 오답을 확인하고 풀이한다.	▷ **띵커벨 큐알코드 스캔** – 띵커벨의 과제 큐알코드를 스캔하여 형성평가를 실시한다. ▷ **형성평가 결과 리포트** – 오답을 확인하고 풀이한다.	● 띵커벨 – 접속하지 못하는 학생이 없는지 확인한다. – 형성평가와 관계없는 활동을 하는 학생이 없도록 지도한다.
	차시 복습 (1분)	▶ **차시 복습 지도** – 4단원의 위치표현(上、中、下、まえ、うしろ、ひだり、みぎ)을 복습한다.	▷ **차시 복습** – 4단원의 위치표현(上、中、下、まえ、うしろ、ひだり、みぎ)를 복습한다.	● PPT
	차시 예고 (1분)	▶ **다음 시간에 배울 내용 안내** – 소단원 よんではなそう①, まとめきょうしつ①을 예고한다. T: 다음 시간은 존재표현 いる와 ある에 대해 배워볼 거예요. ▶ **인사하기** T: 오늘 수업은 여기서 마치겠습니다. みなさん、おつかれさまでした。	▷ **다음 시간에 배울 내용 확인** ▷ **인사하기** S: おつかれさまでした。	● PPT

3) 수업시연 시험에서의 지도안 작성 문제 사례

시도별로 교원임용 실기 관련 조금씩 차이는 있겠지만 주어진 조건으로 수업지도안을 작성하고 그 지도안에 따른 수업 시연이 이루어지는 형식은 대동소이하다.

다음은 최근 있었던 **도 수업 시연 시험에서의 지도안 작성과 관련된 수업 구상지 관련 예[11)]이다. 수업지도안 작성시 참고가 되길 바란다.

単元名				
学習 目標	1. 相手の好みを聞く表現を話すことができる。 2. 自分の好みについて説明することができる。 3. 韓国と日本の言語文化の共通点や相違点を説明することができる			
学習 段階	教授学習活動		時間	資料及び留意事項
導入	挨拶			
	前時学習の振り返り			
	動機付け	＜受験生実演部分1＞		ppt 動画
	学習目標確認			
展開 1	＜受験生実演部分2＞ 資料1(絵カード)と資料2(インタビューシート)を活用して今日学ぶ表現(好み表現)と関係ある活動進行			資料1 資料2
展開 2	準備	学生にロールカードを配布 自らセルフを書くようにすること 必要に応じてフィードバックすること		ロールカード
	実 行	＜受験生実演部分3＞		同僚評価 教師観察評価
	発 表	学生は前に出て発表、教師はフィードバック くだものやご主人を呼ぶ時、おじさん→すみません など		
まとめ	学習内容まとめ、次回の予告、挨拶			

---

11) 임용 최종 선발자의 수업실연관련 기억노트에서 자료 참고함
https://m.blog.naver.com/PostView.naver?isHttpsRedirect=true&blogId=seon07240&logNo=2214
62368733

<資料1>

絵カード

<たべもの>	<くだもの>	<スポーツ>
すし うどん ラーメンなど	バナナ りんご すいかなど	やきゅう サッカー バスケなど

<資料2>

インタビューシート

	たべもの	くだもの	スポーツ
○○○			
○○○			
○○○			
○○○			

<授業実演条件>

1. 必要な部分に必ず板書を活用すること。

2. 資料1と資料2を活用すること。

3. 学生と相互作用の時、学生活動と教師の活動が明確に現れること。

4. 教師観察評価と同僚評価を活用すること。

부록

○ 2022년도 중등 교사 임용시험 기출문제 및 모범 답안

○ 2023년도 중등 교사 임용시험 기출문제 및 모범 답안

○ 문제지 전체 면수가 맞는지 확인하시오.
○ 모든 문항에는 배점이 표시되어 있습니다.

※ 答えはすべて日本語で書くこと。

1. 次は2015改定教育課程による第2外国語科教育課程(教育部告示第 2015-74号)の日本語Ⅰ科目の「評価の方向」から一部を抜粋したものである。(ⓐ)に共通して入ることばと、(ⓑ)に入ることばをそれぞれ書きなさい。[2点]

○ 教授・学習の方法の基本方向である人性教育、(ⓐ)能力の伸長、世界市民意識の培養に基づき、評価の方向を定める。
○ 基本語彙と(ⓐ)の基本表現を中心に、日常生活に関わる基礎的な日本語を理解し、表現する言語活用能力を評価する。
○ 情報通信及びその他の教授・学習資料の探索と活用能力評価は(ⓑ)を活用する。

2. 次の<A>の(1)と(2)の下線部と同じ意味用法を<B>のⓐ~ⓔからそれぞれ1つずつ選びなさい。[2点]

<A>
(1) タブレットの売り上げは上がっているのに対して、パソコンの売り上げは下がっている。
(2) 彼は株で大もうけしたばかりか、宝くじにも当たった。

<B>
ⓐ 断られるとわかっていながら、告白した。
ⓑ 生水を飲んだばかりに、おなかを壊してしまった。
ⓒ このマンションは駅からも近いし、家賃も高くない。
ⓓ あそこに高いビルがありますけど、あれは何ですか。
ⓔ 姉が事業に成功した一方で、妹は平凡な毎日を送っている。

3. 次は各時代の文化的背景に関する説明である。(1)~(4)を年代が早い順に並べかえなさい。また、(4)の下線部の使節団名を書きなさい。[2点]

(1) 町人という強い経済力をもつ階層が登場した。都市経済が発達し、商人と農民の生活水準が向上するにつれて、日本全体で識字率が高くなった。出版文化が発達して文芸大衆化の時代を迎えた。

(2) 中国の長安をモデルにして巨大な首都である平城京が造られた。文化や技術の面で中国から多大な影響を受けた。仏教は政治的権威を維持するのに利用され、首都と地方の有力地で仏教寺院の建設が始まった。

(3) 「文化住宅」は当時の中流、インテリ階級の憧れであった。赤い瓦、ガラス窓、白いカーテンなど、洋風を取り入れた和洋折衷の家を「文化住宅」と呼ぶようになった。この住宅は日本中の都市に普及していった。

(4) 政府は条約改正の準備交渉や海外視察などを目的として使節団を米欧諸国に派遣した。多くの官員が参加、津田梅子ら留学生も同行した。彼らは西洋文化を直接経験し、その後西洋の制度と科学技術を日本に導入することに全力を傾けた。

4. <A>は文学作品の一部であり、<B>は作家の説明である。<A>の(1)～(4)に該当するものを<B>からそれぞれ選びなさい。また、(3)の作家名を書きなさい。[2点]

――――――――――――― <A> ―――――――――――――

(1) 友がみなわれよりえらく見ゆる日よ
花を買ひ来て
妻としたしむ

(2) そんなにもあなたはレモンを待ってゐた
かなしく白くあかるい死の床で
わたしの手からとった一つのレモンを
あなたのきれいな歯ががりりと噛んだ

(3) 或日の暮方の事である。一人の下人が羅生門の下で雨やみを待っていた。広い門の下には、この男の外に誰もいない。唯、所々丹塗の剥げた、大きな円柱に蟋蟀が一匹とまっている。

(4) 廻れば大門の見返り柳いと長けれど、お歯ぐろ溝に燈火うつる三階の騒ぎも手に取る如く、明けくれなしの車の行来にはかり知られぬ全盛をうらなひて、大音寺前と名は仏くさけれど、（後略）

――――――――――――― <B> ―――――――――――――

ⓐ 白樺派の詩人で耽美的傾向から理想主義、人道主義へと転ずる。詩集『智恵子抄』には妻との生活のなかで徐々に自分が浄化されていく喜び、そして妻と死別した悲しみや思慕の情がこめられている。

ⓑ はじめは浪漫的な歌風であったが、次第に実生活に根ざした感情を日常語で詠む自然主義へと変わっていった。短歌の3行書きを行い、視覚に訴える目新しさと新しいリズムを作り出した。

ⓒ 新思潮派と呼ばれており、知的な構成で醜悪な人間の心理とエゴイズムを描いた。古典のなかの人物や事跡に近代的な解釈を加えた小説を書いた。

ⓓ 社会の封建性と貧しさに苦しむ女性の悲しみを描いた明治時代の女流作家である。『たけくらべ』は東京の下町を舞台に、少年少女の思春期の微妙な心理を雅俗折衷の古典的文体で描いた傑作である。

5. 次の下線部ⓐを日本語に訳しなさい。また、括弧の中のⓑとⓒに入る適切なことばをそれぞれ書きなさい。[4点]

スペインは、多くの観光客が訪れることにより、住民から不満の声があがるなど、いわゆる「観光公害」で苦しんでいるという。

日本も例外ではない。ある市ではⓐ 관광객의 급증과 함께, 시민생활에 지장을 준다는 지적도 눈에 띈다고 한다. 観光客のゴミの投棄や騒音などが問題となり、市民の住環境が悪化していることから、同市では1人1泊（ ⓑ ）、200円～1,000円の税金を課す方針を発表した。また他の市では、観光客の人数制限を打ち（ ⓒ ）ところもあるという。観光客からの反発も予想されるものの、市民と観光客の共存共栄を考えなければならない時期に来ている。

「観光公害」は、世界各国で問題となっており、今後更なる対策を講じる必要が求められている。

6. <A>の(1)と(2)の下線部と同じ敬語の使い方を<B>からそれぞれ２つずつ選びなさい。また、(1)と(2)の敬語の使い方の共通点と相違点を説明しなさい。[4点]

―――――――――――<A>――――――――――――

(1) あの件については、すでに申し上げました。
(2) 今日のところはこれでよろしいかと存じます。

―――――――――――<B>――――――――――――

ⓐ 今から鈴木さんのお宅に参ります。
ⓑ そのことでしたら、私がいたします。
ⓒ 先日、先生にお手紙を差し上げました。
ⓓ きのう、美術館で田中さんの絵画を拝見しました。

7. 次の括弧の中のⓐとⓑに該当することばをそれぞれ書きなさい。また、多義語と(ⓑ)との共通点及び相違点を説明しなさい。

[4点]

先生：今日は多義語について勉強しましょう。それでは次の
　　　○のところに入る共通の単語は何でしょうか。

┌──────────────────────────┐
│ 「急須の○」「○を貸す」「卑怯な○を使う」 │
└──────────────────────────┘

学生：わかりません。何ですか。
先生：正解は「手」です。ここで「手」は多義語として使われて
　　　います。例えば、「急須の手」は「急須の取っ手」、「手を
　　　貸す」は「労働力を貸す」、「卑怯な手を使う」は「卑怯な
　　　(ⓐ)を使う」の意味で「手」が使われています。
学生：じゃ、「カキ」も「柿」「牡蠣」「垣」のように使われますが、
　　　これも多義語ですか。
先生：いいえ、それは(ⓑ)というもので、多義語とは
　　　違いますよ。

8. 次の括弧の中のⓐとⓑに入る正しい文をそれぞれ書きなさい。また、<条件>に従い下線部ⓒを説明しなさい。[4点]

ヤン：先生、実は、きのうのアルバイト先で注意されてしまったん
　　　です。電話で「鈴木部長はいらっしゃいますか」と聞か
　　　れたので、「鈴木部長さんは出張中です。明日の午後なら
　　　会社にいらっしゃいます」と言ったんですけど。
先生：あ、そういうときは、「鈴木部長さんは出張中です」
　　　じゃなくて「(ⓐ)」と言うんですよ。それから
　　　「明日の午後なら会社にいらっしゃいます」じゃなくて
　　　「(ⓑ)」ですよ。ことばの使い分けにはいろ
　　　いろな社会的要因を考える必要があります。
ヤン：社会的要因?
先生：例えば友達には「～です」「～ます」を使わないでしょう?
ヤン：確かに日本人の友達は年下なのにわたしに「～です」
　　　「～ます」を使いません。
先生：それはヤンさんと仲がいいからです。つまり「親疎関係」は
　　　「上下関係」と同じようにことばを選ぶ重要な社会的
　　　要因になります。
ヤン：でも先生、会社の鈴木さんは目上の人だから尊敬語を
　　　使わなければならないでしょう?
先生：もちろん、「上下関係」というとらえ方もありますが、
　　　社会的要因には、ⓒ「ウチとソト」という概念もあり
　　　ますよ。日本語では「上下関係」より「ウチとソト」の
　　　方が優先されます。

―――――――――――<条件>――――――――――――

○ ヤンさん、鈴木部長、取引先の関係に即して書くこと。

9. <条件>に従い、括弧の中の⑧と⑥に入ることばを書き、下線部ⓒについて説明しなさい。[4点]

> ことばは常に変化する。「ラ抜きことば」もその一つである。「ラ抜きことば」は言語の「（　⑧　）」の例としてよく取り上げられ、「見る」「出る」のようなⅡグループ動詞と動詞「（　⑥　）」に現れる現象である。文化庁の平成27年度「国語に関する世論調査」では、「見れる」「出れる」を使用すると答えた人が、「見られる」「出られる」よりはじめて多くなった。ⓒ「ラ抜きことば」が発生した原因は「られる」が持つ意味の負担を減らそうとすることによって起こった言語変化であるとも言われる。

> ─── <条件> ───
> ○⑧は、本文にあることばを除いて書くこと。
> ○⑥は、基本形で書くこと。
> ○ⓒは、「乗る」「取る」のようなⅠグループ動詞と関連づけて書くこと。また「られる」の表す意味の観点から書くこと。

10. 次は新任教師とベテラン教師の会話である。下線部⑧に該当する教授法を書きなさい。また、（　⑥　）に共通して入ることばを書き、（　ⓒ　）に練習方法を書きなさい。[4点]

> 小川： キム先生、授業には慣れましたか。
> キム： はい。でも音声指導が難しいです。先生はどうなさっていますか。
> 小川： 確かに難しいですね。韓国語にない「ツ」やザ行の発音など個々の発音の「正確さ」の練習も必要ですが、文全体の「自然さ」も大切です。
> キム： そのための練習方法はありますか。
> 小川： そうですね。⑧音声学的な特徴と身体の動きを関連づけて発音指導をする教授法がありますよ。日本語のリズムに合わせて手を上下に動かしたり、促音の練習の発音時に手を素早く閉じて次の拍で勢いよく開いたり、といった練習です。
> キム： 面白そうですね。イントネーションはどうですか。
> 小川： イントネーションはCDなどの音声を聞きながらリピートしたり、全員でコーラスするやり方がよく行われていますが、最近は（　⑥　）という方法も使われます。もともとは同時通訳者などが訓練するのに使っていた方法ですが、特にプロソディー・（　⑥　）は、アクセントやイントネーションなどの習得に有効だと言われています。
> キム： 具体的にはどうやって練習すればいいですか。
> 小川： （　　ⓒ　　）。これは、話す練習だけではなく聞き取りの能力を伸ばすのにもいいですよ。

11. 次の（ ⓐ ）に入る適切なことばを書き、そのテストの特徴を説明しなさい。また、括弧の中のⓑとⓒに入ることばをそれぞれ書きなさい。[4点]

日本語能力の測定にはテストが用いられることが多い。テストは形式、目的、種類によって、いくつかのカテゴリーに分類できる。

日本語教師は、多様な背景を持つ学習者について把握する必要がある。そこで、日本語既習者の言語能力を測り、適切なクラスへ配置するための（ ⓐ ）テストが行われる。

また、中間テストや期末テストのように特定の教科書の学習内容をどのくらい習得したかを測るテストを（ ⓑ ）度テストという。このテストの出題範囲はそれまでの教育内容に限定され、授業の途中に形成的評価として、あるいは終了時の総括的評価として実施される。教師としては、教えたことが正しく理解されているか、教え方が適切であったかを知り、教授法の反省材料にすることができる。

一方、日本語能力試験は、特定のコースや教科書の学習内容を前提としておらず、「その言語についてどれだけの能力を持っているか」によって得点が決まるテストである。このようなテストを（ ⓒ ）度テストという。

12. 次の文章を読み、下線部ⓐの読み方を書きなさい。また、（ ⓑ ）を文脈に合わせて完成しなさい。さらに、（ ⓒ ）に入ることばを書きなさい。[4点]

日本で銀行ということばが初めて現れたのは、日本銀行を設立するために1872年に制定された国立銀行条例においてであった。明治政府は、その当時すでにヨーロッパ先進諸国に確立していた中央銀行制度にⓐ倣った金融機関を日本にも導入しようとしたのであるが、それまでの日本にはこの近代的な銀行に相当するものも、したがってまた当然それをさすことばもなかった。

こうして、銀行ということばが英語の「bank」に相当する翻訳語として新たに作られたのである。現在われわれは銀行ということばをごく普通の日本語として日常的に使用しているが、貨幣を扱う機関にどうして「銀」「行」という名称が当てられたのであろうか。後のほうの「行」という字は中国語で店舗を意味する。したがって、「銀行」とは（ ⓑ ）ということである。

この当時の世界では、金とならんで銀が貨幣として使用されていた。イギリスは19世紀初めに金銀複本位制を廃止して金を正貨とすることを法律によって定め、他の諸国に先駆けて金本位制を確立した。

しかし、世界中には金とならんで銀を、あるいは銀のみを正貨としている国が多数存在していた。とりわけ、中国をはじめとするアジアの諸国では、従来から銀が貨幣として重要な意味をもっていた。金本位制を採用していた諸国にしても、これらの国との交易にあたっては、銀が必要であった。このため、明治政府は（ ⓒ ）を貨幣を意味することばとして採用したのであった。

『哲学・思想翻訳語事典』より改変

<수고하셨습니다.>

1번

a: 意思疎通 , b: 遂行評価

2번

(1) e , (2) c

3번

(2) - (1) - (4) - (3) / 岩倉使節団

4번

(1) b , (2) a , (3) c , (4) d / 芥川竜之介

5번

a: 観光客の急増とともに、市民生活に支障をきたすとの指摘も目立つという。

b: 当り , c: だず

6번

(1) c,d

(2) a,b

(1)・(2)の共通点と相違点

共通点は自分より相手を高めて、敬意を表す。

相違点は(1)はその人物に対して敬意を表し、(2)は聞き手に対して敬意を表す。

7번

a: 手段(方法)

b: 同音異義語(同音語)

共通点: 同じ発音

相違点: 同音異義語は、発音が同じで、意味の違う語であり、

多義語は、発音が同じで、関連する多義に渡る語である。

8번

a: 鈴木は出張中です、部長の鈴木は出張中です。

b: 明日の午後なら会社におります。

c: 取引先の社員のまえでは、鈴木部長はヤンさんのウチになるので、
聞き手である取引先の社員に対して丁重に言っている形が適切である。

9번

a: 揺れ(ゆれ)

b: 来る

c: 「乗る」「取る」のような1グループ動詞の可能形は、「可能動詞」と呼ばれる。
1グループ動詞のうち可能の時に使う言葉を2グループして独立させたものである。

10번

a: VT法

b: シャドーイング

c: 聞いたあとですぐ繰り返す練習

11번

a: プライスメント(クラス分け)
特徴は学習者の先手学習を把握するコースの開始前に行われる評価である。
教師は、学習者の言語能力がわかります。

b: 到達

c: 熟達

12번

a: なら

b: 金点舗

c: 銀

○ 문제지 전체 면수가 맞는지 확인하시오.
○ 모든 문항에는 배점이 표시되어 있습니다.

※ 答えはすべて日本語で書くこと。

1. 次の(ⓐ)に入ることばを書きなさい。また、(ⓑ)に入る漢字を書きなさい。[2点]

> ものの名や概念が漢字では表せないことがあった。そのため日本独自に作られたのが「(ⓐ)」である。これは、中国の漢字の構成原理をまねたもので、その多くは複数の意味の部分を組み合わせる「会意」によって作られている。例えば、山を登りつめた所でそこから下りになる「(ⓑ)」、十字路を「辻」、身の美しさを「軅」と表している。

2. 次は文学作品の説明である。(1)～(4)を成立年代の早い順に並べかえなさい。また、(1)に該当する作品名を書きなさい。[2点]

> (1) 現存する日本最大の説話集。総数千余にのぼる説話は天竺(インド)・震旦(中国)・本朝(日本)の3部に分かれており、なかでも多様な階層の人々が登場する本朝部の世俗説話が高く評価されている。
>
> (2) 受領階級の娘である作者が21年にわたる結婚生活の苦しみや悩みを語った自伝的な回想記である。最初の女流日記文学作品であり、自照文学として『源氏物語』などの散文文学に大きな影響を与えた。
>
> (3) 中国の『水滸伝』に匹敵する長編物語。南総里見家の伏姫と犬の八房との因縁で生まれた8人の武士が、里見家の再興のために大活躍する内容である。徹底した娯楽主義で、儒教的な勧善懲悪を主題とする。
>
> (4) 町人物で、副題は「大福新長者教」という。物欲に執着する町人の致富成功談と失敗談を6巻30話で綴った作品で、富を目的とする町人のあり方に対する教訓書の性格を持つ。

3. <A>は、パクさんの日本語学習のニーズ、<B>はある日本語教育機関が作成したアンケートである。<B>を何と呼ぶか<条件>に従い日本語教育の用語で書きなさい。また、パクさんに適切なシラバスの種類を書き、その特徴を2つ以上説明しなさい。

[4点]

<A>

> わたしは、今までいろいろな外国語を勉強しました。外国語で読んだり書いたりするのが好きです。最近、日本の小説を翻訳で読んでとても興味を持ち、日本語をもっと勉強したいと思うようになりました。言語全般に興味があります。特に日本語と韓国語は似ていると聞いたので、どんなところが似ているのか基礎から体系的に学びたいです。今のところ日本に行く予定はないので、会話の練習よりは読み書きを勉強したいです。そして、いつかは日本語の小説を翻訳ではなく原書で読んでみたいです。

<B>

日本語学習のためのアンケート

名前：パク○○	母語：韓国語
1. 今まで日本語を勉強したことがありますか。□はい ☑いいえ	
2. 日本語に関する資格を持っていますか。	
3. 日本語以外に今までどんな外国語を勉強しましたか。	
4. この学校以外に日本語を使用したり勉強したりする機会がありますか。	
5. 日本語学習のために使用できる機器は何ですか。	
6. 1週間にどのくらい自宅で日本語学習ができますか。	

<条件>

○ 「ニーズ」ということばを使わないこと。

4. <A>の(1)と(2)の下線部と同じ構造を持つものを<B>からそれぞれ2つずつ選びなさい。また、(1)と(2)の文法的特徴についてそれぞれ説明しなさい。[4点]

――――<A>――――

(1) 昨日見た夢は怖かった。
(2) 昨日友達に会う夢を見た。

――――<B>――――

ⓐ 魚が焼けるにおいがする。
ⓑ うちの前に止まっている車はだれのだろう。
ⓒ 風が強くて洗濯物が飛ばされそうな状態だ。
ⓓ たまたま入ったレストランで有名な歌手を見かけた。

5. 次は伝統芸能に関する説明である。括弧の中のⓐとⓑに該当することばを書きなさい。また、野郎歌舞伎へと変化した理由を書き、下線部ⓒと関連づけて説明しなさい。[4点]

文楽は能・歌舞伎とともに日本を代表する伝統芸能である。15世紀半ば、語り物にメロディーをつけて語られたものから始まり、人形劇と浄瑠璃という2つの独立した様式が出会って、人形浄瑠璃として新たに誕生する。その後、17世紀後半から19世紀にかけて発展を続けながら隆盛期を迎える。舞台の構成要素として、（　ⓐ　）という語り手がおり、（　ⓑ　）弾きが伴奏し、人形遣いが人形を操る三位一体の舞台劇である。

また、歌舞伎は16世紀末に出雲大社の巫女といわれる阿国の念仏踊りから始まる。演技・舞踊・音楽を融合して華麗な舞台を演出し、17世紀後半に円熟した演劇として黄金期を迎える。初期には女歌舞伎や若衆歌舞伎が流行したが、徳川幕府によって禁止され、やがて野郎歌舞伎へと形を変えていく。これが後世ⓒ女形につながり、歌舞伎の特色となったのである。

6. 次の文章を読み、下線部ⓐに対する夫婦のそれぞれの観点を文中のことばを使って説明しなさい。また、下線部ⓑとⓒを漢字で書きなさい。[4点]

娘と息子が小さいころ、中国人の妻が子どもたちの寝顔を見ながら、次のように質問してくることがあった。ⓐ「娘と息子、どっちがかわいい?」

答えようのない質問である。考えたこともないし、父親としては、一方だけをかわいいと言うわけにはいかない。「どっちもかわいい」と答える。すると、妻は次のように聞いてくる。

「どっちがよりかわいい?」

答えられないことに変わりはない。「娘」と言えば息子に悪いし、「息子」と言えば娘に悪い。「どっちもかわいいと言ってるでしょ」と言う。すると妻は困ったような顔をする。こういうことが時々起こる。

この話を学生にすると、日本人学生は、え?という顔をして驚く。中国人学生は、私の話ではなく、その日本人学生の反応を見て、え?という顔をする。中国人学生によれば、中国では親が小さい子どもに「お父さんとお母さん、どっちが好き?」と聞くことがよくある。だから、さほどⓑいわかんを覚えないらしい。日本人学生は、その話を聞いてまた驚く。

しかし、さすがの私も、生活の中で妻の行動を見ているうちに、だんだん分かってきた。「娘と息子、どっちがかわいい?」と聞かれたら、妙にまじめに考えずに、私は「娘」と答えればよい。そうすれば、妻は「私は息子」と言い、「だって息子って……」と続ける。それを受けて、私は「いや、娘だって……」と続ける。妻としては、自分たちにとって最もⓒみぢかな存在である子どもを話題にして、たわいもないおしゃべりをしたいだけなのだ。「どっちもかわいい」と答えると、話はそこで止まってしまう。

将棋では、指せる手が複数あっても、どれか一つの手を指さないと先に進まない。「どっちもかわいい」と答えるのは、盤にコマを置かないのと同じだ。だから、妻は再度「どっちがよりかわいい?」と聞いて、話が先に進むようにするのである。

井上優『相席で黙っていられるか』より改変

7. 次はCALLについての説明である。CALLの定義を書き、括弧の中の@と⑥に入ることばをそれぞれ書きなさい。[4点]

> CALLは、従来の視聴覚教材より様々な組み合わせが可能である。教師がプログラムを目的に合わせて修正できるほか、学習者の反応が瞬時にシステムに反映されるなどの特徴を持つ。さらに各学習者に合わせ、より詳細な教育システムの構築も可能である。
>
> 学習者にとっては、興味誘発と動機付けが可能であるため、学習者の(@)的な参加が誘導できるという長所を持っている。一方、教師にとっては、ハードウェアとソフトウェアの両面からのIT(⑥)が要求されるという短所もある。

8. 次の(@)に入ることばと、(©)に共通して入ることばを書きなさい。また、下線部⑥を調音方法と調音位置の観点から説明しなさい。[4点]

> 日本語のザ行子音は、摩擦音の[z]で発音する場合や(@)の[dz]で発音される場合がある。例えば、[zɯɾɯi]と言っても、[dzɯɾɯi]と言っても、どちらも「ずるい」という単語にしかならず、この2つの音声は同じ働きをしていると考えられる。つまり、日本語のザ行子音はその環境により、⑥[z] [dʑ] [dz]のように調音方法と調音位置が変化するが、意味に変化はなく、これらの子音は、意味の弁別に関わる最小の単位の(©)の/z/としてまとめられる。(©)は、複数の単語の様々な特徴を抽象化して一つにまとめた概念である。

9. 次の括弧の中の@と⑥に入ることばをそれぞれ書きなさい。また、下線部©について説明しなさい。[4点]

> 先生：今日は文法カテゴリーについて勉強しましょう。
>
> 学生：文法カテゴリーって「テンス」や「アスペクト」のことですか。
>
> 先生：はい。まだほかにもありますよ。それでは、まず、動詞述語文のカテゴリーについて考えてみましょう。例えば、「弟は彼女にふられていなかったようです」という動詞文のカテゴリーを順番に言うと、「(@)-アスペクト-肯否-テンス-(⑥)-丁寧さ」です。
>
> 学生：いろんなカテゴリーがありますね。
>
> 先生：そうですね。ただし、名詞述語文と形容詞述語文は動詞述語文とは違いがあります。例えば、「健康ではなかったらしいです」という文を見るとわかるように、©現れない文法カテゴリーがありますよ。

10. 次は大学院生3人の会話である。下線部ⓐとⓑに該当する
    教授法をそれぞれ書きなさい。また、下線部ⓒについて<条件>に
    従い説明しなさい。[4点]

木村：パクさん、最近、韓国の日本語教育の現状はどうですか。
パク：そうですね。やる気のある学習者とない学習者の差が
　　　激しいですよね。
キム：確かにわたしも中学生の時の外国語の授業ではあまり
　　　一生懸命勉強しませんでした。当時は学習動機も
　　　なかったし、ⓐ外国語の文章を読んで辞書を引きながら
　　　訳していく授業でしたから。
木村：そうですか。わたしは高校生の時、英会話の授業が
　　　あって、インフォメーション・ギャップを使ったゲームを
　　　したり、ロールプレイをしたりとコミュニケーション
　　　中心の授業でとても楽しかったです。
パク：それは楽しそうですね。わたしが第2外国語を勉強した
　　　時は、ⓑ先生の言うことにジェスチャーをしながら体で
　　　反応していく授業でした。先生の指示を聞いている
　　　うちに、だんだん先生の言っていることが理解できる
　　　ようになりました。
キム：学習者に合う教授法を探すのは難しいですよね。子どもが
　　　母語を覚えるみたいに外国語も学習できるといいん
　　　ですが。
パク：それなら、幼児の母語習得からヒントを得た
　　　ⓒナチュラル・アプローチもありますね。

──────────<条件>──────────
○ ナチュラル・アプローチの重要な基盤となる5つの仮説の
　うち、2つ以上の仮説を含めること。

---

11. 次の下線部ⓐを韓国語に訳しなさい。また、下線部ⓑ〜ⓔの
    うち、文脈の流れとして不自然な表現を2つ選び、それぞれ正しく
    直しなさい。[4点]

　コロナ以前に、ある雑誌社が10代から30代の若者に「なぜ
マスクをするのか」とアンケートを取ったところ、「誰と
も話したくないから」「表情を作るのが面倒だから」など、
いわゆる「だてマスク」としての利用が3割を上回ったという。
マスクをすると、ⓐ面と向かっているのに、その面の全容は
うかがい知れず、見えるのは眉と目のあたりだけ。若者が
SNSなどで文字だけのコミュニケーションに慣れてしまった
ため、表情から自分の本音や弱みを知られることをⓑ好むから
だという。そんな彼らにとっては、マスクは必須アイテムなの
だろう。
　ところが、コロナ禍で状況は一変した。今は「だてマスク」
などと言ってはいられない。マスクをしないと外にも出られない。
先日、マンションのエレベーターに乗ってからマスクをして
いないことに気づいた。途中の階からもどんどん人が乗って
くるので降りることもできない。始終下を向いて顔を隠して
いたが、あれほど居心地のⓒいい思いはなかった。
　まだマスクはしばらくⓓ手放せないだろう。ある企業の
担当者は、今は「しなければならないマスク」ではなく、
「したくなるマスク」の開発に着手しているという。担当者の
マスクの上の眉と目から笑顔がのぞいたのがⓔ印象深かった。

<수고하셨습니다.>

1번

a: 和製漢字 (일본이 독자적으로 만든 한자)

b: 峠(とうげ)

2번

2-1-4-3, 今昔物語集

3번

B: レデイネス調査

パクさんに適切なシラバス: 構造シラバス

特徴: 短期学習者には適切ではない。／ 一定以上の学習時間が必要だ。

4번

(1) bとd

文法的特徴: 連体修飾節の中に被修飾名詞を格成分として入れられるものである。

(2) aとc

文法的特徴: 連体修飾節と被修飾名詞との間に特定の格関係がないものである。

5번

a: 太夫

b: 三味線

cと関連づけて説明: 女形は江戸初期に、女歌舞伎が禁止されて以後に現れた。

6번

aの説明: 日本人と中国人の距離感覚の違いである。

　　　　　日本人の場合には自分と相手との境界を作っている。

　　　　　中国人の場合には自分と相手との境界を作らずに「我々の領域」を作る。

b: 違和感

c: 身近

7번

CALLの定義: コンピューターを利用した語学学習の総称である。

a: 積極

b: 活用能力(操作能力)

8번

a: 破擦音

c: 音素

bの説明: [z]の調音方法は摩擦音で調音位置は歯茎音である。

[dʒ]の調音方法は破擦音で調音位置は歯茎硬口蓋音である。

[dz]の調音方法は破擦音で調音位置は歯茎音である。

9번

a: ボイス

b: モダリティ

cの説明: 名詞述語文と形容詞述語文はアスペクトを現れない。

10번

a: 文法翻訳法

b: 全身反応教授法

cの説明

- 習得・学習仮説は 習得と学習は別のものであり、

学習によって得られた知識は、習得にはつながらない。

- 自然順序仮説は ある言語を学ぶにはもっとも適した順序がある。

「自然習得順序仮説」ともいう。

11번

a: 얼굴을 마주 보고 있더라도 얼굴 전체 모습을 짐작할 수 없고 보이는 것은 눈썹과 눈 주위뿐이다.

不自然な表現: bとc (문맥상 옳지 않음)

 - b: 嫌う

 - c: 悪い

일 본 어

수험 번호 : (   )   성 명 : (   )

제1차 시험	2교시 전공A	12문항 40점	시험 시간 90분

○ 문제지 전체 면수가 맞는지 확인하시오.
○ 모든 문항에는 배점이 표시되어 있습니다.

※ 答えはすべて日本語で書くこと。

1. 次の＜A＞は、2015改定第2外国語科教育課程の日本語Ⅰ科目「話す」技能の指導についての教師たちの会話であり、＜B＞は会話の授業資料である。＜A＞の下線部⒜と⒝を指導するための文を＜B＞からそれぞれ1つずつ抜き出しなさい。[2点]

＜A＞

教師A：次回の授業では、言語文化の中で「誘い」や「依頼」を「断る」方法について指導する予定です。

教師B：韓国人と日本人の断り方の違いなどを比較するのもおもしろいと思います。

教師C：そうですね。教育課程の「教授・学習方法及び留意事項」でも「韓国と日本の絵や映像資料を比較しながら、⒜日本人の断りや依頼の仕方などを理解し、それに応じて話せるようにする」と提示されていますね。

教師A：じゃ、韓国と日本のドラマやアニメなどでその特徴がわかるような場面を調べてみます。

教師B：言語文化だけではなく、非言語文化への理解も必要ですね。教育課程には「韓国と日本の絵や映像資料を比較しながら、⒝日本人の身振り手振りなどを表現できるようにする」とありますから。

教師A：そうですね。

＜B＞

ユナ：あした休みだけど、映画見に行かない？見たい日本映画が今週から始まったんだ。
　　　やっぱり映画は映画館で見たほうが迫力があるよね。

ケン：そうだね。僕も映画は映画館で見るほうだよ。でも、あしたはちょっと……。来週はどう？

ユナ：いいよ。じゃ、映画は来週にして、あしたは家でゴロゴロしよう。そういえば、この前、映画を見ていて気づいたんだけど。

ケン：何？

ユナ：日本人って自分のことを指すとき、自分の鼻を指さすんだよね。

ケン：えっ？韓国人は違うの？

ユナ：韓国人は胸に手を当てるんだよ。

ケン：へえ。おもしろいね。

2. 次の＜A＞の下線部と同じ意味を＜B＞の⒜～⒠から1つ選びなさい。また、その意味用法を書きなさい。[2点]

＜A＞

来年こそは富士山に登るべく、毎日体をきたえている。

＜B＞

⒜ 長男であるがゆえに、親の負債をすべて背負うことになった。
⒝ 空気が乾燥しているせいで、風邪をひく人が多くなった。
⒞ 円安ドル高のために、日本人にとって海外旅行は高嶺の花だ。
⒟ 彼にとって難しいとしたら、私がこの問題を解くのは不可能に近い。
⒠ いつ地震が来ても生き残れるように、非常食を常に準備しておこう。

3. 次の<A>は文学作品の一部であり、<B>は作品の説明である。<A>の(1)～(4)に該当するものを<B>からそれぞれ選びなさい。[2点]

<A>

(1) 月日は百代の過客にして、行きかふ年もまた旅人なり。
舟の上に生涯を浮かべ、馬の口とらへて老いを迎ふる者は、
日々旅にして旅をすみかとす。古人も多く旅に死せるあり。

(2) うつくしきもの
瓜にかきたるちごの顔。
すずめの子の、ねず鳴きするに躍り来る。
二つ三つばかりなるちごの、急ぎてはひ来る道に、
いと小さきちりのありけるを、目ざとに見つけて、
いとをかしげなるおよびにとらへて、大人ごとに見せたる、
いとうつくし。

(3) 祇園精舎の鐘の声、諸行無常の響きあり。
娑羅双樹の花の色、盛者必衰のことわりをあらはす。
おごれる人も久しからず、ただ春の夜の夢のごとし。
たけき者もつひには滅びぬ、ひとへに風の前の塵に同じ。

(4) 天地初めて発けし時、高天の原に成れる神の名は、
天之御中主神。次に高御産巣日神。次に神産巣日神。
此の三柱の神は、並独神と成り坐して、身を隠したまひき。

<B>

ⓐ 平家一門の興亡の過程を、仏教的無常観に基づきながらも、勇壮な合戦場面は迫力をもって描いている。貴族に替わってたくましく勃興する武士階級の姿を具現している。

ⓑ 一条天皇の中宮であった定子の所へ出仕し、宮仕えでの体験や感想を明朗で知的な文体で描いている。随想、物尽くしなど、約300の章段からなる女流随筆である。

ⓒ 元禄2年に江戸を立って、門人曽良とともに、奥羽、北陸の各地をたどり、大垣に至るまでの約5ヶ月にわたる紀行文と発句で構成されている。俳文中の傑作として名高い。

ⓓ 壬申の乱に勝利した天武天皇は、当時諸氏族が持ち伝えていた帝紀や本辞を比較・検討し、国家の伝承を正しく後世に伝えるために稗田阿礼に誦み習わせた。

---

4. 次は、大学生2人が文化の違いについて話している場面である。
(ⓐ)に入る文を書きなさい。また、(ⓑ)にことばを入れなさい。[2点]

キム： きのう、渡辺さんのうちに遊びに行ったんだけど、私、なんかまずいことしたみたい……。

佐藤： どうしたの？

キム： ご飯を一緒に食べてて、ちょっとトイレに行ったら変な顔をされちゃったんだよね。

佐藤： ひょっとして、トイレ、渡辺さんに何も言わずに使ったの？

キム： うん。だって、食べてるときに「トイレ」とか言わないほうがいいかと思って……。

佐藤： それはそうだけど、人のうちでは「(ⓐ)」って、断ってから使ったほうがいい。

キム： え？そうなの？知らなかった。私、いつも渡辺さんの筆箱から勝手にペンを借りて使ったりしてたんだけど。仲いいし、当たり前のように思ってた。怒ってるかな？

佐藤： 怒ってはいないと思うけど、渡辺さんにとってはカルチャーショックだったかもね。日本には『親しき中にも(ⓑ)あり』っていうことわざもあるから気をつけたほうがいいよ。

キム： そうか……。私、日本語を使うのには慣れてきたんだけど、日本語だけじゃなくて行動やマナーも学ばなきゃいけないね。

---

5. 次の<A>の(ⓐ)と(ⓑ)に入ることばをそれぞれ書きなさい。また、下線部ⓒを<B>のⅡと関連づけてその意味とアクセントの特徴を説明しなさい。[4点]

<A>

　日本語は、強さアクセントではなく、(ⓐ)アクセントの言語である。では、日本語のアクセントにはどのような機能があるだろうか。例えば、東京方言で「アサ」という場合、アクセントによって「朝」と「麻」の意味が区別される。アクセントの(ⓑ)があるかどうか、あるとすればどこにあるかで意味が弁別できるのである。「ⓒハシで弁当を食べる」という文では「ハシ」に三つの意味が考えられるが、これもアクセントによって区別できる。このような働きを「弁別的機能」という。

<B>

Ⅰ	Ⅱ	Ⅲ
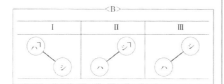		

6. 次は第2言語習得に関する授業である。(ⓐ)と(ⓑ)に入ることばをそれぞれ書きなさい。また、下線部ⓒの概念について<条件>に従い書きなさい。[4点]

教　師：第2言語習得に影響を与える要因の一つとして環境があげられます。まず、学習者が学校などの教育機関で学習した場合を「教室習得環境」といいます。これにはどんな特徴があると思いますか。

学生A：誤りに対するフィードバックがもらえるし、学習者の言語レベルも考慮されていると思います。

教　師：はい、そうですね。これに対して「(ⓐ)環境」とは、教育機関に通わずに生活や仕事の中で外国語を習得する場合のことです。どんな特徴があるでしょう。

学生B：外国語のルールを(ⓑ)的に学習するのではなく、周囲のことばを聞いて無意識に学んでいくと思います。

教　師：その通りです。「(ⓐ)環境」は、インプットがたくさんあるように見えますが、必ずしも学習者に適切なインプットが与えられているとは言えない場合もありますね。このように二つの習得環境には違いがありますが、どちらにおいてもその習得の過程のなかでさまざまな誤りが見られます。その一つとしてⓒ「過剰般化」という現象があります。

学生C：先生、「過剰般化」にはどんな例がありますか。

教　師：例えば、「これはⓓ安いのケーキです」のような例です。

<条件>

○ 下線部ⓓの誤りが生じた原因を含めること。

7. 次の（　ⓐ　）と（　ⓒ　）に入ることばを書きなさい。また、下線部ⓑを＜条件＞に従い説明しなさい。[4点]

> 日本にはゲーム式の伝統的な遊びがいくつかあるが、その一つとして（　ⓐ　）があげられる。これは、16世紀にポルトガル船によってもたらされた長方形の札である。老若男女を問わず楽しめる遊技であり、特に正月の風物詩としてなじみが深い。絵や言葉などが書かれた札の表面を上にして、床やテーブルなどの平面に並べ、それを取った枚数によって勝敗が決まる。その代表的なものがⓑ「百人一首」で、一般的には「小倉百人一首」を指すことが多い。上流の武家社会で女性が楽しんでいた遊技をもとに考案され、のちに全国に広く普及した。
>
> また、そのほかの伝統的な遊技として（　ⓒ　）がある。これは、さいころを振って出た目に従い、駒を進めて「上がり」を目指すゲームである。現在のボードゲームのようなもので、二人で対戦するものや、複数で「上がり」を競うものがある。

―――――＜条件＞―――――
○ 撰者と文学ジャンルの名称を含めること。

8. 次の文章を読み、下線部ⓐが意味する部分を本文から抜き出しなさい。また、（　ⓑ　）に入ることばを書きなさい。さらに、日本の食文化がユネスコに登録された理由を、「自然」の観点から2つあげて説明しなさい。[4点]

> 日本の上質な米は、海外でも好まれるようになった。酒や抹茶など日本独特の味も輸出ルートに乗って世界各国に広まりつつあり、醬油や味噌などの調味料がフランス料理に使われたりもしている。ⓐ「だし」という言葉は日本語のまま通じる。その背景にあるのは、日本食の奥の深さや世界の健康志向だろう。それでは、日本の伝統的な食文化の特徴について考えてみよう。
>
> まず、日本の国土は南北に長く、表情豊かな自然が広がっている。そのため各地で地域に根ざした多様な食材が用いられている。
>
> また、日本食の基本となる「一汁三菜」は理想的な栄養バランスと言われている。「一汁三菜」とは、ごはんに、（　ⓑ　）とおかず三つの組み合わせのことをいう。日本料理に欠かせないのが、鰹節や昆布、干しシイタケなどのうまみ成分を水で煮出して作る汁である。このうまみを上手に使うことによって動物性油脂の少ない食生活を実現しており、日本人の長寿と肥満防止に役立っている。
>
> 食事の場で、自然の美しさや四季の移ろいを表現することも特徴の一つである。季節の花や葉などで料理を飾りつけたり、季節に合った調度品や器を利用したりして、季節感を楽しむ。
>
> このような日本の「食」に関する「習わし」は、「和食：日本人の伝統的な食文化」と題して、2013年12月にユネスコの無形文化遺産に登録された。

ジャパンタイムズ出版『クローズアップ日本事情15』より改変

9. 次の文章を読み，下線部ⓐを漢字に直しなさい。また，下線部
   ⓑを日本語に訳しなさい。さらに，下線部ⓒの心境を表す1語
   を文中から抜き出しなさい。[4点]

> 日本の社会は協調性優先の社会だ。これをⓐだはするのは
> 難しい。協調性を捨てれば，ありがた迷惑の好意も断れる。
> 昔，中華料理の店でレバニラ定食を注文したときも「サービス
> です」と納豆をおまけにつけてくれた。あいにくわたしは
> 納豆と幽霊が苦手だ。店内には客はわたし一人，屈強な男の
> 店員が四人腕組みをしてわたしを見ている。たぶん「元気が
> ないじゃないか。せっかくいい男なんだから，食べて元気を
> つけてくれ」と考えたのだろう。この好意と男たちの視線に
> 負けて一口食べてから，「大豆アレルギーなので納豆は食べら
> れないんです」と言えば断れたことに気づいたが，遅すぎた。
> 結局，生まれて初めて納豆を完食した。
> 好意を断るのは難しい。不要な土産物などをもらったとき
> も「いりません」と断れる日本人がいるだろうか。外国人は
> 断れるのだろうか。
> ⓑ강연 전에 머리 준비하고 싶은데, 주최자가 접대해 주는 것도
> 거절할 수 없다. 주최자는 '겉보기에 그릇이 작은 남자다.
> 접대하지 않으면 화내겠지.'라고 생각해서 마지못해 접대한다.
> 双方が協調性の犠牲になっている。
> その他，ⓒ料理をふるまわれる，家の中を見せられる。
> 服，髪型，カバン，絵，詩，歌，演奏，小説などを披露される
> ときも，協調性のせいで苦境に陥ってしまう。いっそ，
> 「いいね」だけですむようにならないものだろうか。

『週刊文春』2021.11.11「協調性から逃れられない」より改変

10. 次のⓐとⓑは，それぞれ2つの意味解釈が可能な文である。
    どんな意味になるかそれぞれ書きなさい。また，意味を明確に
    するための方法を2つあげて説明しなさい。(ただし，書き言葉
    に限る。) [4点]

> ⓐわたしはさっき洗ったりんごを切った。
> ⓑ警察は驚いて逃げる犯人を追いかけた。

11. 次の(ⓐ)と(ⓑ)に入ることばをそれぞれ書きなさい。
    また，下線部ⓒを＜条件＞に従い，(ⓑ)と関連づけて説明し
    なさい。[4点]

> 形態素とは，意味を担う(ⓐ)の最小単位のことをいう。
> 例えば，「日傘」は「ヒ(日)」と「カサ(傘)」の二つの意味に分けら
> れるので，二つの形態素があると言える。また，「カサ(傘)」
> が「ヒ(日)」と複合すると，「ヒガサ」と発音される。つまり，「傘」
> が「カサ」と「ガサ」という違った形で現れているのである。
> この場合，ガサ(/gasa/)はカサ(/kasa/)の(ⓑ)であると
> いう。(ⓑ)は動詞，接頭辞，ⓒ助数詞などにも見られる。

＜条件＞
○ 例を一つあげて書くこと。

12. 次は日本語教師2人の会話である。(ⓐ)と(ⓑ)に入る
    ことばを＜条件＞に従いそれぞれ書きなさい。また，下線部ⓒの
    特徴を2つあげなさい。[4点]

> パク：イム先生，聴解の練習は聞こえてくる音声を一字一句，
> 　　　書き取れることが大切ですよね。
> イム：そんなことはないですよ。パク先生のおっしゃる
> 　　　(ⓐ)は，文法知識や音の違いを確認するなど，
> 　　　どちらかというと言語要素の理解を高めることに焦点
> 　　　があります。でも，私たちは日常生活で一字一句，
> 　　　聞こえてくるすべての音声を漏らさずに聞いている
> 　　　わけではありませんよね。
> パク：そう言われてみればそうですね。天気予報でも必要な
> 　　　情報だけ聞き取れればいいですからね。
> イム：そうです。そういう聞き方をスキャニングといいます。
> 　　　そのほかにも大まかな内容だけを聞くスキミングと
> 　　　いう聞き方もありますよ。
> パク：でも，スキャニングやスキミングは初級では難しい
> 　　　ですよね。
> イム：初級者用の音声教材もたくさん出ていますからそう
> 　　　いったものを活用するといいですよ。また，媒介語を
> 　　　使わない(ⓑ)の場合は，教師の発話自体が聞き取り
> 　　　の練習にもなりますね。ただ，学習者がⓒティー
> 　　　チャー・トークに慣れすぎると教室外の日本語が聞き
> 　　　取れなくなることもありますので，注意が必要です。

＜条件＞
○ⓐは，カタカナで書くこと。
○ⓑは，教授法を書くこと。

<＜수고하셨습니다.＞>

✏️ | **모범 답안**

1번

a: でも、あしたはちょっと・・・。

b: 日本人って自分のことを指すとき、自分の鼻を指さすんだよね。

2번

e、目的

3번

(1) c、(2) b、(3) a、(4) d

4번

a: ちょっと失礼しますが、おトイレを借りてもいいですか？

b: 礼儀

5번

aは高さ、bは核である。

「橋」は「低高」で、「箸」は「高低」である。

6번

aは自然習得、bは体系である。

cとは、言葉のルールを適用の範囲外にまで拡大してしまったために起こった誤用である。

　例のdは「安いケーキです」を「安いのケーキです」と言うのは、名詞の規則をイ形容詞に適用したため、過剰一般化である。

7번

aはかるた、bは双六である。

藤原定家などであり、和歌である。

314　일본어 교과교육의 이론과 실제(개정 3판)

8번

aは鰹節や昆布、干しシイタケなどのうまみ成分を水で煮出して作る汁である。

bは汁物である。

理由は、一つ、日本の国土は南北に長く、表情豊かな自然が広くなっている。

そのため各地で地域に根差した多様な食材が用いられている。

二つ、食事の場で、自然の美しさや四季の移ろいを表現することも特徴の一つである。

9번

aは打破である。

bは講演前にあらかじめ準備しておきたいが、主催者からのおもてなしも断れない。主催者は「見かけに器が小さい男だ。　接待しなければ怒られるだろう。」と思ってやむを得ず接待する。

cはありがた迷惑である。

10번

aの意味は、一つ、私はさっき洗ったりリンゴをいま切った、二つ、私は洗ったりんごをさっき切ったである。

bの意味は、一つ、驚いて逃げる犯人を警察は追いかけた、二つ、逃げる犯人を警察は驚いて追いかけたである。

また、一つ、読点を打つ。二つ、修飾の位置を明確にする。

11번

aは言語形式であり、bは異形態である。

cの例は匹がある。基本は「ひき」であるが、前に促音があるときは「ぴき」になり、前に「ん」があるときは、「びき」になる。

12번

aはディクテーションであり、bは直接法である。

cの特徴は、簡単な語彙、文法構造と、聞き取りやすい発音がある。

2023학년도 중등학교교사 임용후보자 선정경쟁시험

일 본 어

수험 번호 : (　　　　　)　　　　성 명 : (　　　　　)

제1차 시험	3교시 전공B	11문항 40점	시험 시간 90분

○ 문제지 전체 면수가 맞는지 확인하시오.
○ 모든 문항에는 배점이 표시되어 있습니다.

※ 答えはすべて日本語で書くこと。

1. 次の（ⓐ）に入る用語を書きなさい。また、（ⓑ）に入ることばをひらがなで書きなさい。[2点]

（ⓐ）は、言語変化の過程でよく観察される現象である。例えば、「あきはばら」という言葉を漢字で書くと、「秋葉原」であることから推測できるように、この言葉はかつて「あきばはら」と発音されていた。それが「ば」と「は」の間で（ⓐ）が生じ、今は「あきはばら」と発音されるようになったわけだ。「あたらしい」もかつては「あらたしき年」のように「あらたし」だった。現代語の（ⓑ）という言葉は、その名残りである。

2. 次は祭りでの会話である。下線部ⓐに該当することばと、（ⓑ）に入る名称をそれぞれ書きなさい。[2点]

ドンス：祭りはいいね。あ、女の人が水を撒いてる。
ミズキ：あの人はね、巫女さん。水を撒いているのは、「湯立て」って言うんだ。ⓐ神様をお迎えするための踊りだよ。
ドンス：あ、あっちに変わった人形があるね。あれは何？
ミズキ：あれは自動的に動く仕掛けの人形だよ。（ⓑ）人形っていうんだ。お茶をお客さんの前まで運ぶ人形が有名だよ。
ドンス：そうなんだ。いまのロボットみたいだね。

3. 次は日本語教師どうしのメールのやりとりである。＜A＞の下線部ⓐについて＜条件＞に従い説明しなさい。また、＜B＞の（ⓑ）と（ⓒ）に入ることばを書きなさい。[4点]

＜A＞

鈴木先生

お元気ですか。本校の卒業生、チェさんの日本への語学留学の際には、手続きなどいろいろとお世話になり、ありがとうございました。本人も今、毎日、東京の日本語学校で楽しく勉強しているそうです。
ひとつ、質問があります。チェさんは韓国の高校で1年間勉強したのに、日本語学校で初級のクラスになってしまったとがっかりしていました。ⓐCEFR(ヨーロッパ言語共通参照枠)という基準でクラス分けをしているとのことですが、「基礎段階の言語使用者」のA2だそうです。私もCEFRについて調べてみるつもりですが、もしご存じのことがあったら教えていただけますか。今後ともよろしくお願いいたします。

キム○○

＜B＞

キム先生

メール、ありがとうございます。チェさんが元気でがんばっているとのこと、何よりです。
さて、CEFRについてですが、これは、（ⓑ）中心の考え方が基本理念になっています。この考え方によれば、言語学習の目的はコミュニケーションを達成することにあり、実際に運用できるかどうかが重要です。CEFRでは、「～ができる」という（ⓒ）により学習者が遭遇する事柄について具体的に表現し、言語運用能力を評価する基準としています。例えば、A1は「人が元気かどうかを聞き、状況を聞いて、反応することができる」というように、それぞれのレベルでできることが提示されています。
キム先生、今度はいつ日本にいらっしゃいますか。
また、ぜひお会いしましょう。
今後も何かあればいつでもご連絡ください。

鈴木

＜条件＞

○「基礎段階の言語使用者」以外の2つの段階を書くこと。

한국교육과정평가원　　일본어 [전공B] (6면 중 2면)

316　일본어 교과교육의 이론과 실제(개정 3판)

4. 次の＜A＞と＜B＞から不自然な文を１つずつ選びなさい。また、不自然な理由を下線部の複合動詞のアスペクトの観点からそれぞれ説明しなさい。[4点]

＜A＞
(1) 彼はマンガを<u>読み始めた</u>が、半分しか読めなかった。
(2) 彼は<u>歩きはじめた</u>が、すぐにもとの場所に引き返した。
(3) 彼はメロンパンを<u>食べはじめた</u>が、一口も食べなかった。
(4) 彼は大学に<u>通いはじめた</u>が、中退して就職することにした。

＜B＞
ⓐ 彼女は手紙を<u>書きかけた</u>が、全部書いてしまった。
ⓑ 彼女はお茶を<u>飲みかけた</u>が、熱くて飲めなかった。
ⓒ 彼女は横断歩道を<u>渡りかけた</u>が、母親に呼び戻された。
ⓓ 彼女はラーメンを<u>作りかけた</u>が、その時電話がかかってきた。

5. 次の文章を読み、（ ⓐ ）に四字熟語を入れ、下線部ⓑを韓国語に訳しなさい。また、（ ⓒ ）に入ることばを書きなさい。[4点]

　日本人にとって、「ありがとう」ほど、使い込んだ革製品のように手触りのいいことばもないでしょう。わたしたちはよく、「（ ⓐ ）」などといって、お互いの意思を無言のうちに伝え合うことをよしとしていますが、「ありがとう」に関しては別のようです。ⓑ<u>相手が何かをしてくれたとき、それが自分にとって「ありがたい」ものであるかはさておき、とりあえず、「ありがとう」と言っておかなければ、どうにもおさまりがつかないのではないでしょうか</u>。でも、それがどんな言語にもあてはまると考えるのは、早合点のようです。
　わたしは現在、外国人の夫とともに海外で生活しています。日本人にはちょっと理解しがたいかもしれませんが、夫やこの国の人々は感謝の気持ちを表す点に関しては、表面的には無愛想な印象を受けます。日本人のように「ありがとう」といった決まり（ ⓒ ）を繰り返すこともなく、ときには無言のうちに、またときには「ああ、そうか」「よかった」「よしよし」などと、相手に向かってというよりは、半分は独り言のようにつぶやくだけで、実に淡々と相手の好意を受け入れているかのようです。

三省堂『現代の国語３』より改変

6. 次は友達どうしの会話である。（ ⓐ ）と（ ⓑ ）に入ることばをそれぞれ書きなさい。また、下線部ⓒについて＜条件＞に従い説明しなさい。[4点]

ユジン：タツヤ君、そのかばん、かっこいいね。あ、タツヤ君の名前が入ってる！
タツヤ：うん、プレゼントでもらったんだ。
ユジン：あれ？タツヤ君の「ツ」って「tsu」なの？「tu」じゃないの？
タツヤ：うん。「tsu」って書くのは「ヘボン式」だけど、それは（ ⓐ ）に近いつづりなんだ。「tu」は、「訓令式」って言って（ ⓑ ）に基づいたローマ字表記だよ。特に地名や人名を表記する時には「ヘボン式」を使うことが多いよ。
ユジン：へえ、そうなの？じゃ、「ン」は「ヘボン式」でどうやって書くの？
タツヤ：「ン」は<u>ⓒ二つのつづりがあるよ</u>。

＜条件＞
○例をそれぞれあげて書くこと。

7. 次は日本の文学賞に関する文章である。（ ⓐ ）と（ ⓒ ）に入る作家名をそれぞれフルネームで書きなさい。また、下線部ⓑを＜条件＞に従い説明しなさい。[4点]

世界的に知られているノーベル賞は国籍や年齢、性別などを問わず、「人類に最大の貢献をした者」に贈られる賞である。このノーベル賞に倣い、日本国内では、1935年に日本を代表する文学賞が二つ同時に設立された。両賞とも、受賞作品はその時代の文学の潮流や世相を映し出すものとして、毎年話題をさらっている。これらは「文芸春秋」の創刊者であり、文学者でもある（ ⓐ ）によって創設された。彼は新思潮派と呼ばれ、同人雑誌「新思潮」に「父帰る」などの戯曲のほか、「無名作家の日記」「忠直卿行状記」などの小説を発表している。

さて、日本を代表する文学賞の一つである芥川賞は、純文学の新人に与えられる最も権威ある文学賞として、新人作家の登竜門となっている。代表的な作家として、安部公房をはじめ、松本清張、遠藤周作などがあげられる。

一方、ⓑもう一つの賞は、井伏鱒二をはじめ、司馬遼太郎、（ ⓒ ）など、国民的作家ともいうべき歴代受賞者を輩出している。特に、（ ⓒ ）の小説「容疑者Xの献身」「流星の絆」「ナミヤ雑貨店の奇跡」などは次々と映画化され、近年、文学とのメディアミックスのよい一例と言える。

――＜条件＞――

○ 文学賞の名称を書き、芥川賞の特徴である純文学と比較すること。

---

8. 次の文章を読み、(1)~(4)を最も自然な文章になるように並べかえなさい。また、下線部ⓐの2つの特徴を文中から探して書きなさい。さらに、下線部ⓑ~ⓕから漢字の読み方が間違っているものを1つ選び、正しく直しなさい。[4点]

非常に高い精度でつくられたCG映画の美しい景色や映像は、本物そっくりに見えたとしても、人の顔が出たとたんに不自然さを感じることがある。

ヒトは顔を見るときだけ、ⓐ特殊な能力を発揮する。こうした能力は、コンピュータにⓑ真似（まね）させることは不可能とはいわないまでも、難しいと考えられている。ヒトの顔を見る能力の特徴のひとつとして、たくさんの顔を記憶できることがある。

(1) 一方で、顔のもつ情報は限られたものだ。髪型や眼鏡、そして服装も個人を知るうえでのⓒ貴重（きちょう）な情報だが、これらは頻繁に変わる。時を経ても変わらないものは、眉や目、鼻、口くらいしかない。たったこれだけの情報から、たくさんの顔を認識しているのである。少ない情報を使って、たくさんの数の顔を認識することが不思議なのだ。

(2) 幼なじみや学生時代の友人、会社の同僚や近所の人―私たちはたくさんの顔を記憶する。一度か二度しか見ていないテレビタレントでも、CMなどで目にしたとき「見たことがある！」と気づくこともできる。名前は知らないけれども顔は知っている人の数を入れれば、記憶できる顔の数はⓓ莫大（ぼうだい）になる。一般に、およそ100以上の顔は簡単に記憶できるといわれている。

(3) さらに、これがⓔ当て推量（あてずいりょう）でないことを確認するため、同級生でなかった人にも、昔と今の写真当てに挑戦してもらった。これらの人物をまったく知らない人に同じ実験をしたところ、写真の照合の成績はずっと低かったのである。

(4) ⓕ驚異的（きょういてき）なことは、多くの顔を記憶するだけにはとどまらない。顔の記憶が時を超えることにもある。顔の記憶がどのくらい鮮明に持続するかを調べる実験を行った結果、同級生どうしであれば25年経った顔がだれであるかを正確に当てることができた。

ヒトの顔認知の不思議さは、見知った人の顔を見たときの独特の既知感、名前は出てこないが確実に知っているという感覚、そうした記憶をたくさんの顔に見出せることにあるともいえる。

山口真美『視覚世界の謎に迫る』より改変

---

9. 次は日本語教師と教育実習生の会話である。下線部ⓐについて
説明しなさい。また、（　ⓑ　）に入ることばを書きなさい。
さらに、下線部ⓒの例を1つあげなさい。[4点]

> キム：先生、最近は手書きをすることが少なくなりましたが、
> 　　　文字を書く指導は必要でしょうか。今はスマホでメモを
> 　　　取る人も多いですし、日本語の文字を書く練習はあまり
> 　　　意味がない気がするんですけど……。
> 伊藤：そうですね。パソコンやスマートフォンでの日本語の
> 　　　入力方法も教えたほうがいいでしょう。でも、やはり
> 　　　手書きは必要だと思いますよ。カタカナには形が似ている
> 　　　ものが多いので、書き方をきちんと指導することに
> 　　　よって区別できるようになります。
> キム：確かにⓐ<u>カタカナの「シ」や「ツ」の書き方</u>は正しく
> 　　　覚えないと、どちらの文字だか区別できなくなりますね。
> 伊藤：そうです。日本語教師は筆順や止め、はね、はらいなど
> 　　　自分自身が文字を正確に書けないといけませんよ。
> 　　　また、仮名文字は「加」や「多」に見られるように（　ⓑ　）
> 　　　をもとに作られていますから、勉強になりますよ。
> キム：そういえば、「カ」と「タ」は（　ⓑ　）の「カ（ちから）」、
> 　　　「タ（ゆう）」と同じ形ですね。
> 伊藤：そうです。字源は違いますが、ⓒ<u>形が同じもの</u>が
> 　　　ほかにもいくつかあります。日本にはまだまだ手書
> 　　　きの文化が残っています。また、日本では字がきれ
> 　　　いかどうかでその人の評価が変わることもありますか
> 　　　ら、おろそかにできませんよ。
> キム：え、そうなんですか。わかりました。

10. 次は教授法についての講義である。（　ⓐ　）と（　ⓒ　）に入る
ことばをそれぞれ書きなさい。また、下線部ⓑについて
<条件>に従い説明しなさい。[4点]

> 　今日は、教授法の変遷について勉強してみましょう。外国語
> 教育では、今までさまざまな教授法が提唱されてきました。
> 特に、有名なものにはオーディオ・リンガル・メソッド
> (Audio-Lingual Method)がありますね。この教授法は、教師
> がコントロールしやすく、授業計画がたてやすいという
> 利点があり、特に初級を対象とした日本語教育では多く採用
> されています。一方でこのような教授法への批判から出て
> きたのが、コミュニカティブ・アプローチ(Communicative
> Approach)です。
> 　現在では、教師主導の言語教育は減少傾向にあり、それに
> かわって学習者の多様性に注目した（　ⓐ　）主義が意識される
> ようになってきました。TBLT(Task-Based Language
> Teaching)や、ⓑ<u>CLIL</u>(Content and Language Integrated
> Learning)という教育方法もこうした流れの中で生まれた教育
> 方法と言えます。TBLTは、「電話でレストランを予約する」
> 「人に聞きながら目的地に行く」といったタスクを達成する
> 過程を通して目標言語を学ぶというものです。このような
> 教育方法では「教師＝教える人」「学習者＝学ぶ人」ではなく、
> 教師は学習者を必要に応じて手助けしたり、励ましたりする
> （　ⓒ　）の役割を担うことが期待されます。

---<条件>---
○ CLILの4つの基本概念をあげて説明すること。

11. 次の<A>の下線部ⓐとⓑと同じ用法を<B>の①～⑥から
1つずつ選び、その指示詞の用法をそれぞれ説明しなさい。[4点]

―――――――<A>―――――――

村田 ： きのう、「パラサイト」を見ました。すごくおもしろ
　　　　かったです。

鈴木 ： 何ですか、ⓐそれ。

村田 ： 『パラサイト』はアカデミー賞を取った韓国の有名な
　　　　映画です。

鈴木 ： あ、『パラサイト』ですね。ⓑあれはおもしろいです
　　　　よね。

―――――――<B>―――――――

① 村田：ねえ、サングラスどこだっけ？

　 鈴木：そこにあるじゃない。

② 村田：数学の新しい先生知ってる？

　 鈴木：あー、あの先生はきびしいよね。

③ 村田：あ、銀行の隣にビルが建ったんだ。

　 鈴木：あれは新しいスーパーだよ。

④ 村田：この前、とってもおいしいすし屋に行ったんだ。

　 鈴木：そのすし屋どこにあるの？

⑤ 村田：えーと、あれ、なんだっけ？あのロボットの名前。

　 鈴木：え？何かおっしゃいましたか。

⑥ 村田：私の話は以上です。そちらからご質問は？

　 鈴木：特にありません。

<수고하셨습니다.>

모범 답안

1번

a: 音韻転倒、b: あらたな

2번

a: 神楽、b: からくり

3번

aは熟練した言語使用者と自立した言語使用者である。

bは複言語主義であり、cはCan-doである。

4번

<A>は(3)であり、<B>は(a)である。

<A>の(3)は開始が実現し、途中で中止される場合であり、<B>の(a)は開始の局面を表す場るなので、不自然である。

5번

aは以心伝心であり、

bは 상대방이 무언가를 해 줬을 때, 그것이 자신에게 있어서 '고맙다'는 것인지는 내버려 두고, 일단 '고맙다'라고 말하지 않으면 아무래도 안정되지 않는 마음이 드는 것은 아닐까요?

cは文句である。

6번

aは英語の発音であり、bは日本語の五十音図である。

cはnとmと綴る。ただし、b・m・pの前の撥音についてはmと綴る。

nの例には本田(ほんだ)があり、mの例には難波(なんば)がある。

7번

aは菊地寛であり、cはひがしのけいごである。

bは、直木賞であり、純文学とは、大衆文学・通俗文学に対して、読者の純粋な芸術を文学作品であり、大衆文学とは、大衆の興味や理解力に重点を置いて書いた文学である。

8번

2-4-3-1

dで、ばくだいである。

たくさんの顔を記憶できることと、顔の記憶が時を越えることがある。

9번

a:「シ」は左から横線を2本書き、別の線を左下から右上がりになるよう書く、

　　「ツ」は線を上から下に向かって書く。

bは漢字である。

cの例にはカタカナの「エ」と漢字の「工」である。

10번

aは学習者中心であり、cは促進者である。

非言語で教科を学ぶことで、教科内容・語学力・思考力・協同学習の4つの要素をバランスよく育成する教授法である。

11번

<A>のaは<B>の4であり、聞き手が話し手の情報を知らない場合である。

<A>のbは<B>の2であり、話し手と聞き手が知識を共有している場合である。

::: 참고문헌

교육학사전편찬위원회 편(1984). 교육학대사전. 교육출판공사: 서울.

권영님 외(2018). 2015 개정교육과정 평가기준 고등학교 제2외국어과. 교육부.

김남순(1999). 교육실습의 이론과 실제. 서울: 교육과학사.

김동식(2016). 체제적 교수 설계, 8판 The Systematic Design of Instruction, 8/E.
아카데미프레스: 경기도.

김영춘(2006). 고등학교 제2외국어과 선택 중심 교육과정 개선 방안 연구. 연구보
고 RRC 2006-13. 한국교육과정평가원.

김인식·권요한 역(1995). 수업설계의 원리. 교육과학사: 서울.

김정렬(2000). 21C 영어교육. 홍릉과학출판사: 서울.

나일주(1988). 상이한 학습과제에 대한 CAI 피이드백의 효과. 교육공학연구. 4(1).
93-117.

남명호(1996). 수행평가 방법의 활용과 발전과제. 교육월보, 4월호.

남정걸(1998). 교육실습의 이론과 실제. 서울: 교육과학사.

동소현(2021). 완전공략 가이드 전공 일본어 영역별 기출문제집. 우리교과서: 서울.

류태호(1975). 교육실습의 이론과 실제, 서울: 이화여자대학교 출판부.

문교부(1986). 중·고등학교 교육과정(1946~1981). 대한교과서 주식회사: 서울.

문교부(1989). 고등학교 교육과정 해설. 문교부 고시 제88-7호.

박덕재(1994). CALL프로그램을 위한 영어교육 방법론의 개선 방향. 영어교육, 48.
영어교육학회.

박성익·임청일·이재경·최정임(2006). 교육방법의 교육공학적 이해. 교육과학사:
서울.

박수자(1993). 읽기 전략 지도 교재 구성에 관한 연구. 서울대학교 대학원 박사학
위 논문.

백순근 외(1999). 총론. 국가 교육과정에 근거한 평가 기준 및 도구 개발 연구. 한
국교육과정평가원.

백순근(1997). 수행평가의 이론적 기초. 한국교육평가연구회 학술세미나 논문 발
표집.

백순근(1998). 수행평가의 이론과 실제. 원미사: 서울.

백영균(1989). 교육방법 및 교육공학. 양서원: 서울.

변영계·이상수(2006). 수업설계. 학지사: 서울.

신라대학교 교육실습 평가록(2019~2021). 신라대학교 사범대학 일어교육과 교육

실습 평가록. 미발간.

손민정 외(2006). 고등학교 외국어 계열 전문교과 교육과정 개정 시안 연구 개발
－중국어과, 일본어과, 러시아어과, 아랍어과. 연구보고 CRC 2006－37.
한국교육과정평가원.

안용주 역(2006). 일본어 교육방법론. 시사일본어사: 서울.

우찬삼(2000). 일본어 교육학 개론. 도서출판 계명: 서울.

윤애선·정희영(2002). 컴퓨터기반 언어 테스팅 시스템의 구축을 위한 요소 분석
및 그 적용에 관한 연구. 정보통신학술 연구과제 결과보고서. 정보통신부.

윤유숙(2012). 국가 정책으로서의 일본어 교육과정 및 교과서 변천 분석 연구. 한국
외국어대학교 대학원. 박사학위논문.

이덕봉(2001). 일본어 교육의 이론과 방법. 시사일본어사: 서울.

이명희(2002). 웹기반 일본어 청해 학습 모형 개발과 피드백 유형에 따른 효과 분
석. 부산대학교 대학원 박사학위 논문.

이명희·이정희·정희영(1998). 고등학교 일본어 교육에 있어서 도구 및 매체로
서의 컴퓨터 활용 방안. 신라대학교교육과학연구소.

이명희·정희영(1998). 수행평가의 이해 및 일본어 수업에 있어서의 실제. 한국교
과교육학회.

이명희·정희영(2002). 인터넷을 활용한 가상 교육실습 구현－일본어과를 중심으
로. 멀티언어학회.

이용백 외(2006). 중·고등학교 제2외국어과 선택과목 교육과정 개정 시안 연구
개발－중국어, 일본어, 아랍어. 연구보고 CRC 2006－29. 한국교육과정평
가원.

이용백 외(2017). 2015 개정교육과정에 따른 고등학교 제2외국어 평가기준 개발
연구. 한국교육과정평가원

이성녕(1990). 스키마 이론의 개념 및 한계. 서울대학교 대학원 석사학위논문.

이소영 외(1999). 고등학교 공통 영어. 국가 교육과정에 근거한 평가 기준 및 도
구 개발 연구. 한국교육과정평가원.

이재희(1994). 국민학교에서의 영어 듣기 지도 및 평가 모형. 영어교육. 48. 189－210.

이칭찬(1995). 교육방법과 교육공학. 문음사: 서울.

임인재(1976). 절대평가의 원리와 실제. 배영사: 서울.

정동빈(1993). 언어습득론. 한신문화사: 서울.

정명우·이원국·서천수(1988). 언어 교육과 컴퓨터. 한신문화사: 서울.

정희영(1997). 컴퓨터 보조 언어학습에서 그림 및 음성정보 제시가 독해에 미치
는 효과. 한국교원 대학교 석사 논문.

최진황 외(1990). 외국어과 교육의 역할 및 평가 방향 탐색. 교육의 본질 추구를

위한 외국어 교육 평가 체제 연구(Ⅰ). 한국교육개발원.

최진황 외(1991). 독일어·프랑스어과 평가 모형 및 예시 도구 개발. 교육의 본질 추구를 위한 외국어 교육 평가 체제 연구(Ⅰ). 한국교육개발원.

최진황 외(1991). 영어과 평가 모형 및 예시 도구 개발. 교육의 본질 추구를 위한 외국어 교육 평가 체제 연구(Ⅱ). 한국교육개발원.

허운나(1993). 미래학교에서의 첨단매체 활용방안. 교육공학연구, 8. 한국교육공학회.

小林ミナ(1998). よくわかる教授法. アルク: 東京.

高見沢孟(1989). 新しい外国語教授法と日本語教育. アルク: 東京.

高見沢孟(2000). はじめての日本語. アスク: 東京.

東洋(1982). 教育の 心理学的 基礎. 朝倉書店: 東京.

中西家栄子·芽野直子(1996). 実践日本語教授法. バベル·プレス: 東京.

Anderson, L. W., & Everton, C. M., & Brophy, J. E. (1979). Experimental study of teaching in first－grade reading groups. The Elementary School Journal, 79, 193－223.

Anderson, R. C. & P. D. Pearson(1984). A Schema Theoretic View of Basic Process in Reading Comprehension. University of Illinois at Urbana－Champaign.

Annett, J.(1969). Feedback and human behaviour. Harmondworth: Penguin.

Bachman, L. F.(1990). Fundamental considerations in language testing. Oxford: Oxford University Press.

Bardwell, R.(1982). Feedback: How does it function? Journal of Experimental Education, 50(1), 4－9.

Bendar, A. K., Cunningham, D., Duffy, T. M., & Perry, J. D.(1991) Theory into practice: How to we link? In G. Anglin(Ed), Instructional technology: Past, present, and future, Denver, CO: Libraries LTD.

Brière, E. J.(1972). "Are We Really Measuring Proficiency with Our Foreign Language Tests?" in H. B. Allen & R. N. Campbell. eds. Teaching English as a Second Language. New York: McGraw－Hill. pp.321～330.

Brown, H. D.(1980). Principles of Language Learning and Teaching, New Jersey : Prentice-Hall.

Brown, J. D.(1989). "Improving ESL Placement Tests Using Two Perspectives." TESOL QUARTERLY. 23(1): pp.65～82.

Brown, J. D.(1996). Testing in language programs. New Jersey: Prince Hall. pp.1～20.

Carrell, P. L.(1983). Three Components of Background Knowledge In Reading Comprehension. Language Learning. 33(2), 83 − 207.

Carrell, P. L., & Eisterhold J. C.(1983). Schema theory and ESL reading pedagogy. TESOL Qarterly, 17(4), 553 − 574.

Cohen, Y. B.(1985). A reexamination of feedback in computer − based instruction implications for instructional design. Educational Technology, 25, 33 − 37.

Cole, P. G., & Chan, L. K. S.(1987). Teaching principle and practice. NY: Prentice Hall.

Cronbach, L. J.(1977). Educational psychology. NY: Harcourt Brace Jovanovich.

Dunkel, P.(ED). (1991). Computer Assisted Language Learning and Testing: Research Issues and Practice. NY: Newbury House.

Fitzgerald, James. A. & Patricia G. Fitzgerald. (1967) Fundamentals of Reading Instruction. Milwaukee: The Bruce Pub. co.

Gagné, R. M.(1964). Categories of Human Learning. New York: Academic Press. Problem Solving. In A.W. Melton(ed.).

Gilman, D. A.(1969). Comparison of several feedback method for correcting errors by computer assisted instruction. Journal of Educational Psychology, 60, 503 − 508.

Goodman, kenneth S.(1967). Reading: a psycholinguistic guessing game. Journal of the reading specialist 4: pp.126~135.

Goodman, Kenneth, L.(1973). Analysis of Oral Reading Misuses. In cholinguistics and Reading. NY: Holt Rinehart & Wigston.

Hardisty, D. & Windeatt, S.(1989). CALL. Oxford: Oxford University Press.

Harris, Albert. J.(1962). Effective Teaching of Reading. NY: David Mckay Co.

Kulhavy, R. W.(1977). Feedback in written instruction. Review of Educational Research, 47(6), 211 − 232.

Kulhavy, R. W.(1985). Feedback complexity and corrective efficiency. Contemporary Educational Psychology, 10(6), 284 − 291.

Lenneberg, E.H. (1967). Biological Foundations of Language. New York: Wiley. ISBN 978-0-89874-700-3.

Merrill,M. D.(1983). Component display theory. In C. M. Reigeluth(Ed.), Instructional − design theories and models: An overview of their current status(pp.279 − 233). N.J.: Lawrence Erlbaum Associates, Publisher.

Mikulecky, B. S.(1990). A Short Course in Teaching Reading Skills. Addison − Wesley Publishing Company, Inc.

More, A. J.(1969). Delay of feedback and the acquisition and retention of verval materials in the classroom. Journal of Educational Psychology, 60(11), 339 −343.

O'Malley J. M. & Pierce L. V, 1996, 『Authentic assessment for English language learners』. U.S.A.: Addison−Wesley Publishing Company.

Peterson, P. W.(1991). A synthesis of methods for interactive listening. Teaching english as a second or foreign language(2nd ed.). Marianne Celce−Murcia. MA: Heinle & Heinle Publishers, 106−122.

Phye, G. D.(1979). The processing of informative feedback about multiple choice test performance. Contemporary Educational Psychology, 4(2), 381−394.

Richards, J. C.(1990). The language teaching matrix. Cambridge: Cambridge University Press.

Rivers, W. & Mary Temperley(1978). A practical guide to the teaching of English. Oxford: Oxford University Press.

Sassenrath, J. M.(1975). Theory and results on feedback and retention. Journal of Educational Psychology, 67(6), 894−899.

Schimmel, B. J.(1988). Patterns in student's selection of feedback in computer− based instruction. ERIC, 73−95.

Smith, P. L.(1988). Toward a taxonomy of feedback: Content and scheduling. ERIC, 295−665.

Sullivan, A. M.(1979). The place of research in faculty development: The why− and the how. Research of Learning and Teaching, 12(4), 211−248.

Wilkins, D. (1976). Notional syllabuses. Oxford: Oxford University Press. doi:10.1037/ 11193-000

참고사이트

국가교육과징정보센터
http://www.ncic.go.kr/mobile.revise.board.list.do?degreeCd=RVG01&boardNo=1001
한국교육과정평가원 자료마당 기출문제
https://www.kice.re.kr/boardCnts/list.do?boardID=1500212&searchStr=&m=030306&s=kice
임용 최종 선발자의 수업실연관련 기억노트
https://m.blog.naver.com/PostView.naver?isHttpsRedirect=true&blogId=seon07240&logNo=221462368733

이명희

일본 동북대학교 대학원 박사과정 수료
부산대학교 대학원 멀티미디어 협동과정 교육학 박사
現) 신라대학교 사범대학 일어교육과 교수

정희영

한국교원대학교 대학원 교육학 석사
부산대학교 대학원 인지과학 협동과정 교육학 박사
現) 신라대학교 사범대학 일어교육과 교수

개정 3판

일본어
교과교육의
이론과 실제

초판인쇄 2023년 2월 10일
초판발행 2023년 2월 10일

지은이 이명희 · 정희영
펴낸이 채종준
펴낸곳 한국학술정보㈜
주 소 경기도 파주시 회동길 230(문발동)
전 화 031) 908-3181(대표)
팩 스 031) 908-3189
홈페이지 http://ebook.kstudy.com
E-mail 출판사업부 publish@kstudy.com
등 록 제일산-115호(2000. 6. 19)

ISBN 979-11-6983-098-0 93730